國家社會科學基金項目"清末民初關學重要文獻及其思想研究"【13BZX051】最終成果

陝西省社會科學基金項目"《灃西草堂集》整理及其關學史意義研究"【2015S002】最終成果

教育部社科司中華優秀傳統文化專項課題（A類）重點項目"關隴理學文獻整理與學術思想研究"【23JDTCA080】階段性成果

關學文叢
叢書主編 劉學智

《灃西草堂文集》校注

柏景偉◇著
王美鳳◇校注

陝西師範大學出版總社

圖書代號：SK23N2101

圖書在版編目（CIP）數據

《灃西草堂文集》校注 / 王美鳳校注. —西安：陝西師範大學出版總社有限公司，2023.12

（關學文叢 / 劉學智主編）

ISBN 978-7-5695-3522-8

Ⅰ. ①灃⋯　Ⅱ. ①王⋯　Ⅲ. ①關學－文集　②《灃西草堂文集》－注釋　Ⅳ. ①B244.45-53

中國國家版本館CIP數據核字（2023）第013287號

《灃西草堂文集》校注
《FENGXI CAOTANG WENJI》JIAOZHU

王美鳳　校注

出 版 人	劉東風
出版統籌	侯海英　曹聯養
責任編輯	趙榮芳
責任校對	遠　陽
封面設計	王偉博
出版發行	陝西師範大學出版總社
	（西安市長安南路199號　郵編710062）
網　　址	http://www.snupg.com
印　　刷	西安五星印刷有限公司
開　　本	787 mm×1092 mm　1/16
印　　張	21.25
插　　頁	4
字　　數	360千
版　　次	2023年12月第1版
印　　次	2023年12月第1次印刷
書　　號	ISBN 978-7-5695-3522-8
定　　價	78.00圓

讀者購書、書店添貨或發現印刷裝訂問題，請與本社營銷部聯繫、調換。
電　話：（029）85307864　85303629　傳真：（029）85303879

顧問

張豈之　趙馥潔　方光華　徐　曄　黨懷興

關學文叢

總序

在紀念張載千年誕辰之際，陝西師範大學出版總社推出有關張載及關學研究的系列叢書，這是很有意義的學術盛舉。

張載（1020—1077）是中國歷史上著名的哲學家、教育家。作爲宋明理學的奠基人、關學的創立者，他以"勇於造道"的精神，創建了博大精深的哲學體系。張載關學蘊含著豐富而深刻的精湛智慧，包括"太虛即氣"的本體智慧、以"德性之知"超越"聞見之知"的認識智慧、由"氣質之性"復歸"天地之性"的修養智慧、"一物兩體"的辯證智慧、"太和所謂道"的和諧智慧、"民胞物與"的道德智慧等等。張載哲學也體現著崇高而篤實的優秀精神，包括"立心立命"的使命意識、"勇於造道"的創新精神、"崇禮貴德"的學術主旨、"經世致用"的求實作風、"崇尚節操"的人格追求、"博取相容"的治學態度等等。張載關學的這些智慧和精神，是中華傳統文化的寶貴資源，是陝西地域文化的思想精華，是值得我們不斷探索和發掘的精神寶藏。

對張載及關學的研究一直爲歷代關學學人所關注，特別是改革開放以來，陝西學人不斷推進對張載及關學的學術研究和對關學優秀精神的弘揚。在紀念張載千年誕辰的今天，深入研究關學更有著特殊的意義。陝西師範大學出版總社爲紀念張載千年誕辰，進一步推進關學研究，推出的這幾種關於張載及關學研究的著作，是學者們近年在張載及關學研究方面成果的彙集。這些成果雖然不一定能全面反映近年關學研究的面貌，但是也從一個側面體現了關學研究的新進展。其中，由劉學智、魏冬主編的《二十世紀前期關學研究文獻輯要》，分爲《張載研究》《明清關學研究與關學綜論》《關學與陝西歷史文化》三卷，集中對20世紀前期關學研究及與關學相關的陝西文化歷史文獻進行了系統整理。這些成果從側面說明以現代學術視野和方法對關學進行研究早已開始。劉宗鎬撰寫的《關學引論》，從哲學之閫闡釋關學的思想精髓，即"學以成人"的關學主題、"明道修辭"的關學言說、"體用全學"的關學形態、"崇實致用"的關學精神和"天人合一"的關學智慧等，對關學思想進行了綜合研究，這些提法都頗有新意。劉宗鎬所著《關學概說》一書，則是對張載關學及其發展演變加以介紹的概要性著作，語言質樸，文字簡明，是一本適合初學者瞭解、學習關學的通俗性讀物。魏冬和米文科撰寫的《關學譜系與思想探研》一書，是近年他們對張載和關學進行專題研究的論文彙集，對關學文獻源流特別是近現代關學研究成果進行了細緻的探研與評述。全書以時間爲軸，通過對關學譜系文獻與思想文獻的探研，展現了張載、馬理、呂柟、韓邦奇、南大吉、王心敬、張秉直、黨晴梵、曹冷泉等人在關學發展史上的重要地位，以及他們的思想特徵與傳承脉絡，展現了關學的歷史發展與派別流變。王美鳳教授近年著力於清末民初關學多元走向的研究，尤其著力於對柏景偉的文獻整理和思想研究。這次出版的是她對以往人們不大關注但在清末關學史上有重要影響的關學學人柏景偉的著作《灃西草堂文集》的校注本，這是關於柏景偉著作的首次整理，對研究清末民初關學思想有著重要意義。《關學名言精粹》（書法版）一書，是爲了普及推廣張載及關學思想，由當前關學研究領域的專家學者精選關學學人著作中的部分經典名句，按照"人生理想""人生修養""治國理政""讀書學習""爲人處世"等類別加以編排，并搜集歷史上一些著名書法家的書法作品，採取集墨的形式呈現關學思想和精神，可謂別開生面，別有風采。

祝願張載及關學通過創新性的探索和研究，不斷地生發新意、煥發生機！

是爲序。

趙馥潔

二〇二二年十一月八日

於西北政法大學靜致齋

前言

北宋時期，在陝西關中形成了一個以張載爲核心、以其創立的新儒學爲特徵的有全國性影響的地域性學術流派，史稱"關學"。張載一生大部分時間在陝西眉縣橫渠鎮度過，并長期在關中著述講學，人稱"橫渠先生"，後來又被尊爲"關中士人宗師"。其所創立的關學爲孔孟儒學在宋代的重建奠定了堅實的理論基礎。後人常將張載創立的關學與周敦頤的濂學、二程（程顥、程頤）的洛學以及朱熹的閩學并稱爲"濂洛關閩"，關學被視爲宋代理學的四大學派之一。

關學并非一般意義上的"關中之學"，而是指自張載以來的關中理學。從廣義上說，關學是對由張載開創及其後一直在關中傳衍著的理學的統稱；而狹義的關學，則指張載及其後在關中流傳的與張載學脉或宗風相承或相通之關中理學。關學在張載去世時已成規模。只因張載去世過早，其弟子爲弘揚道學，有的投奔二程門下，於是關學一度陷於寂寥，但到明代又出現了中興之勢，之後直到清末，關學統緒一直未有中斷，關學宗風也持續被承傳弘揚。由馮從吾所撰《關學編》及王心敬、李元春、賀瑞麟等續補的《關學續編》等關學學術史著作可知，關學統緒綿延不絕，"源流初終，條貫秩然"。隨著時代的變化，關學的學術旨趣和思想特徵雖有所變化，或與程朱理學融合，或與陸王心學融通，但"橫渠遺風，將絕復續"，關學精神，世代相承。事實表明，關學是一個有其本源根基、學脉統緒、學術宗旨，風格獨特而又開放包容的多元的地域性理學學術流派。

張載之學，特點是"尊禮貴德，樂天安命。以《易》爲宗，以《中庸》爲體，以孔孟爲法，黜怪妄，辨鬼神"（《宋史·張載傳》）。他將"歷年致思所得"著成《正蒙》一書，其思想之深邃、博大、精嚴，在宋明理學史上獨樹一幟，由此他也被視爲理學的重要開創者和奠基者。其著名的"爲天地立心，爲生民立命，爲往聖繼絕學，爲萬世開太平"的"四爲"句，對激勵國人樹立志向、提升境界、塑造人格、彰顯使命產生了積極的作用，并開顯了儒家廣闊的胸懷和宏大的氣度；其被歷代學人稱頌和推崇的《西銘》，在"天人一體"思想基礎上闡發的仁孝之理、"民胞物與"的仁愛精神和倫理境界，鍛鑄了關學學人特有的精神氣象和人格氣質，形成了理學史上頗具特色的關學學派品格。其思想和學派宗風一直影響著歷代關中兒女，是人們處理人己關係、人與自然的關係、人的身心關係的方向指引和精神引領，也是中華民族和諧發展的重要價值理念，更是當今時代構建人類命運共同體的重要思想文化資源。

張載以其深邃的哲學思想，把漢唐以來的儒學推向一個新的高度。其在宇宙論上提出的"知太虛即氣，則無無"的命題，以太虛之氣的聚散對世界的存在做了富有哲理性的說明，從而把漢代以來以氣爲本原的宇宙生成論提升到本體論的高度；其"以易爲宗"，以"幽明"之別糾正以往以"有無"之分對世界本質的說明，終結了歷史上的"有無"之辯；他提出的"天地之性"與"氣質之性"，以及"知禮成性""變化氣質"的思想，使"性與天道爲一"的"天人合一"思想得到系統的說明，從而使其哲學從宇宙論過渡到倫理觀，從知識論走向價值論，使理學倫理本體化的目標得以實現。張載承繼孟子"盡心""知性"的心性論路向，又汲取荀子"禮以成性"的思想，以"誠則明，明則誠"即"尊德性"與"道問學"的雙向互動，實現了以虛靜爲涵養功夫而"養心"與以禮檢束行爲而"化性"相統一的"合内外之道"，使"知禮成性"即理想人格的培養落到了實處。

關學有一個鮮明的特徵，就是重視躬行禮教，篤實踐履。關學使關中文化既有隆禮重儀的古樸雅韻，又使其涌動著鮮活的生命力。關學學人一般都有一種堅持真理、不畏權貴、剛正不阿、崇尚氣節的人格節操，有"無求生以害仁，有殺身以成仁"的理想信念，有"不降其志，不辱其身"的人生信條，有"富貴不能淫，貧賤不能移，威武不能屈""於公勇，於私怯"的大丈夫氣概。他們的品格使儒家的優良傳統在歷史上一直閃爍著熠熠光芒。

張載創立的關學綿延八百餘年，其文化精神不僅在中國歷史上影響了一代代關中士人的風格、品行和節操，而且以其在社會生活中的豐厚遺存和深刻影響，至今仍然塑造和培育著當代關中人的精神風貌和行爲方式，培育著關中乃至陝西人純樸、質實、耿直、堅韌、誠信的文化性格，也對關中乃至陝西人形成求真務實、勇於擔當、恪守正道、博取包容的品格和精神風貌產生了積極的影響。

2020年適逢張載千年誕辰，在這特殊的時刻，爲了使廣大讀者緬懷張載，感受張載及關學學人的人格節操和精神風貌，感受包括關學在內的中華優秀傳統文化的無限魅力，也爲使大家瞭解、學習和領會張載及關學的核心思想、發展脉絡，知悉20世紀前期關學研究的基本狀況，應陝西師範大學出版總社劉東風社長之約，我們編撰了這套《關學文叢》。《關學文叢》推出的圖書有8種，分別是：由劉學智、魏冬教授輯校的《二十世紀前期關學研究文獻輯要·張載研究》《二十世紀前期關學研究文獻輯要·明清關學研究與關學綜論》《二十世紀前期關學研究文獻輯要·關學與陝西歷史文化》，由魏冬和米文科二位教授撰寫的《關學譜系與思想探研》，由王美鳳教授校注的《〈灃西草堂文集〉校注》，由劉宗鎬博士撰寫的《關學引論》和《關學概說》，以及由國際儒學聯合會與陝西省孔子學會編寫（劉峰、張亞林爲執行主編）的《關學名言精粹》。其中，《二十世紀前期關學研究文獻輯要》對自戊戌變法前後到中華人民共和國成立這一時期的關學研究文獻進行了較爲系統的搜集整理，其中包括馬一浮、劉師培、蔡元培、謝無量、鐘泰、吕思勉、錢基博、錢穆、陳垣、馮友蘭、張岱年、侯外廬等一百多位學者關於張載及關學的很有見地的研究著述，以及這一時期從文化視域重構關學及與關學相關的陝西文化的重要論著，說明從現代視野對關學進行研究與重構在這一時期已經開始且取得了豐碩的成果。《關學譜系與思想探研》是魏冬、米文科近年對張載和關學進行專題研究的論文彙集，書中對關學文獻源流特別是近現代關學研究成果進行了細緻的探研與評述，通過對關學譜系文獻與思想文獻的探研，展現了張載、馬理、吕柟等諸多關學學人的思想及其傳承脉絡，也展現了黨晴梵、曹冷泉等近現代學者在20世紀三四十年代關學研究方面的成就。《〈灃西草堂文集〉校注》是王美鳳教授對以往人們不大關注但在清末關學史上有重要影響的關學學人柏景偉著作的校注本，對於研究清末民初關學思想有著重要的參考價值。《關學引論》

是劉宗鎬博士從哲學之閾闡釋關學思想精髓的專論，書中論及"學以成人"的關學宗旨、"明道修辭"的關學言説、"體用全學"的關學形態、"崇實致用"的關學精神和"天人合一"的關學智慧等方面，是對關學思想進行綜合研究的著作，許多論述頗富新意。《關學概説》是劉宗鎬博士對張載關學及其發展演變加以介紹的概要性著作，通俗易懂，是適合初學者學習和瞭解關學的不可多得的普及性讀物。《關學名言精粹》（書法版）是由國際儒學聯合會與陝西省孔子學會動議并支持編撰的一部旨在普及推廣張載及關學思想的通俗性讀物，由原《關學文庫》的部分作者精選關學學人著作中的部分經典名句并予以釋義，由西北大學劉峰博士和陝西大家書畫研究院張亞林院長負責編輯和統稿。這一簡明易懂、圖文并茂的讀本，選取關學史上十九位代表學人的至理名言約三百條，以"人生理想""人生修養""治國理政""讀書學習""爲人處世"的主題分類編排，內容以書法體的形式予以展現，字體是從王羲之、顏真卿、于右任等歷代名家作品中集墨而成，形式新穎，別具特色。

這套叢書的編纂出版得到了陝西師範大學出版總社劉東風社長、侯海英主任的大力支持和精心安排，編輯胡楊、張愛林也爲這套叢書付出了大量心血。在此我對劉東風社長、侯海英主任以及胡楊、張愛林兩位編輯對叢書的大力支持和辛勤付出表示衷心感謝！時任國際儒學聯合會秘書長牛喜平先生對本套叢書的編纂出版也給予了大力支持，在此一并表示誠摯的感謝！

在這套叢書動議之初及編寫過程中，張豈之先生、趙馥潔先生、方光華先生、徐曄先生、黨懷興先生等都給予了殷切關注、適時指導和大力支持，在此也對各位先生表示誠摯的感謝！

由於時間倉促，我們的編撰工作會有不少疏漏乃至錯誤，希望廣大讀者朋友予以指正，以便我們在今後對其進一步加以完善。希望這套叢書能對大家瞭解和學習關學有所幫助。

劉學智
二〇二二年十月五日

一代名儒，關學正傳

——柏景偉學術思想綜述

王美鳳

張載在宋代創立了"以《易》爲宗，以《中庸》爲體，以孔孟爲法"的新儒學體系，其"自得之者"，在於"窮神化，一天人，立大本，斥異學"，故被稱爲"自孟子以來，未之有也"。[1](P457)可以看出，張載思想體系的形成過程，與《周易》《中庸》《論語》《孟子》有直接的淵源關係。而其思想内容的核心，是"尊禮貴德，樂天安命"[2](P12723)，是"知禮成性、變化氣質之道"[1](P457)；其重要的思想特點是"性道合一""學政不二"，這些最終形成了關學躬行禮教、篤行實踐、崇真務實和崇尚氣節的學派宗風，并且代代相傳，成爲一以貫之的關學精神。所謂關學不絶如縷，就是指由張載奠基并被歷代關學學人不斷高揚和豐富着的關學精神，一直被承傳和光大。

張載在世時，弟子雲集，曾出現"關學之盛，不下洛學"[3]的景況。但在張載身後，關學一度失去領軍人物，遂陷入寂寥不振的境况。藍田"三吕"、蘇昞、范育等爲傳承道學而投奔二程門下，但他們大多持守張載學術宗旨，如"守横渠學甚固"的吕大臨，"每横渠無説處皆相從，才有説了，便不肯回"[4]，即使爲二程門下的關學弟子，也未放棄師説。不過，也有學者認爲，在張載身後，隨着弟子相繼追隨二程而出現"'三吕'的洛學化和李復的關學'正傳'發展"[5]的情况。顯然，針對關學學術傾向上的歧出，於是才有了正向承傳張載關學的"正傳"之説。至於李復是否爲關學"正傳"，也有學者提出質疑。[6]可見，最初所謂的關學"正傳",是相對於關學"洛學化"的説法而提出的。

事實上,隨着社會歷史背景及人文語境的變化,關學受到當時思想文化的極大影響是顯而易見的,其自身的特徵也確實在發生着變化。先是在元、明時期,程朱理學日漸成爲官方的意識形態,關學開始與程朱之學發生了交融,如金、元時的關學學人楊奂、楊恭懿,明代前中期三原學派王恕、王承裕、馬理、楊爵,以及受河東之學影響的薛敬之、吕柟等,出現了與程朱理學融合的傾向。明正德年間,陝西渭南南大吉在浙江紹興爲官,與王陽明有了密切接觸,他不僅受到陽明心學的極大影響,而且在他貶官回鄉後,又把心學傳到了關中。之後馮從吾、張舜典等都受到心學的影響,又出現了關學與心學融合的傾向。明末清初,曾有程朱與陸王的學術異同之辨,其間李二曲、王心敬等承繼了馮從吾的融合心學的路向,而王建常、李元春等仍持守融合程朱之一脈。不過,無論當時是融合程朱,還是融合陸王,都没有偏離"道繼横渠"的關學宗旨,都持守着躬行禮教、篤行踐履、崇真務實和崇尚氣節的關學宗風,體現着關學"性道合一"、"學政不二"的學術特徵。

需要探究的問題是,當關學歷時性出現了融合程朱的理學化傾向和融合陸王的心學化傾向時,有没有"正傳"關學的學人呢?回答是肯定的。關學史上不乏"正向"承傳張載之人,晚清長安柏景偉及其灃西學派,即是以回歸張載的學術路向,被時人稱爲"關學之正傳"[7]卷首(P5)。然此所謂關學之"正傳",并非没有受到當時程朱陸王的影響,而是説其學在當時開放性語境背景下,無論其思想主張,還是治學方法,抑或社會實踐,都是沿着張載關學的學術路徑前行的。由此一來,張載關學及其在歷史發展進程中先後出現的融合程朱理學以及陸王心學的三種學術傾向,在清末特定的社會背景下却共時性地出現了:以三原大儒賀瑞麟(1824—1893,字角生,號復齋,學者稱清麓先生)爲代表的融合程朱之清麓一系,以劉光蕡(1843—1903,字焕唐,號古愚)爲代表的受心學影響的煙霞一系,以柏景偉爲代表的被稱爲"關學之正傳"之灃西一系,三大學系互爲聲援,塤吹篪和,共同譜寫了清末關學史上輝煌的一頁,這是清代關學史上一個值得注意的現象。以往學界對煙霞、清麓二系的思想多有研究,但對以柏景偉爲代表的灃西學派則較少關注,甚至將其與煙霞一系相混同。究其原因,當與柏景偉的著作流傳較少、未被整理等原因有關。這裏我將主要從柏景偉的學術思想入手,分析其思想特徵及其在清末的學術地位與社會影響。

一、學有本原，克紹橫渠

柏景偉（1831—1891），字子俊，號灃西，晚號忍庵，陝西長安馮籍村（今長安區馬王鎮馮村）人。咸豐五年（1855）舉人，曾選授定邊縣訓導，未赴。同治六年（1867）左宗棠率軍入關，他出爲幕僚，并參與築堡寨、賑災等事務。作爲關學學人，他先後主講於涇干、味經、關中等書院，其學術思想的最大特徵，就是回歸張載學術路向。

北宋中葉，張載倡道關中，"作《西銘》以究民物之原，作《正蒙》以窮造化之奧，而壹本於約禮之教，明體達用。正經界，考井田，欲興復先王之遺規，關中學者蔚然成風"[7]卷首(P5)。從此，"以禮爲教""明體達用"成爲張載關學的鮮明特徵。柏景偉"少治橫渠之學，高尚氣節，有澄清之志"[8](P1)，嘗言"名教自可樂，橫渠是吾師"[9]卷八(P23)，"橫渠、涇野遺徽在，願共諸生勉步趨"[9]卷八(P16)，表明他以張載學術爲依歸，并以此"靳撥亂而反之正"[7]卷首(P3)。關於柏景偉與張載關學思想、風格上的聯繫，唐文治在《柏子俊先生文集·序》中有一精要的説明：

> 往者蕺山劉念臺先生作聖學三關："曰人己關，曰敬肆關，曰迷悟關。"而子俊先生亦有論學三關："曰義利關，曰毀譽關，曰生死關。"曾言："人生有三大關，有一不能打破，便非完人。三關者何？義利、毀譽、生死也。"蓋念臺先生所述，陽明之學也，故主於妙悟以成功；子俊先生所述，張子之學也，故主於守死以善道。張子之言曰："不愧屋漏爲無忝，存心養性爲匪懈。"蓋皆所以嚴義利之辨，而袪毀譽之私。又曰："存，吾順事；没，吾寧也。"則正所以破生死之關，而還吾天地之塞，天地之帥者也。故曰先生之學，關學之正傳也。[7]卷首(P5)

從唐文治所論可知，柏景偉之"論學三關"，雖受劉念臺"聖學三關"的啓示，實則一本於張載。張載《正蒙·乾稱篇》曰："知化，則善述其事；窮神，則善繼其志。不愧屋漏爲無忝，存心養性爲匪懈。"[1](P53)張載所提"知化""窮神"源於《易傳·繫辭下》："窮神知化，德之盛也。"他認爲盈天地間，惟有士君子能知太虚即氣，然後以神化性命，参天地化育之事，知萬物變化之道，故能"善繼"天地之志，"善述"天地之事，此皆士君子樂天踐形之事，故而事天地也，則仰不愧，俯不怍，無辜乎天地矣；存其心，養其性，不懈息於事天矣。張載所提存心養性、不愧屋漏，皆因於對天之敬畏，所以士君子力求踐夫形者。張載的生命感悟，即"存，吾順事；没，吾寧也"[1](P53—54)。柏景偉所謂"論學三關"，將張載的存、順、没、寧與"不愧屋漏""存心養性"的本體認知與踐履方法、修養工夫結合在一起，形成了簡明直接的以"義利關、毀譽關、生死關"爲畢生操存涵養的工夫論。唐文治曾一語道破柏景偉之學與張載關學的關聯："先生之學，關學之正傳也"。

柏景偉作爲關學"正傳"的一個重要體現，就是堅守橫渠"以禮爲教"的宗風。張載重視禮教，他說："凡未成性，須禮以持之，能守禮已不畔道矣。"[1]（P73）又說："禮者聖人之成法也，除了禮，天下更無道矣。"[1]（P73）清代學人朱軾在《張子全書·序》中，對此有精闢的概括："薛思庵說：'張子以禮爲教'。不言理而言禮，理虛而禮實也。儒道宗旨，就世間綱紀倫物上着腳，故由禮入最爲切要，即約禮、復禮之傳也。"[1]（P474）薛氏明確將張載學術思想特點歸結爲"以禮爲教"，且認爲張載的禮教主張，深得"儒道宗旨"，能從"世間綱紀倫物"加以落實，故而最爲切要，成爲孔子"約禮""復禮"主張的捍衛者。柏景偉回歸張載，着眼於社會的綱紀人倫，竭力推行張載的禮教主張。

面對晚清世衰道微，邪說橫行，"天澤倒置，秩序混淆，學校之中，不聞禮義之訓，狂攘恣睢，牢不可破。風紀掃地而無餘，而世道人心乃益至於潰敗糜爛不可收拾"[7]卷首（P6）的社會風氣，柏景偉盡力探尋治亂之源。其"結客橫渠終勵學，出山水濁在山清"[9]卷八（P11）"橫渠啓關學，繼起多魁儒。士習近淩替，苦爲名利驅"[9]卷八（P19）的詩句，真實地道出了他對世風淩替的憂憤和對橫渠"以禮爲教"的推崇。作爲涇干、味經、關中書院的主講，柏景偉認爲風俗盛衰在乎人才，人才隆替在乎學校，"學校人材所關非細"[9]卷首（P1），惟有昌明正學，謹守橫渠禮法，才能屏斥異端，黜邪歸正，恢復儒家綱紀倫常，挽救"不可收拾"的世道人心。

光緒十三年（1887），柏景偉入主關中書院講席，他深刻地意識到其時學子急需接受之教育，莫過於禮教。他認爲禮教之根本，尤莫先於尊師，所謂"師嚴然後道尊，道尊然後民知敬學"[9]卷七（P1）。爲此，他嚴立規條，手訂《關中書院學規》，其內容主要是整肅禮儀，認爲"人生於三事之如一。是事師之禮與君父并嚴，在學知事師，則在朝必能事君，在家必能事父矣"。強調"況我孔子爲萬世師宗，吾人所學何事，而顧忘祇敬之誠乎？後世蔑視禮教，懵然不知倫紀情誼之不可渝，故驕亢之志氣，不難施於尊長則甚矣"[9]卷七（P2）。規定師生每月朔望拜謁先師，養成隆禮重教、謹守禮法的習行操守。其餘各條戒律，均旨在"俾諸生憬然先知，有準繩規矩之可循"，以爲這樣"則身心兩有所範，而後可以言學"[9]卷七（P7）。經其整飭，關中書院"士風丕變"[9]卷首(P2)，諸生欣然向學。光緒戊子（1888）、己丑（1889）兩屆恩科鄉試，關中書院及門列正、副榜者二十六人，成績斐然。時人評論曰："惟鄉里有良師，而後國家有善治。故居今之世，救時莫如尊師。蓋惟尊師而後性情厚，惟尊師而後道德明，惟尊師而後風俗純而善人出。"[7]卷首(P6-7)柏景偉以其過人識略，嚴立規條，使諸生漸消鄙吝之習；善加指授，令後學盡徹性命之精，使橫渠"以禮爲教"宗風光而大之，此可視爲"關學之正傳"之一證。

柏景偉治學注重探本溯源，尤爲推崇四書，力圖以孔孟儒學端正人心。面對"邇來風氣不齊，趨向不定，其資性聰敏者或急於功利，而迂拘自守者又苦於空疏"[9]卷首(P1)的不良學風，柏景偉在《關中書院學規》中，開出了四書、經文、《通鑑》、古文、時文五類課程，強調："今特略舉數條著爲課程，以期與諸生朝夕研稽，循序漸進，似迂實捷，似緩實速，非止於身心有益，即行文亦必有明效大驗矣！"[9]卷七(P8)其中四書被"著爲課程"之首項。他說："四書爲尼山真傳，無所不包，無所不貫，乃群經之心法也。""而《大》、《中》章句，《論》、《孟》集注，朱子生平精力悉萃於此。剖析疑似，辨別毫釐，學者尤當於大義微言求其根本。"[9]卷七(P8)故而將四書定爲書院課程首選，勸諸生熟讀精思，沈潛涵詠，終身不可一刻廢止。

事實上，重視"四書"，非惟從朱子始，張載已開出先例。張載對《論語》《孟子》以及《中庸》等都有精深研究與獨到見解。他說："要見聖人，無如《論》、《孟》爲要。《論》、《孟》二書于學者大足，只是須涵詠。"[1](P80)又說："某觀《中庸》義二十年，每觀每有義，已長得一格。"[1](P85)"如《中庸》《大學》出於聖門，無可疑者。"[1](P85)可見，張載對四書十分推崇與褒揚。《宋史·張載傳》記載其思想體系"以《中庸》爲體，以孔孟爲法"[2](P12724)。故龔傑在《張載評傳》一書中，曾提出了張載的思想淵源是"四書學"的觀點。[10]柏景偉治學方法和教育方針，皆是接續橫渠而前行的，故使"四書學"在清末中國社會發生激烈轉折時期，尚有一席之地。

柏氏認爲"學者誦法前哲，不如景仰鄉賢"[9]卷首(P12)。關中書院是關中大儒馮從吾講學故地，於是他籲請地方官在青門學舍故址重建馮恭定公祠，附以少墟書院，俾故鄉童蒙得讀書所，名爲養正堂，以使學子們景仰鄉賢。晚歲，他又與賀瑞麟一起，將馮從吾及王心敬、李元春等編訂的《關學編》及諸《續編》重新輯校刊印，以明關學文脈，俾士子知所取向。在他的努力下，時關中人才"蔚然改觀"[9]卷首(P14)。柏景偉在《校刻關學編·序》中說："竊謂士必嚴於義利之辨，範之以禮，而能不自欺其心。則張子所謂'禮教'與聖門'克己復禮'、成周《官禮》，未必不同條共貫，是即人皆可爲堯舜之實，而紛紛之説均可以息，亦何人不可以自勉哉。"一語道明其續刊關學遺編之苦心，即不忘紹明聖學遺徽，賡續橫渠"禮教"主張。時人評論説："子俊先生所述，張子之學也，故主於守死以善道。"[7]卷首(P5)實乃的論。

光緒二十六年（1900），陝西巡撫端方在奏請朝廷將柏景偉事跡宣付國史館的奏摺中稱："綜其生平，有宋儒張載之風"[9]卷首(P5)。關中大儒賀瑞麟贊其"大類橫渠，其強毅果敢有足以擔荷斯道風力"[11](P69)。其門下士王典章亦説"跡其生平，遠紹橫渠，殆無愧色"[8]卷首(P12)。唐文治則明確稱"先生之學，關學之正傳也"。[7]卷首(P5)這些評價，或來自地方最高行政長官，或來自并世賢達，或來自親炙弟子，對我們瞭解柏景偉的學術思想及"關學之正傳"的學術路向，提供了有力的佐證。

二、以恕爲本，以強爲用

清代學人朱軾在《張子全書·序》中説："是故學張子之學而實踐其事者，斯不愧讀張子之書而洞晰其理。"[1](P475)指出"學張子之學"的關鍵，在於付諸社會實踐，真正推行張載的思想主張。李慎在同治九年（1870）《張子全書·序》中説："果能取夫子之書讀之而身體力行，觀摩而善焉；其君子知勵存養之修，宏'胞與'之量，循其性而無違；其小人亦知篤尊高年、慈孤弱之義，盡其職而無愧；暉暉熙熙，禍亂其庶幾息乎！"[1](P477)認爲承繼張載的思想主張，就當"身體力行"，以張子的情懷激勵自己，加強存養工夫，宏大"胞與之心"，"尊高年""慈孤弱"，果能如此，天下太平可期。

柏景偉深得張載學術精髓，"爲學以道爲依歸，實踐躬行，不尚標榜"[9]卷首(P2)，清人宋伯魯稱其"獨以經世之學聞於時"[8](P1)，實學特徵十分鮮明。他曾説："聖賢之學，以恕爲本，以強爲用。道德經濟，一以貫之。"[7]卷首(P3)"以恕爲本"即以儒家的忠恕之道爲立身之本，切中孔子思想的核心。可以説，張載"民胞物與""敬義一道"思想即是孔子所提倡的"恕道"的集中體現。張載一方面講"民，吾同胞；物，吾與也"[1](P53)，把儒家的"仁民愛物"發展爲更具普遍意義的"民胞物與"；同時又主張"敬義一道"。他説："'敬以直内'，則不失於物；'義以方外'，則得己；敬、義，一道也。敬所以成仁也。蓋敬則實爲之，實爲之，故成其仁。"[1](P122)

以恕道推己及人，以敬義之心立身處事，施仁愛於民物，這是張載倫理思想之要。柏景偉亦説：

人惟藏乎身者不恕，是以只知有己，不知有人，滿腔子都是私欲心，奚以正身？奚以修？果能強恕而行，則望於人者薄而責於己者厚，以之處君臣、父子、夫婦、昆弟、朋友之間，亦焉往而不得其道哉！惟是孔門言學，敬、恕兼重。其告仲弓曰：'己所不欲，勿施於人'者，恕也；'出門如見大賓，使民如承大祭'者，敬也。'敬'之一字，似尤爲徹裏徹外、徹始徹終第一功夫。敬恕立而仁存，仁存而道德、經濟一以貫之矣。然修己治人之學，亦非可空談性命遂足盡之也。[9]卷二（P22）

如同張載的"敬、恕兼重"，柏氏主張"仁不外於敬、恕"，"敬、恕立而仁存，仁存而道德、經濟一以貫之矣"，即認爲那些不守恕道，自私自利，只知有己，不知有人的人，是没有仁德的人。敬、恕并重，方是修德"第一功夫"。他在《復薛壽萱》書中説："自古抱絶世之才，恒多負俗之累。非盡人之過爲訾毀也。惟名與利，雖豪傑之士，未必盡能擺脱。使非敬義夾持，刻刻警惕，未有不終於陷溺者。"[9]卷三（P29）認爲惟有"刻刻警惕""敬義夾持"，方能不受負俗之累。在給門下趙舒翹（1847—1901）的信中，勸其要以恕道、敬義、仁愛之心涵養自己，否則"不足宏濟艱難"，成就大事："蓋辦事以氣，氣不盛則萎軟闒茸，必不足宏濟艱難，然挾盛氣以陵人，亦往往招人訾議。此無他，更事未久，讀書未深，客氣多而主氣少也。"[9]卷七（P67）以"更事未久""讀書未深""主氣少"等修養工夫不到位而可能導致的失德行爲來開示弟子，體現着柏先生對儒家"恕"道修養工夫的重視與對道德"精微"境界的生命感悟。趙舒翹後累官至刑部尚書、軍機大臣，顯然與柏景偉的教育是分不開的。

誠如柏景偉在強調"敬恕并重"的同時，還特別強調"行恕"，認爲"主敬行恕"，其仁德之體方可以立，即所謂"主敬"行而體立。他反對空談性命，主張將道德修養與經國濟世統一起來，認爲這才是"修己治人之學"。這與張載所提倡的"人之事在行，不行則無誠，不誠則無物，故須行實事"[1]（P263）的主張高度一致。張載嘗謂自己"某平生於公勇，於私怯，於公道有義，真是無所懼"。[1]（P99）因其無私，故能做到"於公勇"；因其無私，故能主持公道正義，乃"無所懼"。這一點，在張載的社會實踐中充分地得以體現。如他欲組織民團，收復被西夏割占的洮西之地；正經界，考井田，以期解決土地兼并帶來的社會經濟問題。柏景偉取法張子，强調"以强爲用""强恕而行"的實踐工夫。他認爲："謂學有根柢，然後窮達裕如，處爲純儒，出爲純臣，其理原無兩歧。古人頂天立地功業，皆從惕勵戰兢做起，庶幾有裨君國，有益民生。否則不講明有素，鮮不先後易節，初終易轍。"[9]卷首(P15)强調學問與事功原無二致，只求有益於家國天下。故他在《求友齋課啓》中，痛陳晚清關中士風偷薄、江河日下的境况，説：

> 人才之盛衰，豈不關乎學術哉！有正學焉，修己治人，敦行不懈是也，而馳鶩名利者廢之；有實學焉，通今博古，討論必精是也，而剽竊詞章者隳之。風氣所趨，江河日下，此豈盡學者之失乎！目不睹有用之書，耳不聞有道之訓，何怪乎沈溺而不返也！[9]卷六(P25)

促使柏景偉以經世實學挽救世風的社會原因，是"正學"被"馳鶩名利者廢之"，"實學"被"剽竊詞章者隳之"，諸生目不睹有用之書，耳不聞有道之訓，虚浮之風氾濫。故而，柏氏力倡"以正學實學爲根柢，以義法理法爲楷模"[9]卷首(P14)，主張"通經惟期致用"[9]卷首(P7)。如同治元年（1862），朝廷大挑二等，柏景偉選授定邊訓導，以時變未赴。適值陝西興辦團練，柏景偉日夕與鄉人講授擊刺法與戰守機宜，同時主持修築堡寨事宜，以"修築堡寨爲堅壁清野之計"上書當事，親自釐定《修築堡寨章程》。又如同治六年（1867），欽差大臣左宗棠奉命督師入關，先生以"宜築堡寨以衛民居，設里局以減徭役，提耗羨以足軍食，徙□居以清根本，開科舉以定士心"[7]附錄(P9)，備受左文襄公器重，成爲左宗棠得力僚佐。

光緒三、四年，關中大饑，柏景偉稟呈陝西巡撫停徵官糧，致函左宗棠、劉蓉等朝廷大員，募捐善款賑濟災民；同時籲請陝西地方官發粟賑恤，開設義倉，并創立各村保各村法[7]附錄(P11)，手訂賑災章程，全活陝省數十萬人。時人論其"生平尤以饑溺爲懷，深得力於横渠《西銘》'民胞'、'物與'二語"[9]卷首(P10)。光緒九年（1883），柏景偉奏請創辦長安牛痘局，置辦種痘器械，爲兒童施種牛痘三四十年，使當時陝西長安、鄠縣等方圓數百里之内兒童免受天花之苦。可見，他爲踐行張載"民胞物與"倫理境界而篤行不渝，這些都鮮明地體現了他對張載關學經世實學思想的承繼和高揚。

光緒十一年（1885），柏景偉會同劉古愚創求友齋於味經書院，增加了經史、道學、政事、天文、地輿、掌故、演算法、時務諸學，分門肄習，"以期盡正學、實學之義"[9]卷六(P26)，培養經世之才，使學切於實用，才附於實學。

1891年柏景偉辭世後，地方當局在《公呈》中評價他說："造福地方，嫌怨有所不避；束躬名教，功利素所不居。以湮没賢哲爲後人羞，以拯救荒災爲分内事。以天下爲己任，以君國爲己憂。"實爲至論。其一生服膺張載，躬行禮教，樂天安命，惟期致用，學業、事功兼而有得，成爲晚清學人中承繼張載經世實學的典型範例。

三、鼎足而立，各領風騷

光緒十七年（1891），陝西學政柯逢時會同陝西巡撫鹿傳霖，以"經明行修之士"奏請朝廷，對柏景偉予以擢拔，并對其學術宗旨、思想特徵作了簡明的概括，亦將其與時儒賀瑞麟、劉古愚相較并論：

> 查有三原縣國子監學正銜、貢生賀瑞麟學有淵源，務求心得。……其學一以朱子爲宗，而於異説不稍假借，其純篤如此。……非竊取虛名、空談性命所可比也。

> 又藍翎同知銜、分省試用知縣柏景偉，……平日爲學以道爲依歸，實踐躬行，不尚標榜。主關中、味經書院，嚴立規條，士風丕變。杜門養疾，問學者踵至。其中信明決之資，堅苦卓絶之操，惜早歲歸田，未竟其用，良可惜已！

> 咸陽舉人劉光蕡，……期於明體達用，不存門户之見，尤能辨明義利，扶植綱常。主味經書院有年，因材而教。日坐講堂……論其學識，實爲經世之才。[9]卷首（P1）

上述奏章中，柯逢時初步勾勒出了晚清關中三大學術重鎮及其别具一格的學術走向：柏景偉以道爲依歸，務期實踐躬行，不尚標榜，是爲灃西一系；賀瑞麟學宗朱子，提倡篤實踐履，是爲清麓一系；劉古愚主明體達用，留心時務，是爲煙霞一系。三大學系雖皆能道繼橫渠，篤實踐履，然受當時文化語境的影響和各自爲學路徑的不同，其學術思想特色各異，開出了不同的治學路向。彼此鼎足而立，使張載關學及其後不斷與程朱理學、陽明心學交融、互動的歷時性過程與思想特色，卻在晚清關中并時性地得以呈現，出現了關學思想史上少有之景象，映證着晚清關學學術走向的多元趨勢。

柯逢時的説法，亦得到當時官方與學人們的證實。光緒二十六年（1900），亦即柏景偉辭世十年後，陝西巡撫端方"爲已故耆儒學行純備懇恩宣付史館"奏請朝廷，將其宣付國史館，謂其"生平不空言性命，躬行實踐，期於有用"；

"其行事儒而非俠,其立言切而不迂。綜其生平,有宋儒張載之風"。并謂其學"與已故廩生賀復齋瑞麟分主講席,同負時名"[9]卷首(P5)。肯定了柏景偉在清末關中的學術地位,及其向張載關學回歸的治學特點。

光緒十二年進士、翰林院編修馮煦(1842—1927)在爲《灃西草堂集》所作序言中曰:"自横渠張子倡正學於關中,以尊禮貴德、樂天安命爲宗,與濂、洛、閩并爲儒林泰斗。……并世所聞有二儒焉,一則咸陽劉古愚先生光蕡,一則柏子俊先生也。"[7]卷首(P3)作爲晚清極具影響力的學人,馮煦對清末關學發展情况十分瞭解,將柏、劉并提,視二人爲晚清關學傳燈之人。

1924年,四川張驥撰寫《關學宗傳》,在序中論及關學發展脈絡:"輯横渠以來至於灃西、古愚,計如幹人",清晰地勾勒出了張載以來關學八百餘年的傳承譜系,感嘆"灃西、古愚聞風而起,至今日而有墜緒之可尋、遺文之足録者,皆數君子之力"[12](P145—146)。將柏灃西與劉古愚作爲晚清關學承緒之人,給予極高的學術地位。

翰林院侍讀學士薛寳辰(1850—1926)説:"灃西先生毅然以衛道爲己任,坐三經之席,爲群士之師,祁祁生徒,誘納模楷。"[7]卷首(P8)戊戌維新志士宋伯魯(1853—1932)評價柏先生"先後主講關中、味經兩書院,擁皋比數十年,執經問字者半三秦"[8](P1)。宋伯魯還在爲《灃西草堂集》撰寫的《弁言》中説:"同、光之際,三原賀子復齋道程朱,言實踐;咸陽劉子古愚貫徹中西,精深而閎肆,皆與先生同時相切劘。而先生獨以經世之學聞於時。"[8](P1)關中學人郭毓璋(1868—1930,字藴生)説:"吾秦近六十年言師承者,無智愚不肖,咸推賀清麓、柏灃西、劉煙霞三先生。"[13](P1)薛、宋、郭等學人都是出入柏門、賀門、劉門之高弟,見證了灃西系、煙霞系、清麓系的學術盛况,所述所論,分別從不同的層面概括了三大系的學術旨趣,於清麓學宗程朱、煙霞學宗陽明而又近於新學相較,柏景偉其學以向張載之學的回歸開出不同於二者的學術路向。從而印證了唐文治先生所言"先生之學,關學之正傳也"的説法是成立的,也證實了該時期關學之多元走向,前後延續近六十年之久。

然長期以來,學術界對柏景偉及其灃西一系的研究甚爲薄弱,言及晚清關中學術,多以清麓、煙霞二系爲中心,對柏景偉及其灃西學系極少關注。如于右任在《我的青年時期》一文中曾言:"那時關中學者有兩大系:一爲三原賀復齋先生(瑞麟),爲理學家之領袖;一爲咸陽劉古愚先生(光蕡),爲經學家之領袖。"[14](P13) 對賀復齋、劉古愚給予了極高的評價。作爲在關中具有較高影響的學人，于氏在論及當時學術發展狀況時，對柏景偉卻未曾提及，其學術傾向，對關中學界當不無影響。

分析于右任這種傾向的形成，當與師承、地緣不無關係。他曾在戊戌年師從劉古愚月餘，對他印象"甚爲深刻"[14](P14)；他幼年時生活在三原，曾親見賀瑞麟督修朱子祠時"儼然道貌"，賀先生彌峻豐裁，給他留下了深刻印象，"時懸心中"。故而對劉、賀二師極爲推尊。此外，當與柏景偉不薄科舉制義的治學方法不爲于氏認同有關。于右任回憶說："三原弘道書院，涇陽味經書院，西安關中書院，我都曾經住過。時讀書稍多，詩賦經解均略能對付。而所作八股文，則與當時的風氣不同，以《書》、《禮》、《史記》、張子《正蒙》等書爲本，只重說理，不尚詞藻，見者多疑其抄襲明文，因此各書院會課，不是背榜，就是倒數第二，居恒鬱鬱不樂。"[14](P10) 顯然，于氏不喜八股貼括，而柏景偉對制藝有着較爲公允的看法："功令不可違也，制藝文體雖卑，而命題則依'四書'，'四書'勢必爲童蒙熟讀。……夫童蒙而不讀'四書'，流弊可勝言耶。"[13](P1) 顯然，與賀、劉二公輕視八股制義的態度不同，柏景偉認爲制義文體雖有弊病，但其內容是值得肯定的。柏景偉不薄制義的治學方法，與清麓、煙霞二系有明顯分野，這對同樣輕視制義的于右任當有一定影響，難免因其治學方法保守循舊，進而影響對柏景偉及其灃西一系的學術評價，或爲原因之一。

此外，柏景偉的學術思想未受關注，也與當今學界未能明辨柏景偉灃西一系與清麓、煙霞二系之區別，甚至將其與煙霞一系思想相混同有關。如徐世昌《清儒學案》卷一百九十一《古愚學案》，將柏景偉作爲"古愚交遊"[15](P7394)，未對二者的學術分野進行明辨。如劉學智《關學思想史》第十一章中，把柏景偉與劉古愚同傳，將其作爲劉古愚"附論"[16](P488)，顯然受到前者的影響。因此之故，以往學術界對柏景偉學術思想特徵認識的模糊以及對其學術地位的低估等傾向，應當予以正視與重新梳理。

綜其一生，柏景偉服膺張載之學，以克紹橫渠"遺徽"爲學術追求，"類橫渠之氣概"[9]卷首(P7)，作爲"關學之正傳"，灃西一系成爲晚清關中與賀瑞麟爲代表的程朱一系、劉光蕡爲代表的心學一系並立的重要一脈。故研究柏景偉學術思想及其特徵，對柏景偉及其灃西一系給予應有的學術地位，同時對認識晚清關學的多元學術走向，具有重要的學術史意義。

【參考文獻】

[1]張載.張子全集[M].林樂昌點校.西安：西北大學出版社，2015.

[2]脱脱等.宋史[M].北京：中華書局，1985.

[3]黄宗羲.宋元學案[M].北京：中華書局，1986.

[4]程顥、程頤.二程集[M].北京：中華書局，1981.

[5]陳俊民.張載哲學思想及關學學派[M].北京：人民出版社，1986.

[6]魏濤.李復與張載思想辨異——兼對李復爲"關學正傳"説的質疑[J].孔子研究，2011（6）.

[7]柏景偉.灃西草堂集[M].民國十三年金陵思過齋刻本.

[8]柏景偉.灃西草堂文集[M].民國二年陝西霽光印字館本.

[9]柏景偉.灃西草堂文集[M].光緒二十六年排印本.

[10]龔傑.張載評傳[M].南京：南京大學出版社，1996.

[11]賀瑞麟.賀瑞麟集[M]//王長坤、劉峰點校.西安：西北大學出版社，2015.

[12]張驥.關學宗傳[M]//王美鳳點校.關學史文獻輯校.西安：西北大學出版社，2015.

[13]寇卓.悔庵文鈔[M].民國十三年酉山書局代印本.

[14]于右任.我的青年時期[M].上海：上海大學同學會總會刊印，1940.

[15]徐世昌.清儒學案[M].北京：中華書局，2008.

[16]劉學智.關學思想史[M].西安：西北大學出版社，2015.

點校説明

柏景偉，字子俊，號忍庵，晚年自號灃西老農，長安人。生於道光十一年（1831），卒於光緒十七年（1891），享年六十一歲。自少刻苦力學，弱冠爲諸生，食餼。咸豐五年舉人，同治元年（1862）大挑二等，選授定邊縣訓導。遇同治年間戰火，未赴任，奉父母匿南山，轉徙荒谷間。親没，哀毁逾恒。同治四年（1865），服闋，柏景偉偕提督傅先宗募勇湖北，赴甘助剿。次年，解鞏昌、慶陽之圍，因功賞戴藍翎。不久返回長安辦團練，鞏固城防，功勞卓著，經陝甘巡撫劉蓉奏請，以知縣選用。同治六年（1867），欽差大臣左宗棠奉命督師入關，先生識略過人，以"宜築堡寨以衛民居，設里局以減徭役，提耗羨以足軍食，徙□居以清根本，開科舉以定士心"等建議，深得左宗棠器重，出任湘軍統領劉典的軍務幫辦。同治八年（1869），劉典以"積年勞勣"特疏保薦先生，詔以知縣，分省補用，并賞加同知銜。不久，先生辭官歸里，"移居終南五臺山，日從事格致誠正之學，講求身心性命之修"（參見《行狀》），潛研學理。

光緒二年（1876）受陝西學使吴清卿所聘，柏景偉主講涇干書院。到院當天，便訂立學規，整肅學風。光緒三年，關中大饑，爲解除群衆疾苦，先生稟呈陝西巡撫停徵官糧，致函左宗棠、劉蓉等朝廷大員，募捐善款賑濟災民；同時籲請陝西地方官發粟賑恤，開設義倉，創立各村保各村法，"以貧民稽富民粟使無匿，以富民核貧民户使無濫"（參見《事實册》），并手訂賑災章程，全活陝省數十萬人。

光緒九年（1883），柏景偉主講味經書院。其教人敦品勵行，雖嚴立風裁，而愛才如命，學者宗之。同年爲了防治天花對幼兒的危害，奏請創辦長安牛痘局，置辦種痘器械，爲兒童施種牛痘三四十年，使得長安、鄠縣、咸陽方圓之内兒童免受天花之害。光緒十一年（1885），先生爲時局所觸動，同好

-I-

友劉古愚創求友齋於味經書院，力倡實學，并親撰《求友齋課啓》，增加了經史、道學、政事、天文、輿地、掌故、演算法、時務諸學，分門肄習，力求培養經世致用的有用人才。光緒十三年（1887），先生移講關中書院，出任山長，兼掌志學齋。期間親訂《關中書院學規》，整飭風紀。思造士以濟時艱，冀儲有用之才，積極提倡"以正學實學爲根柢，以義法理法爲楷模"（參見《行狀》），成就甚衆。他以爲"遠師前哲，不如近法鄉賢"（參見《國史本傳》），多方籲請建立少墟書院，并於青門學舍舊址重建馮恭定公祠。經過數年的艱辛努力，終使馮恭定公祠修繕完畢，關中士子知所趨向，學風一時歸正。爲使關學學脈代代賡續，柏景偉精選良本，重新校刻馮恭定公《關學編》，序而行之。光緒十七年撫軍鹿傳霖、學使柯逢時以"經明行修"上奏朝廷，圣旨"下部議叙"。然是年十月先生卒，未及見也。

　　柏景偉一生著述甚多，然生逢亂世，多所不存，文集存世共三個版本：光緒二十六年（1900）庚子仲夏排印《灃西草堂文集》，全書一函四冊，共八卷（以下簡稱光緒本）；民國二年（1913）陝西霽光印字館印《灃西草堂文集》，全書一函四冊，共四卷（以下簡稱霽光本）；民國十三年（1924）甲子金陵思過齋刻錄《灃西草堂集》，卷首有邵力子題署"柏灃西先生遺集"，全書一函五冊，共八卷（以下簡稱金陵本）。

　　三個版本中，光緒本排印時間較早，并附錄有光緒十七年陝西巡撫鹿傳霖、學政柯逢時以"經明行修"薦舉於朝的奏摺，以及光緒二十六年陝西巡撫端方以"學行純備"懇恩宣付史館立傳的奏摺，并附柏子俊之子柏震蕃撰寫的《行狀》等，内容詳贍完備，排印規範，是爲本書的底本。

　　霽光本刊於民國二年，宋伯魯在《序言》中提及重刊的原因："顧原刻浩瀚，讀者未易窺測"，"以原書浩瀚，非貧乏無力者所能勝，故謹撮錄四卷，叙其緣起，付諸聚珍，先生生平略具於是，非敢有所棄取於其間也"。可知，該版本爲光緒本的縮略本。全書仿照清代散文家姚鼐（1731—1815，字姬傳）《古文辭類纂》之體例，將底本疏、議、書、序、跋、傳、碑記、墓誌、雜著、遺墨、詩等十餘門類，刪削爲書說、傳記、碑誌、雜著、詩辭五門類。惟刪削過甚，内容縮減幾半，故僅作爲本書的校本之一。

金陵本在時間上較前二書晚出，文集主體内容與底本篇目大抵相同，惟在《卷首》增加了《國史本傳》與數篇序言，對底本《卷首》原收内容卻有所抉擇，未能盡録。二書各有側重，相互補充，有裨於後人瞭解柏景偉著作的刊印流傳情況。加之該書對底本的錯訛漏缺之處有所修正，是研究柏景偉學術人生的重要資料，故爲本書重要校本。

　　因點校整理之需要，我們亦參閲了部分相關文獻資料，包括《少墟集》（明萬曆壬子刻本）、《二曲集》（清康熙三十二年鄭重高爾公刻本）、《煙霞草堂文集》（民國十年江蘇刊本）、《藍川文鈔》（民國十三年芸閣學舍鉛印本）、《陝西鄉賢事略》（民國十五年鉛印本）、《清史稿》（中華書局1977年本）等作爲本次點校之參校本。

　　在本次整理過程中，點校者將底本缺而校本增加的相關内容因類收録。輯佚了晚清、近代以來部分史傳類著作及田野考古發現的關於柏子俊先生的傳紀等資料，最終形成一部内容詳贍、體例完備、準確可靠的《灃西草堂文集》，爲研究清末民初中國近代社會轉型時期關學學人身上所體現的傳統理學與西學結合、儒家修身克己之學與以事功改造社會的實踐活動相結合等特徵，研究傳統關學、西學、近代中國社會的現實矛盾等在他們内心的激蕩及其在哲學上的反映，挖掘在他們身上體現的西學和實學兩大學術傾向。需要説明的是，因特定原因，本书未收録《覆湯樹齋觀察》等三篇文章，同時個别内容用□代替。

　　本書是國家社會科學基金項目"清末民初關學重要文獻及其思想研究"、陝西省社會科學基金項目"《灃西草堂集》整理及其關學史意義研究"最終研究成果，也是教育部社科司中華優秀傳統文化專項課題（A類）重點項目"關隴理學文獻整理與學術思想研究"階段性成果。爲了全面搜集其相關資料，課題組成員曾先後走訪柏景偉生前講學的涇干書院、味經書院等故址，并赴其故里長安縣靈沼鄉馮村走訪調研。柏景偉後裔柏大洋等十分關心項目的整理工作，期待先祖的文集能早日面世，同時對關學研究寄予無限期望，讓我們倍感鼓舞。本項目歷時五年，承蒙陝西師範大學劉學智教授的悉心指導，承蒙陝西人民出版社郭文鎬先生的認真校審，承蒙陝西省孔子學會石軍先生的大力支持，全書終告成矣。感謝各位老師的幫助。

此外，在本課題完成過程中，西安文理學院何山、吳士俊、趙茁毅、俱思慧等同學，西北大學冀俊竹、靳佳慧等同學，亦參與了資料搜集與文字錄入校對工作，正是在大家的共同努力與幫助下，本書的整理工作得以順利完成，在此一并致以誠摯的謝意！因學識孤陋，疏漏訛謬之失在所難免，惟讀者不憚煩勞而一一賜教，則不勝幸甚。

王美鳳

二〇二〇年十月

目録

卷首

奏章

提督陝西學政臣柯逢時跪奏爲敬舉經明行修之士籲懇恩施以資矜式仰祈聖鑒事……………………柯逢时（003）

護理陝西巡撫奴才端方跪奏爲已故耆儒學行純備懇恩宣付史館立傳以彰樸學恭摺仰祈聖鑒事……………端方（007）

公呈

爲臚陳故儒生平學行事實公懇奏請宣付史館以勵風教而崇關學事………………………………………（011）

事實冊附臚陳事實節略十二條………………（013）

序文

弁言………………………………………宋伯魯（020）

灃西草堂集序……………………………馮　煦（021）

柏子俊先生文集序………………………唐文治（024）

灃西草堂集後序…………………………薛寶辰（026）

灃西草堂全集叙…………………………宋伯魯（029）

柏灃西先生遺集序………………………王典章（030）

卷 一

疏

奏請補行陝甘文闈鄉試疏代劉克庵撫軍……（033）

奏請力減陝西差徭以紓民困疏代劉克庵撫軍……（037）

奏請湖南省城建立克勇昭忠祠疏代劉克庵撫軍……（039）

議

朱子社倉私議……（041）

營田局子午黃良二廠叛產應歸堡寨議……（046）

致徐觀察變通錢法助賑議……（048）

卷 二

書上

致慕子荷學使……（053）

覆慕子荷學使……（054）

覆慕子荷學使……（055）

覆慕子荷學使……（055）

致慕子荷學使……（056）

覆林迪臣學使……（057）

覆李菊圃方伯曾懷清觀察……（057）

覆李菊圃方伯曾懷清觀察……（058）

覆林迪臣學使……（059）

覆柯遜庵學使……（060）

覆林迪臣學使……（060）

覆陸吾山觀察……（061）

覆劉煥唐孝廉……（061）

·2·

覆陶方之中丞…………………………（063）

致馬伯源明經…………………………（064）

覆張雲生大令…………………………（065）

覆黃小魯觀察…………………………（067）

上劉克庵中丞…………………………（068）

覆劉克庵中丞…………………………（069）

覆劉克庵中丞…………………………（069）

覆朝邑相國……………………………（070）

覆張子貞守戎[1]………………………（072）

覆陳誠生明經…………………………（073）

覆陶方之護院…………………………（074）

覆武功[2]李廣伯明府…………………（074）

致李廣伯邑侯…………………………（075）

致李廣伯邑侯…………………………（077）

覆涂少卿邑侯…………………………（077）

卷　三

書下

上左爵帥書……………………………（081）

致張雲卿直刺…………………………（082）

覆湯樹齋觀察…………………………（083）

覆李稼門中翰…………………………（085）

覆李稼門中翰…………………………（085）

代劉太青[3]致解州劉孝廉……………（087）

覆黃子壽中丞…………………………（088）

覆李菊圃方伯…………………………（089）

覆曾懷清[4]觀察…………………………………（091）

致咸長勸賑局紳士…………………………………（091）

覆味經邢得齋楊立夫齋長……………………………（092）

致關中書院志學齋四齋長……………………………（092）

覆薛壽萱……………………………………………（093）

致高朗卿……………………………………………（095）

覆宋子鈍……………………………………………（096）

覆吳覺生……………………………………………（096）

覆魯勳臣……………………………………………（097）

覆侯貞甫……………………………………………（098）

覆宋子鈍……………………………………………（098）

覆馬丕卿……………………………………………（099）

寄趙展如……………………………………………（101）

覆趙展如……………………………………………（102）

覆趙展如……………………………………………（103）

卷　四

序

校刻關學編序………………………………………（107）

關中書院課藝序……………………………………（113）

跋

馮少墟先生善利圖跋………………………………（115）

蔣子瀟先生游藝錄跋………………………………（115）

江西水道考跋………………………………………（116）

賈玉亭先生教澤碑跋	(117)
將學要論跋	(118)
李子純同年烈女圖詩跋	(118)
學稼園記	(119)

傳

灃西老農傳 辛巳	(120)
解茂才傳	(120)
王君藹然家傳	(122)
董君思琨家傳	(124)
董君朝均暨三弟家傳	(125)
袁處士家傳	(127)
袁君卓園家傳	(128)
節孝婦王崔氏傳	(128)
劉節婦盧氏傳	(129)
王節婦邢氏傳	(129)
賈貞女記事	(130)
貞女張馬氏事略	(130)
何潘氏事略	(131)

卷　五

碑記

關中書院光緒[5]戊子科題名記	(135)
光緒己丑恩科陝西鄉試[6]題名記	(136)
重修長安灃水普濟橋并梁公祠碑記	(136)
重修咸寧潏水申店橋碑記	(138)

重修長安客省莊灃水古靈橋碑記…………………………（139）

　　山右李氏四世封贈碑記[7]……………………………………（140）

　　康母鞏氏墓碣丙戌…………………………………………（141）

　　賈貞女碑記…………………………………………………（142）

墓誌銘

　　賀豹君孝廉[8]墓誌銘乙亥……………………………………（144）

　　陳君益庵墓誌銘戊寅………………………………………（145）

　　宮處士墓誌銘癸未…………………………………………（146）

　　翁君練亭墓誌銘丁亥………………………………………（148）

　　馬君子策墓誌銘庚寅………………………………………（149）

　　袁宜人墓誌銘………………………………………………（152）

卷　六

雜著上

　　重建馮恭定公祠暨創設少墟書院稟…………………（157）

　　節義祠落成請賜褒揚稟……………………………………（160）

　　查明馮恭定祠基址祀典稟…………………………………（162）

　　籲懇陝省旱災已成亟宜籌賑稟……………………………（164）

　　查禁販運賑糧出境稟………………………………………（165）

　　請緩徵稟……………………………………………………（166）

　　上左爵帥稟…………………………………………………（167）

　　代慶陽難民籲請劉中丞招撫土匪稟………………………（168）

　　代翁雪樵瀝陳招撫情形稟…………………………………（170）

　　瀝陳辭辦堡寨事宜稟………………………………………（170）

公請改發求友齋經費生息稟……………………………（171）

創立咸長崇化文會稟………………………………（172）

辭保舉稟……………………………………………（173）

求友齋課啓…………………………………………（173）

勸辦修築堡寨啓……………………………………（174）

創設崇化文會啓……………………………………（176）

募修馮籍廠節義祠啓………………………………（176）

討狼啓………………………………………………（177）

勸助施種牛痘啓……………………………………（178）

卷　七

雜著下（遺墨附）

關中書院學規………………………………………（183）

志學齋學規…………………………………………（190）

咸長勸賑瑣記………………………………………（191）

辦賑善後章程………………………………………（193）

續賑章程……………………………………………（194）

各鄉各村賑保簡明説單……………………………（195）

代擬諭示榜文三則…………………………………（196）

勸賑章程續言………………………………………（197）

修築堡寨章程戊辰…………………………………（199）

長安里局章程庚午…………………………………（203）

馮籍廠義倉善後章程辛巳…………………………（205）

清釐長安里甲糧弊條陳丙戌………………………（207）

陝西減收平餘碑代劉克庵撫軍……………………（209）

遗墨···（211）

卷　八

詩

述懷···（223）

冬柳···（223）

雪夜聞小兒啼聲癸亥·······································（224）

移居石曹峪···（224）

飲酒···（224）

感賦···（224）

立春有感···（225）

歲晚···（225）

臥病···（226）

黃鶴樓題壁二首乙丑·····································（226）

客舍···（227）

再登黃鶴樓同胡寅谷謝伯宓桂生作·······················（227）

舟中···（228）

贈傅堃亭軍門···（228）

樊城題壁···（229）

行經峴山···（229）

即景···（230）

西征···（230）

中衛道中···（231）

東歸···（231）

自慰···（231）

臘月大雪……………………………………………（232）

重九登南五臺晚宿柳宜亭友人書齋小飲丁卯…………（232）

登大悲堂東嶺望五臺………………………………（233）

吕曼叔觀察請假南旋以新作關中

述懷詩見示走筆和之即以送别………………………（233）

案頭置水仙一盆數日竟枯予不忍棄感而賦此…………（235）

從軍怨………………………………………………（235）

訪姜磻溪……………………………………………（236）

讀太白詩有悟………………………………………（236）

漫詠…………………………………………………（236）

登三原北城己巳……………………………………（237）

朝邑道中……………………………………………（237）

登慈恩寺浮圖題壁用謝麟伯原韻……………………（238）

竹林寺秋夜讀書……………………………………（238）

凌霄花………………………………………………（238）

無題…………………………………………………（238）

讀書…………………………………………………（239）

勵志…………………………………………………（239）

重陽日登五臺絶頂…………………………………（239）

永夜庚午……………………………………………（240）

若耶…………………………………………………（240）

冬夜讀書……………………………………………（241）

從軍怨………………………………………………（241）

題畫蟹………………………………………………（242）

許仙屏學使出楮素索續蟹題詩贈之…………………（242）

爲劉焕唐續蟹并題…………………………………（243）

為田雨亭同年繪蘭并題…………………………（243）

卧病癸酉……………………………………………（244）

不寐…………………………………………………（244）

自勵丙子……………………………………………（244）

感賦…………………………………………………（245）

埋婢丁丑……………………………………………（246）

天意…………………………………………………（246）

勸賑有感戊寅………………………………………（247）

甚矣…………………………………………………（247）

重九日與諸同人看菊時天津有夷警，

未得確耗，感而賦此……………………………（247）

涇干書院卧病口號答諸生…………………………（248）

渭城題壁寄友人……………………………………（248）

曉帆見贈卻寄………………………………………（249）

孟秋六日夜半夢陳生焕珪以詩哭之………………（249）

謁文武陵甲申………………………………………（250）

謁周元公墓…………………………………………（251）

謁齊太[9]公墓…………………………………（251）

春郊遣興……………………………………………（252）

年來…………………………………………………（252）

新室落成……………………………………………（252）

病中口號……………………………………………（253）

寄趙生舒翹…………………………………………（253）

送黃陶樓方伯………………………………………（253）

宫農山太守惠詩扇步原韻卻贈……………………（255）

秋日還山頗遂躬耕之願夢中
登馮村城樓得詩數句醒而足成之己丑……………（255）

即景………………………………………………（256）

野望………………………………………………（256）

行經黃家屯在渭南縣陳緯山故人陣亡處感賦…………（256）

田家雜興…………………………………………（257）

哭蕭生維善………………………………………（260）

瘦馬行……………………………………………（261）

亡叟吟……………………………………………（262）

瀕危前夕口占……………………………………（262）

擬禽言旋黃旋穫…………………………………（262）

滿江紅……………………………………………（263）

灃西草堂詩集跋………………………吉同鈞（264）

行狀……………………………………柏震蕃（267）

附　　錄

皇清誥授奉政大夫特旨交部議敘賞戴藍翎欽加同知銜
分省補用知縣定邊縣訓導乙卯科舉人柏公灃西先生
墓誌銘…………………………………劉光蕡（279）

續修陝西通志稿・柏子俊先生墓表…………趙舒翹（283）

國史本傳・柏景偉…………………………（285）

續修陝西通志稿・柏景偉…………………（286）

續修陝西通志稿・灃西草堂集……………（287）

清麓文集・柏君子俊傳癸巳………………賀瑞麟（289）

清儒學案・柏先生景偉……………………徐世昌（290）

關學宗傳·柏子俊先生……………………張　驥（291）

陝西先進教育傳略·柏景偉……………………（292）

陝西省孔教會匯志·賀柏劉三先生入祀省會鄉賢祠
祝文………………………………………趙玉璽（292）

清麓文集·重刻關學編序………………賀瑞麟（293）

煙霞草堂文集·重刻關學編後序………劉古愚（294）

清故長安柏漢章先生墓誌銘……………張元際（295）

清麓文集·與柏漢章書景偉，子俊弟……賀瑞麟（297）

愛日堂前集·祭灃西先生…………………張元際（298）

愛日堂前集·同門祭灃西先生……………張元際（299）

愛日堂前集·祭灃西先生…………………張元際（300）

【箋注】

[1]覆張子貞守戎：原缺，據正文篇目補。

[2]武功：此二字原缺，據正文篇目及金陵本補。

[3]代劉太青：此四字原缺，據正文篇目及金陵本補。

[4]懷清：原作"槐卿"，據正文篇目及卷二書上《覆李菊圃方伯曾懷清觀察》改。

[5]光緒：原缺，據正文篇目補。

[6]陝西鄉試："陝西"二字原缺，據正文标目及金陵本補。"鄉"原作"卿"，形誤，據正文篇題及金陵本改。

[7]山右：原作"山西"，金陵本亦然。古人以面向南論左右，山右即山西別稱，其意相通。因正文先出、目錄後出，故據正文篇目改。"記"字原缺，據金陵本補。

[8]孝廉：原缺，據正文篇目補。

[9]太：原作"大"，形誤，據金陵本改。

《灃西草堂文集》校注

——卷首

長安 柏景偉 子俊甫

奏章

提督陝西學政臣柯逢時[1]跪奏爲敬舉經明行修之士籲懇恩施以資矜式仰祈聖鑒事

竊陝西士習素稱馴謹[2]，邇來[3]風氣不齊，趨嚮不定，其資性聰敏者或急於功利，而迂拘[4]自守者又苦於空疏[5]。學校人材所關非細。臣到任後，隨時訪察，查有三原縣[6]國子監[7]學正[8]銜、貢生[9]賀瑞麟[10]學有淵源，務求心得。方其講學伊始，聞者不無駭疑[11]，近則翕然[12]信從，自遠方來請業[13]者，著籍[14]至數百人。其學一以朱子[15]爲宗，而於異說[16]不稍假借，其純篤如此。當□□□時，襄辦城守事。定後，墾[17]荒振飢，清均[18]地畝。縣令資其臂助[19]，先後經督、撫臣[20]延[21]主關中[22]、蘭山書院[23]講席，俱辭不赴。無事不入城市，與生徒校刻《朱子遺書》[24]略備，其餘所刊數十種，皆扶世翼教、有關風俗之書。年近七旬，孜孜不倦。臣曾造廬諮訪，見其堂階肅然，弟子環侍，和易[25]以接物，莊敬[26]以持躬。所著古文詞湛然瑩然，有韓歐[27]風格。由其天性誠篤而造詣日深，故能如此。非竊取虛名、空談性命者所可比也。

又藍翎[28]同知銜[29]、分省試用知縣柏景偉，籍隸長安縣，咸豐乙卯科舉人。大挑[30]選授定邊縣[31]訓導[32]，值軍興未赴。旋襄辦甘肅營務，修築堡寨[33]，整治鄉團，敘勞累，保今職。故大學士左宗棠[34]督師入關，延之幕府，稱其負性忼爽[35]，識略過人，深爲器重。請假回里，辦理地方賑務[36]及義倉里局[37]，力除積弊，鄉民德之。蓋見義必爲，不辭勞怨，其天性然也。平日爲學以道爲依歸，實踐躬行，不尚標榜。主關中、味經書院[38]，嚴立規條，士風丕變[39]。杜門養疾，問學者踵至，其中信明決之資，堅苦卓絕之操，惜早歲歸田，未竟其用，良可惜已！

又咸陽舉人劉光蕡[40]，光緒乙亥恩科中式，品學高峻，器識閎深[41]。博通諸經而邃於《春秋》，綜貫諸史而精於《資治通鑑》，旁及周、秦諸子，悉窮究其義蘊，好學深思，實事求是。期於明體達用，不存門戶之見，尤能辨明義利，扶植綱常。主味經書院有年，因材而教。日坐講堂，令諸生輪讀經史，互相討論，朝夕考察；出入有司、住院肄業[42]者，均恪守學規，無敢偭越[43]，造就人材不可指數。又精通算學，留心時務，年力方強，即已澹[44]於榮利。論其學識，實爲經世之才。

查賀瑞麟經前學臣吳大澂[45]訪舉賢才，蒙恩賞給國子監學正銜。臣觀其信道之心老而愈篤，勸學之志久而不渝，仰懇天恩，優加獎勵，於世教人心不無裨益。柏景偉已保加同知銜，係分發省分知縣，可否量予恩施，劉光蕡可否賞給京銜，伏候聖裁！

臣爲振厲文學起見，是否有當，謹會同陝西巡撫臣鹿傳霖[46]恭摺具陳，伏乞皇上聖鑒訓示。謹奏。

光緒十七年九月二十三日奉上諭：

柯逢時奏臚舉經明行修之士籲懇恩施一摺：陝西三原縣貢生、國子監學正銜賀瑞麟，著賞加五品銜；同知銜、分省試用知縣柏景偉，著交部議敘[47]；咸陽縣舉人劉光蕡，著賞加國子監學正銜。該部知道。欽此！

【箋注】

[1]柯逢時（1845—1912）：字懋修，一字遜庵，湖北武昌人。光緒九年（1883）進士，十四年任陝西學政。在任期內遍臨各府廳，於涇陽味經書院設局修刊經史各書，光緒十七年回都供職。

[2]馴謹：和順謹慎。

[3]邇來：近時，近來。

[4]迂拘：迂腐執着，不知變通。

[5]空疏：指學問、文章、議論等空虛、空洞。

[6]三原縣：今陝西省三原縣。

[7]國子監：元、明、清三朝設立的最高學府和教育行政管理機構，又稱"太學""國學"。接納全國各地學生，學生稱爲"監生"。

[8]學正：明、清州設學正，掌教所屬生員。

[9]貢生：又稱"明經"，是指明、清兩朝秀才（又稱生員）成績優異者，可入京師的國子監讀書，稱爲貢生。意謂以人才貢獻給朝廷。

[10]賀瑞麟（1824—1893）：名均，字角生，號復齋，陝西三原縣人。一生道繼橫渠，學尊程朱，成爲晚清關學集大成者。同治九年（1870）在三原創辦清麓精舍（後更名正誼書院），教授生徒近二十年，成就斐然。著有《清麓文集》《清麓答問》《清麓日記》等。

[11]駭疑：驚恐疑懼。

[12]僉然：一致。

[13]請業：請教，求教。

[14]著籍：記姓名於官門的門籍。漢制，門籍有其姓名者，方得入官。亦指記名於某學者門下爲弟子。亦泛指弟子。

[15]朱子：即朱熹（1130—1200），字元晦、仲晦，南宋徽州婺源縣（今江西婺源）人。尊稱朱子，又稱紫陽先生、朱文公，南宋理學家，程朱理學集大成者。他總結了宋代理學思想，建立了龐大的理學體系。他校訂的《大學》《中庸》《論語》《孟子》四書，成爲後世科舉應試的科目。

[16]異説：異端邪説。

[17]墾：原作"懇"，形誤。

[18]清均：清丈平均。

[19]資其臂助：得到幫助和支持。

[20]督、撫臣：官職，指總督與巡撫。清朝時將統轄一省或數省行政、經濟及軍事的長官稱爲"總督"，尊稱爲"督憲""制台"等，是地方最高行政長官；巡撫又稱撫台，是巡視地方軍政、民政的大臣，主管一省軍政、民政等事務。

[21]延：聘請。

[22]關中：指關中書院，是明、清時期關中地區著名的書院。始建於明萬曆三十七年（1609），爲明代大儒馮從吾等講學所建。賀瑞麟曾被陝西地方官邀請來關中書院講學，被其婉拒。

[23]蘭山書院：位於甘肅蘭州，雍正十三年（1735）甘肅巡撫許容奉旨改建。此後百餘年中不斷修建，成爲甘肅最大的官辦書院。

[24]《朱子遺書》：南宋哲學家朱熹著作的彙集。收錄有《近思錄》《延平答問》《雜學辨》《中庸輯略》《論語或問》《孟子或問》《伊洛淵源錄》《謝上蔡語錄》等。

[25]和易：溫和平易。

[26]莊敬：莊嚴恭敬。

[27]韓歐：韓，指唐代文學家韓愈（768—824），字退之，自稱郡望昌黎，世稱韓昌黎、昌黎先生，河南河陽（今河南省孟州市）人。唐代古文運動的倡導者，被後人尊爲"唐宋八大家"之首；歐，指宋代文學家歐陽脩（1007—1072），

字永叔，號醉翁，晚號六一居士。吉州廬陵永豐（今江西省吉安市永豐縣）人。官至翰林學士、樞密副使、參知政事。北宋詩文革新運動領導人。曾主修《新唐書》，并獨撰《新五代史》，有《歐陽文忠集》傳世。卒謚文忠。

[28]藍翎：清代禮冠上的飾物。插在冠後，用鶡尾製成，藍色，故稱。清制，五品以上者，冠戴孔雀花翎；六品以下者，冠戴鶡羽藍翎，以示區別。

[29]同知銜：明、清時期的官職名，爲知府的副職，正五品，因事而設，每府設一二人，無定員。負責分掌地方鹽、糧、捕盜、江防、海疆、河工、水利以及清理軍籍、撫綏民夷等事務。同知辦事衙署稱"廳"。另有知州的副職稱爲州同知，從六品，無定員，分掌本州內諸事務。

[30]大挑：清乾隆十七年定制，三科（原爲四科，嘉慶五年改三科）不中的舉人，由吏部據其形貌、應對加以挑選，一等以知縣用，二等以教職用。每六年舉行一次。

[31]定邊縣：在今之陝西定邊縣，位於榆林市最西端，陝、甘、寧、蒙四省區交界處，有"三秦要塞"之稱。

[32]訓導：府、州、縣所設輔助教育的官員。

[33]堡寨：圍以土牆木柵的戰守據點。

[34]左宗棠（1812—1885）：字季高，一字樸存，號湘上農人。湖南湘陰人。清代軍事家、政治家。與曾國藩、李鴻章、張之洞并稱"晚清四大名臣"。同治八年（1869），左宗棠平定寧夏金積堡。同治十年（1871），左氏進駐甘肅，採取剿撫并用之策，甘肅境內遂平。

[35]忼爽：慷慨爽直。忼，同"慷"，意爲慷慨。長安區博物館收藏《清故長安柏子俊先生墓誌銘》及《煙霞草堂文集》卷四《同知銜升用知縣柏子俊先生墓誌銘》均作"抗爽"，《行狀》作"忼爽"。"忼"古同"抗"，有正直、剛直之意，亦合文意，諸説皆存。

[36]賑務：賑濟災荒的事務。

[37]義倉里局：義倉也稱"社倉"，是古代爲防荒年而在鄉社設置的糧倉；里局爲地方支前的民間轉運機構。

[38]味經書院：也稱陝甘味經書院，清同治十二年（1873）許振禕督學陝甘，邑紳吳建勛捐地以助，在陝西省涇陽縣城內建立。聘史兆熊爲院長。書院提倡實學，分課藝、論策、經解、詩賦等。山長日登講堂，傳集諸生，將經、史大

義及《小學》逐條講貫，以求達用。柏景偉曾於光緒九年（1883）主講味經書院。光緒十一年（1885）書院增設求友齋，課以經學、史學、道學、政學爲主，天文、地質、演算法、掌故各學附之。

[39]丕變：大變。丕，大。

[40]劉光蕡（1843—1903）：字煥唐，號古愚，陝西咸陽人，清末著名思想家和教育家。光緒元年（1875）舉人。先後主講涇陽涇干書院、陝甘味經書院、陝甘崇實書院和甘肅大學堂。他思想進步，主張"興學"救國。積極在陝西推行新式教育，支持戊戌維新運動，與康有爲并稱"南康北劉"，被譽爲關學的"百代真儒"。其著作有《煙霞草堂遺書》《劉古愚先生全集》等。

[41]器識閎深：器識，器量與見識；閎深，廣博深遠，博大精深。

[42]肄業：修習課業。古人書所學之文字於方版謂之業，師授生曰授業，生受之於師曰受業，習之曰肄業。

[43]偭越：偭，背，違反。猶背離。

[44]澹：恬靜、安然的樣子，澹泊。

[45]吳大澂（1835—1902）：初名大淳，字清卿，號恒軒，又別號愙齋、白雲病叟等。江蘇吳縣（今屬江蘇蘇州）人。同治七年（1868）進士。清末著名文學家、書法家，工篆書。歷任編修、陝甘學政、河南、河北道員、太僕寺卿、太常寺卿、通政使、左都御史、廣東、湖南巡撫等職。著有《愙齋詩文集》《愙齋集古錄》《古籀補》《恒軒所見所藏吉金錄》《權衡度量考》等。

[46]鹿傳霖（1836—1910）：字滋軒，號迂叟，直隸定興人。同治元年（1862）進士。光緒十一年（1885）任陝西巡撫，次年因病開缺。光緒十五年（1889）復任陝西巡撫。

[47]議敘：議，討論，商量；敘，按規定的等級次第授官職或給予獎勵。清制於考績優異的官吏，交部核議，奏請給予加級、記錄等獎勵，是爲議敘。

護理陝西巡撫奴才端方[1]跪奏爲已故耆儒[2]學行純備懇恩宣付史館立傳以彰樸學恭摺仰祈聖鑒事

竊惟關中[3]士氣純篤，謹守禮法者多，馳騖奇邪者少。間有一二茫昧無識之儒，誤入歧途，妄肆簧鼓，學者莫不羣相鄙夷，避之若浼[4]。抑邪與正，實出人心之所同然。比者屢奉諭旨，諄諄以屏斥異端、昌明正學[5]爲亟，承學之士益復震聾悚惕，喁喁[6]向風。此以見教澤之涵濡靡已，而畝宮環堵，歌嘯於壇席間者，所繫非淺鮮也。昔漢儒有言："經師易遇，人師難遭。"宋儒有言："師道立，則善人多。"老成之典型，實後生所則傚；四方之觀聽，雖曠代而如新。及身未竟，厥施後世，宜豐其報。

茲查有長安縣已故舉人柏景偉，卓然自立，學有本原，由舉人大挑選授訓導，謝職歸田。所居即明臣馮從吾[7]故里，力宗所學，爲之崇飾祠宇，搜求遺書，創立少墟書院[8]，刊布《關學編》[9]并及《關學續編》[10]。生平不空言性命，躬行實踐，期於有用。咸豐季年，□□交訌[11]，修築堡寨，爲堅壁清野之計。嘗上書當事，請招撫北山亡命用爲先驅，事格不行，其後卒如所議。大軍西征，轉輸絡繹，釐定里局章程，費省而事集。光緒三、四年，關輔大祲[12]，官私賑務皆其擘畫，其各鄉各村互相保衛之法尤足便民。先後主講關中、味經各書院，科條整峻，範以規繩，巾褐[13]景從，多致通顯。其行事儒而非俠，其立言切而不迂。綜其生平，有宋儒張載[14]之風。迄今嘉言懿行[15]爲秦人士所馨祝[16]，洵足以振興末俗、增重儒林等情由，署藩司升允詳據紳士、分省補用知府高增爵等合詞稟請具奏前來。

奴才查該舉人私淑先賢，師資後學，與已故廩生[17]賀復齋瑞麟分主講席，同負時名。賀瑞麟生平事蹟經前學臣黎榮翰[18]奏請宣付史館，已蒙俞允，該舉人事同一律，合無仰懇天恩，將柏景偉生平事跡宣付國史館儒林列傳，出自逾格鴻慈[19]。除將該舉人履歷行實著述咨部查照外，謹會同署陝甘總督臣魏光燾[20]、陝西學政臣葉爾愷[21]恭摺具陳，伏乞皇太后、皇上聖鑒訓示。謹奏。

光緒二十六年四月二十四日奉硃批：

著照所請，該部知道。欽此。

【箋注】

[1]端方（1861—1911）：字午橋，號陶齋，清末大臣，金石學家。滿洲正白旗人，官至直隸總督、北洋大臣。光緒八年（1882）中舉。光緒二十四年（1898）出任陝西按察使、布政使，并代理陝西巡撫。

[2]耆儒：耆，古代對六十歲以上者的稱呼，亦泛指老人。耆儒，指德高望重的老儒。

[3]關中：指陝西渭河平原一帶，亦代指陝西中部地區。關中之名始於戰國，因西有大散關，東有函谷關，南有武關，北有蕭關，取四關之中而名關中。

[4]浼（měi）：污染。

[5]正學：謂合乎正道的學説，與異説相對。西漢武帝採用董仲舒的建議，罷黜百家，獨尊儒術，始以儒學爲正學。清黄宗羲《宋元學案·泰山學案》："宋興八十年，安定胡先生、泰山孫先生、徂徠石先生，始以師道明正學，繼而濂洛興矣。"

[6]喁喁：仰望期待的樣子。

[7]馮從吾（1557—1627）：字仲好，號少墟，西安府長安縣（今陝西西安）人。著名思想家、教育家，晚明關學的集大成者。萬曆己丑（1589）進士，創辦關中書院，教授理學要旨。著有《疑思録》《辨學録》《善利圖》《關學編》《元儒考略》等，後人彙編爲《馮少墟集》。

[8]少墟書院：柏景偉在關中書院任山長期間，爲紀念關中書院創建人馮從吾的傑出貢獻，發起倡議，在青門學舍故址上修繕祠宇，創建了少墟書院，供當地士子讀書。

[9]《關學編》：明代馮從吾對關中地區宋、金、元、明時期理學發展情況進行了系統總結，收録了從北宋張載到明代王秦關之間共三十三位學人，對其生平行實、理論著述、學術貢獻等進行了全面考察，成爲國内首部關學學術史著作。

[10]《關學續編》：馮從吾撰寫《關學編》後，清代學人不斷對其補續。先後有王心敬、李元春、賀瑞麟、柏景偉等人進行增訂續修，形成了數部《關學續編》，爲關學學術史研究提供了重要史料。

[11]交訌：交相騷擾作亂。

[12]大祲：嚴重歉收，大饑荒。

[13]巾褐：頭巾和褐衣，是古代平民的服裝，代指平民百姓。

[14]張載（1020—1077）：字子厚，鳳翔郿縣（今陝西眉縣）横渠鎮人，北宋思想家、教育家，關學創始人，人稱"横渠先生"，尊稱張子，與周敦頤、邵雍、程頤、程顥合稱"北宋五子"。曾任著作佐郎、崇文院校書等職。卒謚明

公，賜封郿伯，從祀孔廟西廡第38位。有《正蒙》《横渠易説》等著述留世。

[15]懿行：善行。

[16]馨祝：馨香禱祝。

[17]廩生：明、清兩代由府、州、縣按時發給銀子和補助生活的生員。

[18]黎榮翰：字壁侯，廣東順德人。光緒二年進士，散館授編修。光緒十一年，任陝西學政。

[19]逾格鴻慈：逾格，謂破格；鴻慈，謂大恩。意指朝廷破格之恩典。

[20]魏光燾（1837—1916）：字午莊，别署湖山老人，湖南省寶慶府邵陽縣（今邵陽市隆回縣）人。同治七年（1868），左宗棠督辦陝甘軍務，調他辦理營務，因功加二品頂戴，補平、慶、涇、固、化兵備道，主辦善後事宜。光緒初補甘肅按察使，繼升甘肅、新疆布政使。光緒二十五年（1899）升署陝甘總督。

[21]葉爾愷（1864—1937）：字悌君，又字伯高、柏皋，浙江杭州府仁和縣（今杭州市）人。光緒十八年（1892）進士出身，選翰林院庶吉士。光緒二十三年（1897），充陝西學政。

公呈

爲臚陳故儒生平學行事實公懇奏請宣付史館以勵風教而崇關學事

竊維旌表[1]宿儒實以激揚時彥[2]，褒崇[3]正士即以模範學人。茲有長安故儒柏景偉者，係本舊家，力求實學，孝友[4]根於天性，才名厭[5]乎人心。早歲登科，固無書之不讀；中年遭亂，輒見義而必爲。造福地方，嫌怨有所不避；束躬名教[6]，功利素所不居。以湮没[7]賢哲爲後人羞，以拯救荒災爲分内事。以天下爲己任，以君國爲己憂。俊傑自爾識時，書生乃能料敵。類横渠[8]之氣概，具伯起[9]之清標。義地贍宗，范文正[10]不能專美；分齋教士，胡安定[11]堪與并稱。經濟[12]宏通，文章彪炳，少年之意氣如雲；丹鉛點勘，性理依歸，老去之豐裁[13]彌峻。通經惟期致用，破漢宋門户之分[14]；學道端在立身，泯朱陸[15]異同之見。品侔[16]白璧，處貧困而不受人憐；文類青錢，經指授而盡堪入選。以故門下多知名士，關中稱君子儒也。然而著作等身，不欲以詞章顯；經綸[17]夙抱，乃終以資格拘。懷才而不遇於時，齎志而未竟其用，忽焉歾矣，識者惜之。第念顯揚之典，風化攸關，輿論僉同[18]，既非阿其所好，芳徽久播，何敢壅於上聞？爰[19]具合詞，公懇奏請，使姓名附之簡册，則鄉鄰與有榮施矣。謹將該故儒生平學行事實繕具[20]節略十二條，伏乞大公祖大人鑒核，奏請宣付史館，以勵風教而崇關學，實爲公便施行。

【箋注】

[1]旌表：古代統治者提倡道德美行的一種方式。自秦、漢以來，歷代王朝對所謂義士、節婦、孝子、賢人等加以推崇，由地方官申報朝廷，獲准後則賜以匾額，或由官府爲造石坊，以彰顯其名聲氣節。

[2]時彥：指當代的賢俊、名流。

[3]褒崇：贊揚推崇。

[4]孝友：事父母孝順，對兄弟友愛。

[5]厭：滿足。

[6]名教：名分與教化。指以儒家所定的名分與倫常道德爲準則的禮法。

[7]湮没：埋没，清除。

[8]横渠：指張載（1020—1077），爲鳳翔眉縣（今陝西眉縣）横渠鎮人，故稱"横渠先生"。

[9]伯起：指楊震（？—124），字伯起，弘農華陰（今陝西華陰東）人也。東漢名臣。通曉經籍，博覽群書，有"關西孔子楊伯起"之稱。楊震不應州郡禮命數十年，至五十歲時，才開始步入仕途。歷官荆州刺史、東萊太守，後至太僕、太常、司徒。延光二年（123）出任太尉。爲官正直，不屈權貴，又屢次上疏直言時政之弊，以氣節著稱。

[10]范文正：即范仲淹（989—1052），字希文，蘇州吴縣人。北宋傑出的思想家、政治家、文學家，世稱"范文正公"。有《范文正公文集》傳世。卒謚文正。

[11]胡安定：即胡瑗（993—1059），字翼之，北宋時期學者，理學先驅、思想家和教育家。因世居陝西路安定堡，世稱安定先生。胡瑗精通儒家經術，以"聖賢自期許"，講"明體達用之學"，是宋代理學醖釀時期的重要人物，與孫復、石介并稱宋初三先生。其遺著有《松滋縣學記》《周易口義》《洪範口義》《論語説》等。

[12]經濟：指經國濟世的能力。

[13]豐裁：猶風紀，意謂風教綱紀。

[14]漢宋門户之分：亦稱漢宋之爭，是清代訓詁治經的漢學學者與闡發義理的宋學者之間的學術論爭。宋學治經，多重義理闡發；漢學治經，多重章句訓詁。因治學路徑與風格不同，互相詰難，多所批評。

[15]朱陸：指朱熹與陸九淵。朱熹（1130—1200），字元晦、仲晦，南宋徽州婺源縣（今江西婺源）人，尊稱朱子，又稱紫陽先生、朱文公，南宋理學家，程朱理學集大成者。他總結了宋代理學思想，建立了龐大的理學體系，開創了紫陽學派，并校訂了《大學》《中庸》《論語》《孟子》，使其成爲後代科舉應試科目。陸九淵（1139—1193），字子静，號象山，江西金溪人。著名的理學家和教育家，明代心學的開山之祖。與朱熹齊名，史稱"朱陸"。

[16]侔：相等，齊，相侔。

[17]經綸：整理絲縷、理出絲緒和編絲成繩，統稱經綸。引申爲籌畫治理國家大事。

[18]僉同：一致贊同。

[19]爰：於是。放在句首或句尾做助詞。

[20]繕具：抄寫，繕寫。

事實冊 附臚陳事實節略十二條

一故儒柏景偉，字子俊，陝西長安縣安定里民籍，由廩生[1]中式[2]。咸豐五年乙卯科舉人，大挑[3]選授定邊縣訓導。經楊厚庵[4]制府、劉霞仙[5]中丞、劉果敏[6]公先後保奏，分省補用知縣、同知銜，賞戴藍翎。歷主講關中、味經、涇干[7]各書院。復蒙前學使柯、中丞鹿[8]以"經明行修"保薦，特旨交部議敘加一級，朝命未聞，以疾終於里第。卒年六十有一，學者稱灃西先生。

一學術純正。故儒自幼嗜讀儒先性理書，言動不苟同流俗，氾濫百家諸子，後益得聖賢藩籬門徑。其大端在幽隱不欺，尤以躬行實踐爲先。講學三十餘年，而絕不標道學名目。其宗旨實以遵程朱[9]不薄陸王[10]，講義理不廢訓詁，會通學問源流，終歸宗於"五經"、"四子"。教初學尤先以《小學》《近思錄》爲向學階梯，俾堅定其心志。晚歲尤隱隱以振興關學自任，與鄉人有志之士互勉勖[11]之，關中風氣爲之丕變。謂道學者，聖賢之正脈，天地之正氣，國家之正運也。世多非之，謬矣；襲之，誤矣。嘗署關中講堂楹聯云："讀書不求甚解，惟實踐是期"，"昧漢宋之分，忘朱陸之異"。可略得其生平梗概矣。

一經猷[12]宏遠。道光中葉，東南數省禍變起。故儒識微見遠，隱知承平日久，恐蔓延彌已。時方弱冠，默自念君臣之義本於性生，草野市井皆有天澤之分。因急罷去括帖，日取經世有用諸書遍讀之，尤致力孫吳兵法[13]、戚少保[14]練兵各籍。舉凡天文地輿、農田水利、河運海防、飛輓法式、和戰機宜，以及古今治亂因革之原，中外形勝險要之跡，陸兵宜何精練，水軍宜何籌備，有師夷技而足以制敵，或仿夷技而反爲敵制，因時因地，治人治法，憂國憂民之隱，日慷慨討論。暨切究經濟、豪俠志士，預謀而夙儲之。厥後數入大帥幕府，躬習勞貰，深諳閱歷，所造更有遠且大者。而負性忼爽，識略過人，當時名臣大吏，累資矜式[15]云。

一敦行孝悌。故儒先世以孝義傳家，其大者如孝友義行及經籍各傳，并載省志邑乘。故儒生平尤以饑溺爲懷，深得力於橫渠《西銘》"民胞"、"物與"二語，每歲脩脯[16]所入，節用之餘，爲闔族建立宗祠，購贍族義田[17]，隱帥范文正家法，尤以睦姻[18]任恤自矢，俾貧乏得所依。尤難在友於誼篤。故儒胞弟景倬，端謹厚重[19]，友愛篤摯，見者嘆兄弟如一身。其教訓子弟，恩義交盡，有過輒嚴誡不少貸。子震蕃、姪震焱純謹讀書，恪守典型，身範家規，人咸讋之。屬纊[20]時，尤殷殷以變化氣質、善事世父爲勖，宗族稱孝，鄉黨稱悌，故儒允無愧焉。

一保衛桑梓。故儒少時素喜豪俠，友助志切。然非名義攸關，絕不稍爲之動。同治紀元，陝禍起，倡辦團練，陰寓嚴行保甲，以兵法部勒之，鄉鄰賴以蔭庇。前大學士左文襄[21]督師入關，創行堅壁清野，札調故儒督辦西、同、鳳、邠、乾六屬[22]堡寨事宜，手訂章程三十餘條刊行於世。又上《辦理□□臆議》，條陳要務十四事。首賊情，次宁夏，次秦州[23]，次汧隴[24]，次金積堡[25]，次河州[26]，次土司[27]，次甘勇[28]，次楚兵，次土匪，次進兵，次陣法，次屯田，次陝□，後言多奇應。陝省差徭流弊滋多，長安尤甚。故儒爲劉果敏披瀝詳陳，民困始蘇。長安里甲糧蠹蝨害，近百餘年鉤校不清，上陳當道，不期年而苛弊胥除。創設義倉，積粟千石，里人至今賴之。其沒也，識與不識，皆慟悼不已。其他義舉，不可殫述焉。

一尊崇先儒。故儒畢生篤志嗜學，無書不讀，而於學案脈絡源流，博變精嚴，不苟爲異同差池，良由識卓力堅，博觀約取故也。嘗謂："學者誦法前哲，不如景仰鄉賢。"恭定馮公爲有明一代理學名臣，纂《關學編》，創建關中書院，籍履長安，兵燹[29]後祀典闕如，盡然心傷者久之。嗣故儒移席關中，謂其地乃恭定講學所，先儒之湮沒，皆後儒之恥。謀諸當道，即青門學舍故址重新祠宇，附以少墟書院，俾故鄉童子得讀書所，顏其堂曰"養正"。蓋取養其正氣、儲爲通才、用備中朝緩急之需。迄今春秋祠祀，俎豆秩然，講肆宏開，弦誦琅琅。溫旨報可，而鄉賢陶公爾德[30]、祝公萬齡[31]、党公還醇[32]，俱以恭定弟子得附祀焉，亦可見故儒風義不泯云。

一誼篤師友。故儒生平不輕師事他人，嘗謂："人生於三事之如一，師教與父生、君食并重。"故儒於授讀受業師承，凡生忌辰必禮祀之。而固始蔣湘南[33]、安化張星垣兩孝廉、布衣杜子賓，一爲昭雪疑獄；一爲築墓村居，春秋祭掃，皆身任之，垂爲家法；一爲歿後立嗣，恤太夫人終身。至今士林舉以爲難焉。

一奇荒拯救。光緒歲丁丑，秦、晉、豫大饑，陝省尤甚。餓莩盈途，蒲、韓各邑倡亂戕官，兵燹甫經，倉庾多空，大府[34]苦無以應，不得已輓粟兩湖。故儒蒿目時艱[35]，患病久，上書當道，代民請命。時左文襄督師肅州，劉銀臺駐節皋蘭，故儒函懇往返，情誼肫摯，嗣二公慨捐銀七仟，復爲各屬奏撥協餉銀巨萬，陝民得以存活。故儒因念晉、豫流民絡繹踵至，五方雜居，又以咸、長係省垣重地，不急籌賑撫，或恐患貧心生。乃謀諸大府，創爲"各村保賑各村、各鄉保賑各鄉法"，以貧民稽富民粟俾無匿，以富民審貧民戶俾無濫。明示借賑之條，隱寓給賑之法，富不苦抑勒，而貧得實惠。官紳幹[36]旋於上，鄉地贊助於下。有不足者，以巨室捐金與粟補足之。咸寧三十倉，長安十八廠，始舉於丁丑七月，蕆事[37]於戊寅八月，蓋全活數十萬人。故儒手訂《勸賑瑣言》及《續賑說帖》、《補賑章程》，均堪行之。自故儒捐濟親族鄉鄰、爲闔省倡事後，大府累謀從優獎異，固辭乃已，迄今關中父老猶有歷歷道其詳者。

一誘掖士類。關學不振，自馮恭定、李二曲[38]、孫酉峰[39]、路閏生[40]罷講關中，後擁此席者，半多視爲具文，以陶成人材之地極盛，幾無以爲繼。故儒自涇干、味經移講關中以來，不率教者悉屏去之，而高材與名下士從學益衆，經師、人師故儒兼之。所立書院《學規》八則、《課程》五事，并《志學齋學規》六條暨課士各籍刊行於世，學者皆爭購之。故儒日坐講堂，與多士互相勉勵，時爲講解，日有記，月有課，文風日盛，士習日變，誠數十年來所僅見者。大旨以正學實學爲根柢，以義法理法爲楷模。遊其門者，莫不喜得師承。光緒戊子、己丑兩科，門下士獲售者五十餘人。兩《題名記》，豐碑巋然，士人至今猶景仰不置焉。

一獎拔人才。故儒愛才如命，聞有奇異之才、穎俊之資，莫不折節先施，淬厲以學。繼因時局多艱，需才孔急，有志之士，輒苦無書可讀。因盡出關中所藏書籍板片，俱經補刊而印行之，藉資誦讀。謀諸當道，創設省垣官運書局。又與二三同志立求友齋，以萃四方向學之士，分經史、道學、詞章、訓詁、天文、地輿、掌故、兵法、算學、時務各門，訓課而獎勵之。藉友朋講習之益，爲國家隱樹人才。與其選者，半多一時名流。并擇刻有用書籍，嘉惠後學，尤慮學者氾濫無歸，或恐歧途誤入。晚歲重刻《關學編》，復取王豐川[41]、李桐閣[42]所撰關學各家，與賀復齋[43]徵士續成之。關中人才蔚然改觀，論者謂非故儒獎拔之力不至此。

一操履嚴峻。故儒家風寒素，後益窘甚。兩親在堂，甘旨時需。故儒負性剛嚴，操持清介，於辭受取與間不稍假游移。通籍[44]後，北上乏貲[45]，時有贐者微露德色，均婉卻之，以故數次未赴禮闈。教授生徒，從不議定脩脯，有志士貧寒無力向學者，輒多飲食而教誨之。從事戎馬及屢入幕府，皆自備資斧，進退裕如。當道延主各書院講席，關聘從不輕受，必敦促至再，始允一出。嘗謂："師道不立久矣。必自處不苟，庶足挽回頹風，克端模範，冀以稍振學規耳。"至今學者猶恪守師訓，奉爲圭臬焉。

一講求實用。故儒病士習空疏，胸無古今，稍知學問，率跅弛不羈，爲世訾詬。嘗於體用同源、明新一貫之旨切實講求，謂"學有根柢，然後窮達裕如。處爲純儒，出爲純臣，其理原無兩歧。古人頂天立地功業，皆從惕勵戰兢做起，庶幾有裨君國，有益民生。否則不講明有素，鮮不先後易節，初終易轍"。故儒善發前人所未發，足以沾溉後學，激勵來哲，不滋功利權術之習，與夫夤緣奔兢[46]之端，後之薰德而善良者，洵屬有用道學矣。

【箋注】

[1]廩生：明、清兩代由府、州、縣按時發給銀子和補助生活的生員。

[2]中式：考試取錄。

[3]大挑：清乾隆十七年定制，三科（原爲四科，嘉慶五年改三科）不中的舉人，由吏部據其形貌、應對加以挑選，一等以知縣用，二等以教職用。每六年舉行一次。

[4]楊厚庵：即楊嶽斌（1822—1890），原名載福，字厚庵，湖南善化（今湖南長沙）人，晚清名將，湘軍水師統帥，與曾國藩合圍南京，鎮壓太平天國。同治三年（1864）授陝甘總督。

[5]劉霞仙：即劉蓉（1816—1873），字孟蓉，號霞仙，湖南湘鄉人，官至陝西巡撫。同治三年（1864），打敗入陝義軍。同治五年（1866），西捻軍由河南入陝，劉蓉率軍防守受挫，被革職回家。

[6]劉果敏：即劉典（1819—1878），字克庵，湖南寧鄉人。咸豐六年（1856），劉典以增生身份奉湖南巡撫駱秉章檄，辦理寧鄉團務。後隨左宗棠進剿江、浙、皖、閩、陝、甘太平軍，屢立戰功。同治七年，劉典任甘肅按察使，協助左宗棠辦理陝甘軍務，同年署陝西巡撫。

[7]涇干：此指涇干書院。位於陝西省涇陽縣。清同治八年（1869）邑紳姚慇、姚惠創立於縣城西北隅。光緒二年（1876），受陝西學使吳清卿聘，柏景偉主講涇干書院。到院當天，便訂立學規，整肅學風，開西北學術新風氣。

[8]學使柯、中丞鹿：指學政柯逢時與巡撫鹿傳霖。

[9]程朱：宋代理學家程顥、程頤兄弟和朱熹的并稱。程顥（1032—1085），字伯淳，學者稱明道先生，洛陽人。哲學家、教育家，宋代理學的奠基者，與程頤并稱"二程"。其著作有《定性書》《識仁篇》等。其學說後爲朱熹所繼承和發展，世稱程朱學派；程頤（1033—1107），字正叔，人稱伊川先生，理學家、教育家，爲程顥之胞弟。歷官汝州團練推官、西京國子監教授。

[10]陸王：指宋代理學家陸九淵與明代理學家王陽明。陸九淵是宋代著名的理

學家和教育家，心學的開山之祖。王陽明發展其學説，成爲中國哲學史上著名的陸王學派。王陽明（1472—1529），字伯安，浙江紹興府餘姚縣（今屬寧波餘姚）人。因曾築室於會稽山陽明洞，自號陽明子，學者稱爲陽明先生。明代著名思想家、文學家、哲學家和軍事家，陸王心學之集大成者，精通儒釋道三教，與孔子、孟子、朱熹并稱爲孔、孟、朱、王。

[11]勉勖：勉勵。

[12]經猷：經略，計謀，謀劃。

[13]孫吴兵法：孫，指孫武，字長卿，春秋時期軍事家、政治家，尊稱兵聖或孫子；吴，指吴起，戰國時期軍事家、政治家、改革家，兵家代表人物之一。孫吴兵法指由孫子與吴起等早期兵家開創的軍事陣法。

[14]戚少保：指戚繼光（1528—1588），字元敬，號南塘，晚號孟諸，山東蓬萊人。明朝抗倭名將，傑出的軍事家、民族英雄。萬曆初，因禦邊有功，升任少保。卒諡武毅。

[15]矜式：敬重和取法，猶示範。

[16]脩脯：乾肉。送給老師的禮物或酬金。

[17]義田：爲贍養族人或貧困者而置的田産。

[18]睦姻：意思是姻親和睦相處。亦作"睦婣"。語出《周禮·地官·大司徒》："二曰六行：孝、友、睦、婣、任、恤。"鄭玄注："睦，親於九族；姻，親於外親。"後以之表達對宗族和睦，對外親密。

[19]厚重：渾厚莊重。《漢書·高祖紀》："周勃厚重少文，然安劉氏者，必勃也。"

[20]屬纊（zhǔkuàng）：古代喪禮儀式之一。即人臨終之前，要用新的絲絮放在其口鼻上，試看其是否還有氣息。屬，放置。此一儀式稱爲"屬纊"。

[21]左文襄：即左宗棠（1812—1885），晚清軍事家、政治家，湘軍著名將領，洋務派代表人物。曾興辦洋務運動，收復新疆，推動新疆建省。卒諡文襄。

[22]西、同、鳳、鄜、邠、乾六屬：分别指清代陝西的六個府州縣。西，指西安府，治所在咸寧与長安縣（今陝西西安）；同，指同州府，治所在今陝西大荔縣；鳳，指鳳翔府，治所在今陝西鳳翔；鄜（fū），指鄜州，治所在今陝西富縣；邠，指邠州，治所在今陝西彬州市；乾，指乾州，治所在今陝西乾縣。

[23]秦州：今甘肅天水市。

[24]汧隴：汧水隴山地帶。

[25]金積堡：今寧夏吳忠金積鎮，是陝甘战火的主要據點。同治八年至十年（1869—1871）於此發生了激烈戰鬥。朝廷派閩浙總督左宗棠任陝甘總督、欽差大臣，督辦陝甘軍務。左宗棠確定了先秦後隴的作戰策略，派遣三路大軍圍剿。1870年12月，金積堡內糧盡援絶，馬化龍自縛出金積堡進劉錦棠大營被殺，金積堡陷落，成爲扭轉西北戰亂的重要戰役。

[26]河州：位於今甘肅臨夏回族自治州。

[27]土司：元、明、清時期，在西南、西北地區設置的由少數民族首領充任并世襲的官職。有文職和武職之分。按等級以土知府、土知州、土知縣等官隸吏部，以宣慰使、宣撫使、安撫使等官隸兵部。明、清時，曾在部分地區實行改土歸流，廢除世襲土司。中華人民共和國成立後土司制度被徹底廢除。

[28]甘勇：指甘肅籍的勇士。

[29]兵燹（xiǎn）：因戰亂而造成的焚燒破壞等災害。

[30]陶公爾德：字太初，咸寧人。受業於馮從吾。由萬曆進士歷仕至川北，任川北道參議。崇禎十六年由川歸陝，途遇李自成軍攻長安，爾德分守東城，城陷，罵賊不屈死。乾隆四十一年賜謚烈湣。

[31]祝公萬齡：即祝萬齡（？—1643），陝西咸寧人。早年師從馮從吾，萬曆四十四年進士。累官保定知府。天啓六年，魏忠賢盡毀天下書院，萬齡憤，遂爲閹黨所劾，落職。崇禎初，起黃州知府，集諸生講學於定惠書院。迪以正學，時號"關西夫子"。官至山西右參政，以鎮壓農民軍失敗，削籍歸。李自成克西安，自殺。

[32]党公還醇：即党還醇（？—1926），字子真，陝西三原人。明天啓乙丑進士。知休寧縣令，有善政。崇禎二年（1629）官良鄉。清兵陷城，死。贈光禄丞，謚忠節。

[33]蔣湘南（1795—1854）：字子瀟，河南固始人。道光十五年（1835）舉人。二十四年（1844），大挑二等，補虞城教諭，絶意仕進，不赴任。專事遊幕、講學，潛心經學，先後主講關中、豐登、弘道、同州諸書院，并修纂《藍田縣志》《涇陽縣志》《留壩廳志》《同州府志》《夏邑縣志》等，最後完成《陝西通志稿》。咸豐四年（1854）卒於陝西鳳翔。

[34]大府：官名，爲掌管府藏會計之官長。收取各項賦稅財物，依法令發放各

方所需財物。

[35]蒿目時艱：蒿目，極目遠望；時艱，艱難的局勢。指對時事憂慮不安。

[36]幹：原作"斡"，形誤，據文意改。

[37]蕆（chǎn）事：完成，解決，事情辦理完畢。

[38]李二曲：即李顒（1627—1705），字中孚，號二曲。陝西盩厔人。曾講學江南，門徒甚衆，後主講關中書院，學者稱二曲先生。與孫奇逢、黃宗羲并稱清初三大儒。著有《四書反身録》《二曲集》等。

[39]孫酉峰：即孫景烈（1706—1782），字孟揚，號酉峰，陝西武功人，官至翰林院大學士，曾主講關中書院。

[40]路閏生：即路德（1784—1851），字閏生，號鷺洲，陝西盩厔人。嘉慶十四年（1809）進士，入翰林，官户部主事。路閏生學問淹雅，以目疾乞休，主講弘道、關中等書院數十年，多所成就。著有《檉華館集》《仁在堂集》等。

[41]王豐川（1655—1738）：豐，原作"澧"，據清嘉慶七年周元鼎增修《關學續編·豐川王先生》改。豐川，字爾緝，陝西鄠縣（今陝西鄠邑區）人。李顒高弟，乾隆元年舉孝廉方正。著有《豐川集》《關學續編》《豐川易説》等。

[42]李桐閣（1769—1854）：即李元春，號時齋，又號桐閣主人，陝西朝邑（今大荔縣）人。嘉慶三年（1798）中舉。先後主講潼川、華原等書院。教生徒以程朱之學爲主，而不廢舉業，故門下多士，造就頗衆。咸豐六年（1856），陝西巡撫吳振棫奏請入祀鄉賢祠。光緒元年（1875），陝甘學政吳大澂奏請宣付國史館，列《儒林傳》。著作有《諸經緒説》《經傳摭餘》《春秋三傳注疏説》等。所輯有《關中兩朝詩文鈔》《關中兩朝賦抄》《關中道脈四種書》《青照堂叢書》等。

[43]賀復齋：即賀瑞麟（1824—1893），字角生，號復齋，陝西三原人。年二十四，從桐閣遊，於周、程、張、朱書無不悉心究極，益憤志聖賢之學。先後主正誼、學古兩書院講席。學詣深純，修己教人，一以程、朱爲法。著有《清麓文集》《清麓日記》等。

[44]通籍：指初做官。

[45]貲：即資，財貨。《廣雅》："貲，貨也"；《蒼頡篇》："貲，財也。"

[46]夤緣奔競：比喻拉攏關係，阿上鑽營。夤緣，攀援，攀附；奔競，奔走，多指對名利的追求。

序文

弁言[1]

《灃西草堂集》者，吾師子俊先生遺書也。先生少治横渠之學，高尚氣節，有澄清之志。同、光之際，三原賀子復齋道程朱，言實踐，咸陽劉子古愚貫徹中西，精深而閎肆，皆與先生同時相切劘[2]，而先生獨以經世之學聞於時。晚年道益高，先後主講關中、味經兩書院，擁皋比[3]數十年，執經問字者半三秦，而魯亦處游夏[4]之末。先生既不用於世，其所蓄積往往發爲文章。其言足以救世弊、挽頹風進於醇古，而非世之馳騁浮靡、號爲能文之士所可貌襲而驂靳[5]也。

先生既沒，門人刊先生之文爲若干卷，亦既不脛而走矣。共和既建，邪説爭鳴，先正法言，棄同土苴[6]。有心者亟思表彰文獻爲救時之計，則先生之文章，烏可聽其湮沒乎？顧原刻浩瀚，讀者未易窺測，商諸同門王子翰卿，博觀約取，共獲若干篇，都爲四卷，付諸聚珍。雖非先生之全書，然伏而讀之，其於救時，殆不啻扁跗之箴石[7]焉。魯老矣，私念違離函丈[8]近三十稔[9]，水深波闊，幸而不死。而先生之沒已十餘年，墓草芊芊，道山長往，僅得撰次其遺文賸墨，求所謂侍琴瑟書策、聆先生之緒論如曩日者，則已不可復得，是可悲也。書既成，敬識緣起如此。

民國二年歲次尚章大淵獻[10]月在訾陬[11]門下士宋伯魯[12]

【箋注】

[1]本篇據霽光本補録。

[2]切劘：切磨；切磋相正。

[3]皋比：虎皮。《左傳·莊公十年》："自雩門竊出，蒙皋比而先犯之。"杜預注："皋比，虎皮。"古人坐虎皮講學，後因以指講席。

[4]游夏：是孔子的學生子游與子夏的并稱。

[5]驂靳：前後相隨。《左傳·定公九年》："吾從子，如驂之有靳。"杜預注："靳，車中馬也。猛不敢與書爭，言己從書如驂馬之隨靳也。"後以驂靳喻前後相隨。

[6]土苴：渣滓，糟粕。比喻微賤的東西，猶土芥。

[7]箴石：石製的針，古代治病之具。亦指可用以製針的石頭。《山海經·東山經》："高氏之山，其上多玉，其下多箴石。"郭璞注："可以爲砭針治癰腫者。"

[8]函丈：亦作"函杖"。《禮記·曲禮上》："若非飲食之客，則布席，席間函丈。"鄭玄注："謂講問之客也。函，猶容也，講問宜相對容丈，足以指畫也。"原謂講學者與聽講者坐席之間相距一丈。後以指講學的坐席，亦指對前輩學者或老師的敬稱。

[9]稔：年。古代穀一熟爲稔，以一稔代指一年。

[10]尚章大淵獻：尚章，爲十干中"癸"的別稱。《史記·曆書》："尚章大淵獻二年。"司馬貞《索隱》："尚章，癸也"；大淵獻，爲十二地支中的"亥"的別稱。二者合起來指癸亥年。

[11]訾陬：古代以歲星在十二次的位置紀年，代指正月。

[12]宋伯魯（1854—1932）：字子鈍，號芝田，陝西禮泉人。光緒十二年（1886）進士，選爲庶吉士，散館授編修。次年任順天府鄉試同考官，光緒二十年（1894）出任山東鄉試副考官，二十二年（1896）任都察院山東道監察御史。積極支持戊戌維新，變法失敗後，返回原籍，致力詩畫山水。著有《海棠仙館集》《畫人軼聞》《清畫家詩史》等，參修《新疆省志》《陝西通志》。

澧西草堂集序[1]

自橫渠張子倡正學於關中，以尊禮貴德、樂天安命爲宗，與濂洛閩并爲儒林泰斗。逮及有明，呂文簡涇野[2]、王端毅石渠[3]、馮恭定少墟學行卓犖，朝野嚮風。貞元之交，二曲崛起韋布[4]，與夏峰[5]在北，桴亭[6]、楊園[7]、三魚[8]在南，如驂之靳，關學傳燈，於茲不墜。并世所聞有二儒焉，一則咸陽劉古愚先生光蕡，一則柏子俊先生也。先生名景偉，家長安，生橫渠之鄉，又習聞少墟遺風，苞負深醇，蘄撥亂而反之正，恥爲無用。咸同之際，□□交訌，秦隴騷然。先生上剿撫事宜於左文襄，文襄采其說，而陝亂以平。光緒初，秦中旱，先生創各村保各村、各鄉保各鄉之法，活數十萬人。其他有大興革與民爲戚休者，先生知必言、爲必力，秦中至今利賴之。然先生標寄蕭遠，難進而易退，一參文襄及劉果敏軍，未幾皆謝歸。

歸而講學，主涇干、味經、關中三書院。嘗曰："聖賢之學，以恕爲本，以強爲用，道德經濟，一以貫之。"又曰："人生有三大關，有一不能打破，便非完人。三關者何？義利、毀譽、生死也。"以此詔學者，裁就甚衆。

於戲！自宋而後，講學家崇性理而略事功，遂有有體無用之儒，先生出而一雪此言矣。中興諸巨公若倭文端[9]、李文清[10]、曾文正[11]，并以正學倡後進，後進之聞而興起者如水歸壑。其迴翔幕府、坐致高位者，尤爲世所指目。先生雖從文襄游，屢有建白[12]，而超然物表，僅沾一命，尤足愧夫儒名而賈行者矣。予耳兩先生名久，又與古愚先生爲乙亥同舉生，癸卯道長安，兩先生已前卒，不獲一奉手而出兩先生之門。三原王典章幼農，蜀西、江左，再荷匡翼，於先生之學，深維而切究之，以施諸用。既刊古愚先生所著矣，此復鳩先生《灃西草堂集》八卷壽之木，而督序於予。予少奉父師之教，斤斤守繩檢，關學夙所服膺，而宦學四方，役於竿櫝[13]。又丁桑海之變，生意略盡。於道既無所窺，民物亦無所濟，序先生集，竟輒慚沮旁皇[14]而無地以自容也。

甲子[15]六月金壇馮煦[16]，時年八十有二

【箋注】

[1]本篇據金陵本補錄。

[2]呂文簡涇野：即呂柟（1479—1542），字仲木，號涇野，陝西高陵人。正德三年（1508），中進士第一，授翰林院修撰兼經筵講官。正德五年，上疏明武宗親臨政事，觸怒劉瑾并欲殺之，遂辭官回鄉。正德七年，官復原職，兩年後又因病辭官，此後一直居家講學，直到嘉靖元年（1522）再次被起用。嘉靖三年，因議"大禮"而入獄，被貶爲山西解州（今山西運城）判官。期間創建解梁書院，刊刻書籍，教民化俗。嘉靖六年冬，轉南京吏部考功司郎中，與湛若水、鄒守益一起講學南都，風動江南，從學者衆多。後升南京尚寶司卿和太常寺少卿。嘉靖十四年，升國子監祭酒。次年，又升南京禮部右侍郎。嘉靖十八年，呂柟致仕回鄉，建北泉精舍講學。卒謚文簡，追贈禮部尚書。一生著述豐富，有《涇野子內篇》《四書因問》《涇野先生五經說》《涇野先生文集》等。

[3]王端毅石渠：即王恕（1416—1508），字宗貫，號介庵，晚號石渠。西安

府三原縣人。明朝中期名臣。正統十三年（1448）進士，選庶吉士，後爲大理寺左評事，後遷左寺副、揚州知府、江西右布政使、河南左布政使、右副都御史、左副都御史、南京刑部左侍郎、左副都御史、南京兵部尚書參贊守備兼左副都御史、吏部尚書加太子太保等，歷官十九任，也是首任河道總督。追贈特進、左柱國、太師，卒謚端毅。生前歷仕英宗、代宗、憲宗、孝宗、武宗五朝。與其子王承裕并爲三原學派的代表人物。著有《王端毅公奏議》等。

[4]韋布：指韋帶布衣。古代指未仕者或平民的寒素服裝。亦借指寒素之士、平民。

[5]夏峰：指孫夏峰（1584—1675），名奇峰，字啓泰，號鐘元。晚年講學於輝縣（今河南省輝縣市）夏峰村，故稱夏峰先生。生平淡泊名利，清廷屢召不仕，人稱孫徵君。與李顒、黃宗羲齊名，合稱明末清初三大儒。著有《四書近指》《讀易大旨》《理學宗傳》《中州人物考》等。

[6]桴亭：指陸世儀（1611—1672），字道威，號剛齋，晚號桴亭，別署眉史氏，江蘇太倉人。明末清初著名的理學家、文學家，江南大儒。明亡，隱居講學，與陸隴其并稱"二陸"。其爲學不立門户，志存經世，博及天文、地理、河渠、兵法、封建、井田無所不通。著有《思辨錄》《論學酬答》《性善圖説》《淮雲問答》等。

[7]楊園：指張履祥（1611—1674），字考夫，號念芝，世居浙江桐鄉縣楊園村，學者稱爲楊園先生。明末清初著名理學家。受業於劉宗周。爲學善思考取捨，後專意程朱。其一生潛心於義理，認爲三代以上，孔孟是集大成者；三代以下，程朱是集大成者。時人把他和陸隴其并提，視爲閩洛學派的正傳。著有《讀易筆記》《願學記》《近古錄》《補農書》等。後人輯有《楊園先生全集》。

[8]三魚：指陸隴其（1630—1692），原名龍其，因避諱改名隴其，譜名世穮，字稼書，浙江平湖人，學者稱其爲當湖先生，清代理學家。康熙九年（1670）進士，歷官江南嘉定、直隸靈壽知縣、四川道監察御史等，時稱循吏。其學專宗朱熹，排斥陸王，被清廷譽爲"本朝理學儒臣第一"，與陸世儀并稱"二陸"。乾隆元年（1736），追謚爲清獻，加贈内閣學士兼禮部侍郎銜，從祀孔廟。著有《困勉錄》《讀書志疑》《三魚堂文集》等。

[9]倭文端（1804—1871）：正紅旗人，烏齊格里氏，字艮齋，亦字艮峰。道光九年進士。同治初擢工部尚書、文淵閣大學士，授皇帝書。精研理義之學，官至文華殿大學士。卒謚文端。著有《倭文端公遺書》。

[10]李文清：即李棠階（1798—1865），字樹南，號文園，謚文清，河南溫縣人。晚清著名理學家。道光壬午科進士，先後任翰林院庶吉士、編修、侍讀、大理寺卿、禮部侍郎、左都御史、戶部尚書、軍機大臣、工部尚書、禮部尚書等職，加太子少保銜。遺著有《古本大學集解》一卷、《李文清公遺書》八卷、《李文清公遺文》一卷、《李文清公詩集》一卷等。

[11]曾文正：即曾國藩（1811—1872），初名子城，字伯涵，號滌生。近代政治家、軍事家、理學家，湘軍創立者和統帥。與胡林翼并稱曾胡，與李鴻章、左宗棠、張之洞并稱晚清四大名臣。官至兩江總督、直隸總督、武英殿大學士，卒謚文正。著作宏富，被收入《曾文正公全集》。

[12]建白：提出建議或陳述主張。

[13]竿牘（gāndú）：猶竿牘，即書劄。

[14]慚沮旁皇：慚沮，羞愧沮喪；旁皇，亦作"旁遑"，因內心不安而徘徊不定貌。

[15]甲子：民國十三年，1924年。

[16]馮煦（1842—1927）：原名馮熙，字夢華，號蒿庵，晚號蒿叟、蒿隱。江蘇金壇五葉人。少好詞賦，有"江南才子"之稱。光緒八年（1882）舉人，光緒十二年進士，授翰林院編修。歷官安徽鳳陽府知府、四川按察使和安徽巡撫。辛亥革命後，寓居上海，以遺老自居。曾創立義賑協會，承辦江淮賑務。參與纂修《江南通志》，著有《蒿庵類稿》等。

柏子俊先生文集序[1]

三原王幼農先生刻其師柏子俊先生《灃西草堂集》既竟，徵序於余。余受而讀之，嘆曰："柏先生之學，關學之正傳也。"昔宋張子倡道於陝中，博學篤行，彊探力索，作《西銘》以究民物之原，作《正蒙》以窮造化之奧，而壹本於約禮之教，明體達用。正經界，玫井田，欲興復先王之遺規，關中學者蔚然成風。其見而知之者，有呂與叔[2]諸先生；其紹而述之者，有馮少墟、李二曲諸先生。彬彬乎，稱極盛矣！

而近世崛起而傳之者，乃有柏子俊先生。往者蕺山劉念臺[3]先生作聖學三關：曰人己關，曰敬肆關，曰迷悟關。而子俊先生亦有論學三關：曰義利關，曰毀譽關，曰生死關。蓋念臺先生所述，陽明之學也，故主於妙悟以成功；子俊先生所述，張子之學也，故主於守死以善道。張子之言曰："不愧屋漏爲無忝[4]，存心養性爲匪懈[5]。"蓋皆所以嚴義利之辨，而袪毁譽之私。又曰："存，吾順事；没，吾寧也。"則正所以破生死之關，而還吾天地之塞、天地之帥者也。故曰先生之學，關學之正傳也。而余謂今世學子所當服膺者，尤莫急於禮教。禮教之根本，尤莫先於尊師。先生訂《關中書院學規》，謂："師嚴然後道尊，道尊然後民知敬學。"所謂嚴者，非妄自尊大，蓋不如是，不足以振諸生之修爲也。又引晉欒共子曰："民生於三事之如一。"事師之禮，與君父并在。學知事師，則在朝必能事君，在家必能事父矣。蓋師生之誼，固由父子而推焉者也。故《檀弓》所載"一則致喪三年，一則心喪三年，而其就養無方[6]也則一"。嗟乎！古之尊師，何其誠且摯哉。幼農先生得其教，故平生篤守師法，春秋令節祭先之外，且設位以祀其師，戒子孫永久勿忘其富貴。

斯籍也，先於庚子歲排印，分餉同志，自攜數帙入川，均毁於火。厥後輾轉訪求，始得之於陝友，乃壽諸棃棗[7]焉，其專且誠也如是。嗚呼！世衰道微，邪説暴行。有作後生小子，長傲遂非，憒然不知倫紀情誼之不可渝。於是驕亢之志氣，動輒施之於尊長，"燕朋[8]逆其師，燕辟[9]廢其學"者比比皆是。天澤倒置，秩序混淆，學校之中，不聞禮義之訓，狂攘恣睢，牢不可破。風紀掃地而無餘，而世道人心乃益至於潰敗糜爛不可收拾。嗚呼！豈不痛哉！

昔曾文正當粵匪將亂之時，送唐太常南歸作序，諄諄不勝斯道湮没之是懼，欲以尊師爲天下倡。余亦嘗謂古者君師之道合，故亂日少而治日多；後世君師之道分，故亂日多而治日少。然惟鄉里有良師，而後國家有善治。故居今之世，救時莫如尊師，蓋惟尊師而後性情厚，惟尊師而後道德明，惟尊師而後風俗純而善人出。伊尹[10]有言："先知覺後知，先覺覺後覺。"定四海之民，其必權輿於師道矣。然則子俊先生此書，豈非救世之指南！而幼農先生又豈非今日之碩果哉！余是以三復言之，俾當世明達知旋乾轉坤要自講明正學始。

丙寅[11]暮春後學唐文治謹序

【箋注】

[1]本篇據金陵本補録。

[2]吕與叔：即吕大臨，字與叔，號芸閣。元祐中爲太學博士、秘書省正字。學通"六經"，尤邃於《禮》。少從横渠張先生遊，横渠殁，乃東見二程先生，

卒業焉。與謝良佐、游酢、楊時在程門號"四先生"。其學以橫渠學説爲依歸，"守橫渠説甚固"，深潛縝密於義理之説，嚴於儒佛之辨，是張載關學重要傳人。著有《大學中庸解》《玉溪集》等。

[3]劉念臺（1578—1645）：即劉宗周，字起東，別號念臺，浙江紹興府山陰（今浙江紹興）人，因講學於山陰蕺山，學者稱蕺山先生。萬曆二十九年（1601）進士，天啓元年（1621）爲禮部主事，四年起右通政，參與東林黨活動，曾因上疏彈劾魏忠賢而被停俸半年并削籍爲民。崇禎元年（1628）爲順天府尹、工部侍郎，十四年爲吏部侍郎，不久升任左都御史，因上疏與朝廷意見不合再遭革職削籍。南明弘光朝復官，不久辭官歸鄉。聽聞清兵攻陷杭州，劉宗周慟哭絶食而卒。曾在東林、首善等書院與高攀龍、鄒元標等講習，後築蕺山書院講學其中，學宗陽明，黄宗羲、陳確、張履祥等著名學者均出其門下，世稱"蕺山學派"。所著輯爲《劉子全書》《劉子全書遺編》。

[4]不愧屋漏爲無忝：原意是雖在宗廟里，但無愧畏之心。後比喻即使在暗中也不做壞事，不起壞念頭。出自《詩經·大雅·抑》："相在爾室，尚不愧於屋漏"；無忝，是指不玷辱、不羞愧。

[5]存心養性爲匪懈：語出《孟子·盡心篇》："盡其心者，知其性也；知其性，則知天矣。存其心，養其性，所以事天也。"存心養性是孟子提出的道德修養工夫；匪懈，即不鬆懈、不懈怠。

[6]就養無方：就養，指侍奉父母；無方，指無定式、無定法。

[7]壽諸棃棗：指雕版印刷。

[8]燕朋：燕，猶褻也，燕朋即輕慢朋友。

[9]燕辟：辟，原作"僻"，非。《禮記·學記》曰："燕朋逆其師，燕辟廢其學。"燕辟，又作"燕譬"。辟，通"譬"，譬喻。爲講解深奧道理而作的譬喻。燕辟即輕慢老師爲講解深義而作的淺近比喻。

[10]伊尹：商朝初年名相，輔助商湯滅夏。他整頓吏治，洞察民情，爲商的經濟繁榮、政治清明立下了汗馬功勞。

[11]丙寅：民國十五年，1926年。

澧西草堂集後序[1]

同學王君幼農[2]搜集柏子俊先生遺文，付工鏤板，致書寶辰[3]，屬爲序。寶辰於先生何能贊一辭？要不敢已於言也。謹百拜稽首，綴言簡端。岐豐關輔，文武周公聲教所始之地，漢唐故都在焉，河山蓄毓，賢哲篤生。自漢已來，田何之於《易》，韋賢之於《詩》，馬融之於《書》，杜預之於《春秋左氏》，薄海以内，宗爲經師，望之有若山斗。有宋橫渠，崛起西陲，關學一派，屹然與洛、閩并峙。涇野、少墟、谿田、二曲衍厥遺緒，襃襃[4]儒風未墜也。

沿及近世，絃誦稍衰矣。灃西先生毅然以衛道爲己任，坐三經之席，爲羣士之師，祁祁生徒，誘納模楷。當時碩儒巨公，未有不以爲禮樂在是者也。嗚呼！先生往矣，几席不可接也，聲欬[5]不可親也，而先生之遺言緒論，見於文可傳於無窮者，固受學者之所不敢忘也。夫以先生之學而獲大用於世，必有以澤及於生民、功加於當時者，乃退而著書講學，僅以微言大義啓來哲而貽世範也。蓋未嘗不爲先生惜，而又未嘗不爲後之來者幸也。聖人之道之在天下者，不可得而見也，則必於其文焉見之。學者生聖人後，造詣有淺深，趨向有歧正，不可得而見也，亦必於其文焉見之。漢之董賈[6]，唐之韓柳[7]，宋之歐陽、蘇[8]、曾、朱子，其道德之精微，學問之淹通，行誼之敦諄，經濟之魁閎，學者於千百年後得以探其淵奥而如晤於一堂，獨於文而已矣。先生之文固不一體，然而探治亂之源，嚴義利之辨，明生民之疾苦，抉政術之純駁[9]，固無一言而不以衛道爲心者也，信乎其可傳之於無窮矣！幼農刊刻先生遺文以傳於無窮也，其所以爲人心世道計者大矣，寧第有功師門而已哉！

歲在旃蒙赤奮若厲月[10]門下士薛寶辰序

【箋注】

[1]本篇原無，據金陵本補錄。

[2]王君幼農：即王典章（1865—1943），陝西三原人。曾受業於柏景偉、劉古愚。曾任清四川省寧遠府（今四川西昌）知府等職。入民國，任廣東省高雷道尹、粵海道尹及陝西省政府委員兼民政廳長等職。後寓居蘇州，刊印《灃西草堂集》《煙霞草堂遺書》等。著有《思過齋文集》《安隱廬詩存》未刊。

[3]寶辰：指薛寶辰（1850—1926），原名秉辰，字壽萱，陝西咸寧杜曲（今西安市長安區杜曲寺坡）人。晚清民國陝西著名學人。少即天賦異稟，就讀於關中書院，深得山長柏景偉器重，出任關中書院志學齋齋長。現存《關中書院課藝志學齋日記附》中保留有他就學關中書院時的二十篇習作。《灃西草堂

文集》卷三《書下》亦收録有柏景偉的《覆薛壽萱書》等。史載寶辰"劬學能文，博通經史"，光緒丙子（1876）中舉，己丑（1889）成進士，選庶吉士，散館授編修。光緒十九年（1893）出任山西鄉試正考官，得人稱盛。庚子年（1900）隨從皇帝出巡至陝，逢丁外艱，期間主講關中書院，旋爲弘道學堂總教習，多所成就。1903年服闋入京，充日講官、文淵閣校理，擢升侍讀學士兼咸安宫總裁。民國不仕，久之歸里，膺省長公署顧問，精於醫理，效如桴鼓。著有《寶齋文詩鈔》《儀鄭堂筆記》《筌蹄編》《潔羞説略》《醫學絶句》《醫學論説》《本草筌蹄》等若干卷未刊。

[4]裒裒（xiùxiù）：盛貌也。

[5]謦欬（qǐngkài）：咳嗽聲，引申爲言笑。

[6]董賈：指董仲舒與賈誼。董仲舒（前179—前104），河北廣川（景縣）人，西漢思想家、政治家、今文經學家。武帝時，他在《舉賢良對策》中提出了"天人感應""大一統"學説和"諸不在六藝之科、孔子之術者，皆絶其道，勿使并進"等主張，使儒學得立學官，取得正統地位，影響長達兩千多年。賈誼（前200—前168），洛陽人，西漢初年著名政論家、文學家，世稱賈生。代表作有《過秦論》《論積貯疏》等。

[7]韓柳：韓，指韓愈（768—824），字退之，河南河陽（今河南孟州）人，祖籍昌黎郡（今河北省昌黎縣），自稱昌黎先生，世稱韓昌黎。晚年任吏部侍郎，卒謚文，世稱韓文公。蘇軾稱其"文起八代之衰，道濟天下之溺，忠犯人主之怒，勇奪三軍之帥"。柳，指柳宗元（773—819），字子厚，河東（今山西運城一帶）人，唐代文學家、哲學家、散文家和思想家，唐宋八大家之一，世稱柳河東、河東先生，因官終柳州刺史，又稱"柳柳州"。柳宗元與韓愈并稱"韓柳"，與劉禹錫并稱"劉柳"，與王維、孟浩然、韋應物并稱"王孟韋柳"。著有《河東先生集》。

[8]蘇：當指蘇洵（1009—1066），字明允，自號老泉，眉州眉山（今四川眉山）人。北宋文學家，與其子蘇軾、蘇轍并稱三蘇，均列"唐宋八大家"。

[9]純駁：駁，顔色不純，夾雜著别的顔色。此指政治是否清明廉潔。

[10]游蒙赤奮若厲月：這是中國古代星歲紀年法。據晉郭璞注、唐陸德明音義、宋邢昺疏《爾雅注疏》卷五《災疏》記載："太歲在甲曰閼逢，在乙曰游蒙，在丙曰柔兆，在丁曰强圉，在戊曰著雍，在己曰屠維，在庚曰上章，在辛曰重光，在壬曰玄黓，在癸曰昭陽。"卷五《歲陽》記載："太歲在寅曰攝提

格，在卯曰單閼，在辰曰執徐，在巳曰大荒落，在午曰敦牂，在未曰協洽，在申曰涒灘，在酉曰作噩，在戌曰閹茂，在亥曰大淵獻，在子曰困敦，在丑曰赤奮若。"可知"旃蒙赤奮若"，對應的是乙丑年，即民國十四年（1925）。另同卷《歲名》記載："月在甲曰畢，在乙曰橘，在丙曰修，在丁曰圉，在戊曰厲，在己曰則，在庚曰窒，在辛曰塞，在壬曰終，在癸曰極。"可知"厲月"爲戊月。按照年上起月法，乙丑年有戊寅月、戊子月，因此，有正月與十一月兩種可能。

灃西草堂全集叙[1]

民國之初，與同門王子翰卿謀重印《灃西草堂文集》。當時以原書浩瀚，非貧乏無力者所能勝，故謹撮錄四卷，叙其緣起，付諸聚珍，先生生平略具於是，非敢有所棄取於其間也。

王子幼農者，先生入室弟子也。民國成立，避地姑蘇，高尚氣節，有灃西之風。以謂世變日亟，人心陷溺，不於此時取先生原書盡付剞劂[2]，恐久而湮没，將使先生道德文章由吾身而失墜，而世之尊仰先生者，亦以不克讀其全書爲憾，則吾輩之罪莫大焉。爰於從公暇取先生全稿手校而精槧之，閱十六月而竣。所費皆力任之，不以醵[3]於人。書成，問叙於伯魯。

夫伯魯之所欲言，前叙已盡之。且先生蓄道德，能文章，鴻篇巨製，固已膾炙人口，爭光日月。而其殘膏賸馥，亦足使觀者嘆服，聞者興起。邪説暴行之世，誠使人人能讀先生之書，其於挽頹風、救末俗，猶指諸掌也。寧俟游夏輩諓諓贊頌爲哉？幼農此舉信乎有功師門，而非世之重財賄、輕師友者所可同日而語明矣。若伯魯者，年逾杖國，瓠落無成，復牽於人事，不獲與於斯役，其爲愧赧，又奚可以言語形容哉！

乙丑[4]二月門下士宋伯魯謹序

【箋注】

[1]本篇據金陵本補録。

[2]剞劂：本指刻鏤的刀具，此指雕板刻印。

[3]醵：衆籌，大家湊錢。

[4]乙丑：民國十四年，1925年。

柏灃西先生遺集序[1]

　　右《灃西草堂集》八卷，先師長安柏子俊先生遺稿也。先生少負異秉，讀書穎悟過人，慕張橫渠之爲人，思結天下豪傑以爲世用。咸同之際，髪捻交訌，禍及全省。先生條陳剿撫，當道多采其說，以平陝亂。顧曲高和寡，所志不能盡行。退而講學，不分門戶，躬崇實踐，以道爲歸。屢主涇干、味經、關中諸書院。嘗曰："人生有三大關，有一不能打破便非完人。三關者何？義利、毀譽、生死也。"以此詔學者，多所成就。光緒丁丑[2]戊寅，秦中大旱，餓殍載途。先生創各村保各村、各鄉保各鄉之法，全活數十萬人，其他利國利民之舉不一而足。跡其生平，遠紹橫渠，殆無愧色。平日著作甚多，不自存稿，歿後由哲嗣孝龍世兄搜集遺著，釐爲八卷，典章與校勘之役。庚子[3]五月排印，公諸當世。旋以筮仕[4]入川，曾攜數部，寄存商號，竟毁於火。民國以來，滯跡江左，屢託陝友物色，久之始獲，深懼夫久益散失也。先生學行雖不以此集傳，然非此集，又何從窺先生之真？且奚以動後人私淑之心耶！重加校勘，付諸剞劂，謹識其緣起如此。

民國十二年癸亥弟子三原王典章

【箋注】

[1]本篇原無，據金陵本目錄後附文補錄。篇名原缺，系整理者所加。

[2]丁丑：光緒三年，1877年。

[3]庚子：光緒二十六年，1900年。

[4]筮仕：古人將出做官，先卜問吉凶；亦指初出做官。

《灃西草堂文集》校注

卷一

長安 柏景偉 子俊甫

疏

奏請補行陝甘文闈鄉試[1]疏 代劉克庵撫軍[2]

奏爲陝甘文闈鄉試因辦理軍務三次停止，現在陝境肅清，甘省毗連地方已漸安靜，援案請旨特開一科，先補兩屆，歸并加倍取中，并將甘省賊蹤未靜[3]之處劃留額數，條議章程，定期舉行，以振人心而勵士氣，恭摺仰祈聖鑒事：

竊陝甘前應舉行壬戌恩科及甲子、丁卯兩科鄉試，節因□□各逆在境滋擾，不能依期遵辦，經前撫臣歷次奏請展緩，統俟軍務肅清，乞恩特開一科歸并補行，奉旨允准在案。茲因去秋以來，陝境土匪先後就撫，□□盤踞董志原[4]巢穴今春一鼓掃盡，餘□悉數遠颺，陝省闔境肅清，即甘省之涇、慶各屬均已安謐，此皆仰賴聖謨廣運所致也！

臣宗棠即日馳進涇州，專剿竄賊餘孽。臣典擬回省城，專籌後路布置及一切善後事宜。適陝省士子聯名呈請補行鄉試，由司道具詳轉懇前來。臣等查陝甘鄉試向係合試取中，軍興以來疊次展緩，自壬戌恩榜未行，歷甲子、丁卯，已停三科，士子懷才待試，沈滯多年。今陝省既已肅清，自應變通辦理，擬請先將陝西鄉試補行壬戌恩科，帶補甲子正科，加倍取中。其丁卯一科，擬歸下屆帶補，斯士氣以振而取材亦不慮其太寬。查陝甘兩省歷年鄉試，陝省人數倍於甘省，通同[5]取中，陝省約得三分之二，甘省約得三分之一。茲陝省補行舉辦，應將額數劃留，俟甘省全境肅清，請旨另開一科，俾得咸沐皇仁而光盛典。

惟查甘省各屬，除蘭、涼迤西一帶道路梗阻，士子暫難來陝應試外，其平、慶、涇、秦、階[6]等府州屬道路已通，暨流寓陝省，肄業關中、弘道[7]各書院者，應一例准其錄科入闈，以遂觀光之志。擬於劃留額數之中，仍酌量提出數名，歸入此次，通同取中，以昭公允。其西安駐防文鄉試暨應試繙譯者，均照例加倍辦理。

臣等與西安將軍臣庫克吉泰[8]、學臣周蘭[9]會商，并緘商[10]司道，意見相同。援照成例，擬議章程，尚與舊案符合。臣等查咸豐九年，江蘇補行鄉試，借用浙江闈院，其不能赴試之安徽一省，照額劃留。蓋是時金陵尚未收復，即江蘇屬境士子亦多阻隔，未能齊集。而必急於補行者，誠以人心爲國本所係，而士氣實人心所關，振勵微權，必以選舉爲急。今陝省安謐，甘省毗連陝疆者亦漸次廓清，若於賓興[11]之典久闕不修，非所以仰承聖化、嘉惠士林之至意。臣等當經查明，陝省貢院號舍，經前撫臣劉蓉修葺完竣。試卷亦已刷印存庫，舉辦尚易就緒。謹擬定期本年九月舉行，并辦理章程，另繕清單，恭呈聖鑒。倘邀俞允，應請簡派考官，并勅下部臣改題爲奏，迅速依期辦理，考官出京，并無繞道之處，邀免臨期，另行奏請，以免耽延，臣等不勝悚惶待命之至。

所有陝甘鄉試，因辦理軍務三次停止。現在陝境肅清，甘省毗連地方已漸安靜，謹援成案，請開一科，先補兩屆，歸并加倍取中，并將甘省賊蹤未淨之處劃留額數、條議章程、定期舉行各緣由，謹會同署督臣穆圖善[12]、學臣周蘭合詞恭摺附驛馳陳，伏祈皇太后、皇上聖鑒訓示遵行。

再：此次拜摺，係臣典主稿，合并聲明。

謹奏

附片

謹將陝甘補行鄉試援照成案，酌定辦理章程、繕具清單恭呈御覽：

一陝甘文闈鄉試已停三次，并歸一榜，補中未免過多，擬請援照湖南等省成案，先補壬戌恩科，帶補甲子正科，加倍取中。其丁卯一科，應歸下屆庚午科帶補。其武闈鄉試應否補行，容候查議，另案具奏。

一陝甘中額向係兩省統同取中，而甘省與試之人及獲中之數較少，今該省惟平、慶、涇、秦、階各路通行無阻，餘若蘭、涼等府及各邊地尚有賊擾，沿途梗塞。此次舉行鄉試，如已來者得與觀光，未來者置之不議，未免向隅。擬請援照江蘇借闈補行鄉試成案，凡甘省賊蹤未淨之處，劃留額數，俟平定後，請旨另開一科補中。而額數牽混，向未分晰。今就陝甘前三科中額詳加比較，先將甘省大數劃開，再從劃開數中酌留中額，以爲甘省未來士子餘地，此辦理大較也。

查陝甘額中總數，連各邊郡編號六名，統中六十二名。詳核兩省前三科題名錄，陝省常中四十名以上，得三分之二而有餘；甘省常中二十名上下，得三分之一而不足。今將兩省大數量爲劃開，應以三分爲率，以四十一名爲陝省一次中額，以二十一名爲甘省一次中額。現請兩科并補，陝省共應中八十二名，甘省共應中四十二名。甘省現有賊擾，士子不能來陝應試者固多，而流寓陝中暨毗連各郡縣能赴陝應試亦復不少，應於割出甘省大數中，每科提出三名，作爲此次應試士子中額，酌留十八名作爲不能來陝應試士子餘地。現請兩科并補，共提甘肅兩次中額六名，歸入陝西割分大數中，仍行通同取中。無論陝甘所中多寡，悉憑文藝以定棄取。緣陝甘兩省向不分額，此次暫行割分，專爲不能來試士子留餘，不爲來試士子強分中額也。兩科共留中額三十六名。

此外，陝省捐輸加廣永遠，中額九名，此次照例取中；甘肅捐輸加廣一次，中額一名，并留甘省軍務全境肅清，另爲該省請開一科，俾得共沐皇仁而培士氣。所有兩科并補，副榜請照正榜名數核計取中。至同治元年欽奉恩詔，本科鄉試，次省著加中二十名。陝甘向列次省，此次補行壬戌恩科，其加中二十名，兩省應如何割分，應候聖訓遵辦。仍遵定例，此次廣額不加中副榜。其餘編號六名內，甘肅五名，陝西一名，當視各該處士子能否就試，臨時分別核辦。其西安駐防文鄉試暨應試繙譯者，均請照例辦理，合并聲明。

一甘省士子每屆錄科，向例於學臣科試，未經取錄者，由各該教官詳請學臣錄遺。近因軍務未竣，學臣尚未按臨，各該學亦多無冊可考，而該士子流離轉徙、迄無定所，現在寄寓陝境，并肄業陝中書院者不少，若必飭令回籍，由各該教官具詳錄送，誠恐展轉誤期；然漫行錄收[13]，又慮有冒名頂替、匿喪違礙諸弊，今擬照錄送成例而變通行之。凡甘省士子，其已由各該教官詳請送錄者自應照常核准外，如有流寓他處及在陝省刻難請詳者，應令就近取具同鄉官印結，并五生互結其同鄉識認等官；或係候補無印人員，但能確知該士子委無前項諸弊，亦准借印出結，由咸、長兩學代詳學臣，一并錄送，用廣登進而昭慎重。

【箋注】

[1]文闈鄉試：文闈，此二字原缺，據金陵本補。闈，試院。文闈，指科舉考試；鄉試，中國古代科舉考試之一。唐宋時稱"鄉貢""解試"。由各地州、府主持考試本地人，一般在八月舉行，故又稱"秋闈"。明清兩代定爲每三年一次，在各省省城舉行，主考官均由皇帝欽派，中式稱爲"舉人"。第一名稱"解元"，第二名稱爲"亞元"，第三、四、五名稱爲"經魁"，第六名稱爲"亞魁"。凡中式者，均可參加次年在京師舉行的會試。

[2]撫軍：金陵本作"中丞"。

[3]靜：金陵本作"淨"。

[4]董志原：位於甘肅省慶陽市。

[5]通同：串通一起，共同。

[6]平、慶、涇、秦、階：平，指清代平涼府，府治在今甘肅平涼市；慶，指清代慶陽府，今天甘肅慶陽市；涇，指清代涇州，府治在今天甘肅涇川；秦，指清代秦州，府治在今天甘肅天水；階，指清代階州，府治在今甘肅隴南市武都區。

[7]弘道：指弘道書院，位於陝西省三原縣，由三原人王恕、王承裕父子於明弘治七年（1494）創辦。是年，王承裕中進士，其父王恕致仕歸里，父子協力將僧舍改建爲弘道書屋，次年擴建爲書院，成爲西北學術重鎮。省學衛署設三原，府考亦在此舉行。光緒二十六年（1900），响應清廷號召，改爲弘道高等學堂，提倡新學，注重經世致用，造就了于右任、李儀祉、吳宓、張季鸞等一批著名人士。

[8]庫克吉泰（？—1873）：字仁龕，正黃旗人。同治四年（1865）十二月，由廣州副都統調爲西安將軍，協助左宗棠、劉典、穆圖善等共同作戰。

[9]周蘭：原名玉麒，字蘭友，號伯蓀，浙江仁和（今屬杭州）人。同治癸亥（1863）進士，官翰林院編修。同治六年八月任陝甘學政。

[10]緘商：緘，爲書信封口；商，協商。意指用書信徵求意見。

[11]賓興：周代舉賢之法。鄉大夫自鄉小學薦舉賢能而賓禮之，以升入國學。《周禮·地官·大司徒》："以鄉三物教萬民而賓興之。"這裏指縣府對擇拔之舉人給予財物等獎勵。

[12]穆圖善：指那拉搭·穆圖善（？—1887），滿洲鑲黃旗。初爲驍騎校，咸豐中，從征直隸、山東、山西、河南、安徽，賜號西林巴圖魯。同治元年（1862），先從多隆阿軍入陝，後代署欽差大臣，與太平軍、捻軍等交戰於陝西、湖北、甘肅、寧夏、青海，兼施招撫，官至陝甘總督。

[13]錄收：金陵本作"收錄"。

奏請[1]力減陝西差徭以紓民困疏 代劉克庵撫軍[2]

奏爲力省差徭、酌減平餘、革除節壽陋規、籌給各官公費，以紓民力而肅官箴，恭摺仰祈聖鑒事：

竊維民生休戚關係治亂之源，大吏廉隅實爲州縣表率，未有大臣不法而小臣能克著其廉，未有州縣不清而羣黎能免其擾，未有小民仳離而宇内克弭其患者。是以圖治必先保民，保民必先擇吏，而懲貪去弊必清源而後可以滌流，此一定之理。然責吏非準之以情，去弊非出之以漸，勢必窒礙難行，可暫而不可久，袪弊或反滋其害也。

臣查外官文職權重事繁而弊亦最多，推其致弊之原，由於廉費不敷，辦公例支，實多賠累。上官不足取之州縣，則有節壽季規名色；州縣不足取之百姓，則有攤派平餘弊端。臣查佳節壽辰饋送禮儀，在平人親友，本往來交接之常，在統攝僚屬，即大啓苞苴之漸。當其節壽饋送之時，固無干求之事；而既經接收之後，難免瞻顧之私。相沿日久，將視陋規之有無爲屬員之賢否，是非顛倒，實爲吏治之害。陝省司道府州兢兢自愛，尚不至若斯之甚，誠恐稽查不嚴，弊端暗復。臣自去歲受事以後，即飭該衙門等各將從前節壽季規等項名色數目查報，現具[3]陸續報出，通行曉諭各廳州縣，嗣後一概嚴禁，不准與送，饋遺之風可以漸清，此革除陋規之情形也。

至於陝省百姓當兵燹之後，蕩析離居，拋荒農業，亟宜保養生聚，以培根本。臣與督臣左宗棠飭屬多方，撥練[4]籌款，興修水利，發給牛工農具籽種，督令開荒搆屋，稍稍復業。訪查小民苦累，首在差徭，按糧派錢，雇備車馬，供支往來差事。次即完納地丁，於正耗銀兩之外又有平餘，以資添補辦公。既爲累民積弊，即當悉數革除。然而時艱財竭，不得不兼顧軍務及地方公事。察覈情形，差徭能省不能全裁，平餘可減，礙難悉革。自當參酌時宜，盡心籌畫差徭攤派一項。

臣於去年冬季咨商督臣左宗棠，將陝省各屬里局支差章程從新釐定：所有文武各衙門暨征防各營，尋常公事需用車馬、日行流差，俱令自行備辦，不准向里局需索支應，惟令里局借支，軍務轉運仍酌定。車馬夫驟運價計里給發，里民攤派錢文，專貼發價之不敷，以節餉項而重軍需。會同出示曉諭，行之經年，攤派較前減半，民頗稱便。

其平餘一項，查係百姓完納錢糧，平色不能一律，地方官傾銷批解，隨收平餘，以補折耗，并資之辦公。而各屬征收情形不同，有正銀一兩隨收平餘一二錢者，亦有以錢完納之處，每正耗銀一兩一錢五分，百姓祇交錢一千五六百文。按時價易銀，批解州縣，尚多賠累，自當區別辦理。至如官吏，操守責其清廉，民事責其勤慎，而不籌給辦公之費，是猶掩耳盜鈴，徒形欺飾。緣陝省州縣額設廉費僅數百金，除扣減搭錢而外，實領無幾；署員養廉減半，所得更少。辦理一邑公事，例銷各項額支，領款較之實用實銷之數，無一不短數倍，俱係官賠。加以通省常年例無支銷，公事亦係攤派州縣捐辦，有限廉費捐賠已盡，豈能赤手從公？推而至於各道府州，廉費雖較州縣稍多，而統轄合屬，公事亦較州縣加繁。辦公竭蹶，情亦相同。若不求事功之實，僅循裁革之名，勢必另生他弊，轉恐累民尤甚，此又平餘可減而難盡革之實情也。

現經臣藩司翁同爵詳細商酌，由該司具詳前來，臣覆加察核各屬徵收情形，除向來以錢完納暨額征在五百兩以下，及蒲城縣向由百姓徵解，俱飭照舊徵收，毋庸更張。此外通省各屬平餘，概令普減三成，免其完納，以紓民力。由臣出示曉諭，張挂市鎮通衢，俾民周知，其餘七成暫允分別提留，分給司道、府廳、州縣辦公。俟軍務平靖，再行酌辦。即司庫道倉出入，亦經臣與該司道等酌覈裁減，并將通省攤捐各項公事酌量減派，并由臣與藩司養廉內幫捐辦理，以體州縣之情，即可遞省小民之力。臣思多年積習查出，裁減滌除，固不敢避怨遷就，以貽小民重累，而求事之經久可行，民之得霑實惠，未可草率從事，轉令諸務廢弛，所謂去弊先其太甚者也。臣愚惟知實事求是，不敢不直陳於聖主之前。

伏查前湖南撫臣駱秉章[5]奏明徵收南漕，定有辦公、軍需兩項。其名雖似添設，其實較前減輕過半，民咸利之。陝省民困已極，臣日與司道再三商確，諸事節省，既減差徭，又減平餘，仍令各官吏不至辦公掣肘，庶幾積弊永除，殘黎得蒙其澤，以仰副皇上子惠黎元至意。正在具摺陳奏間，接准部咨，鈔錄[6]刑科給事中劉秉厚奏："風聞直隸地方浮收錢糧一摺，欽奉上諭：'敕令各督撫各率所屬，裁減浮費，明定章程，刊示鎮市通衢，俾小民得以周知，吏胥無從舞弊。如有額外多索者，一經發覺，即予從嚴參辦等因。欽此。'當即欽遵轉行辦理。"可見直省徵收大率相同，謹將陝省辦理情形據實陳奏，請旨嚴敕，此後如有授受規禮、勒派小民情弊，從重治罪，俾期民安吏肅。大法小廉，所有力省差徭、酌減平餘、革除陋規、籌給公費各緣由是否有當，謹會同督臣左宗棠合詞恭摺附驛具陳。伏乞皇太后、皇上聖鑒訓示！

　　　　　　　　　　　　　　謹奏

【箋注】

[1]奏請：原缺，據本書《目錄》補。

[2]代劉克庵撫軍：本書《目錄》及金陵本《目錄》均作"代劉中丞"，金陵本正文作"代劉克庵中丞"。

[3]具：金陵本作"據"。

[4]報練：金陵本作"招徠"。

[5]駱秉章（1793—1866）：即白駱俊，字籲門，號儒齋，廣東花縣人。道光十二年進士，選庶起士，授編修，遷江南道、四川道監察御史等職。後任湖北、雲南藩司。道光三十年，擢湖南巡撫。咸豐十年，升調四川總督。與曾國藩、左宗棠、李鴻章并稱"晚清八大名臣"。

[6]鈔錄：原作"錢鈔"，據金陵本改。

奏請湖南省城建立克勇昭忠[1]祠疏　代劉克庵撫軍

奏爲湖南省城建立克勇忠義祠，合祀陣亡員弁士卒，請旨飭列湖南祀典，春秋致祭，以安忠魂，恭摺仰祈聖鑒事：

竊臣所部克勇一軍，自隨督臣左宗棠轉戰東南，於同治二年克復浙江蘭溪、浦江、諸暨各城。及援安徽，掃清休、歙窜賊，克復黟縣城池；援江西，剿除饒州巨股；會攻浙江餘杭，裁剿淳安、遂安窜賊。三年，克復江西崇仁、宜黃兩縣城，截剿浙江敗賊。四年，會攻福建漳州、南靖，掃清閩境。又克復廣東嘉應州城，殲除巨寇。仰仗天威，東南一律肅清。統計數載之中，大小百餘戰，員弁士卒臨陣捐軀及積勞殞命者，前後共一千三百八十九名。其死於浙者，雖前經左宗棠奏請，於浙省建立楚湖忠義祠，而在他處陣亡未附祀典者尤衆[2]，未便任其廢缺。伏查陣亡二品以下文武各官，原有入祀本籍府城昭忠祠之例。今克勇武員自總兵以下至軍功文員，自同知以下至從九，陣亡者一千餘名之多，而隸籍并非一省，死事亦非一處，自應另建克勇忠義祠，以聚英靈而昭激勸。

臣前於同治五年三月，派委四品銜福建候補直隸州劉倬雲，在湖南省城設局查發克勇歷年陣亡及在營病故弁勇應領口糧、恤賞銀兩，除已發外，其實無親屬領取者共存銀若干。於五年十月稟報前來，臣當經札飭劉倬雲即以此項餘銀在省城修建克勇忠義祠。去後於六年十一月，據劉倬雲稟稱：現在湖南省內小吳門側價買民地一段，鳩工[3]建祠，業已落成，共房一百二十五間，并置買祭田[4]一百二十五畝，稟請擇期入主。并將陣亡弁勇官銜、姓名繕具清冊，呈請奏明，列入祀典，以垂永久等情前來。

臣竊念忠憤之心激而彌壯，義烈之氣培而益堅。在陣亡克勇各將士，實本其同仇敵愾之誠，以致其殺身成仁之志，奮勇捐生，原無所憾。而聖朝襃忠有典，凡軍興以來，效命疆場，靡不立沛恩施，建祠崇祀。蓋所以彰已歿之忠節，即所以植將來之士氣也。今臣與克勇轉戰多年，既苦甘之與共，尤生死以難忘。若不籲請入祀，妥彼幽魂，是生者均邀保薦之榮，而死者長抱堙沈之痛，即臣之叠膺恩命，洊歷崇秩，轉有撫衷感悼、寢饋[5]難安者，此臣所戚然追念而亟亟瀆懇者也。合無仰邀天恩，飭下湖南巡撫，將克勇忠義祠列入祀典，每年春秋由湖南遣官致祭，以安忠魂而昭激勸，出自逾格鴻慈。所有湖南省城建立克勇忠義祠、合祀陣亡弁勇、請旨列入祀典緣由，理合恭摺具奏，伏乞皇上聖鑒！

謹奏

【箋注】

[1]昭忠：金陵本作"忠義"。

[2]衆：原作"重"，據金陵本改。

[3]鳩工：工，原缺，據金陵本補。鳩工，聚集工匠。

[4]祭田：祭田是中國古代社會中，一個家族的公共田產，用來祭祀祖先等。

[5]寢饋：寢食，吃住。又指時刻在其中。

議

朱子社倉[1]私議

自《周禮》"遺人掌委積[2]"以恤艱阨、以待凶荒，而齊之管仲[3]，魏之李悝[4]，漢之耿壽昌[5]，靡不以民食爲急，作思患預防之計。惟隋臣長孫平創行義倉，立之當社，以時賑發，爲得其要。唐宋遞相遵仿，至朱子而規畫備詳。倉雖以社爲名，事實與義同例，其要尤在地近其人，人習其事。鄉村分貯，則斂散可以隨時；典守在民，則吏胥無由滋弊。制莫善於此矣。自宋迄今，又七百餘年，後之人非不欲仿而行之，然往往暫行而輒廢，未受其利而先受其弊。且使鄉人士視同虐政，動色相驚而莫敢任者，則誠何哉！

本朝李穆堂先生謂："社倉之法，非一手一足之爲烈。朱子之始行於崇安也，任事之人，皆其門生故舊、學道君子。今首事[6]者，即無愧於朱子，而分理其事者，不必皆如朱子之門生故舊。故其法卒不可得而行也。"善乎其通論乎！然吾謂此尤未足以盡之也。孔子曰："十室之邑，必有忠信。"豈一州一縣之大，竟無四五君子如朱子門生故舊其人耶？果得四五君子主持於上，則凡奉行於下者，即非學道君子，安必不漸化爲學道君子？則謂社倉之不行，由無朱子門生故舊其人者，不盡然也。

且今之舉行社倉，又非不求家道殷實、人品公正者總司其事、分理其事矣，而亦卒不克行，何也？天下義舉專主於官，則吏胥侵漁，弊在煩擾；不主於官，則紳董推卸，事難經久。如社倉自積儲以至散放，自經收以至監守，委曲煩重。如此非得官力選舉，誰肯身任其勞者？社首之私吞濫放，土棍之強借抗償，把持刁難，如此非得官方究懲，誰敢躬攖其怨者？則固不得專主於民，而無容兼主於官，惟必待官以主之，而弊又自此生矣。殷實之家率多畏葸，公正之人率多恂謹，即學道君子未必皆熟習公事、認識官長，而鄉里刁健之徒，又多結連胥役[7]，善於滋事。設遇前列各弊，勢必稟官。既經稟官，則必候批、候提、候審，費已不貲。幸而得理，尚可推行盡利；不幸而遭刁健者搜求[8]疵短、捏造黑白，一經地方官駁斥，則又將有賠墊之累，祇得忍氣吞聲、匿形戢影。而所謂刁健者，廣引儔類，乘機攔入，既摻雜其中，必刁霸於上，惠民之舉，胥成厲民之事，而社倉尚可復問耶？

余曾於光緒三年奉委勸辦咸、長賑務，目睹二年所積倉糧已有侵吞淨盡、兩相爭控者，況欲永遠遵行，使無善法以損益而補救之，其何以窮變通久乎？蓋嘗論之有治人，無治法。似行社倉，首在得人。然不得人而事莫能舉，即得人而不竟其用，或一時竟其用，而移時仍不竟其用，則其弊亦與不得人者等，知此始可以言行社倉矣。

考宋乾道四年，朱子拜樞密院編修之命，歸崇安五夫里，貸粟建倉，而始終襄事者，又有朝奉郎劉如愚。是當時主持擘畫者，紳也，而實官也；官也，而實紳也。紳而官則州縣不敢掣其肘，官而紳則閭閻胥能喻其心。重以朱子之品行學問，天下胥欽，何況同里？帝心簡在，何況有司？不然自乾道以至淳熙十四年中，稍有阻窒，安見社倉之必克有成乎？設使今之宦成名立退居林下者，力行社倉於一鄉一里之中，則聲望既足動乎官民，即規為必可垂諸永久，乃或以其事甚煩，不堪擾暇豫優遊之趣；或以其功甚小，不足廑宏深遠大之謀。即地方官亦不願延請此等巨公相助為理，而所諭飭舉辦者，不過貢監生員而已。以貢監生員而董其事，不必盡品學兼優也。即使人人皆學道君子，而官吏未必其敬信，人民未必其服從。抑或始事之官吏敬信矣，而接任者未必亦相敬信也。好善之人，民服從矣。而抗公者，未必盡相服從也。又況其事非一人所能理，同為儕偶，誰甘聽其驅策？其功非數年所能竟，日益輵輵[9]，疇願分其仔肩，取民資以宏施濟？而民或慳其資，藉官力以繩其刁滑，而官或靳其力。年深歲久，官紳否隔，吏忌民仇，進退維谷。惟有設法求去，遠害全身，一聽社倉之潰裂消亡而已。自來紳士辦公，如築寨、練團、勸賑大都如是，而社倉其尤棘者也。

嗟乎！士生晚年，抱後樂先憂之志，無所假手以利濟天下。而凶荒屢告，又不忍坐視宗族鄉黨、親戚友朋相率以填於溝壑。幸值此歲豐穀賤，區區為一社謀蓋藏，聊作未雨綢繆之計，於情既有所不能恝[10]，於義尤有所不容辭。但使任盡勞怨，嘗盡艱苦，於事少有所濟，亦所甘心。所憂者弊生而無以弭，累滋而無以補。良法美意，反成厲階[11]。公私兩困，負咎益深。此所以徘徊太息不忍不任者，又不敢遽任也。

然社倉則遂不可行乎？則又非也。夫自古無無弊之法，所恃者得人以任法，而隨時損益補救，斯弊可盡去，而法可常行。如今者札飭通行社倉，一州一縣之中，大小倉當不下數十處。或聚集一堡，或分積各村。其章程皆聽民間自行酌擬，不爲遙制。上憲之爲民立法，非不審慎周詳，無微不燭矣。然試問承辦社倉紳董，設遇前列各弊，誰實能力爲挽回者，則必皆有無可如何者矣。如是而社倉之行，其果能有利無害乎？今擬於承辦紳董之外，另選物望素孚、職銜較大者四五人總管各處社倉，不必勞以積儲細務，但當責以稽察專司。由司道給以札諭，由牧令送以照會，并刊發木戳以爲符信。而此四五人者，或分路履勘，或分年輪查。每歲春放之先、秋收之後定爲兩次，遍歷各社，認真查核。小事則繕書稟啓，加印戳記，遣人投遞；大事則親詣衙署，執持札諭，面陳顛末[12]。地方官亦必立予簽提[13]，隨到隨審，一切開送案勿令花費分文，務將弊竇剔除淨盡。俾司事者無憚其難，而阻公者咸畏夫法。一年如是辦理，數年如是辦理，即數十年亦無不如是辦理，庶各處社倉有所倚庇，而永遠可以奉行。此固朱子與劉如愚[14]之所以創辦於當時而絕無阻窒者。而《崇安社倉記》中未曾道破，即後人之仿而行之者，亦未經論及也。

或謂如此辦理，似紳士之權太重，安必不有假公濟私、把持官府、武斷鄉曲者乎？不知道與權合，政無不行；權與道分，事鮮有濟。以孔子之聖，而匡人圍之，桓氏要之，陳、蔡大夫阨之，豈道不足以孚乎？抑[15]權不足以輔之也。雖善不尊，不尊不信，不信民弗從，蓋古今理勢，固如是耳。朱子雖大賢人，劉如愚雖真善士，使僅爲介一匹夫，則常平之粟且不可貸，豈社倉之法竟能必行乎！故既責人以不易行之道，即當假人以有可藉之權。且一州一縣之大，何遂無四五正紳，不愧爲樂道君子？況職品既崇，詎忘束脩自愛之節？即予以重權，亦必謹慎從公，和平處衆，斷不至歛怨爲德，以重資口實。地方官果能詳加選擇，隆以禮貌，推心置腹而任之，并呈明上憲，代求札委，酌議薪水，以爲車馬夫役之費，則所推崇者，僅此四五人倡提於上，而各處社倉紳董無不鼓舞於下。蓬生麻中，不扶自直。縱有不肖，當無不潛孚默化，共成此義舉者矣。

吾鄉牛雪樵[16]先生任資州時，整理社倉，優待社首，刊給木戳，以專責成，并聲明凡不關社倉事者，毋得混用干預，違者究懲，亦何嫌於權重耶！況彼概給各倉社首，則給不勝給，未免紛雜。此第專給總查之四五人，則又簡而易行，無致貽害者矣。仰或先於一鄉一里中試行，果能行於一鄉一里，則必能行於一州一縣。天下事固有由小及大、由近及遠者，原不必好事喜功，徼倖以求其濟也。顧吾思之年歲無十載常豐之理，但使保護維持克歷十年之久，則倉穀之儲必著明效。而此四五人者，勞苦功深，亦當另行選舉，以資接替而示體恤。至於經此一番籌布而行之既久，或別有阻窒之處，則又待後之講求積貯者，因時因地變而通之，以盡其利，而非愚盲[17]之見所能逆計者耳。

按朱子《社倉記》"府給常平米陸百石，委臣與土居朝奉郎劉如愚同共賑貸。又奏請下其法於諸路，務差本鄉土居官員有行義者，與本縣同官共出納"。夫官而曰土居，必其[18]鄉人士曾出任於外而退老閑處者，蓋即今日之所謂鄉宦也。然則欲行社倉之法，非得此等鄉宦以大力維持，斷不能有利而無弊。當朱子時已然，獨不可援古以例今乎？即或鄉里中實無土居官員，則凡現任教職於外州外縣者，其去本州本縣必不遠，亦可擇其素有德望兼習公事者，酌量予假，札飭回籍稽查社倉，事畢復任，未嘗非變通辦理之一法矣。否則與其滋害於後日，何苦慎施於先幾？誠遵《社倉記》中所云："民間有不願置立去處，官司不得抑勒，則可不至搔擾。"似尚有合於清淨爲治之意。況《記》中明言："里社不皆可任之人，欲聽其所爲，則懼計私以害公。欲謹其出入同於官府，則鉤校靡密，上下相遁，其害更有甚於此者。"是朱子於行社倉之始，早洞鑒後世之弊，而教人當有以防之。尚望今之仿行其法者，以朱子之法爲法，尤必以朱子之心爲心，庶不致徒慕虛名而反貽實患也。

光緒庚辰嘉平月上浣[19]忍庵主人[20]又識

【箋注】

[1]社倉：即義倉。爲防止災年糧荒而在鄉社設立的糧倉。

[2]委積：儲備糧草，泛指財物、貨財的積儲。

[3]管仲（約前723—前645）：名夷吾，字仲，中國古代著名的政治家、改革家。齊桓公元年（前685），出任齊國宰相，大力推行變法，實行"尊王攘夷""相地而衰徵""參其國而伍其鄙"等改革舉措，達到了富國強兵的目的，幫助齊桓公完成春秋首霸大業。管子的政治思想主要集中在《管子》一書中，然其并非管子親著，而是戰國時期稷下學宮一批推崇管子的人收集其言論加以整理而成的，思想內容博雜，被列爲雜家類。

[4]李悝（前455—前395）：戰國時期法家代表人物，曾出任魏文侯相，主持變法。經濟上推行"盡地力之教"和"平糴法"，鼓勵農民精耕細作，增強產量；國家在豐年以平價購買餘糧，荒年以平價售出，以平抑糧價。政治上實行

法治，廢除維護貴族特權的世卿世祿制度，獎勵有功於國家的人，使魏國成爲戰國初期強國之一。他彙集當時各國法律編成《法經》，是我國古代第一部比較完整的法典，現已失傳。

[5]耿壽昌：西漢人，宣帝時爲大司農中丞。五鳳年間，建議糴三輔、弘農、河東、上黨、太原郡穀供應京師，以省關東轉漕。又建議邊郡置常平倉，穀賤時增其價而糴，穀貴時減價而糶。五鳳四年（54），賜爵關內侯。精數學，曾刪補《九章算術》；又以銅鑄渾天儀，觀察日月運行。

[6]首事：主管其事的人。

[7]役：金陵本作"徒"。

[8]求：金陵本作"得"。

[9]轇轕（jiāogé）：交錯，雜亂。

[10]恝：無動於衷，淡漠。

[11]厲階：禍端。

[12]顛末：事情始末。

[13]簽提：簽，標記，標識；提，提審。意指提審入案。

[14]劉如愚：宋建州崇安人，字明遠。高宗紹興十二年進士。調海鹽尉，改秩知古田縣，終江西帥司參議官。有才幹，善屬文，尤喜爲詩，居鄉時嘗與朱熹相酬唱。曾與朱熹一起向富家大戶勸募餘糧，然後以平價賣給災民度饑荒。

[15]抑：原作"仰"，形誤，據金陵本改。

[16]牛雪樵：即牛樹梅（1791—1875），字雪樵，號省齋，甘肅通渭人。道光二十一年進士，先後出任四川雅安、隆昌、彰明知縣，資州直隸知州。通達幹練，以不擾爲治。決獄明慎，民隱無不達，咸愛戴之。案無留牘，訟無冤獄。學淵邃，工書法。同治元年（1862），四川總督駱秉章復薦之，擢授四川按察使。三年，內召，以老病不出，主成都錦江書院。著有《省齋全集》十二卷、《聞善錄》四卷等。

[17]盲：原作"肓"，形誤，據金陵本改。

[18]其：金陵本作"有"。

[19]庚辰嘉平月上浣：庚辰，指光緒六年（1880）；嘉平月，指十二月；上浣，指上旬。

[20]忍庵主人：爲柏景偉自號。

營田局子午黃良二廠叛産應歸堡寨議

查營田局於同治四年清丈，得葛村叛産地共一十二頃五十七畝五分五釐八毫，清丈得南橋村叛産地共一十頃零九畝六分三釐四毫。兩處叛産共計地二十二頃六十七畝一分九釐四[1]毫。當經招民領種，議定每年納租完糧，各在案。自四年至今，□□□□往來蹂躪，田多荒蕪，客民遠竄，根究無蹤。以故歷年租既未納，糧亦未完。推厥原由，悉因堡寨未立，保守無資，百姓之身家未奠，三農之耕穫皆虛，上下交困，良可浩嘆。

茲奉鈞諭，擬令黃良廠新成之賈里寨領種此地，除每年完納糧租外，所有餘錢[2]悉充防守寨城共用。仰見大人愛民如子、委曲矜全之至意，惟念堡寨領種叛産其弊有四，其利有四，請爲大人詳陳之：

葛、橋村丈出之地與原額之糧聞多未符，隱瞞田地礙難稽查，一經堡寨領種，丈出之糧，固應承納，未丈出之糧，猶在空懸。未幾而空懸之糧，亦必責令承納者，理勢然也，是獲利無多而受累已無窮矣，其弊一。

聞營田局將此地撥歸關中書院，每畝每年於完糧外，所納之租僅議折錢三百文，可謂輕矣。但既屬官田，則差役之需索、官府之加派，必有日增日多或相倍蓰者，加以水旱荒災，正供不足，而定例難寬，是爲民而反以累民也，其弊二。

查領種叛産之家有獲利頗多者，有并未獲利而賠費牛、種無算者，然歷年租糧均未完納，舊欠之數已巨，如堡寨領種此地，在官府必責之於堡寨，而堡寨何以償？在堡寨必責於百姓，而百姓又何以償？展轉需索，徒增煩擾，其弊三。

長安車馬夫役一切差事，由四十九里公支。今堡寨領種此地，完納之外，勢必令支雜差。現在各里疲窘已極，而堡寨新成，人多聚居，官府下一令於堡寨，勒要車馬若干、夫役若干，爲寨長、副長者何敢不支？一支再支，終必難支。而聚居者且散而之他矣，而堡寨之支差已成例矣。一有不應，則聚眾抗官之罪，夫復何辭，其弊四。

然而隱瞞田地，官府丈之而不能清者，鄉里辦之則易晰，以熟習其田地之界畔也。今以此地付之堡寨，其丈清之糧，本年升科；其未丈清之糧，即責成寨長、副長等緩緩清查，何時查清，何時升科。則是額糧可漸復，而百姓亦無大擾，其利一。

自來辦團多滋流弊，以烏合之眾無裨實用也。今以此地分之堡寨，堡寨分之百姓，議定種地若干，出一正勇，時時教練，務令明曉隊伍，精習技藝，無事則耕，有事則守。勇顧身家，可絕譁逃之弊；士遵號令，足資捍衛之功。是即寓兵於農之意也，其利二。

叛產坐落既多紛歧，種叛產者，或客民，或居民，亦多散處。催租催糧，恒費周折。今以此地分之堡寨，所有租糧，寨長等一切承納，無煩逐户討要。是可省催科之擾者，其利三。

現在種叛產者，多兩湖、四川之人。曠野之中搭棚而居，難保無奸宄之徒潛入其中，爲地方害。今以此地付之堡寨，由堡寨招人耕種，除本地之人彼此認識，無容稽查外，一切客[3]民，即責成寨長等隨時綜核，并編列保甲，令其互相糾[4]察，是可靖奸細而安良善者，其利四。

於此而欲除其弊、興其利，非變通辦理不可。查葛、橋村叛產俱在子午廠，而叛糧則黃良廠亦有之。宜以此地分給子午、賈里二寨，承領招種，只納正糧，不支雜差。其每年每畝應納之租，如議定折錢三百文，即令二寨每畝出錢一千五百文，共計出錢三千四百串雙零[5]七百八十文，限期交官，發當生息，每年可得息錢六百八十串零一百五十八文，以足每畝三百之數。所領之地官給印契，開寫明晰，爲二寨永遠之業，再請將舊欠租糧概行豁免，庶逃户可盡歸，荒田可盡墾[6]，正税可盡復。似屬官私兩便、上下交益之法。

或謂屯田皆以養兵，今叛產歸於堡寨，其所養之勇僅爲守寨計耳，必不能調往他方用資防剿，何爲有益？不知堡寨者，省府州縣之枝葉也。保堡寨正所以保省府州縣城也。昔有人進策於獻賊曰："攻城不如攻野，野空則城自破；殺男不如殺女，女盡則男無歸。"獻賊大喜，即用其謀，以陷川、豫各省。今咸、長堡寨均附近省垣，如果經費充裕，慎固防守，使賊無可入，無可擄食，又乘其備以擾之，尾其後以擊之，賊雖猛悍，何至公然竄及四關耶？而謂堡寨之養勇非急務耶？

查屯田之法，官發牛種、蓋廬舍，教人開墾。或爲兵屯，即以所出者爲兵之衣食；或爲民屯，則以所收者供兵之餉糈[7]。有數年後始升科者，有永遠不升科者，且督辦之官府有廉俸，經理[8]之士紳有薪水，催喚之差役有工食[9]，每因需費浩繁，屯政無成。今以叛產歸堡寨，不煩籌畫，不須經費，而糧租兩項可以均收，亦即可以租糧所入爲陝省添養營兵，何嘗僅益於下而不益於上，僅便於私而不便於公耶！如黃良、子午二廠可辦，則各鄉亦可仿照辦去。惟咸寧之東北鄉與長安之西北鄉情形不同，又當變通辦理，未便妄陳。

忍庵附記[10]

查營田局前歲與關中書院撥去叛產六十頃，與育嬰堂撥去叛產六十頃，以每年所入錢租爲教養人才、拯救孩童經費，甚盛事也。惟當時局艱危之際，總宜以先務爲急，人才固須教養，而以時藝爲教養，其所教養者可知。況兵火交迫，士子之肄業者何人？孩童固當拯救，而以種痘爲拯救，其所拯救者亦寡。況殺掠無歸，孤幼之待哺者盈野，此堡寨所以不可不修，而以叛產歸堡寨，尤較關中書院、育嬰堂爲急務也。如蒙轉詳撫憲[11]飭下營田局，將已撥書院、育嬰堂叛產盡歸堡寨領種，并將應納錢租緩期交清，且所交錢租不必遽交書院、育嬰堂，即以此項借款給咸、長東北、西北各鄉，爲修築堡寨之費，俟堡寨一律修完，又復將此項徵還爲開墾叛產之費。迨至鄉有堅城，野無荒地，武功丕振，文教聿興，衽席同登，襁負兼恤，然後撥還關中書院、育嬰堂，每年討取錢租永遠爲例，似亦變通辦理之法。

【箋注】

[1]四：金陵本作"二"。

[2]錢：原缺，據金陵本補。

[3]客：原作"容"，形誤，據金陵本改。

[4]糾：原作"斜"，形誤，據金陵本改。

[5]雙零：金陵本作"零零"。

[6]墾：原作"懇"，形誤，據金陵本改。

[7]餉糈：軍糧給養。清薛福成《籌洋芻議·邊防》："無事則習其業，有事則資其力，可以節餉糈而設無形之備。"

[8]經理：管理人員。

[9]工食：工，原作"公"，非矣。工食指工匠，亦指工錢。《尉繚子·守權》："守法：城一丈，十人守之，工食不與焉。"據金陵本改。

[10]忍庵附記：此篇題原無，據金陵本補。

[11]撫憲：下屬對巡撫的尊稱。

致徐觀察變通錢法助賑議

敬啓者：各市斗粟價逾四仟，後事真不堪設想。現在賑務萬方拮据，計惟有籲請撫憲飭令官錢局速出新票買糧平糶，尚可望糧價稍減，以補救於萬一。諸同人博採輿論，另具條陳一摺，即望轉呈中丞察核，并希委婉陳明此次錢票若出，必於賑務有益，斷不至窒礙難行，有誤大局。伏聞中丞為我災黎[1]日夜焦勞，誠使此議果行，則民困可蘇，而中丞之憂亦可稍紓矣。諒我兄厪念桑梓，當不避忌諱而壅於上聞，弟等不勝屛營待命之至。

竊維糧價日增，人心皇皇，勢甚危迫。千萬籌思，但有平糶一法，當能使糧價頓減，而賑法亦可次第舉行。現據民間議論，僉稱官錢局若出錢票數十萬仟，立可將省內各市大宗囤戶麥米一概買完，約計能得數萬石現糧，以此平糶，即以此平糶所得之錢，仍馳赴省外各縣鎮買糧平糶，則糧價不能不減，庶足以支危局而安衆心。伏聞撫憲以票本無着、票底未清不欲遽行出票，仰見綜核錢法至意，惟念籌濟急需，似亦有可以變通辦理者。而票本既能預備，票底亦能漸清，推行無窒而公私俱便。管見所及，倏列於後，是否有當，伏冀矜鑒[2]施行。

一官錢鋪此次出票以多為貴，若但恃銅錢以為票本，勢必至應接不暇，窒礙難行，誠如中丞所慮顧。愚見以為，每月仍照常預存銅錢若干，以便民間取攜。此外再以現銀換來錢行二十家，并咸、長公局錢票數萬仟，以備銅錢不足。即以票易票，令持票者轉向各錢行、錢局換取錢文，如此一變通間，當可無虞擁擠，無致拮据。況恆通字號錢票行之年久，民皆信而便之，雖經奏明查收在案，率皆存藏使用，不肯繳銷。如現在各錢行，錢票均不能如官錢局之暢行，可見此次所出新票，亦必能輾轉行使，斷不至一時紛紛回票取錢。若再飭令所出新票准照時價折銀完納錢糧，則民間更必利用寶藏，又何慮官錢局中無銅錢以支應還票也。

一官錢局出票歷有年所，從未澈底清查，若非奏請收繳，何以昭核實而利行久。亦誠如中丞所慮顧，愚見以為不出新票則舊票亦無由澈查，蓋刻下安有數十萬銅錢為此票本，以收銷舊票也。似宜一面挀[3]出新票，一面大張告示，飭令民間凡存有恆通字號破爛舊票，陸續送局換易新票，如此一變通間，則票底當可漸次清查，而亦不必專用銅錢作票本矣。統俟新票出足之後，再行嚴定限期，所有光緒三年某月某日以前舊票，定於某月某日一概送局，換易新票方准使用。如逾限不送者，均作故紙無用。則票底必可一律查清，或不至徒有收銷之名，而無收銷之實。若再飭咸、長公局仿照官錢局[4]，亦出新票數萬仟，尤可藉資挹注，而平糶既行，未必非補救目前之一法也。

【箋注】

[1]災黎：受災的百姓。

[2]矜鑒：金陵本作"鑒察"。

[3]持：金陵本作"特"。

[4]局：原缺，據金陵本補。

《灃西草堂文集》校注

卷二

長安　柏景偉　子俊甫

書上

致慕子荷學使[1]

春仲星軺[2]苫涇[3]，獲親議論丰采，欽佩無任。偉一介寒微，罔識學問，幸兵燹既定，息影田園，閉戶讀書，聊以養拙。迺蒙謬采虛聲，延主味經講席，冒昧一出，深懼弗勝。加以心氣素虧，舊患怔忡[4]之疾，講書尚可，勉強閱文，即致拮据。自七月偶觸風寒，至今時止時發，困憊情形，萬難遽振。昨囑寇監院[5]代陳辭悃[6]，似尚未蒙允許。竊意書院之設，豈徒摘藻揚華[7]，實以砥礪節行，非得明德[8]碩學提倡整頓，奚以力挽士習？況院長進退，尤爲諸生所具瞻。偉何人斯，以衰頹之病體，敢弗自量而虛糜館穀，坐昧進退之義耶？伏望另延名宿，俾偉得卸此重責，歸田養疴，感銘無既矣！

【箋注】

[1]慕子荷學使：慕子荷，即慕榮幹，字子荷，亦字慈鶴，山東蓬萊人。同治戊辰（1868）進士。光緒八年（1882）以編修主陝甘分試。光緒九年任陝西學使。學使，即學政、學憲，是提督學政的簡稱，也叫督學使者，是朝廷派駐各省督導、視察教育行政及主持考試的官員。

[2]星軺（yáo）：古稱帝王使者爲星使，星使所乘之車曰星軺。

[3]涇：指陝西省涇陽縣，味經書院所在地。

[4]怔忡：患者心臟跳動劇烈的一種症狀。

[5]寇監院：指寇守信，字允臣，號潛溪，長安人。少穎悟嗜讀，有聲庠序。長而博通淹貫，勵志聖賢之學。援例以歲貢敘教職，歷署漢中府教授，攝南鄭、寧羌各學官，調署葭州學正，補鳳翔訓導，監味經書院。所至懇懇以正學教諸生，揭《白鹿洞學規》，刊《聖諭廣訓》及方孝儒《讀書要範》、張楊園《愛身》《修德》《力學》《親賢》四則，又刻《弟子規》《二語合編》等書，分給鄉塾。其學宗程朱，期於涵養踐履，終日危坐，手不釋卷。務求心得，至老

寒暑弗渝。喜接引後進，勉以學品。與賀瑞麟砥礪尤切。年六十三卒。著《箴銘輯要》《學規輯要》《聖人家門喻正續編》《潛溪詩文集》。

[6]悃（kǔn）：至誠，誠實，誠心。

[7]摛藻揚華：指鋪陳辭藻、施展文才的意思。

[8]明德：光明之德、美德。《大學》："大學之道，在明明德，在親民，在止於至善。"

覆慕子荷學使

夢陶嚴君來賁，奉到鈞函，盥誦回環，莫名慚感。前奉惠書，以視舍弟病，匆匆還鄉，未即肅復。當囑監院王子厚晉謁公便，仍代陳不得不辭之意，想均未經述及，此鄙衷所以不蒙達於左右也。伏念偉草茅下士，屢承青顧[1]，豈敢妄自尊大，襲虛聲純盜之風，徒以素性迂拘，不合時宜。天下事非核實無以問心，一認真或致僨事[2]。即如味經一席，自揣綿力勝任為難，是以遲回審慎，未敢冒遵鈞諭[3]耳。嗣經友人薦一小館，僻在鄉曲，藉養疴疢。然業訂有成書，似不宜遽忘前諾。閭左匹夫，尚重信義，矧[4]以偉忝附士林，硜硜[5]小節，當亦閣下所曲諒者矣。再四籌思，惟有敬懇原鑒，收回關聘[6]，另延名儒，俾偉得遂初心，則益感銘無既。方命[7]之處，不勝悚仄[8]。

【箋注】

[1]青顧：謂另眼看待，看重。

[2]僨事：敗事。

[3]鈞諭：對帝王或尊長的指示、命令的敬稱。

[4]矧：況，況且。語出《詩經·小雅·伐木》："矧伊人矣，不求友生？神之聽之，終和且平。"

[5]硜硜（kēngkēng）：形容淺薄固執。

[6]關聘：聘任，聘書。

[7]方命：違命。書信中用來表示對對方的囑託不能照辦的謙詞。

[8]悚仄：惶恐不安。

覆慕子荷學使

再奉賜函，彌深感愧。念學識之多陋，承書幣[1]之屢頒，重以嚴君夢陶、王君子厚兩次賁臨[2]，雖盟易退之心，實蹈不恭之咎，罪甚罪甚。竊念士風不振，由於師道不立。重名利而輕志節，即日擁皋比[3]談仁義，誰復信而從之？偉前所云"院長之進退，實諸生所具瞻"，此際蓋不敢不慎也。如偉之檮昧[4]，何足爲人師？乃蒙慨念斯道，力加扶持，使忝附講席者得舉閣下所以提倡文風振厲士習之至意，爲諸生反覆開導，其有不恧然[5]愧、奮然興者，無是理矣。是則師道之立，實閣下有以立之，而偉何能焉，何與焉！且偉一日而去昧經，固依然澧上農氓而已，"師道"二字非特不足言，并不敢言也。祇以謬蒙禮遇，略陳一二，狂瞽[6]之諭，取罪滋多，惟冀進而教之，不勝悚惕屏營[7]之至。

【箋注】

[1]書幣：指修好、通聘問的書劄、禮單和禮品。

[2]賁臨：光臨。語出《詩經·小雅·白駒》："賁然來思。"朱熹："賁然，光采之貌也。"

[3]皋比：虎皮。《左傳·莊公十年》："自雩門竊出，蒙皋比而先犯之。"杜預注："皋比，虎皮。"古人坐虎皮講學，後因以指講席。

[4]檮昧：愚昧，多用作謙辭。

[5]恧然（nǜrán）：慚愧貌。

[6]狂瞽（kuánggǔ）：愚妄無知，多用作自謙之辭。

[7]悚惕屏營：誠惶誠恐。悚惕，恐懼；屏營，謙詞，意爲惶恐，多用於信劄中。

覆慕子荷學使

奉讀賜翰，獎飾[1]逾恒，感慚何可言喻！竊偉以庸陋下士，久蒙禮遇，實爲近今所罕覯。茲復諄諄慰留[2]，何敢仍執鄙吝，再三瀆辭，唯鄙衷有不得不瀝陳者。伏念患爲人師，聖訓至嚴，偉忝附講帷，業歷三載。雖有二三績學之士恪守規矩，頗知向道，而縱弛不檢與暴棄自甘被逐而去者，不下十餘人。自來書院積弊，寬則長刁犯之習，嚴則滋怨讟[3]之聲，未有久居此席而能善其後者。然自偉承乏味經，尚克稍袪前弊，豈一介迂拘所致哉？蓋由閣下屈尊隆禮、提倡主持，乃足啓學人之敬畏，堅多士之景從耳！

今差竣復命，計日晉京，偉即勉爲諸生留，而異時提倡主持，或不能悉如故步，則院長仍等虛設，寬嚴俱咎，進退維谷。每思前哲知足知止之箴，良深悚惕。以故展誦鈞函"至樂育矜式，必不忍恝[4]去"等示，大義凜然，未嘗不肅然警心。而究不敢不申辭者，區區隱志，諒在澄觀洞鑒之中矣。況今學術未正，率由於名利薰心。偉日與諸生講求者，惟以峻防名利爲本。使病體纏緜，久戀師位，奚以對學者？不能身率而徒恃言諭，疇復信而從之耶？

偉雖不敏，竊擬以迂拙之行，挽士林頹靡之風，則拘儒決去之忱，與閣下勉留之意，或有不相背而適相符者乎？素叨青睞，兼奉訓辭，遂忘狂愚，盡言無隱，惟冀原鑒而曲全之，俾得仍遂初心，常安耕讀，則感篆[5]益無涯涘。臨穎依馳，不勝歉仄[6]屏營之至。

【箋注】

[1]奬飾：猶奬譽，稱譽。

[2]慰留：勸慰挽留，安慰留任。

[3]怨讟（dú）：怨恨誹謗。《左傳·宣公十二年》："昔歲入陳，今茲入鄭，民不罷勞，君無怨讟。"杜預注："讟，謗也。"

[4]恝（jiá）：無動於衷，漫不經心。

[5]感篆：感恩不忘，銘刻於心。

[6]歉仄：心懷不安，遺憾，抱歉。

致慕子荷學使

自去冬拜送旌麾[1]，久稽箋候，疏野之性，抱咎無任，想休休有容，或諒之也。偉以淺學迂拘，謬蒙禮遇，承乏味經，於今三秋，兢兢戒慎，惟恐貽玷講帷。幸賴文教遐被，士知向學，諸生率能守規矩，尚無嗜好嬉遊之弊。惟舊習相沿，經書多未熟讀，史集多未博覽，所課文藝多未窺先正藩籬，雖屢經訓諭，仍難盡改，斯則善誘乏術，咎心無已[2]者耳。

諸生俱赴秋試，講誦既停，偉隨於二十日束裝還家。去歲怔忡舊恙至今未愈，邇復眼疾增劇，閱文四五篇，必須閉目靜坐移時，方能再閱，否即痛不可忍。書院爲校藝之地，似此衰憊，貽誤實多。詎宜再涉因循，致忝斯位。敬希鑒原衷曲，俾得息跡田園，閉户養疴，用遂初服，則感銘益無涯涘矣。

【箋注】

[1]旌麾：帥旗，指揮軍隊的旗幟，借指軍隊。

[2]咎心無己：咎心，怪罪内心；無己，忘掉自己。《莊子·逍遥遊》："至人無己，神人無功，聖人無名。"

覆林迪臣[1]學使

監院賁臨，奉到鈞翰，慰誨殷渥[2]，慚悚無任。偉以一介迂拘，忝附皋比，昕夕惕兢[3]，不謂事出意外，不獲已而解館歸家。復蒙函達，各憲代剖原委，提倡名教，振扶士氣，爲近今所罕覯，尤爲遐邇所共欽！而偉以鄰縣齊民，與父母官致多齟齬，撫衷又奚以自安？然欲終遂初志，是閣下所以待偉者甚厚，而偉所以自待者甚薄。非特諸生之眷戀，情有難恝也。敬遵鈞命，仍赴味經，少酬期許於萬一。惟偉久病初愈，元氣多虧，日前還鄉，重益感冒，沉綿床席，未敢即日出門，俟賤恙稍痊，即當就道。

【箋注】

[1]林迪臣：即林啓（1839—1900），字迪臣，福建侯官縣人，光緒二年（1876）進士，授翰林院庶吉士，光緒十一年八月初一日任陝西學政，光緒十四年去職。

[2]殷渥：懇摯深厚。

[3]昕夕惕兢：日乾夕惕。語出《周易·乾》："君子終日乾乾，夕惕若厲，無咎。"乾乾，自强不息貌；惕，小心謹慎。形容自早至晚勤奮謹慎，不懈怠。

覆李菊圃方伯曾懷清觀察[1]

月初獲瞻榘範[2]，備領教言，袪鄙吝之衷而進以正大之學，感銘何可言喻！頃奉鈞函，獎飾逾恒，并諭以中丞雅意，俾主關中講席。捧誦回環，無任慚汗[3]。竊思偉一介寒微，承乏味經，四年以來，昕夕警惕，深懼弗勝，屢經辭退。矧關中爲昔賢講學之地，人才薈萃，非蓄道德能文章，卓然爲一時名儒，殊不足以資矜式[4]。

偉何人斯，敢當此任？科名之卑，學問之淺，性情之拙，禮節之疏，閣下即不加鄙棄，而省垣[5]重地，既不堪以孚輿望，即不克以振學規。盜虛聲而往，負重謗而歸。師道不立久矣，何可又以菲材隳之耶？

再，偉已於十九日到涇，諸生負笈來學，號舍爲滿。遽復舍此他往，揆[6]之情義，尤多忤心。循省再四，惟懇鑒諒。鄙私代申辭謝，想中丞嘉惠士林，關中、味經均歸蔭庇，或不以方命爲罪也。

【箋注】

[1]李菊圃方伯曾懷清觀察：李菊圃方伯，指李用清（1829—1898），字澄齋，號菊圃，山西平定州人。同治四年（1865）進士，改庶吉士，出大學士倭仁門，散館授編修。光緒十二年（1886）八月辛丑署陝西布政使，十四年二月丙子奉召赴京去任。方伯是明清時對布政使的尊稱。曾懷清觀察，指曾鉌（？—約1900），字懷清，滿洲正白旗人。光緒十三年十一月戊辰由陝西督糧道升任陝西按察使，十四年九月辛酉以丁憂去任。觀察是明清時對按察使的尊稱。

[2]榘範：規矩。

[3]慚汗：羞愧得出汗，極言羞愧之甚。

[4]矜式：敬重和取法，示範，猶楷模。矜，原作"衿"，形誤，據金陵本改。

[5]省垣：省城。

[6]揆：估量，揣測。

覆李菊圃方伯曾懷清觀察

再奉賜函，諭勉殷殷，若惟偉足當關中之任者，感慚交并，何可名言！竊思中丞振興學校，首以整頓書院爲急。偉誼切桑梓，自宜敬如鈞命，稍效贊襄。徒以望輕學淺，深懼弗勝。瀝陳鄙私，冀藏固陋，迺蒙重命之申，敢蹈瀆辭之咎。雖關中積弊甚深，驟返爲難，所恃者列憲主持於上，一切學規當可次第舉行。惟偉素性迂拘，儀文未嫻，尚乞嚴以訓課之條，而寬以應酬之節。俾得靜心教讀，以期仰副扶持名教、嘉惠士林至意。現蒙涂少卿[1]明府送來關聘，遵即拜登，肅泐[2]敬復，伏祈荃照。

【箋注】

[1]涂少卿：即涂官俊（1838—1894），字少卿，江西東鄉縣人。拔貢生。光緒乙亥（1875）恩科以第一人舉於鄉。次年成進士。四年以知縣分陝西。久之署富平縣事，調署涇陽縣事，再調署長安縣事。尋補宜君縣。前縣令張傑於同治間殉難，官俊蒞任，祀官紳士女之死事者，且採訪遺聞，爲之敘述，辭極淒惋。復於聽訟之暇，勸家桑，興水利，驅虎狼，除蓁莱，成稻田百餘頃。民樸鄙無文，則日巡阡陌，口勸舌諭，若將終焉。其治長安也，事不假人手，清積案數千起，革徵收錢糧積弊，立新甲百餘，民歲省數千緡。曾兩蒞涇陽，在任最久。其初任也，甫遭兵燹，百端廢弛。官俊則先清釐積訟一千餘案。不期年，又修浚龍洞渠，以利農田。又增修五百餘井，自是涇陽無荒旱之憂。後因政績，擢陝西布政使。光緒二十年（1894），以奉召入都祝嘏，道卒。

[2]肅泐：謹書。書札用語。

覆林迪臣學使

前月念八日傍晚奉到賜函，即於次日午刻詳陳種切，託長安涂少[1]卿明府由驛遞呈。茲再承鈞諭，殷殷以振興學校爲示。偉誼關桑梓，何敢堅執鄙私，致蹈瀆辭之咎。敬如尊命，并祈代復中丞、方伯、觀察，是爲至禱。所囑舉賢自代，現有涇干院長劉焕唐[2]孝廉學品最優，偉所弗逮，爲味經諸生所敬服，可否延聘，恭候鈞裁。

【箋注】

[1]少：原作"劭"。上篇《覆李菊圃方伯曾懷清觀察》"現蒙涂少卿明府送來關聘"一語及本書本卷尾篇《覆涂少卿邑侯》，俱作"少"。又宣統《涇陽縣志》卷十二《列傳·官師》："涂官俊，字少卿，江西東鄉進士。光緒十五年任。"據改。

[2]劉焕唐：即劉光蕡（1843—1903），字焕唐，號古愚，陝西咸陽人。曾任涇陽涇干書院、陝甘味經書院、陝甘崇實書院和甘肅大學堂山長。

覆柯遜庵學使

初九日由藩署寄到初五日賜書，獎飾逾恆，感慚無似。承囑函留劉煥唐院長，即於初十日專价赴涇，詳陳閣下力肩文教、培養人才至意，萬不可執意堅辭。昨接回信，幸邀允許。據稱"人師、經師之譽愧無以當，惟念推誠相待，禮貌過隆，有不敢竟去者"，并謂"院長之職必須精神貫注，與學生多晤談，方能起發其志氣，勤講解方能拓[1]充其識見。明年重訂章程，務祈簡約。俾得從容照應一切，庶不致有廢弛之處"。

偉思兩院新章月僅一課，本非甚勞，惟煥唐素不長閱八股文，每為所苦，意或在此，容再詳詢續啓。先此奉復，恭候明察。至偉不願復留關中，固以天氣漸寒，舊疴增劇，實有萬難暫住者，非敢妄自尊大，恝置[2]諸生於不顧也。區區隱衷，尚祈原鑒。

【箋注】

[1]拓：擴大、開闢之意。金陵本盡改為"擴"，實不足取。下同，不再一一出校。

[2]恝置：猶言淡然置之，置之不理。

覆林迪臣學使

奉賜書敬悉台旌兩蒞書院，徒以偉先返鄉，未獲袛領教言，罪甚罪甚。去歲過蒙推譽，移住關中，戰兢將事，惟懼或負明德。兩年以來，幸住院諸生尚能安習學規，足以告慰錦注[1]。茲奉陶方伯[2]勉留之意，感且不朽。顧竊有不敢從命者，自維孤鄙性成，不合時好。自到省垣，益形窒礙[3]。四五巨紳，仗其豪富，把持一切，雖地方官亦畏之。無論何人，須奔走門下，方可少安，否則必抉去之以為快。偉已屢遭媒孽，橫被謠諑[4]，甚且形之公稟。雖蒙前中丞批以"捕風捉影"，然已貽笑士林矣。偉誠不足惜，如玷辱師道何？正自痛切愧悔，詎敢[5]靦然[6]復出耶？恃愛瀝陳，方命之處，萬乞原鑒，至感無任。

【箋注】

[1]錦注：敬稱他人對自己的掛念關注。

[2]陶方伯：指陶模，字子方，號方之，浙江秀水人。同治十年（1868）進

士。陶模一生多在西部任官，曾任陝甘總督，新疆設行省後第一任巡撫，主張修備守疆。

[3]室礙：原作"室礙"，據民國十三年金陵本《柏灃西先生遺集》卷二《復林迪臣學使》改。意指有阻礙、障礙。

[4]謠詠：造謠毀謗。

[5]詎敢：豈敢，怎敢。

[6]靦然：指厚顏貌，慚愧貌。

覆陸吾山[1]觀察

前奉賜書，敬復一緘，飭小紀送往公館，竟以忘記未送，此間門斗之才大概如是。昨始詢知，茲謹寄呈，希原之也。河決鄭州，橫流匯淮入江，四瀆合一，昏墊爲災，誠千古未有之變。所過地方，未知詳細，想尊處必有各州縣呈繪圖説，務祈惠我一幅，用資查核。

再，近日情形如何？決口是否可塞？南東兩故道是否可歸？現在朝議如何籌布？并乞風便，詳爲示及，是爲至禱。

【箋注】

[1]陸吾山：即陸襄鉞（1833—1905），字吾山，西安府孝義廳人。道光元年（1821）舉人。同治十三年（1874）派管黄河各重要河堤工程修建。

覆劉焕唐孝廉

日昨傍晚奉到初三日手書，敬悉種切。基隆戰事[1]在六月十五日，馬尾戰事[2]在七月初二日，上諭又在七月初六日。新來洋報計當自六月十五日起至六月二十九日止，故有報有未報，無足怪也。董生濤尚未來涇，其前來信有調雷軍三營之説。恭讀此次上諭，天威震疊，足懾夷膽。規復越疆，攻所必救。且各省備禦嚴密，具得先着，當無意外之患。

惟念海口紛岐，既不勝防，庫款竭蹶，尤難久支。張幼樵"七省水師"之議，亦必不克倉卒舉辦。設該夷以陰鷙堅忍之心爲亟肆，罷我多方，誤我之計，則仍不能不憂危於後日，而甚望膚功之迅奏也。

胡芷洲[3]爲吾省培養人才計，慨出千金，用垂久遠，甚盛意也，亦大豪舉也。"人才之興，悉由提倡。初不必借才於異代，亦不盡求士於他方。風氣所開，蔚爲國華，固自有不可遏者矣。漢帝起而良弼多奮於南陽，明祖興而元勳實萃於濠亳。近日楚材之盛，則胡文忠[4]之所識拔也；淮[5]軍之振，則李肅毅[6]之所宏獎也。即路閏生先生以文藝垂教，而《檉華館集》所刊訓士各條，未嘗不以正學相勖勵。故有朝邑名臣出於門下，爲吾陝光，何一非明效大驗歟！士當窮陬閭里，目不睹有用之書，耳不聞有道之訓，縱有磊落英多之選，亦汩[7]没於八股八韵之中而患得患失，罔非'名利'二字營營於魂夢間也，又安望人才之崛起也哉？"芷洲斯議，可謂知本矣。

　　天下事惟創始爲難耳，人之好善誰不如我。芷洲倡而行之，必有如芷洲其人者踵而拓之。此事關吾省氣運，否極則泰，屯久必亨，河嶽有靈，當必隱爲推挽矣。惟是此任非兄所能獨肩，必得吾弟共任之，或可相與有成耳。繼思即吾二人，亦未必克肩斯任，蓋位不尊而學不博，其誰信之？而誰從之乎？然芷洲既有志提倡，我輩當力爲襄理，雖不能爲座上菩薩，亦或可爲堂前護法。

　　古今義舉大都以漸而成，先盡我心以待其人，似不當畏難而阻也。請即以此金由芷洲發典生息，儲爲不時之需。擬取"求友"二字名齋，妥議新章，試緩爲之，以程厥效。

【箋注】

[1]基隆戰事：中法戰爭期間臺灣基隆軍民抗擊法國侵略的戰鬥。清光緒十年六月十四日（1884年8月4日），法國艦隊進犯臺灣基隆，次日轟毀基隆炮臺。6日，臺灣巡撫劉銘傳派提督章高元、總兵曹志忠各率所部反擊，法軍大敗，逃回海上。9月底，法艦隊再次進犯基隆，劉銘傳退守臺北。次年，法軍全力強攻，清軍退守基隆河南岸。《中法會訂越南條約》簽訂後，基隆法軍撤離。

[2]馬尾戰事："事"，原缺，據金陵本補。馬尾又稱馬江，馬江海戰是清代中法戰爭中的一場戰役。清光緒十年閏五月下旬，法國遠東艦隊司令孤拔率六艘軍艦侵入福建馬尾港，伺機攻擊清軍軍艦。清廷有令，"彼若不動，我亦不發"，於是張佩綸、何如璋、穆圖善等下令"無旨不得先行開炮，必待敵船開火，始准還擊，違者雖勝猶斬"。七月初三（1884年8月23日），法艦首先發起進攻，清軍主要將領畏戰，棄艦而逃，福建水師各艦群龍無首，

倉皇應戰，被法艦炮彈擊沉數艘，重創多艘，官兵傷亡七百二十餘人，福建水師几乎覆没。

[3]胡芷洲：指胡礪廉（1843—1887），字子周，亦作芷洲，陝西三原人。以讀書經商爲主，家有碧雲閣，他早晚在閣中讀書，案上經史而外，舉凡諸子百家、道藏佛典、秦刻漢碑以及書法繪畫，無所不有，惟不喜八股制藝，反對八股取士。關心時政，縱談時事及民生、吏治、國計、邊防、漕運、河道等天下大事，倡導實學，曾出巨資鼓勵陝甘味經書院柏景偉、劉光蕡二位山長在書院創立求友齋，指導學生學習天文、地理、算術等經世致用之學，并創設書局，刊刻了《梅氏籌算》《平三角舉要》等實學書籍。

[4]胡文忠：指胡林翼（1812—1861），字貺生，號潤芝，湖南益陽人。道光十六年（1836）進士，歷任安順、鎮遠、黎平知府及貴東道員，四川、湖北按察使，湖北布政使、巡撫。晚清中興名臣之一，湘軍重要首領。著有《胡文忠公遺集》。

[5]淮：原作"准"，形誤，據文意改。

[6]李肅毅：即李鴻章（1823—1901），字漸甫或子黻，號少荃。淮軍、北洋水師創始人和統帥，洋務運動的領袖。死後追贈太傅，晉一等肅毅侯，謚文忠。

[7]汨：原作"泊"，形誤，據金陵本改。

覆陶方之中丞

奉惠書并寄到趙生舒翹[1]信件，過蒙獎借，渥荷注存，感悚何可言喻。偉經年侍從，時欽訓言，受益良多。而推譽之雅，挽留之誠，深銘肺腑，非敢委隆誼於恒常也。

士風不振、士氣不伸久矣。不揣鄙迂，妄思挽回一二，稍裨名教。不圖衆惡之躬動輒齟齬，即如馮恭定公建祠一節，只以偉摻雜其中，遂致先賢祀事沈滯至今，撫衷循省，負罪何如？此雖重違尊命，而不敢稍涉遲回者，想均在洞鑒之中、曲原之列矣。

去歲幸蒙飭發多籍，賜捐巨金，茲復專摺具奏表揚先儒，即以扶植後進，任事堅而衛道切，所以振興正學者至周極渥。凡在士林，同深額慶，非獨偉伏居草野，感銘無既也。

《人範》一書極精粹謹嚴，爲小學不可少之書，直無可增刪，容再校核覆呈。西鄉雪澤沾足，麥苗頗佳，豐收可望。惟蒼龍河附近兩岸被水，各村堡極爲饑困，是可憫耳！

【箋注】

[1]趙生舒翹：指趙舒翹（1847—1901），字展如，號琴舫，晚號慎齋。陝西長安人。同治十二年（1873）舉人，次年中進士，授刑部主事、提牢廳主事、直隸司主事、刑部尚書等職。光緒二十五年（1899），爲總理各國事務衙門大臣，繼任軍機大臣，兼管順天府府尹。光緒二十六年夏，義和團與清軍及英國侵略者等發生衝突。趙舒翹迎合慈禧等人意願，擬利用義和團抵抗外侮。不久，八國聯軍攻陷北京，慈禧、光緒帝等倉皇出逃，趙隨至西安。聯軍頭目向清廷代表奕劻、李鴻章提出重懲"首禍諸臣"。光緒二十七年正月初二，清廷下詔"賜死"，趙舒翹在家中自盡。著有《提牢備考》《慎齋文集》《慎齋別集》等。

致馬伯源明經[1]

數年前早聞大名，時深饑渴，滿擬偕諸同人作太華之遊，藉遂趨謁，徒以人事蹉跎，東行不果，良用悵然。比晤子功同年[2]，獲稔道履綏和[3]，令聞休邕[4]，慰如頌私。偉以菲才淺學，承乏關中，深懼弗勝。復因列憲購書數萬卷送貯院中，仿直隸《蓮池學規》，俾諸生昕夕稽考日記所得，呈定甲乙，助以膏火[5]，爲中朝異日儲有用之才，甚盛事也。如偉迂陋，何克兼荷斯任，不得不借重名賢，協同經理，當懇子功代達鄙衷。

茲奉復函，欣悉大君子慨允賁臨，無任踴躍。伏念吾陝兵燹以後士風不振，厥弊實始於空疏。詞章之彥既鮮根柢，道德之儒亦乏本源。今志學齋之設，實足以發沉痾而藥之，亦我輩所宜共任者也。先生關懷名教，憫念流俗，或不以斯言爲河漢耳。亟望翩然命駕，慰我遐思。多士幸甚，吾道幸甚！

【箋注】

[1]馬伯源明經：馬伯源，朝邑人，曾在朝邑文介書院等地講學，以儒術著稱。漢代以明經射策取士。隋煬帝置明經、進士二科，以經義取者爲明經，

以詩賦取者爲進士。宋神宗時改以經義論策試進士，明經始廢。明經是明清時期對貢生的尊稱。

[2]同年：明清鄉試、會試同榜登科者稱爲同年。

[3]綏和：安和。

[4]休鬯（chàng）：休，指吉慶，美善，福祿；鬯，指重大節日活動慶典用的香酒。古時候人們以鬯來祭祀及慶祝勝利。

[5]膏火：指書院學生的費用。

覆張雲生[1]大令

冬月十九日奉到賜書，藻飾逾恒，愧悚無似，復蒙遠分鶴俸，助我鳩工，尤見大君子義薄雲天、振興關學至意。弟亦得以不孤有鄰自用慰解，佩切感切。

比維敷政名邑，克展鴻材，武城[2]絃歌，差足比數。香帥爲近世名臣，留心人才，現在移節鄂垣，知必有合也，龐士元[3]當不終淹於百里矣。翹企雲程，曷勝頌祝[4]。

古人論交，以心不以跡，果克志同道合，惕厲戰兢，求不愧於吾心，即不愧於吾友。關山千里，何殊覿面，踪跡正不必悉符也。往者治蒲善政，如教士讀書，教民織葛，以及因公註[5]累各函，均得於煥唐處詳讀而默識。竊疑子壽先生[6]何不識人如是乎？及公陳臬吾陝，則又甚推我兄爲鄂省第一好官。可知直道終可行，中立不倚，自有定評。我輩斷不可以偶爾屈伸稍易節操。是則彼此可以相信，亦終始可以相勉者也。

再，鈞函稱宦途險惡，進退須求裕如，尤得行義達道真訣。近晤朝邑相國[7]縱論："欲做[8]好官，須將紗帽提在手中。"蓋謂應擲去時則竟擲去耳。弟亦嘗勸學者先求自立，能自立則不求人，不求人則不至辱身污志，然後達可也，窮可也，出可也，處可也，焉往而不自得哉！否則公私牽累，勢如騎龍，其不至進退失據者鮮矣。雖然君臣之義本於性，生時局艱危，豈宜遂恝？當官之去就裁以義，濟世之經猷準乎仁。一息尚存，此志不容少懈，尤望賢者壁"先憂後樂"之心，裕撥亂反治之略，勿任悠悠者笑關中無人，則吾黨之幸矣。敝處祠工輒滋多口，悉由弟德薄望輕所致。幸叨蔭庇，八月秒一律告竣，業經稟請張南圃[9]中丞出奏，知關錦注[10]，稟稿寄閱。

弟春初痰喘觸發，加以咯血，至今未愈。書院課程諸形廢弛，俯仰靡安。現已辭歸故里，閉户養疴。明歲擬治一小園，種花蒔木，讀書其中，以終餘年。第未卜海宇果能敷衍無事，稍遂林泉之樂否耶？江雲在望，夢戢爲勞。

【箋注】

[1]張雲生：江蘇如皋人，咸豐二年（1852）舉人。賜内閣中書銜。曾任無錫縣教諭、麻城縣知縣。

[2]武城：《論語·陽貨》："子之武城，聞弦歌之聲。"朱熹《集注》："弦，琴瑟也。時子游爲武城宰，以禮樂爲教，故邑人皆弦歌也。"武城，位於今山東省德州市武城縣。

[3]龐士元：即龐統（179—214），字士元，號鳳雛，漢時荆州襄陽（今湖北襄陽）人。三國時期劉備重要謀士。在進圍雒縣時，龐統率衆攻城，不幸中流矢而亡。追賜關内侯，諡靖侯。

[4]祝：禱告，向鬼神求福。

[5]詿：原作"罫"，罫、詿音同。罫，意爲阻礙、絆住；詿，意爲失誤，欺騙。雍正《江西通志》卷八九《人物》："張焕然，浮梁人，父信立，初坐詿累，得罪且死。"道光《廣東省志》卷二四八："高輔，字世助，廣昌人。……奉公舉職，鋭於任事，竟以詿累卒。"民國《莆田縣志稿》卷八《風俗志下·方言》："株连曰詿累。"金陵本作"詿"，據改。

[6]子壽先生：指黄彭年（1824—1890），字子壽，號陶樓，晚號更生，貴州貴築（今貴陽市）人。道光二十七年（1847）進士，授編修。嘗掌教關中書院。光緒十一年（1885），調任陝西按察使，兼權布政使，爲陝甘味經書院購置大量圖書。著有《三省邊防考略》《金沙江考略》《陶樓文鈔》等。

[7]朝邑相國：指閻敬銘（1817—1892），字丹初，號約庵，朝邑人。道光乙巳（1845）進士，歷任翰林院庶吉士、户部主事、員外郎、湖北按察使、山東巡撫、户部尚書、軍機大臣、東閣大學士。卒諡文介，贈太子少保。後人尊稱"閻文介公"，譽有"救時宰相"之稱。

[8]做：原作"坐"，據金陵本改。

[9]張南圃：指張煦（1825—1925），字靄如，號南圃、南坡，甘肅靈州（今寧夏靈武）人。道光二十九年（1849）舉人，咸豐三年（1853）進士。歷任

刑部主事、員外郎、郎中等；後被放外任，先後擔任過貴州鎮遠府（今貴州鎮遠）、貴陽府（今貴州貴陽）和貴東道（轄貴州東部府縣地區）府道主官，以及陝西、廣東、山西三省的藩、臬二司使；光緒十四年（1888）升任陝西巡撫，故稱"中丞"。次年改任湖南巡撫。所到之處，皆有政績。清史有傳。

[10]錦注：敬稱他人對自己的掛念關注。

覆黃小魯[1]觀察

前奉賜書，敬悉高堂春永，酒捧介眉，人世浮名，詎易斯樂！遠人不勝抃舞，依依膝下者，宜何如也！關中兩載侍從，時領訓言，道德文章，惠我不少。匆匆一別，瞬復經年，彌切馳慕。官運書抵陝，住局者俱易生手，茫無頭緒。至五月間，委顧晴谷[2]明府主管局事，始臻整理，定價頗廉，出售亦易，實大有裨於學者。但均未照前擬章程辦理，且有官無紳，甚慮不能經久。

偉春初喘疾又發，加以咯血，至今未愈。書院功課諸形廢弛，五夜循省，俯仰未安。所幸馮恭定公祠落成，附以少墟書院，業經稟請南圃中丞出奏其學規，擬以小學為門徑，以經義制事為規模，以經古雜著為課程，而不廢科舉文，遵功令也。俾學於此者，景仰鄉賢，奮然興起，養其正氣，儲為通才，或可稍備中朝緩急之用，然亦未敢信必能辦到耳。

遜庵[3]學使深佩煥堂孝廉學品，明歲味經一席，恐又不能辭去。遜卿先生現住少墟書院，校刊江註《近思錄》[4]，緣陶子方方伯囑刊此書，偉與遜卿私議：菊圃先生留存刻資百金，可先作開工之本，其餘刊印一切費用，均請陶方伯持出。而字格大小宜與前刊《小學》相符。即為二書合刻，似亦兩成其美也。遜卿深以為然，遂函復陶方伯如議辦理，計十月杪[5]可以刊成。

【箋注】

[1]黃小魯：即黃嗣東（1846—1910），字小魯，號魯齋，晚號魯叟。湖北漢口人。邑拔貢生，歷仕刑部郎中、陝西候補道、署陝安兵備道。光緒十一年（1885）署鹽法道時，捐廉集資與邑令樊增祥在長安縣東關春明學社舊址建魯齋書院。著有《濂學編》《道學淵源錄》等。

[2]顧晴谷：指顧曾烜，字升初，一字晴谷，江蘇通州人。同治九年（1870）舉於鄉，光緒九年（1883）成進士。十九年補醴泉知縣。其人學問淹貫，廉

靜寡欲，文章爾雅，德優於才。爲政首重興學課士，出廉俸，增膏火，尤注意古文詞，孜孜講求，鬚髮皤然，日手一編，士林敬之如嚴師。數年間，邑人皆篤於文行，風尚爲之一變。著有《方宦壽世》《售世文》等。

[3]遜庵：即柯逢時（1845—1912），字懋修，號欽臣，一號遜庵。光緒十四年（1888）爲陝西學政，於涇陽味經書院設局，修刊經史各書，光緒十七年回都供職。

[4]《近思錄》：是朱熹和呂祖謙合作編撰的一部理學經典，在歷史上一直被奉为理學入門要籍，被譽为"聖學之階梯"。

[5]杪（miǎo）：年月或四季的末尾。

上劉克庵中丞

丙春旌麾駐陝，渥荷教思，袪鄙吝之衷，而進以宏遠之學，至今悉耿耿未忘也。陝省入春以來十分亢旱，渭北尤甚，死亡流離輾轉道路，人心洶懼，不啻□□交訌之時。七月中旬，韓城、郃陽饑民滋事，轉徙北山，未曾了局。二十六日，蒲城縣土匪戕官，遠邇伏莽[1]，朝不謀夕。白露已過，旱仍如故，種麥無望，後事真不堪設想。

竊見國家仁厚，每遇偏災，一經入告，無不立沛恩施。今陝省哀鴻遍野，餓殍盈途，奇荒如此，僅於邸杪中見一御史約略言及。而此間除蒲城一邑現邀緩徵外，其餘府廳州縣尚未蒙奏請蠲賑[2]，而各屬徵比之嚴，追呼之慘，更有筆所難言者。伏思關輔爲甘涼根本，若不[3]保安秦境，或致糧道梗塞，則隴事且因之棘手。二三鄉紳業經具稟，徑請爵中堂[4]據情入奏，并懇撥款賜賑。復囑偉函陳伏乞，曲予矜全，宏施方略，以救秦川百萬生靈。

我公撫陝有年，凡在秦民，無不拯水火而登衽席。今遭此閔凶[5]，必不忍聽嗷嗷者終填於溝壑也。偉自拜送鈞顏後，即得咯血之疾，至今歲四五月間始漸就痊癒，閉門養疴，與世事隔絕。惟是桑梓禍亂，旦夕可待，避地無策，籲天無路，爲此呼號，惟哀察而亟圖之。陝民幸甚，天下幸甚！

【箋注】

[1]伏莽：莽，叢生的草木。後以伏莽指軍隊埋伏在草莽中。亦指潛藏的寇盜。

[2]蠲（juān）賑：免除租稅，救濟饑貧。

[3]不：原缺，據金陵本補。

[4]爵中堂：內閣大學士的尊稱。爵，指其有封爵。此處指代左宗棠。

[5]閔凶：憂患凶喪之事。

覆劉克庵中丞

奉到福函，極蒙垂念秦中災黎，無微不至，感銘何可言喻。陝境渭河以北麥全未種，附近南山有井可灌之地，種麥十分之一二。刻下糧價每斗銅錢一千七八百文，而省外尤昂，實由各處糧石紛紛販往晉、豫所致。兼之抽收搜括，商運不通，來源既竭，漏卮[1]莫塞，計日苦長，未堪設想。而各屬所恃以爲賑本者，勸捐而外，似已別無籌策。四關災黎死者累累相望，河北一帶可想而知，實爲目不忍見，耳不忍聞。

十月以來潰勇土匪又復不靖，雖經分別剿撫，而餘燼竄擾北山，伏莽可虞[2]。倘糧價再長，難保饑民不更相煽動。三輔爲甘、涼後路，似宜預籌方略，庶幾有備無患。凡此情形，關中人士本無有敢言者，間或言之，遂觸忌諱，此偉所以不能不略陳於我公之前者也。

偉以病軀經西安官守委辦咸、長賑務，竊念兩縣爲附郭首邑，若非亟圖救恤，何以拯孑遺[3]而重根本？心不忍恝[4]，義不容辭。擬即遵照鈞函所諭"一族保一族，一鄉保一鄉"之法而推廣行之，業於十月十九日開局，推舉正紳和衷辦理。雖稍有頭緒，尚無成效。偉惟有竭盡心力，以期補救萬一，無負期望至意。

【箋注】

[1]漏卮（zhī）：比喻利權外溢。

[2]虞：憂慮。

[3]孑遺：殘存者，遺民。

[4]恝：無動於衷；淡然。

覆劉克庵中丞

陝省去歲亢旱成災，饑匪搆亂，際人心惶惑之時，遠奉鈞函，諭以"篤念桑梓，勸勉紳富，設法辦理，救此奇荒"。偉雖至愚至陋，敢不勉效驅策。當於十月中旬，經西安官守委辦咸、長賑務，隨於十二月初旬將所辦大概情形并擬刊章程肅稟呈覽，復蒙諭以"災區甚廣，賑日甚長，深慮無以爲繼，惟有盡一分心算一分福"等語。訓誡周詳，無任欽佩。

偉懍遵之下，益矢勤慎。偕同兩縣官紳和衷商榷，悉力籌畫。謹擬以三層賑法辦去。查得咸寧極、次貧户四萬餘口，長安極、次貧户三萬餘口。極貧自去歲十一、十二等月賑起，次貧自今年正、二、三等月賑起。先令各鄉村自捐自賑，按口按日照章分散，均具結保。至四年三、四月止，謂之保賑，保賑即正賑也。其有窮莊遠堡、無糧可捐不能自保者，則間以提局捐買之糧彌縫之，謂之補賑。至四年三、四月以後，各鄉村保期屆滿，賑款告罄，則普以提局捐買之糧分給之，謂之接賑。此三層實在辦法也。

三層以外，又有續賑。續賑者，夏麥有收之處，不能無鰥寡孤獨嗷嗷向隅者，擇而哺之也。計各鄉村自行捐買之糧市斗八千餘石，提局所勸紳富大户捐買之糧市斗四千餘石，兩共一萬二千餘石。每石均以二百五十斤收放，以市估折價銀拾兩零，共合銀一十二萬餘兩。

除兩縣招種叛產各省客民六千餘户由縣倉發糧、由局代賑外，所有土著之户七萬餘口，均用捐糧賑之。并未請用官糧，撙節[1]之餘尚能有贏無絀，迄今已九閱月[2]矣。仰叨福蔭，咸寧三十倉，長安十八廠，均分別賑至七月十五日止。現在甘霖疊沛，早秋漸次登場，可資接濟。賑務業經稟撤，局中一切錢穀出入，有同事各紳彙造報銷，計八月中旬可以一律蔵事。

偉才輊識絀，罔補時艱。過蒙獎許，渥荷陶甄。感銘有思，圖報乏策。現仍閉門謝客，開帳授徒，惟有潛心學業，講求修己治人之術，以期無負期望裁成至意。

【箋注】

[1]撙節：節制。

[2]閱月：歷時一月。

覆朝邑相國[1]

遠辱鈞翰，獎飾逾量，愧何敢任。兼賜多珍，義不敢辭，再拜謹受，悚慚彌至。辰維綠野春融，壽康增祜，敬以爲頌。惠示《溫公全集》[2]，盥讀卒業，具見公一生學問積誠爲本，而事君以之真，所謂腳踏實地者也。顧念北宋時勢猶可有爲，遼、夏之逼尚在邊疆，以公衷貞篤棐[3]，中外交孚[4]，似不難迅致太平，竟以新法之行退居於洛十有五年，徒蒿目時事敗壞而無可如何。使非遭際宣仁，則公之素志，直不克稍伸。雖天不祚宋，不再期而仍至潰裂，而太皇太后知遇之恩，有非捐糜所能報者矣。然則公之身殉社稷，尤積誠之至，始終不渝乎！鄉居僻左，見書甚少，得公此集，當奉爲吾道圭臬[5]矣。

偉繆蒙推獎，三載關中，戰戰兢兢，惟恐少虧師道，即以上負知人之明。幸得辭歸，差告無罪。其不敢復就者，則以前年兩次延請，皆出李菊圃、陶子方兩方伯之意。其實某中丞□□、某中丞□□并不願偉之至，特迫於公議，以虛拘之耳。他無足論，即重修馮公祠，此何如事，顧必百方阻抑，用心亦可知矣。幸陶方伯護理撫篆會銜入奏，復蒙聖明優旨愈允，始有以靖浮議而伸正氣，否則使偉日日講學，其誰信從乎。師道不立久矣。如偉不肖，原不敢言師，然亦何敢稍涉遷就致玷師位。所以再四詳慎，而不欲輕試耳。

夫聞膻而爭赴者，蜉蚍也。見餌而驟吞者，陽橋也。以邇來求書院者紛紛，當事靡不以蜉蚍、陽橋視之，其稍致禮敬，即羣以爲異數[6]；而稍用辭謝，又咸以爲矯情。中堂所聞，意或如是，實則偉何嘗須臾忘吾秦人士哉。

此次歸田，雖未設帳授徒，凡來遊者，恒教以時事艱危，學求有用，爲國家異日緩急之需。而尤必以卓然自立、不妄求人爲本。雖習俗所趨，儒風日降，而挽回之志，終不敢少懈。蓋士當潛處，所克盡心者如是而已。竊冀中堂深諒之也。抑更有請者，西事方殷，東防又棘，到處伏莽，公私困竭，曾、彭、岑、楊四帥相繼淪逝，尤無以收藜藿[7]不采之威，而舉世方雍容以頌太平。杞人之憂，迫切實甚。中堂中興元老，今之溫公，身係安危，訏謨素定。此後國是如何籌策，敢祈有以教我。偉本無似，何足與聞大計，或者轉語後學，蔚爲豪俊，稍裨萬一，亦草莽事君之義也。無任屏營，禱企之至！

趙展如[8]客秋書來，稱沈中丞逼伊赴引，決計告歸。阿方伯[9]又不准遂去，擬少緩再定行止。以後未接續信。在鳳[10]治績，皖省人極稱明斷廉惠，民心咸孚，難治之區，熙然向化。偉則惟愛其性情純摯，苦勵學行，自少貧孤，一毫不苟。通籍[11]後篤念親舊，無德不報。頗有一飯千金俠氣。本此以推，必不負君，必不負民矣。展如素蒙教訓，意更有知其遠者大者，非偉所及也。

【箋注】

[1]朝邑相國：指閻敬銘（1817—1892），字丹初，號約庵，朝邑人。

[2]《溫公全集》：指北宋司馬光撰的《增廣司馬溫公全集》，全書凡一百十六卷，其間詩賦章奏、制詔表啓、雜文書傳無所不備，是研究司馬光學術思想的重要文獻資料。

[3]篤棐：忠誠輔助。

[4]交孚：謂互相信任。

[5]圭臬：比喻準則或法度。

[6]異數：國家之災難，劫數；或機遇，特殊的情況。

[7]藜藿：藜指藜蘆，藿指藿香，均爲多年生草本植物，此指粗劣的飯菜。《韓非子·五蠹》："糲粢之食，藜藿之羹。"

[8]趙展如：即趙舒翹（1847—1901），字展如，同治十二年（1873）舉人，次年中進士，官至刑部尚書等職。光緒二十五年（1899），爲總理各國事務衙門大臣，繼任軍機大臣，兼管順天府府尹。《清稗類鈔·方伎類二·趙展如信星命條》云："趙展如尚書舒翹，生平以服膺宋學著稱，而酷信星命家言。其以鳳陽守舉卓異入都引見。"著有《提牢備考》《慎齋文集》《慎齋別集》等。

[9]阿方伯：阿，當指阿克達春，光緒十二年八月至十八年四月任安徽布政使。方伯是明清時期對布政使的尊稱。

[10]鳳：指清代安徽鳳陽府，府治在今鳳陽市。

[11]通籍：指初做官。

覆張子貞守戎

兩奉華翰，渥荷注存，徒以病體纏綿，有稽裁復，抱歉奚如。比聞賢契蒙中丞札，委管領親軍營務，佇見龍韜奏績，虎帳銘勛，西望臨風，曷勝慶幸。惟是近日營中積習，非趲營[1]以襲名，即剋扣以牟利，多少英傑坐此僨事，良可浩嘆。以賢契之磊磊落落，當不慮是，尚望謹持節操，淬厲勛名，惟以兵事爲請求，毋以俗情爲濡染。異日學成將才，惟吾陝光，庶不負此一出。語曰：關東出相，關西出將。於賢契有厚望焉。

【箋注】

[1]趱（zǎn）營：意謂鑽營。趱，趕，快走。

覆陳誠生明經

遠暌[1]五年矣，回憶賑局諸同人，當事機艱迫之際，勤勤懇懇，無稍違異[2]，以迄蕆事。蓋首尾歡聚者十有餘月。此誼此情，胡能不思？況我兄尤所深契者乎！

辛歲冬月奉到惠械，裁答稽遲[3]，非懶也，徒以還鄉後家事奇紲，債積如山，剗除乏術，心緒多亂。出而耕作，入而教讀，卒卒[4]無晷刻暇。且辱書所論道理至精極細，又非可率爾操觚[5]，作尋常應酬書札。遂堪復命缺然，久不報職是之，故知大君子能諒之也。

承示聖賢之學，以恕爲本，以強爲用，誠得爲學之要矣。人惟藏乎身者不恕，是以只知有己、不知有人，滿腔子都是私欲心，奚以正身奚以修？果能強恕[6]而行，則望於人者薄而責於己者厚，以之處君臣、父子、夫婦、昆弟、朋友之間，亦焉往而不得其道哉！惟是孔門言學，敬恕兼重。其告仲弓曰"己所不欲，勿施於人"者，恕也；"出門如見大賓，使民如承大祭"者，敬也。"敬"之一字，似尤爲徹里徹外、徹始徹終第一功夫。敬恕立而仁存，仁存而道德、經濟一以貫之矣。然修己治人之學，亦非可空談性命遂足盡之也。古今惟大英雄乃能爲大道，學本原既正，而博考宏稽，以增益其所不能者，實非旦夕所能程效。甚矣哉，學之不易幾及也。鄙見如是，未審高明以爲如何？

弟素不知學，心粗氣浮，於"敬""恕"二字毫無體會。且年逾五旬，所見之書甚少，更無以疏瀹其心胸而拓充其才識。數年來雖頗思閉戶潛修，而時過後學，艱苦難成，良用悚仄[7]。惟望與我兄共相砥礪，葆此歲寒，跡雖疏而神自合，年雖逝而志弗渝，或不至終爲聖賢所棄也夫。

【箋注】

[1]遠暌：即暌遠，遠隔義。

[2]違異：違背，不一致。

[3]裁答稽遲：作書答復拖延。稽遲，拖延，滯留。

[4]卒卒：匆促急迫的樣子。

[5]操觚：執簡，謂寫作。

[6]強恕：強，勉力，盡力；恕，推己及人。《孟子·盡心上》："反身而誠，樂莫大焉；強恕而行，求仁莫近焉。"

[7]竦仄（sǒngzè）：竦，恭敬，肅敬；仄，心裡不安。意謂恭而不安。

覆陶方之護院[1]

月前奉賜書，敬具復函，即交長安馬夫齎呈左右。辰維道履綏和，政祺休邕，至以爲頌。承屬校讎《人範》一書，并諭以"如有繁複，量爲刪節"。偉捧還家塾，即擬悉心參考。猥[2]以臘底正初賤恙未能遽愈，致涉遲稽[3]，罪甚罪甚。現在盥讀卒業，往復潛玩，前後甄錄精粹謹嚴，踵《小學》之規模，備《大學》之綱領，實足感發斯人之性情，而檢閱其趨步。宜即付刊印以廣流傳，其有裨於名教良非淺鮮，書中并無可刪節之處，惟間有破體字謹用簽出，復呈鑒正。敬請鈞安，伏維亮察不莊。

【箋注】

[1]覆陶方之護院：原文作"覆陶方伯之護院"。清代巡撫離職，由布政使或按察使代理巡撫職事，稱護院。陶方伯，陶模，字方之，一字子方。本書目錄及金陵本篇題"覆陶子方護院"，是。而底本"方伯之護院"不成文，或衍一"伯"字。再前有《覆陶方之中丞》篇，言"《人範》一書極精粹謹嚴，爲小學不可少之書，直無可增刪，容再校核覆呈"，本文乃再校核後之書信。故據以改。

[2]猥：謙辭，猶言辱。諸葛亮《出師表》："先帝不以臣卑鄙，猥自枉屈，三顧臣於草廬之中。"

[3]遲稽：金陵本作"稽遲"。

覆武功李賡伯明府

客歲台旌榮蒞鄀城[1]，徒以棲影田園，未能預聞，躬伸祖餞[2]，抱咎奚似。夙蒙摯愛，諒必有鑒原也。承示武邑九鎮倉屋，於客歲一律竣工積穀，均著有成效，鄀民多幸，得大君子一爲整理，造福無窮矣。此間義倉諸形紛糾，尚待實心辦事者主持擘畫[3]。即如敝村倉麥，雖積有成數，而刁梗者漸肆阻撓，泄沓者益圖諉謝[4]。鄙人里居，跡等農氓，德不足以服人，力不足以制衆，加以官紳否隔，在在掣肘，只有瞠目太息，不知將來正復如何耳。一鄉如是，一邑可知。拙擬《社倉議》預料難行，呈政私衷，但請其是不是，不問其行不行也。

弟久爲衡文[5]所困，學業一無所成，弊正坐此。今歲學者踵至大都干科第，挾時藝而來，語以正學，如水投石。講來講去，仍不能越乎八股八韻而外。衰病之軀，困益加困，致足惜耳。始悟賀復齋先生絕不談制舉文，卓識爲不可及矣。

尊恙想已占勿藥，吉人天相，理自不爽。尚望時加珍攝，蔭我秦人，臨穎不勝企慕之至。

【箋注】

[1]邰城：古邰國都城，相傳爲后稷封地，位於今陝西省武功縣境內。

[2]祖餞：釋義爲古代餞行的一種隆重儀式，祭路神後，在路上設宴爲人送行。

[3]擘畫：謀劃，經營。

[4]諉謝：諉，推託，推諉。意謂推委謝絕。

[5]衡文：品評文章，特指主持科舉考試。

致李賡伯邑侯

竊偉樗散庸植[1]，衰病侵尋，迺蒙過採虛聲[2]，兩辱賜請，感愧何可名言。恭維政平訟理，道履綏和，至以爲頌[3]。大憲札飭勸辦積穀爲當今第一惠政，得老父台督率舉行，實合邑無疆之福也。偉何人斯，誼關桑梓[4]，而讓再讓三，獨復何以爲心？徒以咯血舊症過勞即發，現復瀉痢，步履多艱，不克襄理盛舉，有負驅策。撫衷咎責，寤寐[5]難安，惟希仁父母格外鑒原，實爲至禱。

至本廠情形有不敢不粗陳者。查十八廠凡遇公事，皆由廠約承辦，保約分辦，紳士則從旁指揮，勸諭而已。緣廠約係由各保約舉充，保約係由各村約舉充。既由民舉，易致民信故也。且各廠純正紳士素不干預公事，一旦奉委辦公，亦惟有轉飭廠約，責令各保約分頭舉辦，則人易曉而事易集。以故某廠得好廠約，則公事可舉，某廠無好廠約，則公事難成。朦朧而弊混，固結而挺抗，悉由於此，即紳士亦無可如何耳。廠約之好者由於公舉，廠約之不好者由於鑽當。鑽當者，不通知各保約，但與一二不肖[6]生監、書役等捏名[7]稟案，當堂點充者也。

公舉者，由各保約與衆紳士公同推選，然後人人悦服信從者也。故慎選廠約，爲長安辦公第一義。

今馮籍廠[8]現無廠約，人心散渙，風俗頽靡，有不可縷述者。似應先以硃票將十保障保約喚案，有新保約則可，無新保約喚舊保約，無舊保約喚一二村約，飭令協同紳士公舉廠約，勒限報案，則衆心有所聯屬，然後紳士得提其綱而挈其領，如身之使臂，臂之使指矣。否則本廠計村數十堡之多，計路數十里之長，總有純正紳士傳之而不動，呼之而不應，茫無頭緒，則亦無從辦起矣。

再本廠有大紳士候選郎中[9]梁頤之，小紳士[10]稟生袁賡揚，附生[11]崔啓坤、童德化等，均可委辦積穀義舉，惟在老父台採訪而諭飭之。合邑幸甚，合廠幸甚。愚盲之見，是否有當，伏候鈞裁[12]。

【箋注】

[1]樗散庸植：樗，即臭椿樹。因其材質劣，不爲世用，多被投閑置散。庸植，普通樹木。樗散庸植，喻無用之材，多为自謙之辞。

[2]過採虛聲：錯誤地相信虛假的名聲。

[3]頌：原作"訟"，通"頌"。唯本文前有一"訟"字，理應避重復，加之上文《覆陶方之護院》有"至以爲頌"句，是以據改。

[4]桑梓：代指家鄉、故鄉。

[5]痞痲：指日夜。

[6]不肖：指不才、不正派；品行不好、没有出息等。

[7]捏名：假造姓名。

[8]馮籍廠：嘉慶《長安縣志》之各廠圖、土地志作"馮集廠"，民國《咸寧長安兩縣續志》各廠圖、地理志作"馮籍廠"，今名"馮村"，位於西安市長安區靈沼街道。

[9]郎中：爲尚書省六部二十四司諸曹司的長官。分掌各司事務，位在尚書、侍郎、左右丞之下，爲五品以上清要官。

[10]紳士：是古代對有勢力有名望之人的稱呼。

[11]附生：中國古代將初考入府、州、縣學而無廩膳可領的生員稱爲附生。

[12]鈞裁：對上級裁決的敬稱，也指恭請做出決定。

致李虙伯邑侯

前月因公晉謁，過蒙不棄，賜以盛筵，重以鈞誨，至今耿耿，愧無以報德也。辰維秋高氣爽，道體綏和[1]爲頌。馮籍[2]廠於本月初七日始行傳齊，始將廠約吳學英舉就，始有頭緒可尋。其散渙情形，可想見矣。良由此廠久無廠約，即保約村約亦多缺而未備，事不歸一，呼喚不靈，每次傳廠，或此來而彼不來，或彼來而此又去。守候終日，迄無定議，遂致如此。現在所舉之廠約吳學英，頗明白穩妥，其十保約亦有老練可靠者，然其中不無倉猝應命之輩。弟并未曾相識，容當徐察。

再各保障如有紳士耆民能任積穀之事者，尚須隨時舉報請諭遵辦。大抵有治人，乃能行治法。慎之於始，或可保之於終耳。惟是廠事散渙如彼，若非設立條規，力加整頓，仍恐無以資聯絡而廣事儲蓄。今日各保約協同廠約赴縣候諭，伏祈嚴切訓飭，責令協力同心，共成義舉，或有刁抗，立即稟報，毋徇情私，毋畏強禦，毋涉因循苟且，則義倉不難永遠奉行，而風俗人心，亦必因以丕變矣。

弟回鄉後病體仍復纏綿，未能躬赴各村詳爲講勸，抱罪曷勝[3]。然各紳約來廠議事，亦必與之反復商酌，贊助一切，以期仰副尊囑於萬一。芻蕘[4]之論，是否有當，統希裁察，訓示祗遵。

【箋注】

[1]和：原作"合"，合無和順、諧和之意，據金陵本改。

[2]籍：原作"藉"，形近而誤，據卷二《致李虙伯邑侯》"今馮籍廠現無廠約"及卷六《募修馮籍廠節義祠啓》等改。

[3]曷勝：何勝。用反問語氣，表示不勝。

[4]芻蕘（chúráo）：指割草打柴，也指割草打柴的人。

覆涂少卿邑侯

日前敬復一函，諒邀青鑒，比維台候[1]多福爲頌。澧水開渠，詢之鄉間耆老，僉稱洑河甚窄，難容大水，且有伏流之處不能平達，渭汭[2]又相離頗遠，通道非易。刻下惟有培築堤堰，可以稍資防禦。惜從前俱未能認真辦理，故多勞費而絕無實效云云。

查灃水自梁家橋以下易致漫溢者，緣交河由秦鎮東南來，入之始形浩瀚耳。交水者，滈、潏兩水至神禾原西尾交流得名也。洩水乃潏水支河，<small>自咸寧碌磚堰分流</small>，倘能挽潏入洩，合流抵渭，實足以殺灃汛之勢。然潏大洩小，礙難施功，必至驚衆駭俗。則灃水之不宜分支入洩，亦[3]可想見矣。

　　凡治水者，當從下流疏濬，則上流不致壅決。灃西客省莊迆北，現有乾沙河一道，爲灃流盛漲退水之渠，似宜順此開通，或易爲力。然偉未曾親身履勘，可否仍未能懸決也。

　　抑又聞諸耆老云：近年渭河沙壅泥淤，高與灃平。渭水不漲，灃水尚可順流入渭。若兩水俱漲，則渭且倒灌入灃矣。奚怪灃水之到處冲決也。然則欲治灃水，此等情形，尤宜體察。惜偉已定念一日赴涇，弗克遍歷各處，親加查訪。約略陳此，不足報命，希原鑒也。肅具蕪啓，敬請鈞安，伏維垂察不莊。

　　再啓者：舍下地糧在石留村里後七甲，近年弊端叢出，經舍弟景倬偕諸糧正、户長等澈底清查，已蒙前縣主余批印章程遵行在案。兹又續查多款，公擬繕摺呈案核定，統刊一碑，永遠遵守，以除糜費而裕正款。伏祈俯賜延見，俾得面陳種切，實爲德便。

　　又本里後七甲因兵燹後糧册失遺，有空糧地四十餘畝，歷年公攤墊交，貧寡各户賠累不堪。細查此地率多隱匿，公擬請告諭一道，飭令地多糧少者自行投報，寬其已往之罪，立限本年臘月底一律報清。如再隱匿，定行清丈。一經查出，除將地入公外，更須重責不貸。似此整頓之下，糧石當可填實。即有空地，諒不甚多矣，里下窮民感戴實無涯涘。是否可行，統祈酌定，是爲至禱。

【箋注】

[1]候：原作"俟"，形誤。台候，敬辭，問候對方冷暖起居。據文意及金陵本改。

[2]汭（ruì）：指河流會合的地方或河流彎曲的地方。

[3]亦：原作"一"，據金陵本改。

《灃西草堂文集》校注
卷三

長安　柏景偉　子俊甫

書下

上左爵帥書

一介庸愚，罔識時變，謬蒙清問，敢昧瀝陳。竊念捻逆流寇[1]也，張總愚[2]譎酋也。秦川平衍，馬步回環，此豈可徒以兵力勝哉。兵不精，不足以合戰。乃兵既合戰，而賊反遠颺者。賊以利動，不利不動也。兵不多不足以兜圍，乃兵既兜圍[3]，而賊仍突竄者，兵分而薄，賊聚而猛也。且曠日持久，精者既疲於道路，多者亦困於轉輸。而賊之慓悍團結，依然無恙。此捻逆所以展轉蔓延，積年不能平，數省不能剿也。

愚盲之見以爲，賊既入陝，已如魚遊釜中，正不難聚而殲耳。三輔地雖曠達，而山河縈廻，戰地不少。先營戰地誘之入港，則賊已在吾算中矣。力保渭河兩岸之地，餉糈可以無缺，迅行堅壁清野之法。兵民可以互用，然後計破奔馬，則賊之步隊可力擒也。嚴防山口，則賊之逸種可盡滅也。

去歲陝事之壞，由於兵權不一，調度無方。爵帥躬膺[4]簡命，秉鉞專征，所有陝甘各營及鄰省調來諸軍，靡不欽承節制，祗奉驅策。所以運籌帷幄、決勝疆場者，豈草茅下士所能窺其萬一。徒以同仇念切，妄舒管蠡之私，敬效蒭蕘之獻。是否有當，伏乞核鑒。

【箋注】

[1]流寇：到處流竄的盜匪或叛亂者。

[2]張總愚：指清末西捻軍統帥張宗禹，受太平天國梁王之封。同治五年（1866），率領西捻軍由河南入陝，劉蓉率軍防守受挫，被革職回家。後援助東捻軍，踏冰渡黃河，進入山西，直逼北京。清廷告急，震動朝野。

[3]乃兵既兜圍：原缺，據金陵本補。

[4]膺：接受，承當。

致張雲卿直刺

日昨衹聆[1]訓詞，頓開茅塞，謬蒙下問，採及蒭蕘，愚盲之見，知無不言，言無不盡，尚乞原鑒，幸甚幸甚。晚閒再四圖維，復多欲言之隱。竊謂撫局不難於招納而難於遣散，不難於遣散而難於安插，非熟籌深慮，不足以善其後也。惟□□之撫，較髮捻□各逆有似易者，請爲閣下詳陳之：

□□由陝竄甘，田舍產業，蕩然無存。遣散既無歸宿，安插尤費經畫。髮捻二逆竄擾數省，關山[2]阻隔，欲遣散而資送維艱；殘殺性成，欲安插而歸耕非易。今□□□起於環[3]、慶，蔓及鄜、延[4]，縱橫不過千里，遙計其衆，本地之人必多，外省之人必少，離家未遠，則歸家之心必切。荒業未久，則復業之功必易。又聞各有眷口，各有行裝，藉此遣散應無需大經費。

自來土匪滋事，率皆裹脅良民，虛張聲勢，其實真賊有幾？而所以不肯自散者，一則畏□□之禁錮，二則畏官軍之截剿，三則畏地方官之搜殺也。此在無意投誠之匪，尚因剴切諭告，寬以免死之條，予以自新之路，而闐然瓦解者，況迎其機而導之乎！

前年川賊藍大順無慮數十萬衆，自籲門宮保[5]督師入川，尅日蕩平者，以該匪多川省百姓，就地遣散易爲功也。且□□與□□本屬仇敵，今反分途趨[6]利、不相撕殺者，誠自念弗容於國家，不得不暫借□□作脣齒相依之勢耳。夫我之撫賊不必遽信夫賊，即賊之求撫於我，豈必真信夫。我計□□□等縱有立功贖罪之心，不能不持首鼠兩端之意，誠得如雪樵先生，素爲彼所心悅而誠服者，直赴匪巢，諭以威惠，告以禍福，使該匪等確然信我之真不嗜殺也，則彼之自謀生路，安必不愈於我之代籌生計乎。

昔趙充國奉命平羌，謂兵事不能逆料，願至金城上方略，豈非以辦天下事者先定大計，至細微曲折，惟在臨事臨時相其實在情形而措置之耶。雪樵先生老且病，灰心仕進久矣，而忠憤之氣勃然如昔。時事轉關，在此一舉。弟之不避嫌疑，爲賀、張二人捉刀者，深知雪翁能了此事，且果任用雪翁，則雪翁亦必不辭艱險，拼死一往也。然而雪翁不過能達中丞之威德，堅匪衆之信從而已。至所以遣散而安插之者，則仍在中丞選派賢員主持擘畫，非雪翁所能辦，亦非弟所敢言也。吾兄贊襄帷幄，勝算默操，弟忝恃同鄉，妄抒管見。是否有當，統希教示。

【箋注】

[1]祗聆：聆，原作"聆"，形誤，據文意改。祗聆，恭聽。
[2]關山：關隘和山川，此指古隴山，又曰隴坻、隴阪、隴首。以嶺高谷深、聚險可守聞名於世，地處陝甘交界的隴縣，古稱隴州，連接着關內八百里秦川和天水，是古代軍防重地、關中屏障，也是古代絲綢之路關隴大道的咽喉部位，是扼制陝甘交通的重要通道。
[3]環：指甘肅環縣，位於今甘肅省慶陽市環縣。
[4]延：指延安府，府治在今延安市。
[5]籲門宮保：籲門，指駱秉章，字籲門，咸豐十年（1860）奉旨入川督辦軍務，剿滅藍大順即藍朝鼎，賞加太子少保；宮保，清太子太保、太子少保之別稱。
[6]趨：原作"驅"，因文意不合，據金陵本改。

覆湯樹齋[1]觀察

曉帆來省，辱奉賜書，備荷眷注，感何可言。月前寶初到家，述及隴民挽留之殷，已慮尊眷未必遂能即去。後數日果聞隴紳赴省，有借寇[2]之舉。備言初七日汧隴百姓扶老攜幼，臥轍攀轅，竟將坐舁抬回公館，羅跪懇留。此等情形，遽聽者尚爲心惻，況我公以民爲命，其能恝然已耶。然去隴本有所不忍，而留隴亦有所不宜。蓋公之一身固鳳郡安危所係，天果克副人願，西事庶有豸乎！承示大著，剿撫□□各議老謀深算，洞燭賊情，其指畫方略，如聚米爲山，虜在目中，有知我者舉而措之，不當如是耶。佩服佩服！

竊嘗論之，自□□倡亂八年，於茲愈辦愈棼，竟至不可收拾者，總由議剿議撫，迄無定見。主剿者一於剿而不知非撫則剿不勝，剿且終蹶於剿；主撫者一於撫而不知非剿則撫不成，撫且終誤於撫。甚或始也主剿，而繼又主撫；始也主撫，而繼又主剿。其剿也，賊不知懼；其撫也，賊不知感。非我剿賊，直爲賊剿耳；非我撫賊，直爲賊撫耳。此西北軍務所以日棘而可爲長太息者矣。

夫兵事古今不同，非躬歷行陣者不可妄譚也；兵機頃刻萬變，非目睹情形者不可虛擬也。吾不知專主於剿者，曾計及於道路之險阻、轉運之艱危、與夫我軍之疲老、賊勢之蔓延耶？吾抑不知專主於撫者，曾念及於賊之果真畏我、果真信我、與夫安插者何地、鎮壓者何方耶？則是主剿者徒為豪舉而已，主撫者徒事姑息而已。其剿之不勝而又主撫，撫之不成而又主剿者，更無論矣。語云：舉棋不定，不勝其偶。況欲以迂疏寡效之謀，遊移無主之見，辦天下事耶？

偉嘗謂辦理□□，須從撫入手。甘□可撫者撫之，則陝□與甘□之勢以分。陝□可撫者撫之，則陝□與陝□之情以離，然後擇其中最為桀驁、至為負固者而痛剿之，則被剿者既畏吾威，而撫局乃有成而無變，即受撫者益感吾恩，而剿務乃有利而無鈍。且剿後或更用撫，撫後或兼用剿，此中大有妙用，仍在臨時決機，總求不失國家撻伐之威，亦不失王者好生之德而已。何苦以"剿"、"撫"二字彼此爭執，嘵嘵[3]不休耶。

然而此議也，當道者不以為然，即同志者亦多不以為然。今如尊議云云，又豈必人人皆以為然耶。天下事得為者不能為，能為者不得為，即為矣而又不克竟所為，此亦事之無如何者矣。然而天果有悔禍之機，人果有厭亂之意。當今之世，捨公其誰耶，亦徐待夫時局之轉而已。況自古豪傑抱大有為之具，值未得為之時，總以緘默自持，以樸拙自守，以觀變沈機自勵，非真恝然忘天下也。

曠觀當世，其庸無識者多妄論，其小有才者多忮心。執若人而求其見諒，其不為所誤、為所傾者鮮矣。是以狂瞽之見，竊願我公所議各條，但與知者觀，勿與不知者見。即尋常信函亦須再三審慎，庶不致庸無識者所誤，小有才者所傾。而留此有為之身，以大濟時艱耳。偉謬蒙許可，銘佩無任，見聞所及，不敢不竭愚誠，以期補助於萬一。不覺其言之縷縷而支也。尚希鑒原，感且不朽[4]。

【箋注】

[1]湯樹齋：即湯敏，字樹齋，安徽旌德縣人。由監生以軍功保至直隸州知州，發陝西候補。同治四年，鳳圍雖解，隴道仍梗，知府唐德堉深以外寇內兵為憂，屢稟請代，應選者皆以畏途視之，湯敏毅然請往，曰："不遇盤錯，何別利器。"奉檄後，繞道兼程至隴，受篆日即相機度勢，改舊圖新，凡賊之百計以圖攻陷者，敏皆成算預定，故日日有累卵之危，而卒就安堵，上級倚為關隴鎖鑰者。

[2]借寇：典出《後漢書·寇恂傳》。寇恂為汝南郡太守，有官聲，入朝為執金吾。後汝南郡潁川盜賊群起，寇恂隨光武帝南征，盜賊悉降，百姓遮道

曰："願從陛下複借寇君一年。"後指百姓挽留官員。

[3]嘵嘵：吵嚷，嘮叨。

[4]尚希鑒原，感且不朽：原缺，據金陵本補。

覆李稼門中翰[1]

客歲七月間謬蒙推薦，經局憲札委，勸辦長安堡塞。當因事多掣肘，於去臘懇辭，非畏勞怨也，畏任勞任怨而終無益也。譬之一家，事為主人所不欲辦之事，人為主人所不欲用之人，而旁觀者偏用其不欲用之人，使辦其不欲辦之事。即令主人勉強承應，而其家之婢若僕未有不憤憾、不平日媒孽於主人之前，以促其斥逐者也。嗣以諸君念切桑梓，不許遽退，弟亦復以吾陝安危在此一舉，未忍決然舍去。迂拙之見，方庶幾齊王之一改，而失之東隅，或可收之桑榆耳。無如事與心違，動多窒礙，一局一縣，視如秦越[2]，豈天心未厭亂耶？何意見之私終不能化耶？

夫投艱遺大，非專其任者莫能勝；治劇理繁，非厚其力者弗能辦。今日之事，正如束縛其手足而策以馳驅，無論事之必不克濟，即使委曲求全，而始基不正，流弊滋多。將來意外之虞，有未可逆料者。弟原不欲任功，亦誠不願任過也。敬請故人善為我辭。

【箋注】

[1]李稼門中翰：李稼門，指李應莘，字稼門，陝西延川人。工於詩。咸豐五年（1855）舉人，次年聯捷進士，先後任內閣中書、河南候補知府，以軍功賞戴花翎。中翰，中書舍人的別稱。

[2]視如秦越：秦越兩地相去遙遠，比喻疏遠隔膜，各不相關。出自唐韓愈《爭臣論》："視政之得失，若越人視秦人之肥瘠，忽焉不加喜戚於其心。"

覆李稼門中翰

手示[1]告以鄠縣李公稟弟等未經通知地方官及本地紳士，故致事出兩岐，并勸弟等以地方官如肯作主，宜事事[2]與之商辦，務先自立於無過之地云云。此可不辯也，而不能不爲吾兄辯。

夫弟所辦者西、同、鳳三府堡塞，非僅鄠縣也。弟之不願專辦鄠縣[3]，理至明也。九月間親往鄠縣謁李公，面陳一切。并親往鐘樓團防局，請張海若孝廉、山丹樓茂才等總辦該縣堡塞，反覆苦勸，幾於痛哭流涕，該紳等亦迫於大義概允所請。當經繕稟，由鄠呈局代求札委。不知該紳等又何居心，自奉札以至今日，從未出縣城一步。其肯相助爲理者，則又非能獨當一面之士。而鄠民之立寨，復不之縣而之省，紛至沓來，急如星火。此弟與小帆、練亭諸君不忍不破除畛域，拯此遺黎也。

今乃因庸生忌，因忌生猜，因猜生毀，陽順之而陰排之，必令大局傾覆而後快。嗟呼，自來誤天下事者，皆若輩階之厲[4]也，而反謂其不通知本地紳士，此固不必辯者也。東西二局辦事之人有幾？夫馬有幾？而事關三縣，紛如蝟毛，即曉夜奔馳，仍多挂漏，豈復尚有點隙[5]繕具稟函，分途呈報耶？且自來稟稿，悉由弟與小帆擬作，同事諸君均未熟習公事，而弟與小帆數日僅一回局，多日始一會面，即欲事事通知，又何從而通知之乎？

弟自爵帥處回省，至今未達寸函，可知奉札辦公，只求盡其職之所當爲，行其心之所不忍，此外更何所計哉。況公局定立一寨[6]，諭帖則請之於縣，告示則求之於縣，其恃刁抗公者，則又必稟之於縣，而顧謂其不通知地方官也。欲加之罪，何患無辭，此又無庸辯者也。若夫深居簡出者，鄉間情形如同隔世，不管事而事猶一致，一管事而事即兩歧。弟等之所望於地方官者，若僅不肯作主，則事尚易辦耳。

弟邇來深信天命，家食自甘，一切聽其自然。吾道之將行將廢，天也；此事之知我罪我，人也。與弟何涉哉？弟斷不因公負氣，與到處地方官爲仇，如果浩劫難挽，則桑梓必不可救，當即奉身引退深山窮谷，蕭然自得，而是非成敗一聽後世之論定而已。此弟之志也，此弟所以不辯，而不能不爲吾兄辯者也。惟知己諒之。

【箋注】

[1]手示：多指對親筆來信的敬稱，也指親筆告示。

[2]事：原缺，據金陵本補。

[3]縣：原缺，據金陵本補。

[4]階之厲：意謂招致禍患。階，由來，導致；厲，禍患，危險。

[5]點隙：金陵本作"餘暇"。

[6]寨：原作"塞"，形誤，據金陵本改。

代劉太青[1]致解州劉孝廉

　　去歲西關之事，漢人未免荒唐，實有應得之咎，惟主事者辦罪太過，爲兩失耳。府試[2]幸未罷成，否則又有無限轇轕[3]，不能好結局也。吾鄉何嘗無豪傑之士義切同仇、志存報國者，但無人爲之主持，爲之提倡，斯動輒得咎，弗克有爲耳。

　　去歲至今并未打一好仗，各匪亦未知懼，其失在調兵。雖衆而精銳甚少，分支太多而防剿不力，所以言撫者，蓋因兵力未足，不能不作此朦朧支持之計，其實亦并未真撫。今則不主撫而主剿矣。至北山土匪，有不可不撫者。欲滅□□，非用西北之人不可。而此等土匪，均係西北難民，與□□有不共戴天之仇。撫而用之，以賊攻賊，真治亂轉移之機也。特既撫之後，必用西北之人統帶方能得力，否則且慮中變耳。扈、彰一股係咸寧紳士翁健、蘇湘親往招撫，現經安插妥貼，雖用帑銀二萬，并無七縣供食之事。弟尤惜其不即用西北之人統帶爲失機耳。某匪之不肯就撫，未必不因乎此。此則主事者之不善，撫而非不當撫者也。以現在局面言之，兵力不可謂不厚，軍容不可謂不盛，萬萬不至言撫。惟主事者頗有自滿之意，且用人多未當，布置多未善，將來或戰不勝轉而言撫，則時局不可知矣。

　　弟詳觀兩主事者，實有爲地方辦好事、爲百姓除積弊苦心，無如各屬州縣，異常昏庸，異常縱肆，異常罷玩，上下隔塞，實惠不能及民，而主事者又無知人之明。雖屢次更張，仍是"大夫崔子"[4]，爲可恨耳。

　　總之，陝西之患，不在蟊賊之交訌，而在官場之分黨。自古未有吏治不飭而能出境平賊者也。吁可慨矣！抑弟尤有患者，吾陝士氣不伸久矣。其識見議論，操守作爲，一切不衷諸道，實在不能自立，無怪人之摧辱卑視也。推厥原由，以顯者大者有一種異樣衣鉢倡導於上，而微者小者靡不哄然率循於下，積習已深，牢不可破。陝事之所以無起色者，實由於此。非得丹初回省痛下針貶，不能挽此頹風。尚望閣下力勸丹初軫念桑梓，翩然西歸，詳察病原而藥之，庶善類可培而元氣可復矣。此弟與合省紳民所日夜禱懇者也。

【箋注】

[1]劉太青：指劉步元，字太青，道光十九年（1839）舉人，綏德州學正。爲路德高足弟子，名重一時，《關中課藝》及《櫸華館集》等選刻詩文甚富。

[2]府試：是明清兩朝科舉考試程序童試中的一个環節，明清童生試分爲縣

試、府試及院試三個階段。通過縣試後的考生有資格參加府試。府試由知府主持，府試通過後就可參加院試。

[3]轇轕（jiāogé）：交錯，雜亂。

[4]大夫崔子：崔子，指崔杼，春秋時期齊國大夫，曾殺死齊莊公。《論語·公冶長》："崔子弒齊君，陳文子有馬十乘，棄而違之。至於他邦，則曰'猶吾大夫崔子也'。"

覆黃子壽中丞

關中獲親德範，祗領訓言，執[1]咨之衷，遂爾融釋，蘇子由[2]所以喜見韓太尉[3]也。東南時局近復如何？得大人[4]開府吳會[5]，揆文奮武，海疆自慶安瀾。奉到賜書，敬悉尊恙早袪，道躬多祜，想天壽平格，爲天下福，無俟下士私祝矣。

偉與焕唐請購請換各書，均如前函點收。此次由子方方伯處寄來《圖書集成》兩箱，一并收到。惟前因王星聯大令中道回鄂，運書抵陝，管局者俱易生手，茫無頭緒。焕唐應補交之五十金既無所歸，偉所購書應否補價亦無可查。近見方伯言，書局帳至今仍未清出，以故遲遲未即敬復也。

昨焕唐信來，擬將換書墊款先交方伯收存較爲妥便，當即如數交訖，餘俱詳焕唐信中。現在書局委顧晴谷明府主管，諸臻整理，定價頗廉，出售亦多，實有裨於學者。但用官而不用紳，仍慮不能經久耳。

某今春喘疾又發，加以咯血，書院一切課程多形耽誤。既負大人期許之心，并負方伯挽留之意。五夜循省，俯仰靡安，所幸西關馮恭定公祠落成，附設少墟書院，其學規擬以《小學》爲門徑，以經義治事爲規模，以制藝與經古雜著爲課程，俾學於中者景仰鄉賢，奮然興起，養其正氣，儲爲通才，或可稍備中朝緩急之用。然究未敢信必能辦到也。

遜庵學使出京時誤入人言，初到即與焕唐齟齬，繼乃深佩焕唐學品。七月間與偉晤談，復極口稱揚，謂科後所有弘道、味經課程，均請焕唐釐定。明歲似又不能脫去矣。偉與焕唐孤鄙迂拙之性，宜山林不宜城市，公所深知。久涉講席，動遭謗疑，鬱鬱居此，未知如何始獲善退耳。《關中課藝》[6]刊成，附呈一部，即祈正是。

【箋注】

[1]執：金陵本作"鄙"。

[2]蘇子由：即蘇轍（1039—1112），字子由，號潁濱，蘇洵次子，蘇軾弟。四川眉山人。嘉祐二年（1057）進士。累官門下侍郎，哲宗朝論事，出知潁州，崇寧中（1102—1106）致仕。卒謚文定。著有《蘇文定遺言》《蘇子由注老子》等。

[3]韓太尉：指韓琦（1008—1075），宋仁宗嘉祐元年（1056）曾任樞密使，掌軍事。蘇轍曾於二十二歲時《上韓太尉書》，陳述自己的文學創見，并表達想見韓太尉一面的願望。

[4]大人：金陵本作"我公"，下同，不另注。

[5]開府吳會：開府，古代高級官員（如三公、大將軍、將軍等）建立府署并自選僚屬之意；江蘇爲吳郡、會稽郡故地，并稱吳會。

[6]《關中課藝》：即《關中書院課藝》，收錄晚清關中書院優秀學子薛秉辰、寇卓、柏震蕃、馬承基、牛兆濂、艾如蘭等肄業生的"四書"文、"五經"文，以及詩、賦、說、論、議、考、辯、解、贊等習作。該書刊於光緒十四年（1888），時任陝西巡撫葉伯英及關中書院山長柏景偉并爲之作序。

覆李菊圃方伯

六月初十日奉到五月十三日賜書，敬悉道躬多祜，教澤誕敷[1]，至以爲頌。兩年侍從，諸蒙訓益，一朝遠別，非獨學修無由就正，即時事亦未敢與聞。引領山斗，曷勝[2]馳依。竊思辦天下事，衆撐則易舉，獨力則難支，未有議論不一而能程功於當世者也。大人在陝惠政，如禁罌粟，勸蠶桑，并無難辦之處，且已辦有成效。乃既牽掣於去年，又盡廢弛於今日，此可太息之在上者也。

積穀一事，承辦各紳果如人言，無弊不滋。陶方伯親自開倉盤查，生芽者、霉變者已十分之六七。大概多買濕稻摻以沙土所致，緩急何以爲備？此可太息之在下者也。

時事日棘，不認真必不可辦；一認真，愈不能辦，正不徒陝事然也。客夏五月焦雨田[3]邑侯倡捐千金，重建馮恭定公祠宇，附以少墟書院。囑偉代爲經理，省中官紳多不謂是，甚有以違例擅修，控焦縣主[4]於各憲者。雖經挽回，然人心尚可問哉。偉之勉住關中，雖由上游雅意挽留，實以祠工未蕆，不能脱然遽往耳。公以實事求是之心所爲輒阻，時局可知。然使天時人事果有可爲，知大君子必不易樂行憂違[5]之志也。敬祈爲國爲民厚自珍攝，是爲至祝。

【箋注】

[1]誕敷：遍布。出自《尚書·大禹謨》："帝乃誕敷文德"，意指遠人不服，則大布文德以來之。

[2]曷勝：反問語氣，表示不勝、何勝。《續資治通鑑·元仁宗延祐六年》："朕與卿等居暖室，宗戚昆弟遠戍邊陲，曷勝其苦！"

[3]焦雨田：指焦雲龍（1840—1901），字雨田，山東長山人。同治癸酉（1873）舉於鄉，次年成進士，以知縣分陝西。光緒元年（1875）委辦茶鎮釐務，貨船無留滯，於正税中時存寬假。旋署米脂縣事，邑有圁川書院，甚是湫隘，爲增齋舍，籌經費，擇諸生之尤者三日一試，士風爲之一振。復設義塾以惠童蒙。遇歲大祲，力籌捐賑，置育嬰恤嫠局，全活甚衆。尋補三原縣知縣。涖任歲，減平餘及津貼陋規萬金有奇。整頓學古書院，設義學二十所，加弘道書院月課，優給獎賞。立武生課，亦月再試之，登武科者一時稱盛。修鄭白、龍洞二渠，招集流亡，拓墾清丈，創修正誼書院，延賀瑞麟講明正學。刊《三原新志》《原獻文録》《吾學録》諸書。每輕車入鄉，詢民疾苦，遇訟事立爲剖判。五日在城，五日在鄉。充光緒五年陝西鄉試同考官，所得多知名士。尋補咸寧知縣，丁父憂歸。服闋，署安康縣知縣。嚴禁賭風，躬自巡緯。調補富平。光緒十四年補咸寧，調署長安。涖任捐千金，修馮少墟祠，又捐助魯齋書院經費，倡明正學，識者感興。調署臨潼縣事，倡葺關山書院，以課渭北學子。十六年，涖咸寧本任。後補潼關廳同知，調署商州直隸州知州等，旋回潼關任，終因積勞致疾，於1901年卒於潼關任。

[4]焦縣主：原作"焦主"，據金陵本補。

[5]樂行憂違：所樂的事就去做，所憂的事則避開。

覆曾懷清觀察

昨奉瑤章，備邀瓊飾，盥薇莊誦，篆竹誠傾，敬維懷清大公祖大人舊德咸孚，新猷益豫，荷殊恩於北闕，應巨任於西儲。展便民裕國之謨，太倉盈而羣黎戴德；興輓粟飛芻之利，陳紅積而衆赤銘恩。允宜民口皆碑，頌遍棠陰黍雨；旋見帝心在簡，榮遷柏府薇垣。指顧鶯騫，心股雀躍。偉青門下士，澧水農家。志切躬耕，年年納太平租稅；學無心得，悠悠昧大道淵源。前聞絳節遙臨，方喜共沾乎霖雨，不意丹箋下賁，轉先寄賞於風塵。感厚誼之先施，愈撫衷而增愧容。俟歲終解館，便道會垣，即當躬叩崇階，面聆[1]鈞誨，專修覆稟，祇請升安，伏乞鼎鑒。

【箋注】

[1]聆：原作"聇"，形誤，據文意改。

致咸長勸賑局紳士

敬啓者：弟自同治八年杜門謝客不談天下事者九年矣，昨歲奇荒，目睹鄉黨宗族、親戚友朋相率以填於溝壑，既惻然不忍，且讀《二曲集》，見中孚先生因吾陝亢旱成災，上書當道，幾於痛哭流涕，復慨然有動於中。不揣冒昧，力懇諸公設局勸賑。今賑務將竣，而讒謗紛起，皆由弟不德不才所致。原無足怪，惟念諸公因弟受謗，弟獨何心，能無耿耿。雖然揭帖之醜詆橫蠛者以弟爲首惡，則罪有專歸矣。凡睹此揭帖者，應無不非笑夫弟、痛罵夫弟而已。即或因此揭帖累及賑務，弟亦願以一身任之，誓不推謝於諸公，務望慨念桑梓，力支大局，毋稍灰心，以重弟罪。但使吾咸、長兩縣鄉黨宗族、親戚朋友不至終填溝壑，則我輩已不虛費此一番心力。彼悠悠議論，何足介懷耶？

況人生斯世，或窮或達，苟欲自勉爲君子，必須打破三關，方能豁開眼界，立定腳根，中立而不倚[1]，百折而不回，否則未有不爲所搖奪者也。所謂三關者：生死第一，利害第二，毀譽其末焉者也。毀譽一關尚打不破，生死利害之交，又將何以置身乎？將謂不辦公即可免此讒毀，彼中孚先生何嘗一日預天下事，而歷遭羣小媒孽至不免於票拘？人心險毒，詎可以情理論耶？

且弟猶幸此揭帖騰於今日，倘早發於去歲十一、十二月間，使我輩一事無成，徒負重謗而歸，又將何以自解？用是與諸公約，我輩不必遠效古人，當始終以中孚先生[2]共相勉勵。吾邑幸甚，吾道幸甚。爰節録《二曲集》中《年譜》一則，粘於紙尾，用相師法。是否有當，并祈指誨。

【箋注】

[1]倚：原作"易"，據金陵本改。"中立而不倚"，出自《禮記·中庸》："故君子和而不流，强哉矯。中立而不倚，强哉矯。"意指君子雖同流而不合污，此爲强者。不偏倚强勢保持中立，此爲强者。

[2]中孚先生：指李顒（1627—1705），字中孚，號二曲。

覆味經邢得齋楊立夫齋長[1]

日昨風雪嚴寒，過蒙諸同人出郭遠送，且得齋病體未痊，益覺依遲不忍言別，此情此景，使我耿耿奚忘也。茲讀來函，具見依戀之懷，挽留之意。人非草木，孰能無情。余豈不樂與諸君聚首一堂，朝夕砥礪，共期有成。而必悊然爲此長往者，素性迂懜，不合時宜，與其强留而異時或致差池，何如决去而兩地各安清靜。故願潛跡窮鄉，不欲覊踪顯位耳。同處一年，當無不諒此心矣。且余現已另膺人聘，雖係僻陬小館，然尚可藉此讀書，稍息勞肩，尤不宜以當道下顧，遽失信於鄉人。諸同人如果見愛，相離非遙，不難相見，何必同堂乃足爲學乎？涇水泱泱，峨山矗矗，雲天咫尺，延企爲勞[2]，書不盡言，統維心照。

【箋注】

[1]長：原缺，據本書《目録》及金陵本補。齋長，清代書院因分齋教學而設立的職事名。每齋學生約三十人，置齋長一員。

[2]延企爲勞：延頸企踵的略語，形容急切地盼望。

致關中書院志學齋四齋長

壽萱、幼海、致甫、勸臣[1]賢友足下，去歲余承李菊圃方伯、曾懷清廉訪兩次函請，勉來關中。深愧性迂學陋，有忝講席。曾於冬節前再三辭退，復因方伯、廉訪殷殷以戊子科試爲重力加挽留。當與面訂，本年七月間功課完竣，諸生將近入場，定行解館回鄉，均蒙允許，始接關聘。茲既恪守前約出院矣，其不宜復入院者，義在則然也。監院黃、梅兩老師奉糧憲命，請終本年課事，顧冬季課事宜完，冬季修儀決不宜受，亦義在則然也。酌中定擬以八十金留於書院，立題名碑，以百金續捐入西關，修建馮公祠，似覺妥安，即希會商監院。待此項送來時，即行照辦一切，是爲至禱。

【箋注】

[1]壽萱、幼海、致甫、勳臣：壽萱，指薛寶辰（1850—1926），參見前注；幼海，指梁積樟，字幼海，陝西鄠縣（今陝西鄠邑）人，光緒間舉人，官浙江鹽大使；致甫，指崔志遠，陝西鄠縣人，光緒十一年（1885）拔貢生，曾任四川候補直隸州知州；勳臣，指魯爾斌，陝西合陽人，官至庶吉士。

覆薛壽萱

去歲兩接手書，未即裁復，祇以經年痰喘，加以咯血，而祠工拮据，院課紛沓，心緒不勝煩亂。迨解館還鄉，閉門謝客，專心息養，始漸痊可，然終未敢遽涉勞動。每思與壽萱寄函，別[1]有許多欲言之事，非一二可盡，故遲遲至今也。壽萱天姿[2]甚優，學力亦厚，雖日側身紛紜頹靡之場，必不隨流俗爲轉移，余所深信，無待遙囑。然如來書所云：是首善之地，直一敗壞人才之區也。時事日益棘，風俗日益漓，天下更何望乎？安得袞袞諸公[3]急起而正之也。

現在散館伊邇，以壽萱賦筆之雋，楷法之工，留館自如操左券。惟是翰林一職，有未易克盡者。國家以大器儲詞臣，不淆之以吏事。蓋望其優遊成德，以爲異日公輔之用，至深厚也。列館選者自當以天下爲己任，先憂後樂。凡所以撥亂而反之正者，講求必精，籌策必預，方爲無忝是職。乃無端而以"考差"二字橫塞於胸中，若謂非此不足以爲計也，一旦得一差，各縣之供應，各官之饋送數且不訾，亦足以豪矣。然自出京以至還京，酬應紛煩，所餘亦復無幾，則又非考差無以爲計也。以數十百人謀此一差，此中煞費經營，蓋有不可名言者矣。如是而吾君之宵旰焦勞、吾民之水旱疾苦，尚足動其夢思乎？謂爲清品、清班，其果清耶？否耶？

壽萱矯矯，獨立如雞羣之鶴，吾決其必不如是矣。然而大人之學，體用兼全。壽萱平日不喜讀道學書，其於治體似尚未精嚴純粹。自古抱絕世之才，恒多負俗之累。非盡人之過爲訾毀也，惟名與利，雖豪傑之士，未必盡能擺脫。使非敬義夾持，刻刻警惕，未有不終於陷溺者。漢之揚、馬，其前車之鑒乎。昔朱子入侍經筵，有迎告者曰："'正心誠意'，上所厭聞，請勿以此進講。"朱子曰："吾所學者，只此四字，何可不講乎。"某少時深以爲迂，後讀《明懷宗紀》，始恍然於人主不能正心誠意，好惡必倚於一偏。以莊烈帝之明，非不知盧象昇[4]英毅而聽其死於佞讒[5]，非不知楊嗣昌[6]碌庸而任其害及忠烈。無他，一逆耳，一順志也。則甚矣，誠正之學，不可不亟講也！

某嘗謂惟大英雄乃能爲大道學，此固非局局遺內襲外者所可同日語矣。至體立而用達，本屬一貫，然古今之事變無窮，中外之情形屢易，尤須博觀約取，就正有道而弗膠持己見，庶乎其不迷於所事乎。壽萱識卓力堅，自非容容[7]者所可儷。惟閱歷似尚未深，不能不有待拓充耳。京師掌故所存，英豪鱗萃，事賢友仁，增益不能，自屬易易。某老矣，衰病侵尋，罔裨斯世，惟望吾黨二三子拔出輩流[8]，養吾浩氣，宏彼遠猷，使論者咸憬然曰關中有人矣，則某之抱咎於平生者，庶幾稍釋乎。壽萱勉乎哉！臨楮[9]不勝縷縷，仍未盡十一。

【箋注】

[1]別：金陵本作"則"。

[2]娑：金陵本作"資"。

[3]袞袞諸公：指身居高位而無所作爲的官僚們。出自唐杜甫《醉時歌》："諸公袞袞登臺省，廣文先生官獨冷。"

[4]盧象昇（1600—1639）：字建斗，號九臺，南直隸常州府宜興縣（今江蘇宜興）人。明末抗清名將。崇禎十一年（1638）率部在巨鹿賈莊被清軍包圍，太監高起潛擁兵不救，終因炮盡矢絕，戰死疆場，年僅三十九歲。追贈太子太師、兵部尚書。南明福王時，追諡"忠烈"。清朝追諡"忠肅"。著有《盧忠肅公集》《盧象昇疏牘》。

[5]佞讒：金陵本作"讒佞"。

[6]楊嗣昌（1588—1641）：字文弱，一字子微，自號肥翁、肥居士，晚號苦庵，湖廣武陵（今湖南常德）人。萬曆三十八年（1610）進士，崇禎十年

（1637）出任兵部尚書，翌年入閣，深受崇禎皇帝信任。面對內憂外患的時局，楊嗣昌提出"四正六隅、十面張網"之策鎮壓農民軍，同時主張對清朝議和。崇禎十二年（1639），以"督師輔臣"身份前往湖廣圍剿農民軍。崇禎十四年（1641）張獻忠破襄陽，楊嗣昌已患重病，聞此消息，驚懼而死。

[7]容容：隨衆附和。金陵本作"庸庸"，意爲輔昏庸，平庸。二者於文意皆通。

[8]輩流：金陵本作"流輩"。

[9]楮（chǔ）：落葉喬木，樹皮是製造桑皮紙和宣紙的原料，亦爲紙的代稱。

致高朗卿

書示生朗卿見知：九月初五日接來信，閱竟喜甚，一喜朗卿之病大退，一喜朗卿之學大進也。信中云："今始知人生雖枉己狥人[1]，亦無濟事，欲效曾子[2]負薪芸瓜以養親，且矢以順受正命，雖餓死而無怨。"有是哉！此聖賢自修之道，而朗卿已見及之乎。夫富貴貧賤，本有命在，非人之所能以智力爭也。

孔子曰："不知命，無以爲君子。"數十年來，余所以硜硜困守，不肯隨俗浮沈者，其得力全在於此。每舉此理以勗及門，而悟者絕少，何幸朗卿之竟能見及也。慨自學術不明，師友之所規，父兄之所詔，無非枉己狥人之事。豈不謂我一枉焉狥焉，而即可以得富得貴乎？姑無論富貴必不可得，即令偶一得之，亦必命中本有應得，徒多此一枉一狥，自壞其品行而已。況悖而得者，終必悖而失乎。不知乎此而妄以求焉，卒之富貴不可得，而貧賤之面目靦然不齒於名教，其尚可以爲人乎哉？豈非所以辱父母而羞友朋耶！故曰士當貧賤之時，老親在堂，以善養更勝以祿養。曾子之負薪芸瓜，即此意耳。

夫以仰事之重，尚不宜以枉己狥人者自失其身；至於俯蓄之輕，更何容以枉己狥人者自隳其節。朗卿既見及此，詎非吾門之大幸，雖然命亦豈易言知哉。余嘗謂命也者，有定而無定者也，無定而有定者也。有定者，常也；無定者，變也。無定而有定者，變而終歸於常也。知其有定而無定，并知其無定而有定，方可謂之知命，方可以爲君子。使有知有不知，則無真識者，斷無真力。初念不肯枉狥，轉念而枉焉狥焉者交爭矣；一時不肯枉狥，移時而枉焉狥焉者競進矣。朗卿其益求所以真知此命者，則庶乎其不失爲君子乎。余實有厚望焉。

近亦頗思朗卿病果大愈，可來馮村多住幾日，以慰懸懸[3]。如尚未愈，不可以勞，則勿來。即來時，亦勿攜買禮物。此皆寒士所不必者也。至囑！書此以復，尚有不盡所欲言者。

【箋注】

[1]枉己徇人：意指曲從或迎合他人。枉，彎曲，曲從。徇，同"徇"，依從，曲從。

[2]曾子：名參，字子輿，春秋時期魯國人。孔子學生，以孝著稱。相傳曾參少年時家貧，常入山打柴。一天，家裏來了客人，母親不知所措，就用牙咬自己的手指。曾參忽然覺得心疼，知道母親在呼喚自己，便背著柴迅速返回家中。以此爲例，説明母子連心，孝心感天；又相傳曾子耘瓜，誤斬其根，其父怒，杖擊其背，曾子蘇醒後，退而就房，援琴而歌，欲令其父知其體康也。

[3]懸懸：惦念，指心情不安。

覆宋子鈍

前接來函，久未裁復，以閱卷勞憊，刻無暇晷，兼之管修馮公祠工橫起風波，竭力支拄，故遲遲也。詞垣供職，宜多看書，則學識日進，尤必力除官樣牌子，方能爲好官。常見翰林偶得一差，則各縣之支應、各官之餽送數且不訾，將來差旋，陛見聖明，垂詢該省利弊，勢必不肯據實入告，揆之行義初心，詎能無咎。然此非躬行勤儉，終難自立，不能自立，又安能不隨俗波靡耶？某以勤儉自勉數十年矣，仍恐不能自立，願與子鈍共勉之。

覆吳覺生

前接來函，當囑震蕃代復，想早入覽。近聞己升主政，每年所分印結當可敷衍，不至如前拮据。惟望勤以供職，利弊須一一參詳；儉以持躬，日用須在在撙節。又必於從公之暇，多看經史，就正有道，則通達古今，將來出膺外任，庶能進退裕如，克做好官矣。夫富貴利達，自有命存。學問經濟，在我自爲。果能振奮精神，自克建樹功名。然必先屏除一切時好，方能卓然有以自立。宦海茫茫，宜思早登彼岸。是爲至囑！

覆魯勱臣

　　前接手書，足見師友相信之深。古人所謂"雲山千里，不殊風雨一堂"，隔以跡，不隔以心者，此也。某嘗言擇師取友，爲學者第一義。果有嚴師畏友，則一舉念必不敢苟，況行之著而事之實乎？豈有慷慨期許於平日，而反[1]遊移遷就於臨時者耶？雖然此非可勉強爲之也，勉強爲之，未有不初終易轍者矣，甚且慮其變本而加厲也。無他，汲汲富貴，戚戚貧賤之症瘕[2]於魂夢間者。固未能攜[3]其本而抉其萌耳。以故志道之士，不可不先求自立。果克以勤儉立家，以廉靜立身，以有恥立心，以有恒立學，功名不熱於中，取與必衷乎義，惕厲戰兢，數十年如一日，如是則可以信己，始可以信友，決不至如曾、左諸公之於李某，轉悔其相信之過堅矣。勱臣勉乎哉，信於今日者，現已相孚；信於異日者，尤望相勵耳。

　　程伊川先生曰："人無父母，生日倍當悲慟，安忍置酒[4]張樂以爲樂。"曹月川[5]先生曰："親既殁，人子生日，當終日哀慕，安忍復召賓客作樂。"此朱子《小學》所垂戒也，況某尤有深痛者。吾父母畢生辛苦，未嘗一處順境，某亦以饑驅未獲常依膝下。同治紀元，兩親花甲俱慶，滿擬八月壽期，稱觴祝嘏，稍盡孝思，不圖春夏之交，髮口煽亂，全家避賊南山[6]，高堂遂至棄養。此某所以終天抱憾，不能一日忘者也。

　　夫於生我者，未嘗一介戚友以祝其壽。今生我者何在，而反於生日受戚友之賀？稍具天良，何忍出此。往者乙亥、己卯同門兩次備禮來拜，皆睹某悲痛不忍言壽而止。趙展如、梅幼芳、宋子鈍、吳普生[7]等可詳詢也。本日作書至此，又不勝涕泗橫流，尚何能勉強以讀諸君嘏辭耶？勱臣識之，萬勿再言及此，以重某悲痛。并望遍告同門，一體鑒諒，禱切感切。

【箋注】

[1]反：原作"返"，於文意不合，據金陵本改。

[2]症瘕：腹中結塊的病。堅硬不移、痛有定處爲"症"；聚散無常，痛無定處爲"瘕"。

[3]攜：原作"鑴"，形誤，據金陵本改。

[4]酒：原缺，據《二程遺書》卷六補。

[5]曹月川：即曹端（1376—1434），字正夫，號月川，河南澠池人，明初理學家。著有《太極圖說述解》《通書述解》《性理文集》《儒宗統譜》等。

[6]南山：指終南山。

[7]吳普生：即吳堉，字普笙，乾州人。蓋屋路德高足弟子、乾州知縣吳錫岱之子。光緒己丑（1889）舉人，官同官縣教諭。著有《師竹齋詩文集》四卷。

覆侯貞甫

前接手函，欣悉壹是，從公之暇，果能日事讀書，則學識益進，自不隨流俗爲轉移矣。足下持守素堅，某所深信。"勤儉立身"四字爲行義達道根本，當不煩更囑也。經濟亦關天分，有天分而以學力充之，又必深以閱歷，則胸有把握，措置可以裕如。事賢友仁爲第一義，都城人才薈萃之區，事事留心，事事就正有道，勿涉虛憍，勿鄰偏執，久久必能豁然貫通。如現官吏部所有各司弊竇[1]，細心稽考，果能一一洞悉，一旦得操銓柄，摘伏發奸[2]，何難操縱在我乎？即此可類推詳參矣。至足下家事，某未深悉，未便代籌，宜自斟酌布置可也。

【箋注】

[1]弊竇：産生弊害的漏洞，亦指弊端、破綻。

[2]摘伏發奸：指揭發隱匿的壞人壞事，使奸邪無所隱遁。語出班固《漢書·趙廣漢傳》："其發奸摘伏如神。"

覆宋子鈍

去歲接到手翰，中多見道之言，若能敬義夾持，葆此勿失，則根之厚者葉自蕃，源之清者流自潔，不難爲當代名臣，奚僅僅文章報國哉。某肺氣受虧，痰喘經年，自還鄉後靜心息養，從未出門，今始漸愈，遲遲久未復，職是故耳。天下瑰奇卓絶之士多萃京華，就正不患無人。既知砥礪名德[1]以端其體，必講求經濟以裕其用。而事賢友仁，實爲學者第一義。人生無嚴師畏友而能拔出流俗者，蓋寥寥也。某老矣，慨念時事艱危，國家需才孔急[2]，而于于而往[3]、袞袞而登[4]者，如秦人視越人之肥瘠，漠然罔動於中。亟望吾黨二三子，克拔流俗，養吾浩氣，宏彼遠謀，使論者咸憬然曰關中有人矣，庶不負平昔講學之意也。夫子勉乎哉，幸勿以某言爲河漢[5]也。

【箋注】

[1]德：金陵本作"節"。

[2]孔急：非常急迫。急，金陵本作"亟"。

[3]于于而往：喻指對名利孜孜以求。《莊子·應帝王》："泰氏其臥徐徐，其覺於於。"成玄英疏："于于，自得之貌。"

[4]袞袞而登：不斷獲得功名。袞袞，指連續不斷、衆多。

[5]河漢：指銀河，比喻不着邊際、不可憑信的空話。

覆馬丕卿

客臘[1]接手書，詞旨甚善，足見學力猛晉，不爲氣質所囿，習俗所移，由此益加淬厲，所造當不可量。慰甚慰甚！自古抱絶世之才，恒多負俗之累，惟能省過遷善，責己厚而責人薄，斯學不期純而自純，品不期粹而自粹。如槎枒[2]之木以琢削而成良材，如瑕玷之玉以磨礱而成寶器，此在有志者自爲之耳。丕卿才本不羈，一變至道，以方古豪傑士，何多讓焉？丕卿勉乎哉！

人生無地不可爲學，無時不可爲學。尊所聞，行所知，雲山千里，無殊風雨一堂。况相隔不過數程，高堂春永，酒捧介眉，人子之樂，何以加此！前人詩有"隔院娛親讀舊書"句，旨永而味長，正不必以索居爲戚戚也。某東遊徑至虞鄉，見朝邑相國縱談天下事，可爲痛哭長太息者甚多，如何如何。朝邑又言我輩："欲做[3]好官，須將紗帽提在手中，蓋謂應擲去時則竟擲去耳。"然非先能自立，胡克如是？丕卿宜於此參透，則不至汲汲於功名而悠悠於道德矣。丕卿勉乎哉，抑有質者！

近思中原陸戰急須講求，彼族陰鷙之性，蓄謀在數十年以前，肆毒常在數十年以後，往事固可徵矣。自中國倡爲"師夷技、制夷命"之説，由是而製鎗械，由是而造輪船。非不急急力求自強，然所購者皆西人之機器，所雇者皆西國之匠工，復不能如俄君主潛學各國製造法，而所製造反出各國上。則事事食人唾餘，糜費不訾，而全落後著。馬江之役，形見勢絀，彼固已洞悉我邦伎倆矣。猶幸諒山一戰，克挫凶鋒，得以暫時少息耳。然彼何嘗須臾忘中國哉。徒以陸戰尚無把握，且海口爲彼族虜聚之區，即有便利，不克獨擅，故又各蓄一謀，以求逞於內地。

試觀近數年來，法人經營越南，則欲從雲南入。英人經營藏地，則欲從四川入。俄人經營伊犁、黑龍江，則欲從奉天、新疆入。自東北而西南，藩籬大半殘裂，是故撫我背而扼我吭，將來尋隙搆難，必徑披我心腹，不戰於中原而戰於何地乎？且彼固知陸戰不能必勝矣，而不憚如此經營者，是必日夜籌練陸戰陣法，創造陸戰軍械，凡我所以勝彼者，彼皆思有以勝之。特秘密不令我知，而我亦從無人測及。方且立海軍、嚴海防，思與彼決勝於驚濤駭浪之中，何異螳螂撲蟬，絕不計黃雀之伺其後耶。當亦彼族所竊哂矣。一旦禍機猝發，疇能禦之？

僧邸[4]天津之敗，實爲開花炮[5]所擊，勢成破竹，直抵都城，如入無人之境。今惡知彼所爲者，不更萬萬於開花炮乎？溯查同治九年普魯士之滅法也，法人守卡者不下十萬軍，普人以新製火鎗轟破之，一發數十響，法軍頃刻化爲灰燼。遂入其國虜其君，此亦可爲殷鑑矣。夫彼所恃者炮火，愈出愈奇，不可思議[6]，我則以血肉當烈焰，所恃者拼命一衝耳，衝之而徑入彼之炮火，無所施則勝矣，否則聚殲而已。此可常恃乎哉？

甚矣，中原陸戰不可不及時講求也。講求若何？彼以巧我以拙，彼以整我以散，彼以詭我以堅，彼以彰我以暗，彼則萬衆齊驅，我則人自爲戰。伏也而如雷，奔也而如電，如星之撒於無窮，如風之摧於無間，而何畏乎鬼之奇，而何憂乎奸之漢？雖然戰於境內，何如戰於邊外。藏事又棘，而不問羣夷侵削，而胡扦海疆不可爲矣，奚忍復睹中原之糜爛。庶幾乎天心悔禍，斯言無驗，蓋不勝側身四望而低徊浩嘆者也。

丕卿素識兵機，願與詳審而預圖之，如有所見，不妨往復揚搉[7]，《陝西歷代形勢險要圖說》想已釐定精當，如鈔有副本，望即寄我，以便發刊，是爲至囑。

【箋注】

[1]客臘：指去年歲末。客，過去，代指去年；臘，歲末，指十二月份。
[2]槎枒（cháyā）：原作"嵯岈"。嵯岈，指山嵯峨、高峻的樣子；槎枒，指樹木枝椏歧出貌。據金陵本與文意改。

[3]做：原作"坐"，據金陵本改。

[4]僧邸：僧，指僧格林沁，蒙古人，貴族出身，善騎射，晚清名將。道光五年（1825），入嗣襲扎薩克多羅郡王。邸，王侯的代稱。

[5]開花炮：原作"造開花炮"，疑"造"爲衍字，金陵本無此字，據文意改。

[6]議：原作"憶"，據金陵本改。

[7]揚摧：金陵本作"商榷"。

寄趙展如

接來函，欣悉九月間提升員外郎，公私清吉，慰甚。所云以六綱自治甚好，此外尤宜多看書，多請教名公碩人，周知天下古今事變，增益不能，以備他日封疆之用，方爲不負所學。現在吾鄉大人如閻丹初先生之精嚴剛勁，薛雲階[1]先生之清勤和平，均宜不時就正所學。況二公親歷國家患難二十餘年，其識見議論，必有非新近少年所能及者。萬勿拘於官職大小，行[2]跡裏足不前也。我自問無躁進妄干之心，則只見其道德可師，何見其尊貴炫赫乎？此爲至囑。

今年星變，其氛甚惡，似不能無應。草莽之臣，隱憂殊切，未知袞袞者亦思所以消弭而備禦之否耶？余前信所云明年謝去生徒，種樹讀書，以求吾學稍有成就。不意十月初間，又爲學使樊介軒[3]先生枉顧，造廬迫就味經書院講席，其勞苦不待言矣。惟余半生困於詞章名利，風塵車馬，以致學無根柢。近十年內始克從事於斯，而又爲衡文所困，不能專精稽考。況時過後學，記性大差，難得易忘，深覺此學如長江大海，渾無涯際。平日所見聞者甚陋，萬不堪爲人師。今復一出，而浪擁皋比，其何能無慚衾影乎？翹正當以余爲監戒，及早爲學，庶不至如余之悔也。余近閱《曾文正公全集》，見公於軍事危險之中尚不廢學，故能成一代偉人，致足法矣。

【箋注】

[1]薛雲階：即薛允升（1820—1901），字克猷，號雲階，陝西長安人。進士出身，歷任山西按察使、山東布政使，署漕運總督、刑部右侍郎、刑部尚書等職。主要著作有《讀例存疑》《漢律輯存》《唐明律合編》《薛大司寇遺集》。晚清著名法律學家，廉直大臣。

[2]行：金陵本作"形"。

[3]樊介軒：即樊恭煦（1843—？），字介軒，浙江省杭州府仁和縣（今浙江省杭州市）人。同治元年（1862）舉人。同治十年進士，改庶吉士。同治十三年，授翰林院編修，後任國史館纂修。光緒二年（1876），任丙子科順天鄉試同考官。光緒五年，任陝西學政，八年離任。

覆趙展如

董生濤回省，呈到地圖、信函并物件，藉悉京寓大小平安和睦，慰甚。河南臨刑呼冤一案，聞頗費力支撐，卒能百折不回，一如所擬，似此方不愧吾道，方不負吾學。然處此等事，事前不可激烈，事後不可矜張，至事定事平之日，尤不可生畏葸心與遷變心。主氣勝而客氣除，畢生無或易之操矣。惟居恆時作退計，行止一聽之天命，戰戰兢兢，日慎一日，又何至有騎虎之虞乎！

前年翹因賑務密函戒余，謂禍機宜避，余所以不動者，既入其中，胡可又遁其外？且避亦必不能脫，然反授伊以傾陷之柄。再余自念辦賑以來，或有公罪，斷無私罪，伊縱以公罪陷我，我實可告無罪於天地祖宗。孔子曰："不知命，無以為君子。"此理確鑿可信。當與翹共勉之。

更有囑者：以後萬勿與余寄送物件，即食物亦不必帶，余固無須此也。自翹進京後，余未嘗以一物帶京者，正恐翹因余有所寄送，而亦不能不有所寄送耳。果能拿定主意，做[1]好官，做清官，為吾門生色，是所以答君父者，正所以報先生。異時[2]即官至督撫，亦不須以一物相貽也。余今歲精神頗好，書院事尚平順，家人亦各平安和睦，勿庸遠念，靜心在部供職可也。

【箋注】

[1]做：原作"坐"，據金陵本改。
[2]異時：以後，他時。

覆趙展如

接手函并張价面述，知前恙早愈，家室和平，地方安靜，慰甚。來書稱近喜看朱子書，即一語亦皆實獲我心，足見好學之勤。然學以變化氣質爲先，展如性似過剛，量似過隘，過剛則宜以柔克之，過隘則宜以寬濟之。讀古人書，見一言恰中吾病痛，則爲汗流浹背，務求病痛所在而抉去之。庶幾剛柔得中，隘寬合度，無往而不咸宜矣。若徒喜書之有益，而未能實益於己，不過浮慕而已。

吾不知展如處[1]家庭如何？然往嘗自鳳陽來者，輒云太形激烈，每致勃谿[2]，此豈養身之道乎？夫妻妾事我者也，原不宜專尚柔道，亦何可過用剛德？糟糠宜念也，幼弱當憐也。即有不是，必先教之。至再至三，必使咸喻吾心而後已。至不得已而嚴斥之，亦不宜大動吾氣，事過則仍教之，感之以恩，待之以禮，人非頑石，寧遂不可轉耶？若如來書所云耗鬱子悶，家庭全無樂趣，豈皆不可以人理論？況我因惡彼而坐困，彼因怨我而默傷。此子嗣所關，獨不能另籌一法以善處，以娛我情性，畜我精神乎？亟於古方中求調和血氣之藥而藥之，此病先去，育麟無難矣。

辦天下事，任人則逸，自任則勞。而用人全在膽識，無識則不能用人，無膽則不敢用人。左季高之但能用楚人，閻丹初之絕不用秦人，皆膽識未優耳。大哉，其胡文忠[3]之知人善任乎。文忠嘗言："自督撫以至牧令，皆當歲奉千金或數千金，請有經濟有道德之士日與講諭，以拓吾識見，以糾吾偏失。"又在鄂城開集賢館，招天下英傑，詢以兵事餉事，以瞻其才學而器使之。以故幕府得人鼎盛，培成中興之基。

某生平頗以用人自負，未嘗無失，然必反復思其致失之由。其失在我者則改之，其失在人者則防之。誠以天下事非一手一足之爲烈，不能用人，不敢用人，則且反爲人用而不自知。如徒恃一己之精力以辦事，而精神不足恃，其事之廢弛者必多。徒仗一己之聰察以防弊，而聰察難周處，其弊之膠結者尤巨。左、閻二公，論者每有微詞，失正坐此。夫天下安得才德兼優之人而爲我用哉？

其次，才優於德，德優於才，均屬可用，惟視我用之善與不善耳。大抵用人者必先有權，有權則可以程其功，可以斥其過，棄取維我，人誰不樂爲我用，而又量吾權之大小而用之？若吾之權小，人之才大，則暫置之，以老其才，以備我異時之用。且必以身率之，我率以勤，孰敢懶我？率以廉，孰敢貪我？率以勇，孰敢怯我？率以公，孰敢私我？衆撐則易舉，相得則益彰。治天下如是，治一郡一邑亦當如是。如是而事尚有不治者，吾不信也。

展如蒞鳳今已五年，從未聞有相助爲理者，豈舊交新交無一人可用乎？不過自恃精力聰察之有餘耳。抑知日耗月損，必有不足之虞，尚有餘之可恃耶？且人當辦事困憊之餘，易形拂逆，易生憤懣。一遇不順，便動真氣，氣傷而身亦病，此尤子嗣所關，不可不深思其弊而力求其益者矣。

帶回照像，豐厚英毅，後福無量，積善餘慶，勉力爲之。盡其在我，聽其在天。萬不宜時加憂戚。《曾文正集》中《求闕齋序》可取觀之。

【箋注】

[1]處：原作"慮"，據金陵本改。

[2]勃谿：指家庭中爭吵。

《澧西草堂文集》校注
————
卷四

長安　柏景偉　子俊甫

序

校刻關學編序

　　馮恭定公《關學編》首聖門四賢,卷一有宋橫渠張子九人,卷二金、元楊君美[1]先生十二人,卷三有明段容思[2]先生九人,卷四吕涇野先生十三人。公序其前,而岐陽張雞山[3]序其後,此原編也。豐川[4]續之,則自少墟以及二曲門下諸子,周勉齋[5]即續豐川於其後。桐閣[6]又續之,則於宋補游景叔[7],於明補劉宜川[8]諸人以及國朝之王零川[9]。賀復齋又續七人,即列桐閣於其中,為《續編》三卷。豐川編遠及羲、文、周公,下及關西夫子[10]而下,非恭定所編例去之。

　　刻既竟,乃書其後曰:自周公集三代學術備於《官禮[11]》,見於《七略》[12],道學之統自關中始。成、康而後,世教陵夷[13],遂至春秋,大聖首出東魯,微言所被,關中為略。降及戰國,秦遂滅學。漢唐諸儒訓詁箋注,循流而昧其源,逐末而忘其本。自宋橫渠張子出,與濂洛鼎立,獨遵禮教。王而農[14]諸儒謂為"尼山之傳,可駕濂洛而上"。然道學初起,無所謂門户也。關中人士,多及程子之門。宋既南渡,金豁兄弟[15]與朱子并時而生,其說始合終離,而朱子之傳特廣。關中淪於金、元,許魯齋[16]衍朱子之緒,一時奉天、高陵諸儒[17]相與倡和,皆朱子學也。明則段容思起於皋蘭,吕涇野振於高陵,先後王平川、韓苑洛其學又微別。而陽明崛起東南,渭南南元善傳其說以歸,是為關中有王學之始。越數十年,王學特盛。恭定公立朝,與東林諸君子聲氣相應。而鄒南皋[18]、高景逸[19]又其同志,故於"天泉證道"[20]之語不稍假借[21],而極服膺"致良知"[22]三字,蓋統程朱陸王而一之。集關學之大成者,則馮恭定公也。於是,二曲、豐川超卓特立,而說近陸王。桐閣博大剛毅,而確守程朱。今刊恭定所編關學,即繼以二家之續,蓋皆導源於恭定而不能出其範圍者也。

　　竊嘗論之,同此性命,同此身心,同此倫常,同此家國天下,道未嘗異,學何可異也?於詞章利祿之中,決然有志聖賢之為,此其人非賢即智。賢則有所守[23]也，智則有所知也。爲衣食之事未有不知粟帛者也，知粟帛之美未有不爲衣食者也。故"理一分殊"之旨與"主靜"、"立人極"、"體認天理"之說，學者不以爲異，而其所持究未嘗同也。然則"主敬窮理"與"先立乎大"、"致良知"之說，得其所以同，亦何害其爲異也？明自神廟倦勤，公道不彰，朝議紛然。東林諸儒以清議持於下，講市林立，極豐而蔽，蓋有目無古今、胸無經史、侈談性命者矣，紀綱漸壞，中原鼎沸。諸儒目經亂離，痛心疾首，遂謂明不亡於流賊而亡於心學。於是矯之以確守程朱，矯之以博通經史，矯之以堅苦自立。承平既久，而漢學大熾。舉訓詁箋注之爲加於"格致誠正"之上，不惟陸王爲禪，即程朱亦遜[24]其"記醜而博"[25]，亦何異洛、蜀、朔角立[26]而章、蔡[27]承其後也！

偉少失學，三十後始獲劉念臺先生書，幸生恭定公鄉，近又謬膺關中講席，爲恭定講學之地，乃與同志重葺恭定公祠，而以其左右爲少墟書院。因刊恭定所編關學而并及豐川、桐閣、復齋之續，凡以恭定之學爲吾鄉人期也。

竊謂士必嚴於義利之辨，範之以禮，而能不自欺其心，則張子所謂"禮教"與聖門"克己復禮"、成周《官禮》，未必不同條共貫，是即人皆可爲堯舜之實，而紛紛之說均可以息，亦何人不可以自勉哉。嗚呼！是恭定望人之苦心，亦刊恭定遺編者之苦心也。

光緒辛卯中秋長安柏景偉謹識[28]

【箋注】

[1]楊君美：即楊天德，字君美，陝西高陵人。興定二年（1218）進士。歷仕陝西行臺掾、大理寺丞，慶陽、安化簿，隆德、安化令，後遷尚書都省掾、轉運司支度判官。晚年聞道，其志彌堅。其子楊恭懿，倡其家學，爲元名儒。

[2]段容思：即段堅（1419—1484），字可久，蘭州人。初號栢軒，後更號容思，義取"九容""九思"也，學者稱容思先生。正統甲子（1444）領鄉薦，景泰甲戌（1454）登進士，以文名差纂《山西志》。後補南陽令，倡明周、程、張、朱之學，刊刻《二程全書》，是明代關學振興的創起人。

[3]張雞山：即張舜典（1557—1629），字心虞，號雞山，陝西鳳翔人。萬曆二十二年（1594）舉人。拜督學許孚遠爲師，後遊江南，復隨許講學，數年始歸。謁選署開州學正，升鄢陵縣令，盡心民事，巨細必理。創設弘仁書院。與諸生講學，後升彰德府同知。天啓改元，升兵部武選員外郎。上疏皇

帝疏遠宦官，時魏忠賢專權，舜典嚴詞指責，被罷官回鄉。著有《致曲言》《明德集》二卷，後世輯爲《雞山語要》。

[4]豐川：指王心敬（1656—1738），字爾緝，號豐川，陝西鄠縣（今西安市鄠邑區）人，清代中期著名理學家和教育家。康熙十九年（1680）師從李顒學習。康熙二十八年學成歸里，創建二曲書院講學。康熙五十年應湖北巡撫陳詵之邀，主講武昌江漢書院。又於康熙五十三年應江蘇巡撫張伯行之邀，主講江蘇紫陽書院。曾多次被清廷徵召，均以病堅辭。乾隆元年（1736），被清廷授予"孝廉方正"。著有《豐川易説》《江漢書院講義》《尚書質疑》《春秋原經》《禮記彙編》《豐川詩説》《關學續編》《豐川全集正編》《豐川全集續編》《豐川全集外編》《豐川續集》。今有劉宗鎬和蘇鵬點校整理的《王心敬集》。

[5]周勉齋：即周元鼎（約1745—1803），字象九，號勉齋。陝西三原人。乾隆三十六年（1771）進士。曾供職兵部和翰林院。工琴善弈，精於篆刻，學識淵博。中年病聾，棄官歸里。有《匯菊軒文集》傳世。

[6]桐閣：即李元春（1769—1854），陝西朝邑（今大荔縣）人，字仲仁，又字又育，號時齋。嘉慶三年（1798）舉人，任大理寺評事，後九上春官不第，遂絕意仕進，歸家教授。先後主講於潼川、華原等書院。其學歸本於程朱，以誠敬爲本而篤於躬行。其教生徒以程朱之學爲主而不廢舉業，故造就頗衆，學者稱桐閣先生。咸豐六年（1856），陝西巡撫吳振棫奏請入祀鄉賢祠。光緒元年（1875），陝甘學政吳大澂奏請宣付國史館，列入《儒林傳》。著有《諸經緒説》《經傳摭餘》《益聞散録》《教家約言》《閑居鏡語》《授徒閑筆》《桐窗囈説》《病床日劄》《夕照編》等共百數十卷。

[7]游景叔：即游師雄（1038—1097），陝西武功人。曾遊於張橫渠門，益得其奧。第進士。元祐初爲宗正主簿，遷軍監丞，後遷陝西轉運判官。西夏侵涇原，復入熙河，景叔建議於定西、通渭間建三柵，及謀耕七墅以固藩蘺，因功拜衛尉少卿。後上奏《紹聖安邊策》，積極籌畫抗敗西夏之策，進直龍圖閣，知秦州。爲人慷慨豪邁，以學力被委用，有志事功。

[8]劉宜川：指劉璽（生卒年不詳），陝西宜川人。賦性端方，博覽群書，弘治乙卯（1495）舉人。人以公輔期之，而其以道學自任。後徙家長安，教授諸生，時關中以理學名者多出其門。晚明關中大儒馮從吾爲其外孫，承其學

也。後出爲衛輝通判。

[9]王零川：即王巡泰（1722—1793），字岱宗，陝西臨潼零口鎮人，號零川。受業於武功孫酉峰門下，恪遵其說，以窺關、閩，酉峰稱其爲門下唯一治"義理之學者"。乾隆甲戌（1754）進士，銓授晉之五寨，粵之興業、陸川，所在皆有實政。尋復內擢吏部，皆能以經術飾治。先後主講臨潼、渭南、華陰、望都、解州、運城，多所成就。著有《四書剳記》《解梁講義》《格致內編》《齊家四則》《服制解》《仕學要言》《丁祭考略》《河東鹽政志》《興業縣志》等。

[10]關西夫子：指漢代楊震（？—124），字伯起，弘農華陰（今陝西華陰）人。嘗隨太常桓鬱學習《尚書》。歷仕荊州刺史、東萊太守等職。性公廉，不受私謁。元初四年（117）後入朝，任太僕、太常等職。永寧元年（120），升任司徒，嚴防權閹專權。延光二年（123），任太尉。次年受閹黨陷害而卒。

[11]禮：原作"師"，據金陵本改。乾隆《西安府志》卷二七《人物志》："周公承之《官禮》，製作爻象演辭，開帝王萬世之基。"《周禮》初名《周官》，王莽居攝後改名《周禮》，亦曾異名《周官禮》，因疑《官禮》爲省簡稱謂。

[12]《七略》：劉歆（前50—23）於漢成帝河平二年（前26）受詔與其父劉向校理"中秘"書籍。劉向卒，劉歆承父業總校群書，在劉向所撰《別錄》基礎上，修訂出中國歷史上第一部圖書分類目錄《七略》。原書已佚，現爲輯本。《漢書·藝文志》即據此修編。

[13]陵夷：衰頹。

[14]王而農：即王夫之（1619—1692），字而農，號薑齋，又號夕堂，湖南衡陽人。青年時期參加反清起義，晚年隱居於石船山，著書立傳，自署船山病叟、南嶽遺民，學者遂稱之爲船山先生。與顧炎武、黃宗羲并稱明清之際三大思想家。著有《周易外傳》《尚書引義》《讀通鑑論》《宋論》《張子正蒙注》等。

[15]金谿兄弟：指江西金谿陸九淵、陸九韶、陸九齡兄弟，南宋著名理學家，以倡導心學著稱，與朱子之學同出儒門，而思想主旨有別。

[16]許魯齋：即許衡（1209—1281），字仲平，號魯齋，元代著名大儒。元

憲宗四年（1254），應忽必烈之召，爲京兆提學，在陝西廣興教化，倡導朱子學。

[17]奉天、高陵諸儒：指金、元關中諸儒。奉天，位於今陝西禮泉，此指奉天楊奐；高陵，指陝西高陵楊天德、楊恭懿父子。

[18]鄒南皋：即鄒元標（1551—1624），字爾瞻，號南皋，江西吉水人。明萬曆年間進士。初仕不久，被張居正謫戍貴州都勻衛。旋任吏科給事中，呼籲在全國恢復書院。後因疏陳時弊，貶謫南京吏部員外郎、南京兵部主事。罷官家居，建仁文書院，聚徒講學。曾講學白鹿洞書院及嶽麓書院，與趙南星、顧憲成號爲"三君子"。天啓元年（1621）還朝，升刑部右侍郎，轉左部御史。天啓二年，與馮從吾在京師宣武門內建首善書院，公餘講學其中。後遭太監魏忠賢所忌恨，與東林書院同時被毀。

[19]高景逸：即高攀龍（1562—1626），字存之，又字雲從，江蘇無錫人，世稱景逸先生。明朝政治家、思想家，東林黨領袖。萬曆十七年（1589）進士。萬曆二十年被任命爲行人司行人。萬曆二十二年，上疏參劾首輔王錫爵，被貶廣東揭陽典史。次年辭官歸里，與顧憲成兄弟復建東林書院，在此講學二十餘年。天啓元年（1621）重獲起用，被任命爲光祿寺丞。歷任太常少卿、大理寺右少卿、太僕卿、刑部右侍郎、都察院左都御史等職。天啓六年，遭魏忠賢黨羽誣告，魏忠賢借機搜捕東林黨人。高攀龍不堪屈辱，投水自盡。著有《高子遺書》等。

[20]天泉證道：亦稱"天泉證悟"。指王陽明在浙江會稽天泉橋上與大弟子錢德洪、王畿之間的對話。先是王陽明將其爲學宗旨概括爲"無善無惡是心之體，有善有惡是意之動，知善知惡是良知，爲善去惡是格物"（參見《傳習錄》下），即所謂王門"四句教"。後王畿與錢德洪對此教語的含義發生爭論。錢認爲此爲師門定法，不可改易。王則認爲"此恐未是究竟話頭。若說心體是無善無惡，意亦是無善無惡的意，知亦是無善無惡的知，物亦是無善無惡的物矣"，且認爲其師立教隨時，未必爲正法。嘉靖六年（1527）九月，王陽明受命征思田。臨行前，坐天泉橋上，錢、王以所見請益，他指出二人見解，"相資爲用，不可各執一邊"，并謂："吾教法原有此兩種。四無之說爲上根人立教，四有之說爲中根以下人立教。上根者，即本體便是工夫，頓悟之學也。中根以下者，須用爲善去惡工夫，以漸復其本體也。"（參見《明儒學

案·浙中王門學案二》）此段回答被王門稱爲"天泉證道"。

[21]不稍假借：没有一點寬容。假借，寬容。此處表示馮從吾對王陽明"無善無惡心之體"之説的批判與排斥。

[22]致良知：良知，語出《孟子·盡心上》："所不慮而知者，其良知也。"本指一種天賦的道德意識，是天賦予人類生命中先天具有的判斷是非善惡的能力，不學而知，不學而能，是一種可以分辨善惡意向的道德意識。明代王守仁提出"致良知"的道德修養方法，認爲良知即天理，存在於人的本體中。人們只要推極良知於客觀事物，則一切行爲活動就自然合乎理，即自然合乎倫理道德。

[23]守：劉古愚《煙霞草堂文集》卷二亦收錄有此序，作"爲"。

[24]遜：與"禪"對文，讓位，遜位。指清代陸王心學、程朱理學之衰落。

[25]記醜而博：意指專門記誦一些醜惡的東西，而且十分博雜。出自《荀子·宥坐》："人惡有五……四曰記醜而博。"

[26]洛、蜀、朔角立：北宋元祐（1086—1093）初，以王安石爲首的新黨勢力盡被排斥，在朝士大夫因執政理念之不同分裂爲三黨，各派因其領袖籍貫而命名。洛黨領袖程頤，蜀黨領袖蘇軾，朔黨領袖劉摯、王岩叟、劉安世。洛黨的政見與王安石不同，表現在王安石重法，而洛黨重人。程頤曾説："善言治者，必以成就人才爲急務，人才不足，雖有良法，無與行之矣。"蜀黨言事論理不執於一端，并不強調某種理念，也不認爲某種制度獨勝。朔黨較重經驗，而王安石與洛黨都喜歡講唐虞、三代，而朔黨主張逐步改良，對激進派的主張不以爲然。

[27]章、蔡：章，指章惇（1035—1105），字子厚，號大滌翁，建州浦城（今福建南平浦城）人。嘉祐二年（1057）進士，歷商洛縣令、雄武軍節度推官、著作佐郎等。熙寧二年（1069），章惇被任命爲編修三司條例官，加集賢校理、中書檢正，參與熙寧變法。章惇反對廢除新法，多次與門下侍郎司馬光辯論，朝爭失敗，被貶知汝州。元祐八年（1093）拜相，政治上貶斥舊黨，恢復新法。元符三年（1100）罷相。政和三年（1113）贈太師，追封魏國公。著有《章子厚内制集》等。蔡，指蔡確（1037—1093），字持正，泉州郡城人。嘉祐四年（1059）進士，宋哲宗朝宰相，王安石變法的主要支持者之一。

[28]光緒辛卯中秋長安柏景偉謹識：本句原缺，據柏景偉編《關學續編》（光緒辛卯孟春灃西草堂開雕版）目錄附《識》移錄。

關中書院課藝序

制藝爲有宋以來取士良法，範天下於"四子"、"六經"之中，所言者聖賢之言，所學者必不外乎聖賢之學。學何在？修己治人而已，《大學》所謂"明""新"也。不能修己，何以淑身[1]？不能治人，何以用世[2]？又安能本所學以著爲文章耶？橫渠張子振興關學，蕭貞敏[3]、呂文簡[4]繼之，代有偉人。而馮恭定公實集其成，建關中書院，輯《關學編》，俾學者有所遵守，不至迷於所往。所以牖啓[5]我後人者，豈區區科第[6]云爾哉！顧當時從公遊者，科第亦稱極盛。《壬子書院題名記》，文集中可覆按也。詎非理明者辭必達，實至者名必歸！聖賢之學，固無害於舉業乎。

明季國初，諸大家均堪不朽，制義何可厚非？所[7]病者不從根柢用功，日守一庸爛墨卷而摹仿之，間有售者，則揚揚[8]然號爲[9]衆曰，此棘闈[10]捷徑也。風氣所趨，直以文藝爲科名之券。方今時事多艱，宵旰憂勞，岸然自命爲士，顧如秦人視越人之肥瘠，絕無所動於中。嗟乎，學之不講，聖人所憂，正謂此耳！

我朝李二曲、孫酉峰前後主講關中，闡揚關學，克紹恭定之傳，三輔人士不盡汩沒於詞章記誦者，皆兩先生之力也。厥後路閏生太史主講爲最久，自稱友教多年，及門掇科第者百餘人。或以相譽，則神藼形茹[11]，不知所答。蓋所望於諸生者，爲真儒，爲名臣，如古所謂"三不朽"[12]者，初非僅以制義爲教，以故樨華館[13]中士且有名聞中外爲關中光者。關學之一脈，長延有自來矣。

余承乏此席，深愧性迂學陋，不能挽回風氣，俾士習一歸於正。幸賴葉冠卿[14]中丞、黃子壽方伯、曾懷清廉訪添建齋房，購置書籍，剗除舊染，整頓新規，兩年以來諸生漸知從根柢用功，不斤斤以剽竊詞華爲長技，而躬行之士亦不乏人，故其所作經解、史論、日記多有可採。即刻制義，亦尚無卑靡氣習。茲特選二百餘首付諸手民[15]，以爲勤學者勸，抑余尤有望焉。同爲關中人，當同以關學相勗，孳孳[16]於修己治人之學，科第中人皆聖賢中人，庶無負恭定公書院講學之意也夫。

時在光緒丙戌孟秋上浣長安柏景偉序於仁在堂[17]

【箋注】

[1]淑身：以善修身。

[2]用世：見用於世。

[3]蕭貞敏：即蕭㪺（1230—1307），字維斗，號勤齋，奉元（陝西西安）人。贈資善大夫、四川等處行中書省左丞，追封扶風郡公，謚貞敏。早年力學不倦，隱居終南山，遍覽百家之書，尤精於《三禮》及《易》，且邃於《六書》，是元代關中地區傑出的大儒。

[4]呂文簡：即呂柟，字仲木，號涇野，學者稱涇野先生。陝西高陵人。卒謚文簡。

[5]牖啟：有道引發。牖，通"誘"。

[6]科第：科舉制度考選官吏後備人員時，分科錄取，每科按成績排列等第，叫作科第。

[7]所：原作"非"，據金陵本及光緒戊子《關中書院課藝·序》改。

[8]揚揚：得意的樣子。

[9]爲：金陵本作"於"。

[10]棘闈：科舉時代對考場、試院的稱謂。

[11]神慄形茹：形容恐懼貌。

[12]三不朽：春秋時魯國大夫叔孫豹稱立德、立功、立言爲"三不朽"。

[13]檉華館：檉，指檉柳，也叫紅柳，落葉小喬木，枝條纖弱下垂，老枝紅色，葉像鱗片，花淡紅色，結蒴果，耐鹹抗旱。檉華館位於咸陽縣衙東院，院內栽有檉柳，可供乘涼休憩，路德曾在此講授生徒。據民國重修《咸陽縣志》卷二《公署》記載："知縣署……東院爲客庭，後爲檉華館，蓋屋路潤生先生講學地。……院有檉兩株，枝柯壓檐，蒼翠古秀，故先生詩文集均以檉華館爲命名焉。"

[14]葉冠卿：即葉伯英（1825—1888），字孟侯，號冠卿。安徽懷寧人。光緒七年（1881）任陝西按察使，九年二月遷陝西布政使，十二年二月任陝西巡撫，十四年九月卒於任所。

[15]手民：指刻字或排字的工人。

[16]孳孳：勤勉，同"孜孜"。

[17]時在光緒丙戌孟秋上浣長安柏景偉序於仁在堂：原缺，據光緒戊子孟秋上瀚開雕之《關中書院課藝序》補。仁在堂，位於西安關中書院。

跋

馮少墟先生善利圖跋

按：先生衛道之嚴見於《辨學錄》，求道之切見於《疑思錄》。即在書院，尚有《語錄》兩卷，皆學者所宜究心。今特揭《善利圖説》及此篇於祠堂者，一以示辨志之方，一以示束躬之要。苟由是以窺先生之學之全，固不難進。求夫聖人之道之大，即僅守乎此而不失焉，猶可勉爲善士，而不至流於小人之歸，尤學者之切務也。

同治四年乙丑，今廉訪黄子壽先生主講關中，湘鄉劉霞仙中丞新建此祠，因錄示《善利圖説》并《士戒》篇於壁，爲諸生勛意甚勤也。茲值督糧道曾懷清觀察整頓院規，百廢俱興，念此《圖説》《士戒》爲學者要切[1]功夫，恐久漫滅，改鑴以石，俾昕夕顧諟[2]，獲所警發[3]作聖之功，其在斯矣。所以佑啓來者，容有既乎！

【箋注】

[1]要切：金陵本作"切要"。
[2]顧諟：出自《尚書·太甲上》："先王顧諟天之明命，以承上下神祇。"《孔傳》："顧謂常目在之。諟，是也。"言敬奉天命，承順天地。
[3]警發：警醒啓發。

蔣子瀟[1]先生游藝錄跋

右雜論各家學術得失，凡二十四目，爲下卷，皆從先生《讀書日記》中鈔出者也。先生客游三十年，在途在館，未嘗一日廢書。每盡一卷，輒下一簽，稽久遂多，往往散佚。客江西日，始出行笥[2]所存者以就[3]正朱丹木先生。朱公令付寫官，除《十四經》《日記》三十卷外，凡諸子百家之論，各按年月排次，定爲十六卷，名之曰《讀書日記》。後又自刪其所論之未當者，與前人之暗合而當時不知者，重定爲十卷。大概皆條析源流，以辨末[4]失。論儒術以通天地人爲主，師賢[5]儒道，蓋本阮文達公[6]《國史·儒林傳·序》而推擴其說；論醫術以中氣爲主，扶陽抑陰，蓋本黃坤載[7]《四聖心源》而推擴其說。今合鈔一卷，以爲將來讀各書之門徑焉。

【箋注】

[1]蔣子瀟：指蔣湘南（1795—1854）。

[2]行笥：出行時所帶的箱籠。

[3]就：原缺，據金陵本補。

[4]末：金陵本作"其"。

[5]賢：金陵本作"資"。

[6]阮文達公：即阮元（1764—1849），字伯元，號芸臺，江蘇儀征人。乾隆五十四年（1789）進士。先後任禮部、兵部、戶部、工部侍郎，山東、浙江學政，浙江、江西、河南巡撫，漕運總督、湖廣總督、雲貴總督，體仁閣大學士加太傅。諡文達。在經史、輿地、編纂、金石、校勘等方面有很高的造詣。

[7]黃坤載：即黃元御（1705—1758），名玉璐，字元御，一字坤載，山東昌邑人。尊經派代表人物，乾隆皇帝御醫，被譽爲"黃藥師"。著有《四聖心源》，旨在弘揚"四聖"（黃帝、岐伯、秦越人、張仲景）之偉業，闡發"四聖"典籍之精蘊。

江西水道考跋

《江西水道考》五卷，先師蔣子瀟先生遺稿之一也。先生没於馮翊書院[1]，以未刊各稿授偉，□□之亂，偉臥病在床，賊猝至，家人負以逃，室燬於火，先生遺稿遂燼焉。此書先經沔陽彭君夢九借去，幸不并歸一炬。亂後，擬即醵金付梓，而卷首圖幅未具，尚非完本。偉躬未親歷豫章，弗敢鑿空補繪，謹襲藏之，以待熟諳江西水道形勢者。

先生諱湘南，光州固始縣人，乙酉拔貢生，乙未舉人。銓虞城縣教諭[2]，未赴任。咸豐元年，主講關中書院。著書逾百卷，有《七經樓文鈔》《春暉閣詩鈔》《游藝錄》《華嶽圖經》《卦氣表》《同州府志》《涇陽縣志》均已刊行。又著《陝西通省志略》二十卷，未刊其稿，存易念園[3]制軍處。又有《讀書日記》十六卷，《讀道藏日記》四卷，《讀釋藏日記》四卷，《黃教源流》四卷，《雜記小品》二卷，未刊其稿，藏先生家中，未知尚存否？偉所藏遺稿有《蔣氏學算記》八卷，《咸陽縣志》四卷，并燬火，此外不復記憶。謹即素所習知者縷述如右。

【箋注】

[1]馮翊書院：馮翊位於今之陝西大荔，清同治十三年（1874）知縣沈家楨籌撥田地五頃，在城內東偏設馮翊書院，光緒三年（1877）知縣周銘旂籌增膏火銀一千兩，以資教育。

[2]教諭：縣設教育官員，掌文廟祭祀、教育所屬生員等。

[3]易念園：即易棠（1793—1863），字念園，湖南省長沙市善化縣人。道光八年（1828）中舉，次年成進士，授刑部主事。咸豐元年（1851）後，歷任陝西按察使、甘肅按察使、甘肅布政使。三年，署理陝甘總督。六年九月予告去任。著有《四書典制考略》《貽芬書屋詩文集》。

賈玉亭先生教澤碑跋

先師諱積中，字瑩圃，號玉亭，鄂東金湯寨人。內行純篤，博極群書，淡於榮利，不屑屑與世競浮名。教士以正學為先，性嚴重，終日危坐函丈，罕睹笑容。雖不廢制舉文，然世俗詭靡之體必痛滌之。所立學規，四方奉為模楷，門下多知名士，累擢巍科[1]，而先生卒以明經老。晚年主講明道書院[2]，從者益進，士風為之丕變，蓋不愧古名儒云。

咸豐十年二月，先生歸道山。越明年，先父偕諸同門議刊碑以志遺澤，亂作不果。今所刊即曩所定碑式也。嗟呼！先生設教四十餘年，先父從學最早，偉最晚。所書受業姓名，先父首列，次亦多偉前輩，迄今又二十餘年矣！碑上存者，如晨星落落，偉亦年迫遲暮，學迄無成，無以表揚先生之教，門牆在望，山斗靡瞻，不禁黯然泣下也。

【箋注】

[1]巍科：高第，古代稱科舉考試名次在前者。

[2]明道書院：位於今陝西省西安市鄠邑區西街。乾隆二十五年（1760）知縣舒其紳以宋程明道嘗爲鄠主簿，故名，且捐廉銀延師開辦。後奉調去。越五年，知縣汪以誠續籌膏火，且以明道主鄠簿時《答橫渠張子定性書》云云，名講堂曰定性堂，延聘武功孫酉峰太史爲院長，士風蒸蒸，一時丕變。舒令有《書院記》，汪令有《定性堂跋》，孫酉峰有《書院後記》，詳見邑志。

將學要論跋

兵事以氣爲體用者也。氣欲靜在能養氣，欲銳在能蓄靜；體而銳用，以靜馭銳，戰無不克。軍志曰"靜如處女"，謂先爲不可勝，而後可勝人也。曾文正論兩軍相持，先發者多敗，後發者多胜，則能蓄與不能蓄者異也，實養與不能養者異耳。夫再衰三竭，彼竭我盈。能變而化，斯神而明。不爲兵用，乃克用兵。微乎眇乎，陰符之精。《將學》於斯盡之矣，靜之時義大矣哉！

李子純同年列女圖詩跋

范蔚宗[1]傳《列女》，搜次才行尤高秀者著之，初不專在一[2]操。今觀桓少君、曹大家、趙娥、荀采等傳，莫不風烈區明，垂範千古，不得謂女德無足述矣。子純先生同年示所繪《列女圖》一卷，分十二類，各係以詩，中如兒女英雄、巾幗奇勛、深閨卓識，致足法也。亙古奇冤，亦堪懲矣。餘則本騷客之幽思，抒雅人之深致。蓋皆翰墨游戲之作，藻耀高翔，音節入古，知必爲藝林所寶貴而余尤深佩者。《良玉破寇》《木蘭從軍》《虞姬泣雛》《費氏刺虎》諸章，忠孝節烈，懍然如生。愧彼鬚眉，厲茲名教，當不使范史專美於前也。

【箋注】

[1]范蔚宗：指范曄，所撰《後漢書》九十卷（後人補入司馬彪《續漢書》八志，形成今本一百二十卷），其中卷八十四爲《列女傳》，爲鮑宣妻桓少君、

曹大家班昭、龐淯母趙娥、陰瑜妻荀采等十餘位志操高潔的女性立傳，將歷史載筆投向占人口半數的女性。從此，女性開始進入正史視野中。

[2]一：金陵本作"節"。

學稼園記

余家世業農，余幼即勉於農，今老矣，顧於稼猶多未諳。諒哉，不如老農！非學胡以至也。或曰此小人事，然古來躬耕者多矣，寧皆小人乎？余獨愧不能如古人耳，何病乎稼，何病乎學稼？既以名吾園，并示吾子孫，毋忘先疇云爾。

傳

澧西老農傳 辛巳[1]

澧西老農者，老而農，非農而老也。胡農乎爾？無所求也。農果無求乎？順四序之推遷，任萬物之暢遂，求之以自然，非求之以勉然也。當夫渴則飲，饑則食，出則作，入則息。無懷、葛天[2]，儼然今日。彼尹之於莘[3]，舜之於歷[4]，曠百世而有知，諒[5]相視而莫逆[6]，蹙蹙焉，戚戚焉，奔走於形勢之途。亦奚以爲有過澧上者見斯農曰："子誠何許人也？"則應之曰："老矣老矣，又何平生之足云。"

【箋注】

[1]辛巳：光緒七年，公元1881年。

[2]無懷、葛天：傳說中的遠古帝王。明何景明《贈蕭文彧號古峰序》："想無懷葛天之民，慨身世之既遠也。"

[3]莘：古國名。商的宰相伊尹初隱之時，耕於有莘之國。後以莘野指隱居之所。

[4]歷：古地名，相傳舜曾於此耕地。《墨子·尚賢下》："昔者，舜耕於歷山，陶於河瀕，漁於雷澤。"《呂氏春秋·慎人》："舜耕於歷山，陶於河濱，釣於雷澤。"

[5]諒：諒必。

[6]莫逆：沒有抵觸，感情融洽。

解茂才傳

余讀《興平續志》，幸吾友解君女以節烈著，而重惜吾友禦賊被戕，轉沒沒[1]也。君諱學進，字資深，邑庠生，世居縣東馬駒村。同治之[2]元，□□倡亂，村人皆掘窖以避賊。興平土厚，窖曲而深，賊不能害。六月某日，賊卒至，男女雜沓爭入窨，君惡其無別也，獨仗劍趨村外禦，遂被戕。嗟嗟，呼吸危亡之際，以義自持，雖死不悔，論者即以爲迂，果迂也乎哉？

咸豐辛酉[3]歲，君偕康君焱伯、張君伯良、高君蘭亭、張君思規議行《吕氏鄉約》法，余亦忝從其後。一年四會，迭爲賓主。會時先謁主人祠堂，然後入坐。各出功過冊相質，善則勉之，過則規之。并參以性理史鑑諸書，務求有得於心，有益於身，規矩凜然，法至善也。余之專志正學蓋從茲始，僅一年而亂生，亂生而君竟先殞也。

君性孤介，寡言笑，非其人不與友，事親至孝。父賈於伊犁，祖父在堂，朝夕色養，問寢視膳，拜跪如禮。人或阻之，則曰："使我而爲吏，接見長官，必遵儀注，拜則拜，跪則跪，何嚴於彼而忽於親耶？"卒不易。父没，徒步萬里，扶柩以歸。葬之日，哀毁逾恒，行路爲之墮淚。

設塾於家，教子弟以《小學》、"四書"爲先，崇本而抑末。暇則聚婦女，授以《烈女傳》等書，爲之講明大義。以故君殉難之日，長子某既從死，次女黑娃罵賊不屈，死尤烈；而家人無少長，相率投井。迨賊去逢救，復相遜而始出。嗟嗟！此固由君以孝友節義培於平昔，而乃著於倉卒者歟。然而不以爲迂者，蓋無幾也。

夫道學爲世詬病久矣！君之以迂而死，豈非從學道而然哉？猶記會講諸君子，唯君種田獨多。爾時君邑無一家不種罌粟者，而君家獨不種，且約會講諸家均不種，斯亦不免於迂矣。然《禮》不云乎："臨財毋苟得，臨難毋苟免。"不苟者以爲迂，豈苟者乃爲不迂乎？余因君之大節[4]炳然，并及其小節，俟他日或有以論定之。

【箋注】

[1]没没：謂無聲無息。

[2]之：金陵本作"紀"。

[3]辛酉：咸豐十一年，公元1861年。

[4]大節：人的高尚節操。《論語·泰伯》："臨大節而不可奪也。"何晏集解："大節，安國家，定社稷。"

王君藹然家傳

古之時庠序[1]立而學術明,非躬士行[2]者不謂士。今則籍學宮稱弟子員者,靡不自命爲士,人亦從而士之,否則敦孝弟、勵品節、卓然流俗之中,古君子所樂取以與於道者,終不得冒今之士名而與之抗禮。嗟嗟!此士之所以日多而不愧爲士者日少也!

藹然[3]王君諱某,議敘[4]從九品。始祖普,元明之際,由晉遷秦,世居鄠之東鄉金湯寨,代有潛德。父曰升公,配姬孺人,生君兄志麟,早逝。繼配葛孺人,生君。質明敏而性純摯,一言一行,介介不苟。韶齔[5]時日升公患腹疾,憂懼不眠,按摩[6]如成人。八歲失怙[7],家赤貧,事葛孺人克盡其歡。十二歲入村塾,以不能備脩脯,讀《論語》僅半部,旋業商。家人素以造針贍生,君共操作,不辭勞瘁,既而嘆曰:"如斯株守,何時成立?"則毅然思以貨殖起家。

初與村人賈達仁合貲營運,繼復遠賈蜀、晉,家遂漸裕,顧[8]性好學,日手一編,逢人考究,器識益進。延師課子姪,列邑庠生、食廩餼者且趾相接。君既小康,每念先世艱難,太息流涕,對甘旨不忍食。日升公在日嗜酒,不能常得,君恆設位進杯樽,撫膺悲痛,謂有酒而親莫飲也。數日仍必一醉其墓。

葛孺人性嚴峻,君少時有過不少貸,每言及,輒泣數行下。嫂氏張撫孤守志,君爲如例請旌。從堂兄志麟性急直,君怡怡善事人,至以同胞目之。且出資倡建宗祠,益祭田,修譜牒,請封贈,則又不匱之,思所推而廣之者也。

君雖以商起家,而見善必爲排難解紛,急人之急,無倦色,亦無德色。邑有石生者,憤糧差侵蠹係獄,君以資脫之。晉人張姓與君友,故負君債,未嘗齒及。其沒也,殯己田中,且撫其三子,皆成立。巨室某悉君信義,臨終囑其妻子,後有不測,君常力爲扶持。某士貧,欲廢書,君止而玉成之,遂成名,入仕籍。此外如築橋甃[9]路,惜字刊書,恤宗族,周鄰里,無不以身任之。赤面疏髯,舉止凝重,雖盛暑不袒露,齊家教子,內外整肅。

□捻之亂,屢經坎壈[10],蹶而復振,家亦賴以弗墜。而信理不信數,操持尤極謹嚴。光緒二年中秋,病瀕危,有以罌粟進者,謂可愈疾,君厲聲拒之曰:"死生有定,七十老翁復何求,決不以蓋棺而貽笑柄也。"且言:"人生宇宙間,當建樹事功,豈宜貿然以生、泯焉以死,與草木同朽乎?"以故冬卻爐,夏卻扇,一生未嘗安逸者,亦此志也。

嗟嗟！觀君之行與言，其真不愧於士乎！昔孔子論士曰"行己有恥"[11]，曰"宗族稱孝焉，鄉黨稱弟焉"，曰"言必信，行必果"。古之所謂士者，如是而已。至若託足詩書，棲身名教，既不解"誠正修齊"爲何事，一旦獵高位，擁厚資，方且與世浮沈，識時務而爲俊傑矣。而握算持籌，秋毫必察，或遇捐賑助餉各義舉，則勃然外怒於色，愍然[12]内慍於心，苟可以營脱[13]，靡不力籌節省，直若非此不足以垂裕[14]後昆者，而反佽然曰吾士也，吾士也，抑知其固商也乎哉？若君者，誠足以風矣。

【箋注】

[1]庠序：古代的地方學校，後泛稱學校。《孟子·滕文公上》："夏曰校，殷曰庠，周曰序。"

[2]士行：士大夫、讀書人的操守德行。《舊唐書·文苑傳·崔顥》："崔顥者，登進士第，有俊才，無士行，好蒱博飲酒。"

[3]然：原作"若"，誤，據目録及金陵本改。

[4]議敘：議，討論，商量；敘，按規定的等級次第授官職或給予獎勵。清制對考績優異的官員，交部核議，奏請給予加級、記録等獎勵，稱爲議敘。

[5]齠齔（tiáochèn）：垂髫換齒之時，指童年。

[6]挼搓：揉搓。

[7]失怙（hù）：失去父親。

[8]顧：但。

[9]甃（zhòu）：砌，壘。

[10]坎壈（kǎnlǎn）：意爲困頓、不順利。

[11]行己有恥：一個人做事，凡自己認爲可恥的就不去做。《論語·子路》："行己有恥，使於四方，不辱君命，可謂士矣。"

[12]愍（nì）然：憂鬱、傷痛、失意的樣子。

[13]營脱：設法解脱。

[14]垂裕：給後人留下業績或名聲。

董君思琨家傳

君諱思琨，改諱遇春，字某，行一，大行六，長安馬王村人。太高祖濟宇公，康熙戊午舉人，以涼州儒學教授終，有隱德。至君父儀亭公德望尤著。母王孺人，早年背君，痛不逮養。事繼母馬孺人以孝聞。先意[1]承志，故常得儀亭公歡心。

君精明強幹，天資過人，幼學克敏。迨儀亭公捐世，諸務倚辦於君，不獲卒學，乃去文就武。逾年入學，然亦無暇時調弓馬[2]，故一再應鄉試，遂輟其業，獨理家政。數十年內外嚴肅，子孫彬彬，俱有禮法，遐邇許之。

君尤好義急公，解紛排難，爲閭里所敬信。每有義舉，人方逡巡[3]爲推謝計，君則勇往直前，力爲提倡，必求其濟而後已。村北有鐵塔古寺，歲久傾圮。君督工修之，丹楹刻桷，數月告竣。且監修宗祠及城樓，皆竭力摒擋，身肩厥任，所謂收族敬宗、保持里閈者。求諸古人，何多讓焉。

董氏固巨族，而君家不中資。道光二十六年，關中大饑，道殣相望，君憫之，而自恨無力以拯救也，乃往說同族陳堂公捐粟若千石，復助其設法賑濟，多所全活。卒亦不自言其功，故人亦鮮有知者。夫論人於三代下，苟有好名之心，以力圖善舉，君子猶樂予之，以爲勇於赴義者勸，不謂君之陰行其善者更有進也。至於鄉鄰有疑難鬥爭之事，即涉訟庭，得君一言必解，其爲衆所推服類如此。

君年屆七旬，紳耆咸欽厥德，以鄉飲介賓[4]舉於學。顧鄉飲酒之禮廢久矣，間有舉者，類不當其人。如君之康寧攸好而壽齊古稀，蓋無愧焉。元配馬孺人，繼配屈孺人、閻孺人，俱有淑德，相夫教子，一以勤儉相尚，君得無內顧憂。有子四人：朝均、朝清、朝泰、朝璽，另有傳。女二，孫四，曾孫十一。君在時，里人扁其門曰"四世同堂"。歿之日，舂不相，巷不歌，殆所謂生榮死哀者非耶？

君卒於咸豐十年六月初二日，迄今三十餘年矣。君孫峰雲等賈於漢南，兵燹之後，振興家務，既致小康，則卜於光緒十三年仲春吉日行追祭禮，親友族黨不忘君善，製錦爲屏，以識生平行誼。余忝[5]姻屬，不獲以不文辭，爲撮其大凡以爲之傳。

論曰：昔劉蕺山先生序《人譜》曰："'道不遠人'，斯道也，何道也？即子思子[6]所謂'中庸之道'也，其端造於夫婦，其事不外倫常日用。道克盡斯，人足以傳。固不必在學士大夫，亦不必有奇節異行也。人亦何憚而不爲善人乎？矧[7]天之報施善人，尤不爽耳。"

跡君生平，亦祇隨分自盡。長爲農夫以沒世，初非有大過人者，既厚其身，又復及其子孫，困於始而亨於終，光於前而裕於後，誰謂人事不足憑，天道不足信耶！《書》曰"惠迪吉"[8]，《傳》曰"善人富，謂之賞"，《易》曰"積善之家，必有餘慶"。天也，人也，蓋息息其相通也。若君者，洵足以風矣。

【箋注】

[1]先意：指孝子不等父母開口，就能順父母的心意去做。

[2]弓馬：騎射，亦泛指武事。

[3]逡巡：有所顧慮而遲疑不敢向前。

[4]鄉飲介賓：鄉飲，指鄉飲酒禮，古代嘉禮之一。《後漢書·李忠傳》："春秋鄉飲，選用明經，郡中向慕之"；介賓，參加鄉飲酒禮的嘉賓統稱飲賓，鄉飲賓分爲鄉飲大賓、鄉飲僎賓、鄉飲介賓、鄉飲衆賓，諸賓皆由本籍致仕官員或德高望衆於鄉里者充任。

[5]忝：原作"忝"，形誤，據金陵本改。

[6]子思子：即孔伋，字子思，孔子的嫡孫，孔鯉的兒子。

[7]矧（shěn）：況且。

[8]惠迪吉："惠"就是順應，"迪"就是道，順應天道而行的，就會吉祥。語自《尚書·虞書·大禹謨》："惠迪吉，從逆凶。"

董君朝均暨三弟家傳

君諱朝均，字某，長安馬王村董氏，康熙戊午科舉人、涼州教授濟宇公裔孫，鄉飲介賓、武庠生諱思琨公長子，母馬孺人，繼母屈孺人、閻孺人。同母弟一：朝清，馬孺人出；異母弟二：朝泰、朝璽，閻孺人出。君賦性純篤，孝友性成，怡怡色養，能得思琨公歡心。馬孺人早世，事繼母屈孺人、閻孺人克盡子道，人無閑言。弱冠以饑軀遠賈異域，竭力以供甘旨，不敢少有私藏。憫弟朝清幼弱失恃，極相恤愛，每食必同几席，一切服飾器用，必使遠過於己而後安。迨後君遠出，家政悉委之朝清。

朝清亦克體君心，力崇勤儉，仰事俯蓄，措置裕如，俾君無內顧[1]憂。其教養諸弟朝泰、朝璽，一如君之待朝清者。朝泰、朝璽俱學賈，事兄如父。庭幃之間，藹然[2]親睦，鄉之人，咸欽慕之，每舉君昆仲以訓於家。而君家一門節義，即於此裕其本原矣。

君配張氏，無子；繼配吕氏，生子海雲；又繼配張氏，生子峰雲、河雲。女二，長適柳林庄王某，次適郭村生員劉辛，俱吕氏出。君每值出門，必戒峰雲母張氏曰："汝能孝於舅姑，和於妯娌，視海雲如己出，吾無憾矣。"張即恪守君言，婦道母道，兩盡無歉。行年五旬，未嘗疾言遽色，亦不輕履外户，日夜紡績，其勤慎有非人所易及者。同治元年，□□倡亂，鄉人集團以禦，君與季弟朝璽執殳先驅，猝與賊遇，衆寡懸甚，力不支，團勇崩潰，兄弟同没於陣。賊進村，張氏憤罵不絶口，亦被戕。嗚呼烈矣！

朝泰配袁氏，邑庠生卓園公女，亂前病卒，攜子金鑪避賊薹屋二年。髪逆陷城，父子亦死於賊。今峰雲等以賈起家，擇於光緒十三年二月吉日遷葬各柩之浮厝於外者，并行追祭，祔主禮，族黨戚友製錦屏以識不朽。峰雲復請於余，余爲之書其大節，總爲一傳，而其細行，概從略云。

論曰：節烈之氣，原於孝友。孝友蘊於中，斯忠義形於外。君家父子、兄弟、夫婦，當蹂躪倉皇之際，詎不知偷生之可免？顧乃視死如歸，蹈白刃而不辭者，誠有所"不容已"[3]於中者也。同治三年，大府飭采訪節義，經局紳詳具各厰士女殉難事實，彙請旌表在案，其名氏於光緒某年附祀省垣忠孝、節義兩祠，每年春秋由縣學致祭。而馬王厰耆約又於每年冬月設醮會，焚香楮以報。其死事之勤，嗚呼盛矣！

夫自君没迄今，將及一紀，而英靈弗沫，視彼泯焉以終，與草木同腐者何如耶？即謂此爲君家之遺澤可也。況君子峰雲、河雲育孫男七，曾孫男一，朝清子溪雲育孫男四，桂秀蘭芬，蒸蒸日上。則天之所以報節義者，又何嘗不厚耶？嗚呼！如君家父子兄弟，夫婦洵足以風矣。

【箋注】

[1]顧：原作"原"，形誤，據金陵本改。

[2]藹然：和氣友善的樣子。

[3]不容已：不得不這樣，必須得這樣。朱熹將"天理"解釋爲萬事萬物"所當然而不容已"和"所以然而不可易"。

袁處士家傳

公諱汝梁，字扶三，行三，父卓園公，另有傳。昆仲四人，次吉人公，諱汝楨；又次友三公，諱汝某。而公居長，生有至性，磊落能任艱巨。先是叔祖百川公、天行公創立生意於伊犁河迪化州，公自十七歲即承先志，往來西域，四十餘年不憚跋涉之苦，號規無論東夥[1]必逾六年，始獲一束歸。公抵家日，見卓園公年邁，伏拜膝下，淚涔涔下，不能起，蓋傷己之遠遊，不克朝夕承歡也。然雖依依不忍離，而卒不能不離也。每值束裝西上，則呼德配某孺人暨子某諄囑，以代己盡孝爲辭，而無一語及他事。處兄弟尤怡怡藹藹，始終無閑言，絕不以資財爲重，而稍薄骨肉也。其天性孝友，大節無忝[2]，類如此。

公駐西域時，凡鄉黨戚友赴該處貿易者，值困乏則助以資本，或思歸而無力，更多予以川資，不少吝。族人某舊負金百餘兩，忽膺痼疾，公爲延醫調治，親侍藥餌，死後一切棺殮悉代備之。厥後歸家，并未向伊子弟一言以示德。凡此，又公之崇仁尚義所推而暨者也。年某歲[3]疾終迪化[4]州城，咸豐某年，公子某[5]扶櫬還葬，至今里人思之，仍不斁[6]云。

兵燹後家乘散佚，偉既爲補傳如右，且書於後曰：公之天性純篤，爲近今所罕及，固宜享大年，膺多福矣。乃辛苦半生，而卒不獲一日安，抑又何也！然今且孫曾盈庭，蘭芳芝秀，"積善餘慶"之說，誠有如是，其不爽矣！嗚呼，足以傳矣。

【箋注】

[1]東夥：指東家與店鋪夥計。

[2]忝：原作"忝"，形誤，據金陵本改。

[3]年某歲：金陵本作"某年"。

[4]迪化：指新疆烏魯木齊。

[5]公子某：金陵本作"君子"。

[6]斁（yì）：厭棄；厭倦。

袁君卓園家傳

公初諱士雅，嗣改諱士元，卓園其號也。先世俱有隱德。父辰峰公，恩貢生，生子三人。次諱士幟，又次諱士旂，公居長。以寄籍入昌吉縣學。事親以孝，處兄弟以友愛。弱冠，辰峰公棄養，遂廢舉子業，綜核庶務，家事蒸蒸日盛。而公之教家，尤整齊嚴肅。眷屬六十餘口，每食設廣几於中庭，公首坐，諸弟諸子諸孫以次分坐；即婦女亦另有會食所，無或徑入私室者。晚餐後，咸至公寢問安，內外分左右侍立，聽訓誨，室不能容，則俟立戶外，不命之退，不敢退也。自公主家政五十餘年，蓋如一日焉，嗚呼難矣。

公尤重儒術，延名師課子弟讀，躬親灑掃進酒食，以故二弟入學食餼[1]，子姪亦多列庠序、貢成均。今光緒丙子科公孫錢以第五人登賢書，官朝邑訓導。得封如其官，豈非詩禮之澤綿綿勿替也哉。

嘉慶某歲大饑，公散糧數百石，全活甚衆，邑令表其門。道光十五年，歲又大祲，公復捐錢三百餘串，至今里人猶不忘。尤善解排紛難。有爭鬥者，得一言靡不立釋。數十年中，無以訟聞者，則公之所以默爲保全者大矣。

公壽七十有三而終，嗚呼，可以傳矣。兵燹後家乘散佚，公長孫彭齡懼公之德弗彰，囑偉爲文，以示子若孫。偉，公婿也，義不容辭，爰撫其大者以爲公家傳。他年輶軒[2]有採，或不以偉所述者爲虛誕，則公之潛德無不發之光，而偉亦可告無憾矣。

【箋注】

[1]食餼：指明清時經考試取得廩生資格的生員享受廩膳補貼。
[2]輶軒（yóuxuān）：古代使臣乘坐的一種輕車，亦代指使臣。

節孝婦王崔氏傳

節孝婦王崔氏，鄂東鄉留犢堡王大公之妻，同堡崔學讓之女。年十七，歸大公。月餘，大公貿易新疆，久之不知所終。時舅早逝，姑在堂，家貧如洗，姑患痿痺，老益篤。氏悉心奉養，十餘年無倦容。姑没後，閉戶績紡，飢寒交迫晏如也。今氏年七十有二。

論曰：昔漢陳孝婦[1]夫行戍，囑代養母，夫不還，婦卒踐其言，養母以終。今觀王崔氏之事，將毋同？嗚呼，有子而不念將母者多矣，況婦人乎，況嫠婦乎！若氏者，足與陳孝婦爭烈矣。

【箋注】

[1]陳孝婦：據《漢書》卷九二顏師古注云：陳孝婦，河南淮陽人，品行賢淑，夫戍邊隅，囑以養母。後夫死邊陲，陳氏一諾千金，雖家境貧寒，卻竭盡孝養，終身不渝。淮陽太守以孝行上奏朝廷，漢文帝賜以重賞，以示表彰。

劉節婦盧氏傳

節婦盧氏，鄂東鄉第五橋劉丕顯之配，鄰堡盧成忠之女。年十七，歸丕顯。家稱素封，氏事舅姑以孝聞。二十二歲，丕顯病歿，遺子壽令甫歲餘。是時舅姑已相繼卒，家亦中落。氏茹蘖[1]飲冰，撫孤子三十餘歲，又以病歿，遺孫女二。壽令妻邵氏亦早寡，克盡婦職，姑媳煢煢，相依爲命，以紡績度日，終年不出戶庭，人皆稱爲"雙節"云。

氏以邵氏無子，命撫堂弟子允升爲嗣，已成立。同治二年，氏年七十二以終。

【箋注】

[1]茹蘖：樹木砍去後又長出來的新芽。

王節婦邢氏傳

節婦邢氏，鄂東鄉留犢村王者賓之妻，南奇寺邢有懷之女，年十七歸者賓。家徒壁立，舅姑相繼逝。閱九年，夫以病歿，無子，遺女二。氏絕粒以泣，矢志靡他。

先是氏同居夫兄者香，以儒懦弗習於農，日就式微，亡後遺子女各一，負逋纍纍，所有田畝，悉以償債，家遂赤貧。氏與寡嫂孫氏同志守貞，撫諸孤以女紅度日，備極艱苦。既而孤姪遇寵成立，家亦漸裕，氏年七十有五，猶扶病服勞，不出戶庭云。

賈貞女記事

賈貞女名清，鄂東留犢村賈四知之女，幼爲本邑花原堡閻金閣之子朱銀兒童養媳。銀兒溺水死時，女年十四。舅姑老病，無次丁，葬後三日，女隨姊赴墓奠，則易垂髫以笄，誓守貞以養二親。舅姑大駭，即日送往母家，勸令毋持初志，而女覓死者再，終不移。

邑之耆老高其義，以鼓吹導，歸閻氏室，白於官。或問之曰："農家幼女，未知書，何貞潔若此？"女俯首不答。既而曰："余嘗聞人談古節烈矣，豈獨不能及古人耶？"自是惟歲首一至母家，昕夕紡績，足跡不履外户。舅姑相繼歿，喪盡禮，祭盡誠，猶時以未盡孝養爲痛。

閻氏舊有田十餘畝，而逋負纍纍，女日食糠粃，甘之如飴。隴畝之事，亦躬任之。先世舊債，俱以節口縮腹所餘次第清償。其潔清自屬，有非士夫所能及者。

先是女遵母命，撫甥印鰲爲子，已聘有婦。而印鰲被寇虜去，存亡莫知。嗚呼，遇亦蹇矣！同治六年，髮逆入境，女投井中，五日四夜得不死，鄰嫗以告於逆酋，酋大嘆服，令其梟母得近女家，犯者殺無赦。其節烈感人，在異類猶如此。女現年四十有三。

貞女張馬氏事略

貞女長安北張村馬智順之女，堰頭村張萬林聘妻也。以貧故，童養於張，事姑極孝。姑牛氏早寡，家亦貧。萬林鮮兄弟，將婚而病殁，女矢志不嫁。其母暗受鄰村王姓聘，親導娶女，隱車村門外，要女歸寧。女微聞其謀，則大慟泣，投於地曰："吾姑孀老無依，吾去姑將填溝壑，安忍他往？令吾夫慘傷泉下耶？"誓留此身以養姑，否則死而已。其母怒，摔之行，族人之利其嫁者共強之，邑之紳士張五美、寇守信、羅雲炳等稟諸官，始得抱萬林木主行禮柩前，克成其志。邑令李君爲置養貞田十四畝。時道光二十九年二月，女年十七歲。厥後姑以哭子失明，至咸豐元年病歿，女鬻田以葬，租入愈不克給，朝夕紡績度日。境彌苦，志彌厲；身益老，心[1]益堅。鄉里僉稱見未有如女貞孝者。

嗚呼，難矣！□捻之亂，左右鄰均被焚，惟女住房一間獨存，故得即舊時區文詳考年月事實，亦足見鬼神之呵護有靈矣。光緒十二年冬月，有刁徒某強斫女田邊柘株，邑侯涂公斷歸女，并遺錢二十串以賙之。將爲請旌，去任未果。女今年五十九歲，以夫堂弟子爲嗣，年甫四齡。

【箋注】

[1]心：金陵本作"志"。

何潘氏事略

澧水之東有農家何秉清者，爲已故母潘氏生辰設奠，蓋即世俗所謂陰壽也。其鄉黨好善者，既爲譔文建碑以誌不朽，而其姻婭甥壻等不忍没氏之節行，復製錦以祭焉。既卒事，秉清偕同里處士智君允增蹱門而告予曰：

吾家世業農，吾父諱春，吾母氏潘，年十九歸吾父，性淑慎勤儉，善持家政。顧吾家素貧，吾母晝尸饔飧[1]，夜勤紡績，相吾父以奉養吾祖父諱得英公與繼祖母氏智，先意承志，雖疏食菜羹，必敬必潔，能得堂上歡心。

越二十三年，吾母年四旬有二而吾父卒，吾祖父暨吾祖母尚在堂，家益落，田僅數畝，屋僅數椽，艱窘萬狀。吾兄弟皆幼弱無知，仰事俯畜，賴吾母以一身支撐之，卒能無缺，心力蓋交瘁矣。又四年而吾祖父母相繼殁，正值道光丁未[2]荒旱之際，吾母竭力以營殯葬，哀毁逾禮，然猶常以附身附棺[3]未能盡心爲深痛焉。吾母之致孝於親也如是。

吾母生子二、女一，吾弟名秉正，先吾母卒；吾妹適張氏，亦先吾母卒。秉清性復愚懦，讀書無資，僅力於農均，不能分吾母憂。數十年中茹茶舍蘖，惟仗吾母摒擋衆務，而紡績耕耘之暇，兼教秉清作小營運，以補苴[4]朝夕所不給，以故家亦小康焉。不意捻□繼亂，田園廬舍悉毁於火，合家流離遷徙，吾母年六旬有八，驚怛之餘，遂病不起。時同治四年七月十九日也。痛哉！

吾母一生艱苦備嘗，刻無寧晷，老境稍舒，而頻年離亂，仍復憂戚以殁。今雖孫曾盈前，吾母不及見矣。此秉清所爲悼慕而不能已者也。陰壽之作，合禮與否，秉清不敢知，惟冀大君子錫以藻采，爲泉壤光，稍盡人子之心於萬一而已。

智君在坐，蓋高年尚德士也，復爲余述秉清之母之賢孝，一如秉清所述。余曰："允[5]若是，是足以傳矣。"即次其所述序之如右，而綴以論曰：

《記》云"君子有終身之憂"，忌日之謂也。忌日必變服，致齋居，宿於外，不舉樂，不接賓客，方爲中禮。若生辰設奠，歷代禮書皆無其文，惟元義門鄭氏泳《家儀》謂"事亡如存，不宜竟缺"。然或肆筵召客，結綵張燈，則斷乎不可，誠以親既亡矣。雖值有生之日，皆屬已歿之年，苟一念及歲序遷流，生不及享，悲痛當復如何，詎忍萊衣菊部[6]，揚厲鋪張耶？

本朝《通禮》成於道光四年，有忌辰之奠，無生辰之奠，蓋所以防其甚也。人子果不忍忘其親，則露濡霜肅，皆可將薦享[7]之誠，丐誄徵銘[8]，無難盡表揚之義。即欲兼祀生辰，亦當如忌辰之儀，則無於禮者之禮，君子宜弗病焉。

今何秉清農家子，本非習於禮者，誠痛念其母辛苦憂愁，終其身而不獲一享其逸也，自非致飾外觀以博庸夫孺子之慨慕咨嗟，而其母之賢孝，未嘗不藉是以傳，其心亦足諒矣。吾之爲此論，實慮夫後之踵而行之，或無深痛之志，徒爲華侈之觀，是則人心風俗之憂不可不預爲正之也，即以質之智君，或不以吾言爲河漢云。

【箋注】

[1]尸饔飧（shīyōngsūn）：操持做飯。尸，主管；饔飧，飯食。

[2]丁未：道光二十七年，1847年。

[3]附身附棺：附身，指裝殮；附棺，指埋葬。《禮·檀弓上》子思曰："喪三日而殯，凡附於身者，必誠必信，勿之有悔焉耳矣。三月而葬，凡附於棺者，必誠必信，勿之有悔焉耳矣。"意謂慎終的內容，是指附身附棺的事必誠必信，不要有後悔。

[4]補苴：指補綴，縫補。引申爲彌補缺陷。

[5]允：確實，果真。

[6]萊衣菊部：萊衣，指小兒穿的五彩衣，表示對雙親的孝養；菊部，請人唱戲。

[7]薦享：祭獻，祭祀。

[8]丐誄徵銘：請他人撰寫墓誌銘。丐，乞求；誄，敘述死者生前事跡，以示哀悼，亦即爲謚法所本；徵，徵求；銘，墓誌銘。

《灃西草堂文集》校注

卷五

長安　柏景偉　子俊甫

碑記

關中書院光緒戊子科題名記

　　光緒丁亥余忝附關中講席，越明年，戊子秋試榜出，門下士獲雋[1]者二十餘人，多余歷年來相與昕夕切劘、不區區以科第爲志者，顧[2]科第亦稱盛矣。齋長梁積樟[3]以書院題名請，且曰：“昔馮恭定公講學於此，著萬曆《壬子科題名記》，謂‘名必以聖賢自勉，無本之名不可有，有本之名不可無。若僅成科第之名，則雁塔豐碑足矣，又奚取於斯。’今弟子等固皆有志，而深懼弗逮也，願先生教之。”余曰：“誠如是，是不以科第自多，其必不負所學乎！”

　　夫制義取士崇道德，急勛名者類薄之，抑知國家設科爲中人耳。範天下於“四子”“六經”之中，雖五尺之童，莫不知鄒魯[4]爲正脈，佛老爲異端，其益亦大矣。若上哲之姿，自有不囿[5]於科第者。況理學名臣多出其中，未嘗非君子行義之階級也。惟學者不從根柢用功，而求速化斯揣摩剽竊之術，工文品、卑士品靡矣，奚望處爲名儒、出爲名臣哉！然此豈盡學者之咎？目不睹有用之書，耳不聞有道之訓，自束髮入塾，祇知科第爲富貴利達之媒，則教者何以諉其責耶？恭定云：“講學書院，固不專爲科第而科第，亦足見書院講學之益。”

　　今之列名於右者，誠不以一時之名爲榮，而以不朽之名相礪。由此以往，達則致澤之外無越思[6]，窮則尊樂之中有貞操，平生學力尤在此時持定，斯不至隨流俗爲轉移，而名且與日月爭光，豈僅不負科第哉。後之讀斯記者，或歷考其人，謂《戊子題名》與《壬子題名》後先可輝映也。即余亦與有榮施矣，吾黨勉乎哉。

【箋注】

[1]獲雋：會試得中，亦泛指科舉考試得中。

[2]顧：文言連詞，但、反而、卻。

[3]梁積樟：字幼海，鄠縣人。光緒間舉人，官浙江鹽大使。

[4]鄒魯：鄒國與魯國的并稱，是孔子與孟子的故里，借指孔孟。

[5]囿：局限，被限制。

[6]越思：指越軌的思想行爲。

光緒己丑[1]恩科陝西鄉試題名記

今上以皇太后授政特開恩科，廣中額，於是太史劉公、農部承公奉命典陝西試，取正榜六十五人，副榜八人，例得鑴石慈恩寺浮圖下，蓋踵唐人雁塔題名故事。列榜首者實司其事，門人陳濤以記請。溯自設科取士以來，魁儒碩輔多出其中。吾陝兵燹後典籍散亡，士乏實學，識者病之。大府創立志學齋課，廣儲經史，俾諸生拓[2]其見聞，敦其踐履。督學[3]柯公復擇尤拔置上舍，厚資膏火，牖以古學，維時士之明體達用者，率蔚然可觀。其爲文章，亦變從前卑靡空疏之習。今陳濤以上舍生發解，培生成、党生相俊均隸上舍，其他尤多名下士，蓋所薰陶漸漬者久矣。

夫人材之盛衰本於學術，風氣既開，尚無磊落英奇乘時而出，無是理也。方今海宇多故，正賴二三豪俊宏濟艱難。題名於此者，儔[4]不涵濡[5]聖澤，銜恩思報？知必以千載之名自礪，弗以一時之名爲榮，行見道德勳猷[6]，與太華、終南并峙，豈僅不愧科第哉！余忝主關中講席，及門列正、副榜者二十有六人，故樂爲記而勖之，并期與同榜諸君子共勉焉。

【箋注】

[1]己丑：光緒十五年，1889年。

[2]拓：金陵本做"擴"。

[3]督學：派駐各省督導、視察教育行政及主持考試的官員。

[4]儔：古通"儕"，同輩，儕列，儕類。

[5]涵濡：滋潤，沉浸。

[6]勳猷：特殊功勞，勳章。

重修長安灃水普濟橋并梁公祠碑記

古之所稱大丈夫者，未有不以利濟生民爲己任者也。幸而遇則行其義於天下，不幸而不遇亦卷而懷耳。然不能無所感而興焉，則往往小試其道於一鄉一邑之間，豈徒博悠悠之譽哉，蓋其心固有所不容已者矣。澧水普濟橋創修於吾邑梁敏壯公，橋名亦公所肇，土人不忘公德，立祠河干，咸稱爲梁公橋云。讀公親撰碑辭碑豎祠內，此橋舊係徒杠，時復摧落，涉者病之。公讀書歸，過此見里人鑿冰支石，備極艱辛，駐足惻然。諸父老揖請俶助，則慨然曰："昔子產乘輿之濟[1]，君子譏之出。書生微橐，所濟有幾？丈夫會當澄清海宇，利濟萬民，不過費數月官俸耳。請誌今言，以俟他日。"

後一年丙戌，公以甲榜佐本朝，定丕基，爲開國元勳。洎建節江南，果馳一介賚重金歸故里，驅石走木，建長橋於澧上。車騎往來，如矢如砥，民到於今利之。嗟乎，公之功業，彪炳千秋！此特其餘緒耳，然亦豈非大丈夫得遇於時者之所爲，而不遇者之所慨慕奮興而莫能繼者乎？

澧水發源南山澧峪，鄠之太平峪水挾高冠、祥峪諸水由西南來注之，咸寧大義峪之潏水挾石鱉、豹林、子午、白石諸水由東南來注之亦名交水，遂成巨浸。普濟橋在秦鎮北十里，當衆流總滙處，東達省垣，西通盩、鄠、郿、鳳孔道也。自敏壯公創修後，二百年來屢圮屢葺，同治九年坍塌特劇，歷久未修。蓋由山空而水陡，沙淤而河高，橫流冲擊，斷石析木，蕩於盤渦，工大費鉅，無敢肩其任者。每値霖潦[2]，折軌濡首[3]，慘不可言。

光緒五年冬月，拔貢梁君頤之，敏壯公八世孫也，慨然有纘承[4]祖緒意，秦君永清亦矢願修復，遂與梁君定議，集資鳩衆，於六年二月下旬動工，旋募旋作，至七年正月功既垂成，約余襄理。余久息影田園，何能爲役，顧感諸君盛意，且讀敏壯公碑辭，而不能不望古遙集[5]，瞿然興也。所幸同事諸君子協力齊心，四月下旬一律告竣。統計添修新石礅七座，補修舊石礅十七座，以大木棚修新橋面五十二丈，以灰土築修舊橋面二十一丈，共糜金錢一萬二千餘串，較前所修頗爲堅固，而歷時僅十有二月遂已蕆事。何非敏壯公英靈爽毅，所默爲佑啓而呵護者耶！公祠毀於兵，因并新之，規模一倣其舊。蓋從橋社二十八堡公議，實亦木本水源之義也。

昔韓昌黎曰："事有曠百世而相感。"初不知其何心，余之記此，而不厭流連往復者，非第欲表揚敏壯公遺惠也，誠以橋工歷年久遠，不能無待修之。處吾鄉，他日倘有以大丈夫自命者，觀此碑入祠而展拜焉，宜亦必有慨慕奮興而不能自已者矣，則斯橋之所賴，寧不大哉！是役也，總司者、分理者、施捐者、募化者，均大與有力，例得書於副碑，用誌不泯焉。

【箋注】

[1]子產乘輿之濟：語出《孟子·離婁下》："子產聽鄭國之政，以其乘輿濟人於溱、洧。孟子曰：'惠而不知爲政。'"孟子認爲子產那樣治理國家，雖然仁惠，卻不懂得治理政事的方法。

[2]霖潦（línliáo）：淫雨，亦指雨後積水。

[3]折軌濡首：折軌，道路阻斷；濡首，埋頭，低頭，此指行走艱難。

[4]纘（zuǎn）承：繼承。

[5]遙集：指從遠處聚集。

重修咸寧潏水申店橋碑記

潏水發源南山大義谷，循神禾原西北，流經皇子坡至申店村，其地當咸寧西界，去省二十五里，爲出子午谷達漢南要津。舊有徒杠，僅通往來。道光季年，邑人焦鏡堂、鄭良材等始易石礅木梁，長三十二丈，闊一丈四尺，洞十有六眼，頗利行旅。歷久失修，多半傾圮，涉者病焉。兼以隄堰坍塌，水無鈐束，每逢霖潦，溢没民田近百頃，病農尤甚。

光緒九年，附貢生高爾鵬約同進士薛桂一、舉人孫燕澧、耆老田德純等重修之。既竣工，以書抵余，囑爲記。曰："此非余等力，乃盧壽庵孝廉祖齡之善舉也。先是孝廉過此橋，盡然[1]心傷，有興復之意。商之僕等，并慫恿爲首事。謂'此工務求堅固，爲一勞永逸計，需款即甚鉅，但倡行之，斷不令任事者爲難也'，遂將橋梁之式、修築之法、疏沙整堰之節一一授之僕等，且曰'凡此皆作諸君意，勿令知有鄙人也'。"

庀材鳩工，經始於是年二月，落成於九月。橋底石洞未改，欄橋石新舊參用，其餘橋面石板、橋頭石路以及綰[2]石之鐵、架石之木與兩邊八字禦牆俱屬新添，橋北車軌旋折易躓，添買徐姓地以通之。舊存龍王廟三間，添修山門三間，角門房二間，道房三間，繚以長垣，植以雜樹，并移無量廟元帝[3]神像於内，額曰"安瀾"。計用石條若干，木料若干，鐵若干，灰若干，桐油若干，糯米若干，匠工若干，糜[4]制錢一萬一千餘緡。募化者四千，其七千則盧君所施也。

此橋之成始成終，皆孝廉力，乃猶不欲人知，儻所謂有功而不德耶。今橋成而孝廉没矣，同事諸人不忍忘孝廉之善，請記以勸來者。夫人莫不有愛人之心，孔門之所謂仁也。仁者愛之理，能各致其愛於物，則仁矣。風俗有不厚焉者乎？橋工其微也，然使擁厚資、負大力，目睹病涉者滅頂折軌，漠然不動於中，所謂此心之仁安在乎？斯則風俗之憂矣。

余前襄辦咸、長賑務，始識盧君開粥廠助賑糧，全活頗衆，蓋已心儀其人。使非承譔此記，焉知孝廉之陰行善事，又進而益上耶？昔吾邑梁敏壯公化鳳出萬餘金創修灃水普濟橋，至今里人廟祀河干。盧君雖没其名，必有不與俱没者！百年後經此橋、睹此碑，孰不罨然[5]高望，亟稱樊川杜曲[6]間大有善人焉？則謂孝廉不没可也。

兵燹以後宜興復者何限，人之欲善，誰不如我，豈竟乏聞風而繼起者乎？挽人心之澆漓[7]，反風俗於純厚，蓋不能無殷望焉。即質之首事諸君子，當不以余言爲河漢云。

是役也，司疏濬者爲五品銜辛玉堂，司採買者爲武生張希彬，司賑項者爲趙文源、高和清，幫辦一切雜務者爲何南營、徐福本，靡不協力同心，始終罔懈。而首事孫君、田君又勸諭距橋二里許之徐家堰，自行修築，一律完固，例得附書於碑，以垂不朽。

【箋注】

[1]盡（xì）然：盡，悲傷痛苦。盡然，悲傷痛惜貌。

[2]綰：貫通，聯繫。

[3]元帝：即玄帝，北方之帝顓頊，又稱道教所奉之真武帝。清人避聖祖玄燁諱，以"元"代。無量廟爲無量佛法寺的簡稱，此地貢奉三教神像。

[4]縻：通"靡"，消耗。

[5]罨然（yìrán）：高遠貌。罨，通"臬"。

[6]樊川杜曲：樊川位於今陝西省長安區境，杜曲位於樊川少陵原邊。

[7]澆漓：人情，風俗淡薄。

重修長安客省莊灃水古靈橋碑記

灃水發源終南山，挾一十八峪之水，經長安客省莊東北流而注於渭。其南則普濟橋，其北則文昌橋，皆輿梁也。客省莊東通省會，西達鳌、郿，尤爲要津。康熙丙戌，創建徒杠，板石椿木，名曰靈橋。乾隆戊寅，拓爲雙板椿，亦易木而石，行者利之，舊碑可稽。然規模卑狹，每值霖潦，輒浸沒水中，仍多阻滯，且易傾圮，糜費不訾[1]。

至道光三十年，貢生閻大來倡捐錢若干串，募化錢若干串，邀同社首閻、曹、高三君等，公議改爲三頁石板，添築石墩石塔頭共五十四眼，較前加寬加長，加高加堅，期月告竣。往來行旅，乃無病涉。鄉人作歌以頌功德，誠義舉也。

同治十一年暴水沖激，橋半坍塌，貢生君再偕社首人等竭力重修，又於東岸創建龍王廟三楹兩進。嗚乎，可謂勤矣。茲因客秋[2]橋復傾損，總約閻三美同三村鄉約照舊繕完，擬刊碑以誌顛末，蓋皆不忘貢生君之功德也。嗚乎，善人逝矣。里中父老且思追述之，以垂不朽，此風俗之特厚者也。人孰不願善人乎？余故樂爲傳之，以諗[3]後之踵芳徽而永譽者。是爲記。

【箋注】

[1]不訾：不可計算。

[2]客秋：去年秋天。

[3]諗：規諫。

山右[1]李氏四世封贈碑記

同治歲在壬申，山右道銜[2]李公名庚魁[3]字某，既爲其祖父某公、祖母某太夫人，父某公、母某太夫人并本身妻室援例請加二品封典，又請貤贈曾祖父某公、曾祖母某太夫人如其封銜，四世同荷國恩，龍章寵錫，甚盛事也。其戚友製錦以爲公壽，丐余書其壽言，得藉悉公之爲人寬厚恂謹，有古君子風，未嘗不嘆積善餘慶爲不爽矣。今公復歷述世澤，馳函告余曰："魁家自曲沃遷居臨邑[4]，日用淡薄，先曾祖遠賈於豫之正平，單身拮据，心力俱瘁，始創立基業。先祖接種嗣興，經營數十年後，復增置生意於遠邇。先父與先伯父、先叔父俱克象賢，承先啓後，家道益昌。延至魁兄弟守成無狀，兼值運鹽滯消，歸商退商，費用不支。軍興以來，捐助餉需，動逾巨萬，累世積蓄幾盡於茲。而魁兄弟暨子姪輩均邀議叙之榮，何一非自創始者艱辛中來也。夫榮及孫子，略其祖宗，感秋霜春露，能不傷舊澤之湮。因請曾祖以下前以六品受封者悉得加[5]封二品，非欲誇耀鄉鄰也，衹以報切烏私，稍盡顯揚於萬一耳。茲卜於先塋前數武立一貞珉[6]，竊冀祖功宗德，永垂不朽。幸賜序文，用光泉壤。"

余閱之益嘆天之報施善人至渥至優，而其所由來爲至遠矣。夫一家之興，無踰勤儉，然必創之者有忠厚待人之量，以積於無窮；繼之者有寬宏濟物之心，以綿於勿替。而後潛德有必發之光，篤行無不彰之理。曠觀古今，若合符節。如公所述，豈徒以竭力營謀、刻心節嗇遂能致此哉？蓋其培植者已在數世以前，而其熾昌者乃在歷傳以後也。來函但敘創垂之艱難，未詳積累之深厚。以余素聞於其鄉人士者，誠有如前所云。故論及之，俾睹此碑者，咸曉然於國家賞善之典，與聖賢福善之說，有相成而無相背。即李氏奕葉[7]亦憬然於人力不足憑，天心有可恃，將益保泰持盈，善繼善述，而休嘉更流於靡既矣。余與公未曾識面，而公不遠千里請序於余，余雖不斐[8]，義不容卻，故絜其大略而序之如右。

【箋注】

[1]山右：金陵本作"山西"。古人以面向南論左右。山右即山西，兩說皆通。

[2]道銜：道一級的官銜。《二十年目睹之怪現狀》第十九回："何況這位李公，現在已經捐了道銜，在家鄉裏也算是一位大鄉紳。"

[3]庚魁：即李庚魁（生卒年不詳）。光緒《續修臨晉縣志》卷一《孝義》："李庚魁治家勤儉，尤喜施予……遇歉歲出粟賑貸，鄉里德之。"下有小字注"景家卓"。檢民國《臨晉縣志》卷一《區村考》有"景家卓聯合村"。

[4]臨邑：位於山西臨晉縣，唐天寶十二載（753）改桑泉縣，治所即今山西臨猗縣西南之臨晉，1954年與猗氏縣合并爲臨猗縣。

[5]加：金陵本作"晉"。

[6]貞珉：石刻碑銘的美稱。

[7]奕葉：累世，代代。

[8]斐：金陵本作"文"。

康母鞏氏墓碣 丙戌[1]

婦人以才見，不如以德見，然才原於德。世謂無才即德，吾謂有德必才。

《易》曰"無攸遂"[2]，《詩》曰"無非無議"[3]，蓋言處常之道，非處變之道也。賢媛恪守陰教，豈願以才見哉。至不得已而以才見，而德乃愈不可及矣。周生建子，余門人也，常爲余道其戚蟄屋康君玉妻鞏氏之賢。余曰："此德之以才見者也。"

氏初歸康，值承平無事，相夫教子，孝事舅姑，勤於績紡，鄉里嘖嘖，咸以淑慎稱。迨同治紀元，□捻稔亂，困阨流離之際，其夫以病歿，夫兄弟亦相繼歿。撐拄[4]家政，備歷艱辛。姪萬春、子萬年、孫清相依爲命。無何萬春又歿，萬年與清復虜於賊。其婦均少寡，而姪萬壽、姪孫協愷又均不滿十齡，窮民無告，伶俜[5]相對。兵荒之後，仰屋而嘆，蓋幾無生氣矣。

氏內撫孤孀，外營稼圃，茹荼含櫱，廿餘年如一日，卒使諸孤成立，各孀婦克礪貞節，而先世舊業無尺寸失遺，且取姪孫愷爲其子萬年嗣，若氏者可謂無負所天[6]矣。非德足以孚其家人，而才又足以濟之也哉！是可以風矣。

氏壽七旬有六，卒於光緒十二年五月初一日。臨終取素所織布爲舉家預製喪服，兼戒諸孫毋厚殮厚葬。何深明大義，而勤儉之德，尤足貽謀於勿替也！嗣孫愷以表墓文請余，即以聞於周生者書之，并以勖其後人毋忘賢母焉。

【箋注】

[1]丙戌：光緒十二年，1886年。

[2]無攸遂：不可遂心所欲。《周易·家人卦》六二《爻辭》曰："無攸遂，在中饋"，言婦人之道取象於陰，有柔順之德，不可遂心所欲，但居中主饋食而已。

[3]無非無議：指女人不要議論家中是非，說長道短。非，錯誤，儀，通議。語出《詩·小雅·斯干》："乃生女子……無非無儀，唯酒食是議，無父母詒罹。"

[4]撐拄：支撐。

[5]伶俜：孤獨的樣子。俜，原作"娉"，形誤，金陵本作"竮"。

[6]所天：丈夫。

賈貞女碑記

貞女鄠邑留犢村賈錫瑞之女，花原頭閻朱銀兒聘妻也，童養夫家，公姑胥鍾愛之。咸豐元年六月，朱銀兒溺水死，女年甫十四，慟不欲生。葬後三日赴墓奠，則易髻以鬏，公姑大駭。即日送往母家，勸令毋持初志，女覓死者再，終不移。邑紳等高其義，以鼓吹迎歸。閻氏白於官。自是足跡不履外戶，惟歲首一至母家而已。昕夕劬[1]女工，曲致孝養。公姑歿，僅有田十餘畝，債負纍纍。女益節縮口體，次第清償，其艱苦有非士類所能及者。

先是女遵姑命，撫甥印鼇爲嗣，已聘有婦。印鼇復遭寇掠，煢煢一身，形影自吊。嗚乎，遇亦蹇矣。光緒十五年，女年五十二歲，計守貞三十八年。

論曰："女受聘未婚，夫死爲終守"，歸熙甫[2]謂不合義，作《貞女論》非之。然西山隱士何嘗躬任殷廷？宋、明鼎革之際，草莽逸民率逃匿不出，何也？夫三綱之義，君臣、夫婦一也，熙甫是論過矣。況童養之女所以事公姑，與夫早已名辨分定乎。若賈貞女者，亦獨行其志之所安而已，他何知焉。聖朝褒揚貞孝，不遺窮陋。大哉，帝德如天矣。

【箋注】

[1]劬（qú）：勤勞。
[2]歸熙甫：指明代著名文學家歸有光。

墓誌銘

賀豹君孝廉墓志銘 乙亥

　　去歲賀豹君孝廉之歿也，余聞之未嘗不嘆君子之道窮矣。夫義切桑梓，稍障狂瀾，竟遭媒孽齎恨以終，其鄉人雖傷之，卒無有一人代剖其是非。彼慷慨有爲之士，有不甘心淪落以没世者哉。嗟乎，君子之道，固如是其窮耶。

　　君長子峻，余門人也，將以今年九月十三日葬君於村西祖塋，持狀請銘於余。余雖不文，而亟欲白君之心也，因次其大略而誌之。

　　君諱文蔚，號青原，豹君其字也，渭邑坳底村人。先世力行義舉，遺惠在人。考戟森公，妣氏趙、氏李、氏趙。昆弟二人，君序仲。生而穎敏，有不羈才，且至性孝友，爲戟森公所鍾愛。弱冠讀書省垣，日食錢六十文。及歸，視戟森公所食不如己，更減其所食。經史而外，兼涉諸子百家及天文、地理、兵事，諸有用書無不習熟，故發爲文章，博辨宏深，有奇氣。

　　咸豐壬子舉於鄉，兩赴春闈[1]不第，遂曠然高隱，不以得失介懷。雖長於制藝，與人言未嘗及之，而天人性命、倫常物理、古今人才之賢否、政治之得失，剖析精詳，娓娓不倦，聽者莫不傾服。好學書，嘗謂"晉人至矣，宋元以降失於放縱，惟唐人規矩謹嚴，可爲師法"。潛心臨摹，數十年如一日，故其書下可兼諸家之長，上可入晉人之室。

　　居身儉樸[2]，不修邊幅，器無雕鏤之華，衣鮮綺紈之美。冬不鑪，暑不帳。城市往還，一驢代步而已。然至親朋族黨或有急難，不計多寡而力周之，無吝色[3]，亦無德色[4]。村有放穎賑者年終給錢二百，次年忙後還麥一斗，貧民苦累不堪，公憫之，與堂弟湛源議集粟建倉，用濟窮乏。并勸諭本家共捐麥百石，以時收放，村人利之。又與湛源捐立義學[5]，置田數十畝，爲延師之費。其好善樂施類如此。而經理差局，力塞弊竇，尤爲人所欽服也。舊有車馬局，例推富紳二人，駐局總管，爲遇大差力足賠墊，不擾里民故也。每歲終交卸，必盡焚一年簿籍，所以杜刁健把持，慮甚遠矣，然歷久亦不能無弊。

同治七年君管局事，集眾紳而倡言曰："局之有賬，備查核也，奈何焚之？不焚當自我始。"其年兵差絡繹，公抗不急之務，省無益之費，任怨任勞，里人德之。至十二年又管局事，適患瘡瘍，未得常常駐局，反有以賬項不清訟君者，君已墊賠銀無算，憤甚，力疾赴省對質。久病昏瞀，不能自白，遂致不起。嗟呼，君果有侵蝕心，何不并局賬而焚之，乃自貽伊戚耶。然則君不能自白於生前者，無不可共白於歿後矣，此余之所亟欲誌君者也。君雖歿，子弟師君之儉，宗族食君之惠，鄉人士莫不明書法而務實學，則流風餘韻，正未艾矣。

君生於嘉慶丁丑年十月十三日午时，卒於同治甲戌年十月初七日子時，享年五旬有七。元配氏侯，繼配氏劉、氏張、氏曹、氏李。妾一，氏同。子二：長峻，張氏出，娶於雷；次寬，同氏出，娶於高。孫錫麟，寬出。銘曰：

公負長才，罔濟於時，而公無所疑。公抱直道，弗諧於俗，而公靡所曲。小試經綸，為一邑福。天佑善人，不於其身，非蒼蒼者不仁？餘慶所積，含笑九原，是豈不足以垂裕後昆。

【箋注】

[1]春闈：由於會試在鄉試的次年春天舉行，故會試又稱春闈。

[2]櫟：原作"僕"，形誤，據金陵本改。

[3]吝色：為難的神色。

[4]德色：自以為對人有恩德而表現出來的神色。

[5]義學：也稱義塾。古代靠官方出資或地方士紳出資或地租設立的蒙學，招收對象多為貧寒子弟，使其免費上學。

陳君益庵墓誌銘 戊寅

陳君諱以謙，字益庵，號吉人，世為鄂之宋村人。曾祖琨，妣氏解。祖守基，妣氏嬌、氏龔、氏張。父大德，母氏劉、氏王。王有子四：以豐、以晉、以鼎，君其長也。繼母氏唐。君生而穎異，年十七即孤，諸綱紀覬覦其幼，而君綜核過老成，則大驚憚服。性孝友，事繼母得其歡。家世農商而君嗜讀書，累家務不獲卒業，然時時手一卷，頗汎覽古今，訪知名士與之遊，或與語不合，則執己見，若與絕，而心儀其賢。有所急，未嘗不爲謀也。旁涉醫卜壬遁，靡弗精。而其待館師禮尤隆，咸陽孝廉楊芝塘者，予友，常先後館於君家。君創對峰書屋，蒔花竹，引流泉，談宴於其中。諸弟子執經問道，翛然得物外意。蓋非獨以甌饡鼎肉爲忠且敬也。

迨□□起，芝塘以戰死，遺祖母、父母及妻妾老幼零丁，困苦靡依。君間關迎至鄠，授館繼粟，不幸先後以疫沒，君既經理其喪葬。予時轉徙南山，君亦移居山中，危亡患難之際，相依如骨肉。君於地方公事輒身爲衆先，如捐餉、練團、修寨諸義舉，即出重資弗惜也。而志節尤介然不苟，縣令耳君名，數致誠款君，亦心許之，未嘗至其室。兩外祖母均節婦，君爲請旌如例。生則饋問，沒則喪葬，無不竭力經營。於鄉里親戚之間蓋靡不厚，則其天性然也。

自祖父以來，每歲饑，必出粟賑濟。□□平後，田園荒蕪，君家漸落，然猶措數百緡賑鄉里之無告者。今歲旱荒特甚，予與諸友謀請賑，每竊竊憶君，謂值此時得如君者數十人，事可不勞而理，孰意君之訃竟慘然至我前也。

君生於道光癸未正月二十二日寅時，卒於光緒丁丑八月初八日巳時。配孫孺人，生子二：煥珽，乙亥舉人；煥珪，丙子舉人。繼配三，俱氏張，妾氏馬，均無出。又繼配穆，生女一。幼孫讓溪，煥珪出。二子科名，人嘖嘖稱，敬師效[1]然與否與？而天又何奪君之速也。將於是年正月二十八日葬於西圭峰[2]新塋，二子乞予銘，予不忍辭。銘曰：

嗟嗟！是益庵之窆[3]，既安且吉。惟爾子孫，綵詩書之澤。

【箋注】

[1]效：金陵本作"之報"，二說皆可。

[2]西圭峰：在今西安鄠邑區高冠峪口。

[3]窆：墓穴。

宮處士墓誌銘癸未[1]

君諱世鐸，字聲之，號靜齋，盩屋宮氏。昆仲三人：次世現，早卒；季世鎔，邑庠生；君居長。世居祖庵鎮南宮家堡。曾祖鳳建，字立山。祖文科，字學亭。考可元，字長善。以農爲業，世有積德。至君而篤志於學，補博士弟子員。

以齒德舉鄉飲賓,性聰敏而方嚴,不苟言笑,人望而生畏。及與接,則抑然溫恭,未嘗以盛氣加人。逮事祖妣氏鞏以孝稱,事父長善公、母吳孺人生能盡孝、歿能盡禮,復推所以事父母者事伯父伯母、叔父叔母,并推愛於諸弟,體恤備至,內外無間言。好讀性理等書,師事名宿司舜山先生。學務實踐,不求人知,遍黏先儒格言於窗櫺户壁間以自箴警。或有拂逆,輒開卷體玩,怡然曰:"何書之益人如此也。"可謂心得,而非口耳之學足儷矣。

生平力於稼圃,率以身先,謂士當窮約,舍農事無所爲治生之法。暇則教授生徒,先品行而後文藝,間以醫道濟人。數十年無或倦,其教子炳南尤督以勤儉,不使隨流俗爲遷就。光緒紀元,余設帳杜子祠,炳南從余學。越明年,舉於鄉,余命赴南宮試,則述君訓曰:"少年偶博一第,不可妄干人,當節縮衣食費,稍積修資,待下屆北上未遲也。"雖贐以金,概卻弗受,余心異之,以爲當今世而尚有以淡名利、抑奔競教其家者乎?亟詢炳南,乃知君介介自持,從不貸人一錢,即困迫有所弗恤,是足風矣。二曲名勝,篤生偉人,李中孚先生以堅苦卓絶之行,力肩斯道,爲當代所宗仰。君誠私淑遺澤而克自樹立者矣。惜乎僅以獨善著也。

光緒八年十二月初五日日辰加戌[2],君以微疾端坐而逝,鄰里哀之,爲之罷社。距生於嘉慶十七年十月初六日午時,得壽七旬有一。元配喬孺人,無出。繼配王孺人,佐理家政,敬戒無違。生男一,即炳南,丙子科舉人;女一,適王氏,早卒。孺人生於嘉慶二十一年七月十二日寅時,歿於同治四年二月初二日寅時,享年五十,祔葬於堡南吳孺人塋次,坤首艮趾。又繼配王孺人,亦無出。孫男一,逢時,幼殤。孫女三,長字高氏,次二[3]幼。今炳南卜以光緒九年三月二十七日未時葬君,啓王孺人幽宮而合窆焉。遣伻[4]捧狀,丐文於余。余固欲誌君之行也,即論次其可傳者而係以銘曰:

維耕是力忘其辛,以書爲性探其真。清節不撓何嶙嶙,藹然孝友齊先民。厥躬雖屈道則伸,吾譔斯篇刊貞珉。積善餘慶螽羽詵[5],至理不頗質明神。

【箋注】

[1]癸未:清光緒九年,1883年。

[2]光緒八年十二月初五日日辰加戌:光緒八年爲干支丁巳;日辰,時辰;戌,指十二時辰之戌時(晚上七時至九時);加戌,即接近戌時。《晉

書》："九月之辰謂爲戌，戌者滅也，謂時物皆衰滅也。"

[3]二：原作"三"，據文意改。

[4]遣伻（bēng）：委派他人。伻，意謂使、令、使者。

[5]螽羽詵（zhōngyǔshēn）：螽指螽斯，一種昆蟲，俗名蟈蟈；羽，指翅膀；詵，同"莘"，莘莘，衆多貌。出自《詩·周南·螽斯》："螽斯羽，詵詵兮。宜爾子孫振振兮。"比喻夫婦和睦，子孫衆多。

翁君練亭墓誌銘 丁亥[1]

君諱其森，字練亭，姓翁氏，世居咸寧之春臨村，徙省城東關古蹟坊。曾祖惠，妣薛；祖兆熊，妣楊；父价，妣王、妣陸、妣董。三代俱請二品封典，君陸夫人出。幼失恃，事父與繼母以孝聞。讀書聰穎，年十九冠童子軍，入邑庠，伯父雪樵[2]太守愛之，期以遠大。君亦慷慨有大志，善騎射，精技擊，不屑屑理家人生產。秋闈屢薦不售，時事方棘，遂博考古兵法，思以辦賊自任。同治紀元，□□作，雪樵公知甘肅環縣事，君隨侍倡辦團練，逐賊出境，轉戰鎮原等處。以軍功保訓導，加五品銜，賞戴藍翎。五年捻匪入關，君奉雪樵公命，回保桑梓，東垣防務皆倚辦於君，賊不敢犯。既而雪樵公奉劉中丞檄，招安北山土匪，君復隨行，匪首扈彰一股數萬人咸就撫，拔出難民安插涇渭間。奉委辦理屯墾事宜，措置裕如，全活甚衆。

然自是陝境肅清，君亦倦遊矣。與胞弟壽慶家居養親教子，暇則約朋從縱酒劇談，藉銷胸中塊壘，蓋豪氣猶如昔也。惜乎君爲秦士，屢攖艱危，酬庸之典[3]，以廣文終[4]。晚年始援例得授同知，加知府銜，然終未克一展其志也。今老親在堂，而君竟長逝矣，此尤君所深痛者耳。

余嘗與君奉左文襄公札，總辦西、同、鳳三府，堅壁清野，左提右挈，相得甚歡。既余以有所不合去，君義不負友亦去。嗟乎，君之性情獨摯，肝膽不平，惟余深知之。余何能不誌君之墓耶。

君生於道光十三年正月十七日，歿於光緒十三年二月二十六日。元配李，生子一，慎修，庠生。女一，適富平庠生武，先君殤。繼配馬，無出。妾車，生女二，俱幼。孫一，輔清，慎修元配李出。諏吉是年十月二十日葬君於廟坡頭南阡新塋，丁首癸趾。銘曰：

非無負俗之累，而才固不羈也。雖有驚人之略，而數則多奇也。鬱鬱乎璧光劍氣，乃遽潛於茲也。

【箋注】

[1]丁亥：光緒十三年，1887年。
[2]雪樵：指翁雪樵。"樵"原作"蕉"。據本書卷六《代翁雪樵瀝陳招撫情形稟》"及附錄柏震蕃撰《柏子俊先生行狀》所載"咸寧翁雪樵先生，慶陽舊太守也"等語，知其爲"樵"，形近而誤，下同，不另注。另據（民國）《咸寧長安兩縣續志》卷十五記載：翁健字立夫，一字雪樵，道光乙酉（1825）舉人。援例爲甘肅知縣，尋以勞績奏加運同銜，署渭源縣事。渭源地居偏僻，流犯驕縱，幾不可制，百姓畏之如虎。雪樵公到任，廉得其情，擒渠魁，立置重典，民乃安居。同治初，權篆環縣，鄰近固原。明年，固原城陷，環境戒嚴，隴東官路不通，兵車往來皆取道縣境，供給繁難，健自典衣物以濟其乏。後權慶陽府知府，保境籌防，事無不舉，紳民愛戴。
[3]酬庸之典：指敘功特旨封賞。酬庸，指酬功，酬勞。
[4]以廣文終：指以教子弟而終老。唐天寶九載設文館，下設博士、助教等職主持國學。明清時因稱教官爲"廣文"，亦作"廣文先生"。

馬君子策墓誌銘庚寅[1]

同治初載，余嘗從軍靈夏，歸道隴坂，見吳嶽[2]西來，環隴城南蜿蜒東下，五峰叠峙，形勢鬱然，私意秀氣所鍾，必生豪俊。世變方殷，出而拯之，吾秦之光也。否則隱居樂道，待時而動，亦足令巖壑生色。惜匆匆一過，未及延訪。光緒戊子馬生承基來從余遊，英氣逼人，蓋跅弛不羈士也。及叩所學，頗有翻然向道之志，余異而詰之，則曰："吾父教也。承基好縱談天下事，吾父常戒之曰：'汝志大才疏，終非保身之道。古人經天緯地事業，類從腳踏實地做起。《小學》、《近思錄》等書，能善體認，庶不至窮大失居耳。長安柏先生主講關中書院，盍往事之而就正焉。'"承基此來，竊願有以益之也。余既心儀其人，逐日與承基講求體用切實之功。己丑秋，承基聞父病，馳歸，入侍湯藥，出理耕稼，絕弗稍涉徵逐。余喜其學日進，而益欽其庭訓之有方也。無何承基書來，并呈其父子策君行狀[3]，請納幽之文於余，義無可辭。

按狀：君諱勛，號芸汀，子策其字也。馬氏先世自扶風、茂陵遷居鳳郡，再遷隴，爲隴州甘泉里人。曾祖百麟，妣氏劉。祖魁，倜儻有大志，以讓產著稱。祖妣氏譚、氏趙。考遇龍，太學生，積學好善，道光丁未歲饑，出藏粟以周貧乏，鄉人至今德之。妣氏趙，以君官考贈奉政大夫[4]，妣贈宜人[5]、奉政君，有子二，君其次也。生而穎異，不隨羣兒嬉，既出就外傅[6]，強識敏悟。陳倉強徵君[7]季宣，漢南胡孝廉卓峰咸器之，君益以遠大自期。年二十三丁奉政君憂，哀毀逾禮，幾滅性。服闋，以第一人補博士弟子員，旋食餼。每試輒冠其曹，文名噪甚。咸豐辛酉登拔萃科，朝考[8]赴京，聞吾省花門[9]搆亂，遽作歸計。或阻之，泣然曰："老母在堂，存亡未卜，尚何心求功名耶。"星夜奔馳，屢瀕危殆，僅而得達，乃奉趙太宜人避居山寨。時當道以寇蹤飄忽，檄各縣舉辦團練，爲堅壁清野計。令下羣相驚疑，君倡捐巨資，集閭左子弟曉以大義，申明操演之法、防守之機，布置粗完，賊數來窺伺，卒以有備而去。久之流亡悉歸，寨糧不敷，君復傾積粟賑之，保全甚衆。

左文襄駐營平涼，檄君採買糧石轉運軍前，師得宿飽而民無怨言。事竣蒙保知縣，分省儘先補用，加五品銜，君弗知也。辭之不獲，旋丁趙太宜人憂終制，遂不復出。自謂性少和平，不宜仕路，與其進而被黜，何如退而潛修。由是訓課子若孫，且耕且讀，不輕涉有司庭，布衣草笠，灑然自得。倘所謂豪俊而隱處者非耶，道衰俗敝，鑴方而爲圓，揉直而爲曲，舉世方尚和同之説，一有慷慨任事、綜核名實，則羣起而攻之。訾以激烈，擯以迂拘，必使所措，一無可成。且摭其潰裂瘝敗之跡，聳聽聞以爲戒。至若名利所在，甘退讓而安困窮，更觸大忌，以爲矯情震物，以干夫世濁獨清之譽。嗟乎，士生斯世，即匿處巖穴，猶恐不免悠悠之口，矧復傾身一出，以供其傾軋耶。如君者識卓力堅，洵不愧古人矣，豈徒希蹤箕潁[10]也哉。

君體態雄傑，目炯炯有威棱，遇事敢爲，戚友急難，必力助之，未嘗有德色。丁丑戊寅之際，旱甚成災，餓者踵門求食，日數百人。君悉量給餱斤，如是者十閲月，雖家計中落弗恤也。大府屢飭獎叙，概辭弗受。鄰里爭訟，率聽君排解，其無賴者厲詞呵之，往往懾服而散。卒之日，識與不識，咸悼嘆有泣下者，其爲遐邇敬愛又如此。

君歿於光緒十六年九月二十八日辰時，距生於道光十二年九月初二日亥時，享壽五旬有九。配容宜人，爲皋蘭縣知縣寶雞容公諱養正公女；繼配袁宜人，側室氏王，子五：長承緒；次承基，乙酉拔貢生；次承瑞、承宗，業儒；又次承祺，幼讀。女八：一字文童[11]容學仁，待字者三，殤者四。孫四：騏、驥、騙、騄，承緒出；孫女七，次承緒出，餘俱承基出，均未字。卜以明年三月十三日巳時葬君於嶕山側祖塋，艮首坤趾。余既誌君大略，并綴以銘。銘曰：

龍不隱鱗，凰不藏羽。網羅卒攖，遺憾終古。隴山之阿，有達人焉。其才則肆，其志則潛。小試經綸，全活鄉里。赤眉[12]弗驚，黃馘[13]不死。學有本原，用勖於家。培茲秋實，刲彼春華。賢者安命，俊傑識時。善藏其用，爲弈世師。有閟於前，克昌厥後。此石可徵，嶕峰并壽。

【箋注】

[1]庚寅：光緒十六年，1890年。

[2]吳嶽：又稱"吳山"，在陝西寶雞與隴縣交界處，有十餘座山峰，尤以鎮西峰、會仙峰等著稱。南朝宋裴駰《史記》集解卷二八《封禪書》："吳嶽，徐廣曰：'在汧也。'"嘉慶《重修一統志》收錄李商隱《九成宫》詩："吳嶽曉光連翠巘，甘泉晚景上丹梯。"

[3]行狀：古時述死者世系、生平、生卒年月、籍貫、事跡的文體，由死者門生故吏或親友撰述，作撰寫墓誌或史官立傳的依據。

[4]奉政大夫：文職散官名。金始置，正六品上，元升爲正五品。明正五品初授奉議大夫，升授奉政大夫。清正五品均授奉政大夫。

[5]宜人：婦女因丈夫或子孫而得到的封號，清代五品官妻、母封宜人。

[6]外傅：《禮記·內則》"十年，出就外傅"，鄭玄注："外傅，教學之師也。"

[7]徵君：徵士之尊稱，謂不接受朝廷徵召的隱士。

[8]朝考：清代新科進士取得出身後，由禮部以名冊送翰林院掌院學士，奏請皇帝，再試於保和殿，并特派大臣閱卷，稱爲朝考。

[9]花門：本爲山名，在居延海北，唐初在此設堡寨，抵禦外族。天寶時回紇佔領此地，因以爲回紇的代稱。杜甫《哀王孫》有"花門剺面請雪恥"句。

[10]箕穎：箕山和潁水。相傳堯時，賢者許由隱居箕山之下，潁水之陽。因以指隱居者或隱居地。

[11]文童：科舉時代童生的別稱，即應秀才考試的士子，也稱儒童。

[12]赤眉：指西漢末年赤眉起義軍。

[13]黃馘（guó）：指東漢末年黃巾起義軍。

袁宜人墓誌銘

宜人同邑袁氏馳贈承德郎庠生卓園公女也，年十六歸余。時余父奉政君、母劉太宜人均在堂，日用窘甚，宜人親操井臼，善承堂上歡心，嚴冬手指輒凍裂，血淋淋濡衣袂。然視老親或有憂色，則捧奩具乞典鬻以償宿債，篋笥即空弗恤也。□□之變，舉家避居太平峪。逾年，食用俱絕，余於數十里外負糧歸，宜人躬轉硙以奉親饌，有餘分食子女，己則長藿充膳而已。兩親相繼逝，殯斂拮据，彌增悲痛。余與宜人復皆病，病幾死，而幸不死。還鄉後，室廬蕩然，僑棲靡定，尤無日不在憂鬱中。宜人安之若素，從未以所苦告余。

余早歲溺於詞章，既膺鄉薦，而性好任俠，嘗從健兒馳驟[1]，幾不知世間有不平事。厥後學漸有窺，幡然以用世爲心。遭逢寇亂，數入大帥幕府，卒亦無所建樹。雖功業之成悉關運會，而儒者當用自修，歸耕之志遂決然。十餘年中崎嶇坎壈，屢瀕於危隴上。金積之役且有傳余陣亡者，至同治己巳始獲息影田間，重績舊學，宜人忻然以慰，謂："世途之險，何如家食之夷，今而後可終老矣。"不意勞傷驚駭之餘，鬱爲咳喘，積年增劇，竟至不起，悲夫！

比歲課徒鄉塾，并歷主涇干、味經講席，脩資所入，乃構今室。余於揩挂門戶外，間有義舉，輒樂攸助[2]，宜人多勸成之，所留爲衣食計者幾無贏餘。以故宜人終身無出門衣飾，當屬纊時，首仍無瑱[3]，臂仍無釧也。其儉陋自安如此。

宜人性溫惠，與物無兢，余或有所[4]拂，遷怒宜人，恒順受不辨。處妯娌親戚族黨一以和怡相接，即子姪媳女輩亦未過爲督責。其歿也，蓋無不痛悼焉。嗟乎，余以饑驅[5]，終年外出，賴宜人和洽室家，拊循[6]子女，得無內顧憂。今暮年衰病，失此良助，能無悲耶。

宜人生於道光十年十一月十三日亥時，卒於光緒十二年三月二十八日辰時，春秋五旬有七。以余襄辦軍務，由定邊縣訓導累保知縣加同知銜，獲封如例。子一，震蕃，廩生；女一，適三原廩生胡坊。即以是年十月十九日卯時葬宜人於村北祖塋，余父母合厝墓前偏北，坤首艮趾，甎葺雙壙，虛右以爲余幽窀。虛右者，近中也。銘曰：

霜風摧落連理株，一株婆娑心更枯。涕洟送子歸冥廬，此廬幸近雙親居。子歸乃依舅與姑，雙親墓前雙穴俱。虛一遲我藏遺軀，與子同穴應不孤。子且爲我紉綵襦，九原學舞胡弗愉。悲哉，此理良有無。

【箋注】

[1]驟：原作"騁"，據長安區博物館藏《皇清誥封宜人元配袁宜人墓誌銘》碑石改。

[2]伙（cì）助：幫助，資助。

[3]瑱：古時冠冕兩側的玉飾。原作"填"，據長安區博物館藏《皇清誥封宜人元配袁宜人墓誌銘》碑石改。

[4]所：原缺，據長安區博物館藏《皇清誥封宜人元配袁宜人墓誌銘》碑石改。

[5]驅：原作"軀"，據長安區博物館藏《皇清誥封宜人元配袁宜人墓誌銘》碑石改。

[6]拊循：亦作"拊巡"，意謂安撫、撫慰、護養。

《灃西草堂文集》校注

卷六

長安　柏景偉　子俊甫

雜著上

重建馮恭定公祠暨創設少墟書院稟

爲祠宇落成附以書院公懇具奏以光祀典而正學術事：

竊維振厲風教之原在於表揚前哲，樂育人才之本在於培植後生。矧里有先儒，居近而私淑倍切；鄉知尚學，經正而庶民亦興。近閱邸報，楊制軍[1]重新龜山祠堂[2]，彭宮保[3]改建船山書院[4]，入告聖明，昭示遐邇，胥此意也。

查省、府、縣三志，長安西門外舊有馮恭定公專祠，列在祀典，置墓田三百畝，奉有豁免差糧札文。□捻之亂，毀於兵燹，兩祭闕如。又西關舊有青門學舍，爲畢秋帆[5]中丞創建，葉健庵[6]先生立有學規，原碑具在，坍塌既久，絃誦無聞。前縣主涂親歷恭定墳墓，見其蓬蒿滿目，誌碣沈埋，查詢墓田久歸叛產，盡然心傷，遂與衆紳妥議，重爲建祠築墓，并擬贖回祭田，均經稟明列憲，大局粗定，以去任未果。

前縣主樊[7]蒞任，乃議興修，又以丁憂中止。交卸時，諄囑縣主焦終成其事。焦主復回明列憲，歷蒙賜捐鉅金，擇於青門學舍舊址重建恭定公專祠，附以少墟書院。添修齋房四十餘楹，用復學舍舊規。自去年五月動工，迄今八月，一律告竣。另贖回墓田一百二十四畝，爲恭定後嗣祭掃之需。凡此皆我三任邑侯倡集捐款，苦心主持之力也。

謹案：恭定公名從吾，字仲好，學者稱少墟先生。世籍長安，居省城西南隅二里許之馮家村。前明萬曆己丑進士，觀政禮部，累官至工部尚書。正色立朝，彈劾不避權貴。神廟倦勤，公疏諫有"歡飲長夜，晏眠終日"等語。下廷杖，以輔臣救免，直聲振天下，卒爲閹黨所齮齕褫職。里居二十餘年，日事講學，著《思辨錄》《學會約》《善利圖説》等編，從學至五千餘人。當道代剏關中書院，爲同志會講之所。

公之學，以天地萬物一體爲度量，以出處進退一介不苟爲節操。其講學也，謂人性本善，反復發明，以作其忠孝之志。或謂國家多事，宜講者甚多，學其可已乎？公愴然曰："正以國家多事，臣子大義不可不明耳！"鄒南皋先生曰："馮子以學行其道者也。"然所守雖嚴，而秉心淵虛，能見其大。盡除世儒門户之見，在書院不廢科舉文，顧必教學者因文見道，伸理絀詞，即獲科名者不當以一時之名爲榮，而以千載之名自勵。以故門人如三原党還醇[8]、咸寧祝萬齡[9]、長安陶爾德[10]等殉節勝朝，彪炳史乘，謂非講學之明效大驗哉！

世多訾道學爲迂拘無用，夫迂拘無用者誠有之，甚有藉道學以詭獵名利者，然如恭定公，爲有明一代名臣，可并訾耶？學之不講，孔子憂之，人心之不終滅絶，賴有是耳。則固天地之正脈，國家之元氣也。方今異教紛厖，海宇多故，惟在豪傑時出，宏濟時艱，學於此者果克景仰鄉賢，奮然興起，養其正氣，儲爲通才，或稍有裨於時局，斯尤創議時私衷竊計，而未敢預期者矣。伏維大人關中世胄，誼切桑梓，勵精圖治，百廢俱興，所以爲三輔賜者極渥至優[11]。至如振興關學，知必有更大於斯舉者，而斯舉似亦正人心，挽風俗之一端。籲懇據情入奏，以光祀典，以正學術，從此俎豆常新，絃歌永播，無往非大人之所賜矣。所有一切善後事宜，現蒙縣主安[12]慨許經畫，紳等得所稟承，尤易蕆事，容俟隨時續稟。

再：動用經費，除蒙列憲賜銀一千一百兩外，悉由本地官紳捐集，未支公款。應請准免册報，合并聲明，是否有當，恭候批示，祗遵施行。

【箋注】

[1]楊制軍：指楊昌浚（1825—1897），字石泉，號鏡涵，別號壺天老人，晚清軍事將領，湖南湘鄉人。太平軍興，追隨左宗棠、曾國藩創辦湘軍，授予訓導、教授等職位。咸豐十年（1860），左宗棠幫辦兩江軍務，楊昌浚復出，任衢州知府、浙江儲運道、浙江布政使、浙江巡撫等職。光緒四年（1878），左宗棠督辦新疆軍務，楊昌浚幫辦軍務。先後擔任甘肅布政使、署理陝甘總督、漕運總督、閩浙總督兼福建巡撫、陝甘總督兼甘肅巡撫、兵部尚書等職。官至太子太保。

[2]龜山祠堂：位於福建省將樂縣南部蛟湖，這裏是宋代著名哲學家、教育家、政治家、思想家楊時（龜山先生）幼年居住和讀書的地方。龜山公祠始建於清康熙年間，爲紀念和祭祀楊時而建。

[3]彭宮保：指彭玉麟（1816—1890），字雪琴，號退省庵主人、吟香外史，祖籍衡州府衡陽縣，生於安徽省安慶府。與曾國藩、左宗棠、胡林翼并稱中興四大名臣，湘軍水師創建者、中國近代海軍奠基人。官至兩江總督兼南洋通商大臣，兵部尚書，封一等輕車都尉。其詩後由俞曲園結集付梓，題名《彭剛直詩集》（八卷）。

[4]船山書院：位於衡陽市雁峰區東洲島。光緒四年（1878）在兵部尚書彭玉麟的支持下創建。光緒八年，曾國荃將家藏《船山遺書》三百餘卷捐給書院。光緒十一年改建東洲島，彭玉麟聘王闓運任山長，海內傳經問學者踵相接，培養了大批學子。

[5]畢秋帆：即畢沅(1730—1797)，字纕蘅，亦字秋帆，江蘇鎮洋(今江蘇太倉)人。因從沈德潛學於靈岩山，自號靈岩山人。乾隆二十五年(1760)進士，廷試第一，狀元及第，授翰林院編修。歷任陝西、河南巡撫，湖廣總督等任。乾隆三十五年十二月由甘肅安肅道升任陝西按察使，乾隆三十六年九月升任陝西布政使，三十八年十一月升任陝西巡撫，四十一年三月署陝甘總督，四十四年十二月以丁憂去任，四十五年十月由丁憂再署陝西巡撫任，四十八年正月實授，二月署陝甘總督，五十年二月以調河南巡撫去任。先後在陝西任職十五年之久。

[6]葉健庵：即葉世倬(1752—1823)，字子雲，號健庵，江蘇上元人。乾隆三十九年（1774）由副貢生中式順天舉人。充四庫館寫書官，議叙知縣，分發四川，屢遷浙江嘉興府同知、湖北德安府同知。嘉慶四年（1799）選授陝西西安府同知，曾攝鳳翔府事、同州府事、興安府事等。賑荒濟災之餘，復搜輯軍興前後遺事，作《續興安府志》八卷。後遷福建延建邵道，調臺灣道，兼提督學政。升江西按察使、山西布政使，擢福建巡撫兼署總督。世倬弱冠有志聖賢之學，服官後以興教化、美風俗爲己任，在西安延岳震川主關中書院，在興安行鄉飲酒禮，以舉人董詔爲大賓。奉差同州，舉白水令王希伊祀名宦。志節卓然，稱良二千石。興安士民後請祀世倬名宦云。著有《健庵日記》《四錄彙鈔》《退思堂詩文集》。

[7]縣主樊：據《咸寧長安兩縣續志》卷二《職官表·長安知縣》記載："[光緒]十三年丁亥……樊增祥，湖北恩施縣人，進士。七月調任，十一月丁憂去任。"知其指樊增祥(1846—1931)，字雲門，號樊山，晚號天琴老

人，湖北恩施縣人。光緒丁丑（1877）進士，歷任長安知縣、渭南知縣、陝西布政使、署理兩江總督。辛亥革命爆發，避居滬上。袁世凱執政時，官參政院參政。著有《十韡齋詩集》《樊山批判》行世。

[8]党還醇（？—1629）：字子真，三原人。嘗受學馮從吾門下。天啓五年（1625）進士，授安徽休寧縣令，有善政，以父憂歸。崇禎元年（1628）十月知保定縣，十一月調良鄉，吏畏民懷，循聲藉甚。十二月，大清兵攻良鄉，党還醇督吏民早夜乘城拒守，力竭援絕，城破死節。署中妾媵、僕從死者凡十二人。事聞，贈光祿寺丞，特加優恤。崇禎五年在縣北敕建忠烈祠，春秋二祀。

[9]祝萬齡（？—1643）：咸寧(今陝西西安)人。嘗受業馮從吾門下，萬曆四十四年（1616）進士。累官保定知府。天啓中，得罪魏忠賢落職。崇禎初，歷黃州知府、河南右參政，削籍歸。清軍攻陷西安，自縊死於關中書院。

[10]陶爾德：字太初，咸寧人。明萬曆進士。歷任四川川北道參議。崇禎十六年（1643）由川歸陝，途遇流賊攻長安，遂分守，東城陷，爾德罵賊，不屈死。清乾隆四十一年（1776），賜諡烈湣。

[11]極渥至優：非常深厚。渥，濃厚，濃郁；優，優越。

[12]縣主安：《咸寧長安兩縣續志》卷二《職官表·長安知縣》載："[光緒]十年甲申……安守和，甘肅安定縣人，進士。五月署任，十一年乙酉去任。""十七年辛卯……安守和，十二月去任。"據前知"安"當指安守和，曾於光緒十年至十一年、光緒十七年兩次出任長安縣令。

節義祠落成請賜褒揚稟

爲祠工告竣稟明原委懇賜褒揚以勵風化事：

緣同治元年，□□倡亂，蒙前縣主李諭飭各廠齊團殺賊，馮籍廠素尚忠義，且與該逆田舍毗連，勢難兩立，靡不執銳披堅，決與死鬬。自五月十八日至七月十六日，大小十餘戰，傷亡最多。有衝鋒直前而死者，有被執不屈而死者。其慘楚情狀，雖至今父老傳述尚皆太息流涕，憤然興起。豈非英魂毅魄，足以昭垂千古哉？

是年八月，大兵駐札咸陽，賊氛少戢，當將陣亡烈骨檢收裝運，埋於大元村北橫梁之上，號曰"義塚"。又自兵燹以來，烈婦貞女不甘污辱，痛罵賊徒、慘遭殺戮者，尤指不勝屈。職等於四五年間，詳加採訪，彙集成册，綴以事實，稟請上憲以聞於朝，均蒙旌恤在案。合廠十保障議立醮會，每年冬月擇日致祭。自九年起，首馮籍保障，次大元保障，次苗家保障，次石榴保障，次新旺保障，輪行者已五年矣。又議於居中之馮籍寨内創修節義祠，以妥英靈，附以殉難婦女。復因經費無出，遲至今年正月始定議募化修理，所幸人心踴躍，或出地基，或出木料，或出銀錢。即至婦人孺子，亦莫不樂爲捐助。於四月初旬動工，於八月中旬蔵事。計建享堂三間，厦房四間，門房三間，約費青蚨千緡，均係募化所積，并未另派分文。此皆英靈不昧，有以潛孚乎？衆志而默相其成功者也。竊念忠憤之風，激而彌壯；義烈之氣，培而益堅。在死事團長團丁，實本其同仇敵愾之懷，以致其殺身成仁之志。即殉節諸婦女，亦守其鋒刃可蹈之心，以完其冰玉同潔之操。慷慨捐生，夫復何憾！然使久任湮没，終不得半席之宫以明其祀事，將何以爲忠義勸？且職等當年曾參團務，既苦甘之與共，尤生死以難忘。若不稟請褒揚，則生者或邀保薦之榮，死者長抱沈淪之慟，誠有撫衷感悼、寢饋難安者。

伏維父臺大人以濂、洛、關、閩之學，敷龔、黃、召、杜[1]之猷，下車之初，即以敦崇風化爲先務。今幸祠宇告竣，定期十月諏吉入主，用敢瀝陳原委，公懇鈞鑒。或頌匾額，或賜祭文，既添耀於棟楹，益增輝於泉壤，且俾鄉中士女顧而歎曰：此皆□捻之亂裂腹斷脰、舍生取義者也，而今且赫赫然有名章徹[2]。忠奮[3]之風、義烈之氣，有不油然而生者哉？其於世道人心，當大有裨益。職等爲振厲風化起見，是否有當，伏冀惠察，俯予褒揚，則合廠士庶咸戴鴻慈於無既矣。

【箋注】

[1]龔、黃、召、杜：指漢朝循吏龔遂、黃霸、召信臣、杜詩，皆廉潔和平、正身率屬，與民休息，政績優良，《漢書·循吏傳》謂其"所居民富，所去見思"，皆彰明較著者也。召、杜都曾出任河南南陽太守，當地百姓稱之"前有召父，後有杜母"，成爲"父母官"稱呼之由來。

[2]章徹：顯著，廣泛流傳。

[3]奮：金陵本作"憤"。

查明馮恭定祠基址祀典稟

爲奉諭查明馮恭定公專祠在關中書院者建自明末，在長安西門外者建自國初。關中書院爲恭定公講學地，創立中天閣，肖至聖[1]像於上，取"斯道中天"之義，所以尊崇孔子也。後爲閹黨所毀。至崇禎五年，都御史劉廣生[2]直指吳焕[3]徑改書院爲馮公祠，文翔鳳[4]爲之記。各門匾聯俱換，另製神龕奉安允執堂内，即今講堂。其先師閣則仍匾以"斯道中天"。文集《祀堂紀略》可證。是明末實以關中書院爲專祠也。溯查崇禎二年賜銀造墳，并賜祭田五百畝，護墳田三百畝，有按察司洪印札可證。而建立祠宇究無明文，是長安本籍專祠固闕如也。

鼎革之際，書院復毀。國初爲碾放火藥之所，幾泯其迹。康熙七年，賈中丞漢復捐俸復修書院，重製恭定木主，配祀於中天閣下。《文集》、西安府《公移》可證。講堂有中丞崔紀[5]、院長周道隆[6]、鮑唐[7]三碑，均以恭定配享中天閣爲記，尤爲彰著，是本朝曾未以書院爲專祠也。遍查省府縣誌祠址，俱云恭定祠在長安西門外，祀明工部尚書馮從吾，以門人党還醇等配享。細繹誌文，既列祀典，兼有從祀之人，其爲專祠似無疑義。

恭定墳在省城西南隅，去西門不過二里，原祠即在墳西，不過二百餘武。是西門外原祠實爲專祠地址也。□亂遭燬。同治四年，劉霞仙中丞即擬修復，以賊踪往來蹂躪，故未果。今之移祠西門内者，亦以該舊地村落邱墟守護爲難，勢有不得已耳！

至原祠建自何時，紳等無案卷可稽，惟有詳詢宿儒耆老，據稱祠毀後，尚有斷殘碑記，當在康熙年間。繼遭土人偷將此等石塊賣於包修多公祠[8]匠工，遂至片碣無存，殊難徵信。紳等於無可考之中，求其可考。現在劉霞仙中丞所建中天閣後新祠中，懸道接程朱跋，稱此係原祠李二曲先生碑文也，摹刻於上，用誌欽仰。查二曲爲國初大儒，原祠既有先生手迹，是本籍專祠實建於國初也。再查順治三年，我省大吏於前明所賜祭田、護墳田一切照準，并未改。布政司轟印照可證。謹將聞見所及分別稟復，是否有當，恭候鑒核。

抑紳等竊有請者，振厲風俗，莫如崇奉先賢，而桑梓名儒，尤足深人景仰。長安爲恭定本籍，自原祠毀於兵燹，二十餘年來，幾無知有少墟先生者。關中書院雖立有木主，通省士子得遂拜瞻，而故鄉子弟末由[9]慰其依慕景從之志，以故頓忘冒昧，亟思重修。渥蒙撫憲暨各上憲恩施，格外捐集鉅款，俾得迅蕆祠工。正房五間五進，業經修竣。墓田壹佰貳拾肆畝，業經置定。惟列憲重道崇儒之意，皆下士廉頑立懦[10]之資，紳等銘感實無既極，伏懇仁天恩准，轉詳[11]撫憲，援例[12]出奏，則久廢祠祀煥然重光，合邑士林共矢銜結於不朽矣！

【箋注】

[1]至聖：指孔子也。清代將孔子稱爲大成至聖文宣王。

[2]劉廣生：字海輿，河南羅山人。崇禎元年（1628）任巡撫陝西都御史。

[3]吳煥：字文叔，蘇州府吳江人。萬曆四十四年（1616）進士。授海寧知縣。崇禎初擢御史，上疏論宦官崔文升等，又言被劾死諸臣楊漣等宜旌表，皆施行。官至湖廣參政，以病不赴。

[4]文翔鳳：字天瑞，號太青，陝西三水(今旬邑)人。曾自製五嶽冠，并以五嶽爲號，東極亦其號也。萬曆三十八年(1610)進士。三爲縣令，文學政事并著。歷官禮部主事、山西提學、南都光祿寺少卿。晚年潛心皇極經世之學。曾於崇禎五年（1632）爲馮從吾撰寫《馮恭定公祠碑》。著有《太微經》及《文太青文集》等。

[5]崔紀（1693—1750）：原名珺，字南有，號虞村、定軒，山西蒲州人。康熙五十六年（1717）舉人，次年中進士，授翰林院庶吉士、編修。乾隆二年（1737）三月辛亥由倉場侍郎署理陝西巡撫，十月甲午實授。捐白銀數千兩擴建關中書院。又爲臨潼、扶風兩書院置田產資膏火。乾隆三年三月乙卯，以調湖北巡撫去任。一生歷任多職，但能在公餘之暇潛心學問，著有《周易講義》《學庸講義》《論語溫知錄》《讀孟子劄記》《讀周子劄記》等。

[6]周道隆：字學山，號春圃，涇陽人。乾隆乙丑（1745）進士。官廣東道監察御史，授廣西南寧知府，署左江兵備道。丁憂歸，歷主關中、橫渠、瀛洲各書院講席。善啓發後進，古文獨闢蹊徑，門人路德序其遺稿，謂其文筆容與簡易，變化離奇，不規仿前人，而意態自如。文稿多散佚，存者百不什一。

[7]鮑唐：生平不詳。

[8]多公祠：多公指多隆阿。同治元年（1862）五月督辦陝西軍務，同治二年十二月任西安將軍，爲陝西西安駐防八旗兵的最高統帥。同治四年率部攻佔盩屋，進城時遭流彈擊中而亡，謚忠勇。多公祠即祭祀多隆阿的祠廟。

[9]末由：無由，無從。

[10]廉頑立懦：廉頑，指高尚的節操可激勵人振奮向上；立懦，讓懦夫樹立遠大志向。《孟子·萬章下》："故聞伯夷之風者，頑夫廉，懦夫有立志。"

[11]轉詳：謂將案情呈報上級官府。

[12]援例：引用慣例或先例。

籲懇陝省旱災已成亟宜籌賑稟

為旱災已成亟宜賑救籲懇奏撥巨款以拯民命事：

竊陝省自去歲雨澤愆期，秋成甚薄。今歲自春徂夏，雨更稀少，二麥歉收，秋禾未種。即間有播種之處，亦復枯萎，平原之地與南北山相同，而渭北各州縣苦旱尤甚，樹皮草根啜食幾盡，賣妻鬻子莫能相顧。蒲城、郃陽飢民經匪徒煽誘，挺走為盜。現雖徵兵剿撫兼施，然解散之後，災黎嗷嗷待斃，亟望設法安插撫綏。刻下節逾白露，甘霖未沛，儻再不能種麥，人心益將動搖。目前已不可支，今冬何以為計？明歲更何堪設想？現在之賑須臾難緩，將來之患計慮宜周，所難者亟須籌費，然後可以舉行。

前歲大人札飭各廳州縣勸積穀石，今又聞撥銀五六萬兩赴楚購糧，并派員四出勸諭捐借，買麥平糶。凡此惠政，士民聞之，靡不感激零涕。惟是挹西江以活困轍之魚，遠難及濟；酌蹙涔[1]以救車薪之火，事慮不勝。約略籌計，非得現款數十萬金，不足以敷周賑而資博濟。陝省兵燹之後，司庫匱乏異常，何能籌此巨款！若待捐借就緒，無論地方情形，竭蹶未必能多。而時事岌岌，且恐少事延緩，則老弱將盡填溝壑，強壯皆流為盜賊矣。伏思國恩寬大，每遇偏災，一經入告，無不立沛恩施。再四思維，惟有仰懇大人飛章入奏，請發七八十萬金以為賑本，分檄各屬一切拯荒事宜速圖實力奉行，至候農部籌解，亦恐輾轉需時。現聞京都撥餉二百萬，解赴甘肅，可否咨商爵中堂先行截留數十萬金，一俟奏准，再為撥還爵中堂。

痌瘝在抱，節制兼圻[2]陝省，士民同歸復幬[3]，矧三秦為涼、肅後路，陝疆不靖，甘事或因之棘手。事關大局，弭患預防，當可上邀，垂允一面。先發營田租麥、常社積糧，散給受災最重之河北[4]等處，以濟目前之急，然後再及於被災較輕地方。則實惠均沾，如解倒懸矣！似此災黎得以保全，地方藉以安定，陝省幸甚，中原幸甚！臨稟不勝，急切待命之至。謹合詞籲懇，伏乞恩鑒，核辦施行。

【箋注】

[1]觬涔（tícén）：指容量、體積等微小。

[2]兼圻（qí）：清代總督多管轄兩省或三省，謂之兼圻。

[3]復幬：亦作"覆燾"，猶覆被。謂施恩、加惠。

[4]河北：此指渭河以北，即前文所指蒲城、郃陽一帶。

查禁販運賑糧出境稟

爲秦糧垂竭出境益多援例籲懇查禁事：

竊惟遏糴爲王政所必懲，而禁販亦災區之首務。設使晉、豫歉薄，秦獨豐盈，何敢遽以糧食出境？妄乞查禁，有違大人惠恤鄰封[1]、一視同仁至意，無如近日東市斗粟價至四串一二百文，西市斗粟價至三串七八百文，人心皇皇，勢甚危迫。若非現糧垂竭，何至有增無減，實緣九月以來，各處囤戶暗將糧食運往晉、豫以致如此。

伏查省城除滿、漢兵籍外，烟戶人丁八萬餘口，每日約需糧五百餘石。自今年十月初，至明年四月底，約需糧十萬餘石。所恃者各鄉商販源源接濟，今因糧食出境，來源告罄，每日四門進糧無幾，而兩市所存麥米不過萬餘石。又復車載人挽，紛紛運赴關東，何怪糧價之昂，日甚一日乎！夫以秦中垂盡之糧，供晉、豫無窮之食，實無濟於鄰疆，已大虧於本省。其勢必至市中無糧可買，嗷嗷者靡不瞠目待斃。在各州縣姑勿具論，而省垣爲根本重地，果何所恃而不恐也？

今查晉之西北，既有黃河可挽歸化城迤北之粟，東南則接青、濟，而黃流近由大清河入海[2]，一水可通，泛舟甚易。豫之連省，東有江淮，南有湖湘，本年俱報豐收，不難謀之彼都。奚必一意專注於秦，而使陝省有內匱之虞耶！況陝省現赴甘、楚買糧，俱用陸運，備極繁難。如果本省有糧可買，何必舍近求遠，其不能兼顧情形，在鄰省亦必能相諒。且各屬貿易，半多晉、豫之人，其携眷而來者，無論數千家，靡不糊其口於秦。今更聽營運者順流東下，秦又何以自支乎！

查例載，鄰省告糴，儻本省亦未豐收，一經販運出境，或致不敷民食，令該地方官酌量情形，據實題明，許其暫行禁止。今陝省情形如是，實與成例相符。雖大局攸關，不宜稍分畛域，而固圉[3]之謀，與睦鄰之義，似不能不較其輕重，權其緩急。在大人厪念災黎，宏謀碩畫，本非草茅下士所能測。而私憂竊慮，不得不以管蠡之見，妄獻芻蕘之說。用是援照成例，合詞籲懇敬乞恩施格外，一面題明，一面咨告晉、豫，并札飭潼關、大慶關兩路，凡有米糧出境，一律查禁。緣本省災歉，籌糧籌賑早經大人奏明有案。購豐饒鄰省之糧，既奉諭旨免釐[4]，留饑饉災黎之食，諒無不邀准之理也。

【箋注】

[1]鄰封：意指本爲相鄰的封地，泛指鄰縣、鄰地等。

[2]黃流近由大清河入海：清咸豐五年（1855）六月，黃河在今河南蘭考境內決口，改道東流，在山東陽穀縣張秋鎮穿過運河，奪大清河入海。這是黃河第六次改道，結束了六百多年下游河道由淮入海的歷史。時清廷因太平天國軍興，無暇顧及，至光緒元年（1875）始全線築堤，使全河均由大清河入海，形成今日之黃河下游河道。文中所述即此。

[3]固圉：鞏固邊防。《左傳·隱公十一年》載："亦聊以固吾圉也。"杜預注云："圉，邊垂也。"《歷代名臣奏議》卷五八記載："申嚴沿邊守臣，專以固圉爲職。"

[4]免釐：指免息。釐是計量單位，民間一般用釐來表示借款利息，指的是千分之幾的意思。

請緩徵稟

爲暫請緩徵以示體恤事：

昨讀憲臺諭示，蒲城一縣早蒙奏請緩徵，近復舉富平、臨潼等六縣所有秋徵一概從緩，仰見大人加惠災黎[1]至意。惟念秋分已過，甘霖未沛，既不獲及時種麥，而饑民扶老攜幼，百十成羣，紛向渭南各州縣轉徙流離。一遇禾苗被野，雖未成熟，靡不爭先摘食。而鵠面鳩形[2]，奄然垂斃，微特地主不敢攔阻，亦并不忍攔阻也。揆此景況，渭北無秋之處食本無資，渭南有秋之區收亦難望。嗟！彼蚩氓汗滴禾土，歷盡夏畦之病，秋成有望而終成無望，何以爲生！

況自土匪滋事以來，到處不法之徒蠢然思動，人心警惶洶懼，岌岌有朝不謀夕之勢。愚以爲，當此彌天皆火、遍地俱赤之時，無論被災輕重，均宜一體矜恤，暫從緩徵，想天心仁愛，斷不至久屯恩膏。一候麥種禾收，民情稍定，再查看各州縣情形，酌量催科，似此倒縣立解，實於國計民生兩有裨益。蓋與其徵比難齊，徒充吏胥之欲壑，何如追呼暫歇，足弭閭閻之殷憂。臨稟不勝屏營待命之至。

【箋注】

[1]黎：原作"黍"，形誤，據金陵本改。

[2]鵠面鳩形：指枯焦瘦削的人，形容其饑餓疲憊的樣子。

上左爵帥稟

敬稟者：竊某於去歲十月二十六日奉札飭辦西、同、鳳各屬堡寨，并勖以簡拔人才、講求戰略等因，奉此仰見宮保大人念切民瘼，憂深時局，爲全陝計長久者無微不至。草茅下士，感頌曷任。某遵即稟知札派局憲督糧道劉署糧道、呂署鹽道官，先辦咸、長、鄠三縣堡寨，以爲各屬表率，俟三縣辦有成效，再行推廣辦去。猶幸各鄉百姓經屢次兵燹之後，頗知自固藩籬，踴躍興工。當於十二月三十日徹局後，將辦理情形，并三縣堡寨已成、未成開列清摺，繕繪地圖，稟明在案。茲因會試[1]屆期，某擬於燈節[2]後束裝北上，妄希寸進，圖効國家，除逕稟局憲仰蒙批准外，敬懇宮保大人恩施逾格，寬給假期，俾得僥倖青雲，稍慰十年功苦，下忱感激，銜結靡忘。

所有堡寨事宜，已經稟明局憲，另委紳士接辦。惟三縣情形，有不能不爲宮保詳陳者。長安堡寨自五年十月間辦起，經捻□疊擾，時作時輟，直至去歲年終始克就緒。非無梗事之人尚知畏法，或有送縣之件亦足懲奸，積時既久，程功漸多，統計合縣已修十分之六。咸寧東北鄉被劫之慘，與長安西北鄉相埒，東南鄉道路坡坎，被擾獨輕，頗稱富足，而泄泄沓沓，自謂無事，勸導再三，始肯鳩工。自去幾九月間辦起，僅成留村等三寨，約計合縣不過修十分之一。然猶官與紳一心，紳與民一心，故事雖難辦而尚不至棘手。鄠縣堡寨亦自去歲九月間辦起，其被禍之處甚於二縣，修寨之心，亦勇於二縣。且鄠邑民情素稱恭順，乃竟因徇私而爲爭執，因爭執而爲刁抗公局。方定一官寨，即有一私寨爲之敵；衆村方立一大寨，即有一小寨與之角。始而抗紳，繼而抗官，一鄉作俑，各鄉效尤，如黃堆等村之生員李友棠、鄉約亢文茂等實爲禍首。以故該縣除方勝、石井、寧衆、金湯四寨外，餘皆紛然瓦解，功敗垂成。此誠某識短才庸，辦理未善，有負宮保委任。惟念鄠邑抗公之風起於堡寨未成之前，非起於堡寨已成之後。出於阻撓寨工之輩，非出於踴躍從事之人。紳猶可告無罪於官場，白心跡於鈞座。不然市虎[3]之謠、投杼[4]之告，議者若不加察，必至仰累宮保知人之明，則紳負罪益深，捫心滋愧。今當遠行臨稟，悵結不知所云！肅此敬請崇安，伏乞垂鑒。

【箋注】

[1]會試：古代科舉制度中的中央考試。舉人有資格參加，考試時間一般在三月，考取則稱進士及第。會試由禮部主持，因而又稱禮闈。

[2]燈節：指元宵節，又稱上元節，時間爲每年農曆正月十五。

[3]市虎：比喻以無爲有，惑人聽聞的流言蜚語。

[4]投杼（zhù）：據《戰國策·秦策二》記載，有與曾子同族姓者殺人，有人誤告之曾母，曾母聽後起初很淡定，篤信曾子不會殺人。但不斷有人來告，其母懼，竟投杼越牆而走。後以"投杼"比喻謠言衆多，動搖了對最親近者的信心。杼，原作"抒"，形誤，據金陵本改。

代慶陽難民籲請劉中丞[1]招撫土匪稟

爲志切投誠籲懇設法招撫以靖亂源以安難民事：

緣慶陽各屬自元年八月間經陝□竄擾，勾起本地□逆肆行燒殺，又於四年十月間經土民□□等乘間竊發，裹脅搶劫，某[2]等房廬灰燼，田地荒蕪，眷口橫遭殺戮，財物盡被焚掠。幸脫虎口，逃難遠方，而骨肉無存，飢寒交迫，流離困苦，筆難縷罄。惟念□□搆亂以來，尚未任意屠殺。偶逢□□，亦復奮力冲擊。□酉崔三等甚屬畏懼，恒與背道而馳，某等歷觀□□行事，似因求生無路，挺而走險，非真元惡大憝，憨不畏死者。

比近有某等鄉親從該隊中逃出，據云□□等久以投誠爲心，又時時以無可信從之統帥爲憾。先欲從張在山[3]，而張軍門遽離環、慶，後欲從穆將軍[4]，而穆督憲遠隔洮、岷[5]。既聞大人秉鉞西陲，恩威兼布，則常引領東望，曰："儻得我劉副帥加恩錄用，定當誓死圖報，不敢再萌異志。"蓋其心悅而誠服者，有由來矣！

伏念匪氛不靖，則董原之支蔓難圖；□□不平，則慶府之來蘇無日。且東南之兵畏寒而耐暑，西北之勇畏暑而耐寒。昔李泌以河西、隴右各軍宜先用之塞鄉，若春氣已深，關東地熱，官軍必困而思歸，征戰之事迄無涯。既反是以觀，理勢顯然。今慶陽地方苦寒，我軍多不願往，兼之糧源既竭，運道不通，計除此賊，尚稽歲月。現查□□共帶四五萬眾，馬隊約五六千匹，盤紮洛河川[6]、蒙城[7]一帶，合無仰邀恩施，選委員弁，馳往招安。散其脅從，錄其壯丁，指授方略，迅掃妖氛。凡此機宜，出自鈞斷，某等未敢臆測。如蒙允許，某等願作鄉導，赴湯衝火，均所不辭。

至應用何人招諭，該匪首始各服信？何方遣散，該匪眾始能安居？機事宜密，不敢顯陳，敬祈俯賜面詰。當瀝獻芻蕘，以備采擇。某等值萬死一生之時，作千慮一得之計，果叨福蔭，匪、□兩平，某等得以生歸故土復安耕鑿，則有生之日，悉戴德之年，而銜環結草，永矢弗諼[8]矣！

【箋注】

[1]劉中丞：中丞爲清代對巡撫即御史中丞的尊稱。據《續修陝西通志稿》卷一一《職官二》記載："劉典，湖南寧鄉縣人，同治七年二月由幫辦軍務四品卿銜任，八年十二月壬寅以回籍養親去任。"據本文所述及"比近"及"既聞大人秉鉞西陲"等語推斷，劉中丞當指同治七年（1868）出任陝西巡撫的劉典。

[2]某：金陵本"民"。

[3]張在山：生平不詳。據《續修陝西通志稿》卷一七五記載"又咨請穆圖善、楊嶽斌轉飭統將張在山抽撥三營移紮鄜州之河上塬"及"甲寅，楊嶽斌奏奉諭張在山一軍飭令抽出三營移紮鄜州之河上塬"等語可知，當爲楊嶽斌屬下。據（民國）《增修華亭縣志》第二編《建置志》記載，在文廟門外有忠烈祠，在從祀位次中"尚有附祀清同治擊賊陣亡……清楚軍張在山三營陣亡將士"，知其當爲楚人，於同治年間陣亡於甘肅華亭。

[4]穆將軍：指穆圖善。

[5]岷：原作"泯"，據金陵本改。

[6]洛河川：洛河川在延安府南。

[7]蒙城：位於寧夏境內。雍正《陝西通志》卷十六："饒陽水堡，在定邊南一百三十里，東至沙家掌五十里，西至寧夏蒙城一百二十里。"此兩處距董志原甚遠。

[8]諼：忘記。

代翁雪樵瀝陳招撫情形稟

敬稟者：竊紳等於二十三日奉札云云等因，奉此仰見大人慈惠愛民、恩威互用之至意。伏念□□滋事以來，蔓及兩省，歷有四年。雖云挺而走險，實非罪不容誅。況叛兵游勇，任意攔入。既相助而爲奸，已積重而難返。刻下求撫之心，是誠是僞既難逆料，將來就撫之後，或離或叛尤宜預防。愚盲之見以爲，外省勇丁，非資送還鄉無以分其勢；匪中梟黠，非教演歸伍無以服其性。其餘裹脅之衆，非就地遣散、妥爲布置，均復農業，無以全其生而保其後。

卑府[1]樗櫟庸材，年逼七旬，屢遭憂患，病體增劇。謬蒙拔擢，俾效寸長，維圖報之彌殷，縱蹈火以奚辭。當即馳赴匪巢，宣揚威惠，察其情僞，相其形勢，具稟詳復，靜候指示。惟是撫局非難於招納，而難於安插，圖始尚易，善後尤艱。任大責重，無任悚惕。

伏懇憲恩簡委大員主持擘畫，庶紳[2]等稟承有恃，叢脞[3]無虞矣！大人秉鉞專征，剿撫兼施，所以運籌帷幄決勝千里者，豈紳等所能窺其萬一。徒以感恩知遇，妄攄管蠡之私，敬效芻蕘之獻，是否有當，恭候批示祗遵。

【箋注】

[1]卑府：清朝官場用語。爲知府謁見督、撫、布、按時的自稱。

[2]庶紳：金陵本作"卑府"。

[3]叢脞（cóngcuǒ）：細碎，雜亂。

瀝陳辭辦堡寨事宜稟

偉於閏三月初四日奉札飭令赴局勸辦堡寨事宜，仰見憲臺愛才如命、始終成全之至意，偉理合遵奉鈞命，力圖報稱。且陝省兵荒交迫，所恃以易危爲安者，祇有此堅壁清野一法。而偉誼關桑梓，念切身家，義有難辭，情何能恝！

惟是偉以樗櫟庸材，謬蒙拔擢。自五年九月辦公以來，憲臺不以偉爲不肖，而任用獨專。偉亦未揣事之難爲，而圖效獨切。即間以愚盲條陳事件，靡不仰荷鴻施，俯賜聽從。凡此咸、長堡寨稍有起色，悉由憲臺多方指示，力加整頓，兼賴同事諸紳齊心努力，共濟時艱。并非偉有過人之識、出衆之才，布置周詳，所克臻此。況寸長之偶見，已流弊之潛滋，刁風漸長，健訟繁興。偉既不能開誠布信，調衆口於初騰；又不獲振瞶發聾，靖爭端於肆起。實屬事大才小，深幸委任。應得之咎，百身莫贖，若不亟行退避，轉恐貽誤大局。以故正月初間具稟懇辭，嗣因東道不通，北上愆期，遂復閉户讀書，受徒講學。自知意見拙迂，非閱歷無以達其變；性情躁急，非涵養無以持其平。方思以證今考古之功，爲寡悔寡尤之計，乃復過蒙褒稱，詳請撫憲檄委從公。偉盥誦迴環，感愧交集，欲仍守拙草茅，則知遇恩深，同仇義重。既責偉以不容辭，欲即奉命奔馳，則時局多艱，孤力易蹶，更迫偉以莫能任。再四籌畫，進退維谷。伏念實能有容愛才者，固不遺乎下士。吾斯未信[1]，辭仕者曾見諒於聖人，所願憲臺恩施格外，俯予矜全，俾得重理舊業，上希純修，或者成就於異時。無非陶甄於此日，庶全始全終，悉叨庇蔭。

【箋注】

[1]吾斯未信：意謂對做官這件事還沒有信心。語出《論語·公治長》，"子使漆雕開仕，對曰：'吾斯之未能信。'子説"。

公請改發求友齋經費生息稟

爲稟懇轉詳事：緣求友齋義塾捐集膏火銀二千兩，蒙上憲委員分交三原、涇陽兩縣發典生息，嘉惠士林，曷勝銘感。現在涇陽典商如數領訖，三原自應一律照領。但有不得不稟懇者，查三原典號二家，一係候銓道胡礪廉之鋪，一係該紳堂姪郎中胡埔之鋪。光緒十年九月，該紳倡捐銀一千兩，創立求友齋義塾，此銀即暫寄伊典鋪，取息一分。至十一年四月，義塾辦有規模，始行交出，由義塾轉寄銀鋪，取息五釐，不敷支用，公議稟懇上憲批准發典在案。查該紳亟將此銀交出者，蓋謂異時或有虧欠，則善舉反成虛名。意既至公，慮亦甚遠。今若仍將此銀發於該紳典鋪，在該紳必無異言，第恐好善樂施，皆聞風猜阻，而義塾、書局本銀甚微，正在勸辦集股合刻，必多窒礙難行。且該紳於此項交出後，仍時有接濟。三載以來，義塾藉此挹注始能周轉，若不詳陳顛末，紳等未免負咎於心，無以對該紳也。

況生意之盛衰，無定將來。萬一如該紳所慮，或有虧欠，公款私誼，勢難兩全。與其阻礙於異時，何如變通於先事！紳等再四思維，衹有禀懇老父臺代請上憲，准將發交三原之項改發咸陽、醴泉二縣，則義塾必能推行盡利，裨益甚巨，實爲德便。查咸、醴二縣典鋪均屬穩妥，且與義塾相近。而咸陽又有新開典鋪，其生息公項必不多，當易飭領。可否酌發該縣，恭候上憲鑒核批示遵辦。爲此肅禀，伏懇恩准，據情轉詳施行。

創立咸長崇化文會禀

爲援案創立文會以廣會試津貼以專童試稽查籲懇恩准批示事：

竊以會試公車[1]類多寒畯，非設法津貼，無以資上進而利遄行[2]。童試保結例本嚴明，非認真稽查，無以清弊源而澄流品。職等咸、長士子自亂後計偕北上，措資艱窘，業經邑紳李榮綬、趙秉乾等籌積歷年，漸著成效。今歲丁丑，會試每人均得分領津貼銀一十二兩，藉資小補，早擬詳定章程，以垂永久。茲因兩縣地踞省會，五方雜處，流品混淆。每值歲科，童試鎗替冒濫，無弊不有，兼之縣分而人不分，彼此互考，尤易滋弊。推原其故，實由童生於應試時，並無鄰里甘結，五童互結，亦皆任意填寫，多不謀面，認派各保既無所據以爲稽查，甚至有廩生賄通情囑，勾結徇庇，以致紛紛告訐，輾轉[3]無已。

伏查去歲三原縣紳禀：蒙前學憲吳飭立興賢文會，設局散結，以杜鎗替冒濫諸弊，並於憲臺案臨時禀請，出示曉諭，接續辦理。復蒙恩批諭飭與試該童生等一體遵照，毋許恃衆抗違各等因在案。仰見大人正本清源，扶持名教至意，職等欽佩莫名。今我咸、長以上各弊較之三原尤難剔釐，合無仰懇准照三原已辦成案，於縣府院考試前三日，設立公局捐散試結，兩縣各推公正紳士四人總司查核。必須確有鄰里甘結，五童互結，方准廩生畫押，以除積弊。並請照《興賢文會章程》，先籌經費若干。所有結局紙筆等費，即由局內捐備，不令童生再出分文。候籌有巨款，並擬添廣會試公車津貼，務期永遠奉行。仰副憲臺嘉惠士林，丕興文教善政，似此弊竇既除，則童子之進身可正，川資無窘，則士人之報國有期。職等愚盲之見，是否有當，謹合詞籲懇，恩准批示施行。

【箋注】

[1]公車：朝廷爲赴京應試的舉人服務的車，後指參加科舉考試。

[2]遄行：猶速行。

[3]轇轕：交錯，雜亂，引申爲糾纏不清。

辭保舉稟

爲稟明下情懇免保獎事：

緣自光緒三四年間，秦中荒旱，遍地成災。長安賑務仰蒙府憲暨父臺大人札派各紳隨同委員協力襄辦，自三年十月起至四年九月止，賑務告竣。現奉鈞諭，轉奉上憲札飭，即將辦賑出力紳士人等擇尤酌保等因，奉此伏思前歲奇荒，道殣相望，凡情殷桑梓者目睹心傷，本不忍袖手坐視，況重以府憲暨父臺督率經理，更屬義不容辭。凡此合邑辦賑各紳，即著有微勞，亦自盡分之當爲，自行心之所安而已。若必謂宜加保獎，回憶當賑務殷繁之際，窮鄉鄙壤，耳目難周，鰥寡孤獨，豈能盡全？過之不免，功於何有？

況就長安一縣而論，出力紳士不下數十人，更屬獎不勝獎。即擬擇尤酌保數人，其實非僅數人之力，掠數十人之美以爲一二人之功，不惟合邑公論有所未協，即覥顏保薦者，恐亦有所難安。紳等公同商議，祇有據實稟懇父臺曲體下情，此次長安辦賑紳士，概不敢仰邀獎叙，庶足以遂初心而孚衆志。紳等言本至誠，并無矯飾，肅具蕪稟，恭請垂鑒，准免保獎，實爲德便施行。

求友齋課啓

人才之盛衰，豈不關乎學術哉！有正學焉，修己治人，敦行不懈是也，而馳鶩名利者廢之；有實學焉，通今博古，討論必精是也，而剽竊詞章者隳之。風氣所趨，江河日下，此豈盡學者之失乎！目不睹有用之書，耳不聞有道之訓，何怪乎沈溺而不返也！而吾陝適承其弊，僕等久昧旨歸，罔識途徑，時過後學，艱苦無成，自惜之餘，未嘗不兼爲諸同人惜焉！

竊謂學有本原，須辨於始，而大其規模。吾陝兵燹後書多散佚，宜特創一書局，凡有關正學、實學各籍擇要刊刻，以資學者之觀覽，則既有以拓其才識矣，又集二三友人講明而提倡之，落落然一空標榜拘墟[1]之習，而務以聖賢道德、豪傑功名相與糾繩，相與淬厲，爲關輔力挽衰頹，積日累月，漸漬優游，河嶽有靈，未必不稍回風氣也。

然書局之舉，非有大力者不能。而講明提倡，則凡有志者與有責焉。僕等不揣鄙陋，議加月課，小助膏火，以"求友"名齋，蓋取析疑賞奇、樂多賢友之意。其課以經學、史學、道學、政學四項爲題，而天文、地輿、算法、掌故各學附之。至文章詩賦，則書院舊課所有，茲不復及。每季定孟月初出題，限仲月杪收卷，有遠方與課者，希將籍貫、住址書於卷面，以便隨時造訪。肅此蕪啓，敬布區區，非敢謂能友天下士也。所願諸同人不瑕棄[2]而惠教焉，則僕等亦甚樂共殫[3]尚友之志，永敦會友之風，以期盡正學實學之義。吾陝幸甚，吾黨幸甚！

【箋注】

[1]拘墟：拘，拘守；墟，指所居地。形容孤處一隅，見聞狹隘。

[2]瑕棄：謂因其有瑕疵而棄絕之。原作"暇棄"，金陵本作"遐棄"，均形誤，據文意改。

[3]共殫：共同竭力。

勸辦修築堡寨啓

嗟乎！吾陝自□□□□以來，數千萬生靈慘遭塗炭，數千里膏沃化爲蒿萊。雖曰天意，豈非人事哉！夫秦俗強悍，由來已久，詎至今日，而獨不然，則始終一自私之心誤之也。何以言之，蓋富者之身家百倍於貧者之身家，富者之力量亦百倍於貧者之力量。當元、二年賊匪初起之時及四、五年賊匪遠颺之後，果使顧念桑梓不惜資財，築寨垣、濬池隍、練鄉勇、製器械，以戰則不足，以守則有餘。性命何至爲所殺害，妻孥何至爲所係擄，牲畜何至爲所驅掠，米糧何至爲所搬運，房屋何至爲所焚燒，窖藏何至爲所發掘？是衛鄉人即以自衛，全村堡即以自全。雖凶狡如□，剽悍如捻，而處處金城，重重湯池，彼亦奈之何哉！乃計不出此，無事則存玩寇之心，有事則思倖免之計，其牢不可破而最出於下下策者，則無如高窰地窖之驅而納之死地，而莫之知避也。

彼固以爲賊至可以潛身，賊去依然無害。何苦以全家性命自投網羅，一己脂膏徒供縻費，自私之見橫據於心，忠告之言遂逆於耳。不思有窰窖者可以自藏，無城垣者何以爲守？其勢不被裹於賊不止矣！被裹於賊，其勢不獻媚於賊不止矣！己之家計，賊容不知，而鄉民則無不知，己之蹤跡，賊縱不悉，而鄉民則無不悉。年來高窰無不破，地窖無不熏，夫亦曉然於其故矣！不堅同仇敵愾之心，先受滅門絕户之禍，身家性命，果安在哉？至鄉間無賴之徒，往往意存撓抗，蓋以自視本無可戀。而堡寨既立，且懼靡所容奸，故倡爲游移之説耳。奈何昧此要圖[1]，墮彼詭計！然則居今日而爲自全之計、自衛之謀，固未有如修築堡寨之一事矣。

昔嘉慶年間，教匪蔓延三省，卒以堅壁清野次第削平，良法具存，補牢未晚。茲復仰蒙爵帥軫念三輔遺黎，爲我民謀生全，爲吾鄉計長久。札委弟等會辦西、同、鳳、邠、廓、乾等處堡寨事宜，意甚盛也。然竊謂辦之於前日易，辦之於今日難。誠以鋒鏑餘生，瘡痍未復，民情雖甚踴躍，經費須代躊躇。是在一二有力之家痛鑒前車，共維大局，果能出資出力，衆志成城，則堡寨築而團練興，團練興而聲威壯，逆匪不敢近擾，大軍即可遠征。既免寇賊之侵陵，復免兵差之騷驛。即游勇土匪，亦將有所憚而不敢發。從此安居樂業，或商或農，不數年間，元氣可以漸復。計有便於此者乎！

如謂各有鄉堡祇思自固藩籬，所見仍私，其計亦左。試思以一己而思徼天之幸，何若合衆力而操必勝之權。又況到處皆無堅城，賊騎何難猝至。一隅縱極完固，孤立亦苦無援，豈若近守遠交，聲勢聯絡之爲愈乎！倘以經營，本在四方，有警無難，遠避則抛棄先人墳墓，輕去父母鄉邦，縱使席厚履豐，於心能無戚戚？前者粵夷肇禍，我鄉人固嘗報捐軍餉至數百萬之多，好義急公，馳聲四海。夫鄉鄰之鬭，猶思被髮纓冠，豈同室之憂，反忍銖量寸較？揆諸情理，當不其然。伏維諸位鄉臺久著賢聲，蔚爲鄉望，此次舉辦本地堡寨，自必熟悉情形，務祈按照章程，反復開導，如有爲難之處，無妨寄示一函。要之，公乃可以服人，信乃可爲人任。當於無可如何之際，存一萬不容己之心，轉危爲安，在此一舉。嗚呼！袍澤之流風未遠，山河之形勢依然，危局同支，天心共挽，於諸君子有厚望焉！

【箋注】

[1]要圖：至關緊要的謀劃。

創設崇化文會啓

敬啓者：藝院掄材[1]，允宜除乎積弊，士林推轂[2]，端有賴於名賢。今我咸、長地踞省會，五方雜處，每值歲科考試，弊竇百出，以致流品混淆，真才淹滯，其有係乎兩縣人文盛衰，良非淺鮮。再者公車北上，措資維艱，業經紳士李蔭堂、趙健堂等籌積歷年，著有成效。今歲丁丑會試，每人均得分領川資銀壹拾貳兩。頗資裨益，尚待擴充。

辰下公議，援照三原已辦成案，創立文會，籌款捐結，以專童試稽查，以廣會試津貼。現蒙在省諸君子備書銜名，慨爲資助，惟思此舉需費尚多，城鄉誼同一體。利在黨庠，奚分畛域；事關名教，何靳錙銖。誠樂襄夫盛舉，當并惠以廉泉。室有佳兒，即未能成章，無妨導以先路。邑多華胄，祈轉相告語，用共衛夫科名。彼捐太守之錢，既堪垂諸不朽，倘積甫田之蓄，尤所望於羣公。謹啓。

【箋注】

[1]掄材：掄材，選拔人才。

[2]推轂：指推車前進，古代帝王任命將帥時的隆重禮遇。

募修馮籍廠節義祠啓

毅皇帝[1]御極之初，□□倡亂，長安各廠齊團殺賊，惟我馮籍廠克遏鴟張[2]之勢，屢挫豕突[3]之威，撻伐[4]最勇，傷亡亦最多。有陷陣爭先而死者，有被執不屈而死者，又有烈婦貞女不受污辱痛罵而死者，死節不同，而楚慘情狀[5]，雖至今父老傳述，靡不太息流涕，憤然興起也。謂非英魂義魄，足以昭垂千古哉！

同治四年，某等詳加採訪，彙集成帙，綴以事實，稟請上憲以聞於朝，業蒙旌恤在案。顧自死事迄今，積十餘年，曾不得半畝之宮，以妥其精靈。將何以爲忠義勸？某等議營數椽萃而祀之，想有意人心世道者，必樂出其資，而欲速觀其成也。使俎豆修明，精靈如在，後之過者，顧而嘆曰："此皆□□之亂，裂腹斷脰、殺身成仁者也，而今日赫赫以血食。"忠孝節義之心，有不油然而生者哉！其有功於世[6]爲何如也。謹啓。

【箋注】

[1]毅皇帝：指同治帝載淳，其諡繼天開運中居正寶大定功聖智誠孝信敏寬毅皇帝，廟號穆宗。
[2]鴟張：亦作"鵄張"，像鴟鳥張翼一樣勇猛、兇暴。
[3]豕突：謂像野豬一樣奔突竄擾。
[4]伐：原作"仗"，形誤，據金陵本改。
[5]狀：金陵本作"形"。
[6]世：金陵本作"世道"。

討狼啓

嗟呼！狼之肆毒於吾鄉也甚矣哉！各村小兒橫被吞噬者，慘不忍言，亦指不勝屈。而狼且窟宅孕育於澧水兩岸萑苻[1]薮澤之中，貍子羆孫，日益麇聚。晝[2]則浪遊於田隴，夜則潛入乎巷閭。見人不畏，往來自如。雖成童且飽其酷腸，即孤客亦殘其毒啄。化日光天之下，豈容此蠢蠢妖畜橫行無忌耶！

僕等聞之心傷，睹之眥裂[3]，公同定議，鳩集經費，號召獵戶，務設阱而張機，必熏穴而犁窟。量茲醜類無難聚而殲旃，誠恐困則思鬥，挺必走險，不免抵隙橫逆之虞，尚賴合圍兜擒之力。又或各村古墓之內，坎窞[4]之間，穴伏窠藏，難遍搜緝，設除惡之弗盡，必遺種之潛滋。

現擬稟明縣主，傳飭夾澧各廠總約分諭各村，伏望仁人義士協力齊心，薄具餱糧，預儲器械。厲叔敖斬蛇[5]之志，追周處殲虎[6]之風。嗟乎！誰無稚孫孺子，保全他人之孤幼，即以庇護我輩之嬰孩。又況大害克除，一方蒙福，餘慶所積，後嗣必昌。如是而鄭蘭燕桂[7]，有不茂育於階除[8]間者，無是天[9]也。而或且以劫數難逃，戒生[10]宜戒，回惑[11]潛滋，觀望頓生，何不思狼之貪戾如是，慘毒如

177

是，人憤同深，天怒必極。既干蒼蒼者好生之德，豈逭冥冥者假手之誅。即令有禍，僕等願以一身當之。請釋羣疑，共伸義討，是爲啓。

【箋注】

[1]萑苻：凡叢生蘆葦之水澤皆可謂萑苻之澤。

[2]晝：原作"畫"，形近而誤，據金陵本改。

[3]眥裂：形容憤怒到極點。眥，眼角。

[4]坎窞（dàn）：坑穴，深坑。

[5]叔敖斬蛇：相傳春秋時楚國孫叔敖少時出遊，見兩頭蛇，殺而埋之，以免貽害他人。

[6]周處殲虎：周處是三國時期吳國人。據《晉書》卷五八《周處傳》記載："處乃入山射殺猛獸，因投水搏蛟，蛟或沈或浮，行數十里，而處與之俱，經三日三夜……處果殺蛟而反。"

[7]鄭蘭燕桂：鄭蘭，春秋時鄭文公之妾燕姞夢見天使授己蘭花，後生穆公（見《左傳·宣公三年》）。後以"鄭女花"指蘭花。清吳偉業《題孫銘常畫蘭》詩："謝家樹好臨芳砌，鄭女花堪照洞房。"燕桂，燕，燕山（今北京一帶）；桂，桂樹，出自"竇燕山教子"之典。宋竇禹鈞，幽州人。因地屬燕，故號燕山。其五子相續登科，皆爲名臣巨卿。

[8]階除：臺階。

[9]天：金陵本作"理"。

[10]戕生：傷害生命。

[11]回惑：迷惑，惶惑，猶豫。

勸助施種牛痘啓

竊維嬰兒患痘、感時氣而出者曰天花，十損二三，甚者五六，俗謂之過關。蓋必過此，始可望其生育成立。至險也，亦至慘也。自宋以來，始著以痘苗塞鼻孔之法。然所引之痘，吉凶恒半，殊無把握，非盡善也。我朝嘉慶初年，西醫傳種牛痘，其法視畜牛乳旁小藍泡形如痘樣者，取其漿以點小孩之臂。出痘數顆，毒即盡矣，永不再染天行[1]。且取所種之痘之漿分種普種，無不按期結痂，百無一殤。其種之也，不擇時、不擇地、不服藥、不禁忌，豈天心仁愛，特假此以補生成之缺陷乎，何神妙一至斯耶！

道光季年，上憲於省垣端履門外創立育嬰堂，施種牛痘。法良意美，澤溥沾矣！然道路較遠之區，寒苦無力之家，晉省非易，求種維艱，未免向隅。間有仿種於鄉間者，術或未精，漿亦多敗，種如不種，一遇天行[1]，險難如故。況富貴者可以延治，貧賤者無能[2]請醫，蚩蚩者氓，呱呱者子。顧獨任其顛危痛楚而莫之拯此，仁人君子所爲傷心慘目而不忍即安者也。

僕等今春議立分局，於長安西鄉之馮籍寨，擇請名師三人，試行施種。無論貧富，不取分文，定期四卯，約計種過嬰兒三百有奇。亦各如時，現苗結痂，即間有毒重出遲，或竟不出者，再爲施種，亦能引毒淨盡。悉臻至善，當經細察詳詢，始知此法甚屬易學，且無人不可學。彼故神其術者，蓋恐人知，不得獨擅厥利耳！

現擬籌集經費，創立三局，以馮籍寨爲總局，以鄠縣之秦渡鎮、咸陽之天閣村爲分局。其章程一以育嬰堂爲準，博施濟衆，用副上憲保赤誠求[3]至意。業經稟明邑侯涂少卿，并商允育嬰堂紳董，事在即行，法必垂久。且擬廣其傳於窮鄉鄙壤，俾人人通習斯術，幼吾幼以及人之幼，詎非甚盛事耶！如有仁人君子，存范公憐孤之念，體孔子懷少之心，既相助以爲功，自衆撐而易舉，行見舞象勺者同登壽域[4]，佩觿觸者共渡慈航[5]，則豈但僕等感銘無既也哉！

夫斯局立，而拯救嬰孩累萬盈千。凡出資出力，有不繩繩蟄蟄[6]，衍慶螽斯者，無是理矣。雖儒者不信因果，不談報應，而積善餘慶，理有固然。正不妨推言之，以爲好善樂施者勸，蓋亦與人爲善之念之不能自已也！此啓。

【箋注】

[1]天行：指流行病。

[2]能：金陵本作"資"。

[3]保赤誠求：如同愛護嬰兒一樣，內心真誠地去追求。《大學·康誥》曰："如保赤子，心誠求之，雖不中，不遠矣。"

[4]舞象勺者同登壽域：意謂人人可享高年。舞象勺者，代指幼年。語出《禮記·內則》："十有三年，學樂，誦詩，舞勺。成童，舞象，學射禦。"古代兒童十三之時，學此舞勺之文舞也；壽域，謂人人得盡天年的太平盛世。語出《漢書·禮樂志》："願與大臣延及儒生，述舊禮，明王制，驅一世之民，濟之仁壽之域，則俗何以不若成康？壽何以不若高宗？"

[5]佩觽韘（chèxī）者共渡慈航：意謂人人皆有慈悲之心。觽韘，泛指佩飾之物。觽，舊指婦女的頭釵；韘，古代一種解結的錐子，用骨、玉等製成，也用作佩飾。清汪價《三儂贅人廣自序》："或時與童稚相嬲，擲弄韘觽以嬉，故年雖近髦，人以爲有童心"；慈航，佛教語，謂佛菩薩以慈悲之心度人，如航船之濟衆，使脱離生死苦海。

[6]繩繩蟄蟄：子孫繁衍衆多。繩繩，指不絶貌；蟄蟄，指衆多貌。

《灃西草堂文集》校注

卷七

長安　柏景偉　子俊甫

卷七

雜著下（遺墨附）

關中書院學規

書院爲冯恭定公講學地，而《關學編》亦恭定公所手訂，所以期望吾鄉人士者至矣，區區科第云爾哉！然學於此者均爲科第而來，則凡主此席者，亦不能不以科第文爲教，論者訾[1]之，似未盡允。制義以"四書"命題，學者童而習焉，蓋莫不知孔孟爲正宗，雖有異端，弗能惑也，其爲益固大矣。所慨者兵燹[2]之後，典籍散亡，諸生目不睹有用之書，耳不聞有道之訓，以空疏之腹習庸濫之文，輾轉沈溺[3]，一若書院爲馳騖[4]名利之場，弊端百出，幾幾有不可救藥之勢，非科第誤人，人自誤科第耳！

幸值當事加意整飭，舉從前積弊一掃而空，而僕以樗散庸質[5]，謬膺推舉，承乏[6]講幄，自揣學淺識陋，萬不堪爲多士師。然所可少盡者，惟有嚴立章程，勤督課業，實事求是，與諸生共相奮勉而已。《學記》云："師嚴然後道尊，道尊然後人知敬學。"韓文公曰："業精於勤荒於嬉。"然則嚴者非妄自尊大，不如是不足以振諸生之修爲也。諸生等如能諒僕之心，聽僕之言，相切相劘，或於品行學問稍裨萬一，區區科第云爾哉！

首重朔望禮儀

古者入學首重釋菜禮[7]，所以報本也。晉樂共子曰："人生於三事之如一。"是事師之禮與君父并嚴，在學知事師，則在朝必能事君，在家必能事父矣。況我孔子爲萬世師宗，吾人所學何事而顧忘祇敬之誠乎？後世蔑視禮教，憒然不知倫紀情誼之不可渝，故驕亢之志氣不難施於尊長則甚矣。拜謁先師之儀，不可不講也。今定每月朔望，院長、監院、齋長率諸生詣中天閣神座前行三跪九叩禮畢，詣冯恭定公祠行一跪三叩禮畢，仍詣中天閣前，院長、監院行對揖禮畢，齋長率諸生與院長、監院行三搭恭禮[8]畢，諸生分列東西行對揖禮畢，有應宣講者，擇要立講數條。院長、監院退，諸生乃退。如有衣冠簡褻[9]、拜跪粗率者，以不敬論，罰跪申飭。

次嚴出入門禁

出告反面,禮教甚嚴,學者果克守此,則身有所閑,即心有所惕,一切縱肆狹邪之習無自而開。今定每夜交二鼓,齋長督飭門夫鎖門,鑰匙呈繳上房,次早領取開門。每日派值日一人經管名簽,有告假者問明何事出,何時入,註冊給簽,門夫驗簽放行,歸院刻即繳簽銷假,不准至晚不歸,亦不准鎖門後強要出入。或遇緊要事故,不能遲至次早者,准其稟明請鑰。儻有無簽擅出及門夫私放者查出,本生跪堂掌責[10],門夫送縣笞杖。再查有別故,臨時酌奪究懲。

三禁吸食洋煙

西夷以鴉片毒我中華最堪痛恨,而士人之誤染其毒者,遂使志節隳敗,學業荒廢,甚至顛連困苦以終其身,亦足悲矣!然此禁不嚴,效尤必眾,始而誤己,繼且誤人,其流毒更有不可勝言者。現經上憲出示驅逐,院內一律清肅,此後諸生斷不准仍蹈舊習。即間有小癮,未大害事,亦必自行呈明,勒限用藥斷截,果能晚蓋[11]自新,即爲名教完人。若吸煙而詐稱未吸,欺己欺人,既難望有悛心[12],或更引誘同人共爲徇隱,一經查明,或被人告發,立即屏出院外。

四禁誘引賭博

賭博乃無賴子所爲,最足玷人品行,壞人心術,而學者操守未定,往往誤墮其中。其始不過一二人戲作之,其後多人樂從之,甚且引誘後生設局誑騙,曉散夜集,百弊由此而生,又奚問學業之荒廢也。諸生或遠在千里,或遠在百里,來此何爲,而顧以貪鄙之心蹈無賴之行,其將何以對乃父兄乎?今定諸生如有在院內聚賭及出外浪賭者,一經查出或被人告發,立即會同監院,當堂重責,不悛者屏出院外。

五禁爭競滋事

君子與君子無爭,相讓故也。君子與小人無爭,能容故也。兩相爭者,其爲人概可知矣。夫倫紀恃朋友以善全,功業賴朋友以交益。古人離羣索居,每深感嘆。幸此一堂講學,昕夕懽聚,而可因悻悻微隙,反操同室之戈乎?今定諸生務各以善相摩,以敬相接,即有不合情理之事,准其向監院、齋長處面陳一切,或請代爲呈明,當即酌情準理,平厥曲直。如有任性喧嚷,恃氣忿爭,無論有理無理,均先責以不守學規之咎,然後徐問其是非。又或暗出匿名揭帖,橫誣肆謗,尤屬陰險小人,顯干例禁,一經查明,或被人告發,立由監院稟明上憲褫革[13]。

六禁羣飲縱談

书院之地最宜静肅，酒足亂性，純心用功人本所當戒，況呼朋縱飲，更屬毫無忌憚乎！爲學以敬慎而入，高聲談笑，心先放矣，學何由固耶？又或因醉酒而滋鬧，或因劇談而起爭，若非杜漸防微，勢必紛紛效尤，成何體統！今定諸生偶爾小酌，原所不禁；若羣飲肆嘩，即爲不守規矩。相聚切磋未嘗無益，若縱談非義，即爲有愧。且明諸生等同處一院之中，不難暗察明稽，如犯以上等愆，先飭跪堂重責，不悛者屏出院外。

七禁閑遊街市

戲場、酒肆、飯館、茶房[14]，流品雜沓，士人胡可厠足？然少年狂妄，每好嬉戲，三五成群，把臂聯肩，招搖街市。甚有游宿娼樓，流蕩忘返。自以爲名士風流，靦不知怪，實屬損德賈禍，有玷品行。抑思吾輩一舉一動，悉關風化，在我既潰厥防閑[15]，在人即滋爲口實，稍知自受，豈宜出此？今定諸生如有不恤人言，不畏物議[16]，但犯以上各禁，查訪得實，當堂重責，其因此而別滋事端者，臨時酌奪究辦。

八禁占鎖空房

院內號舍無多，學者負笈遠來，置足無地，使不爲之代籌住址，殊非體恤多士之誼。查向來應課諸生，有在外教書而虛鎖一房者，有在內設館而兼占數房者，少置器具書籍，來去自如，在己頗覺甚便，在人殊爲不情。揆厥恕道，能無歉然？今定先將現在住院諸生姓名、年貌、籍貫造冊呈核，會同監院、齋長沿號挨查，儻有如前占鎖者，立將房門開訖，別令無房者居之。其內存物件，繕單寄存公所，俟該生來院照給。

九禁録寫舊文

查應課諸生捏名填冊，一人恒多領數卷，得題後搜羅舊文，任意録寫，獲售則專利於己，被黜則駕[17]名於人，展轉雷同，不可究詰[18]。似此居心，尚堪與進於道乎？吾儒爲學，首宜打破利關以爲根本。則器識既遠，品行斯端，即文藝亦必能拔出流俗，一空倚傍，不至卑鄙猥瑣，終其身爲門外漢。孔子曰："行己有恥。"曾子曰："毋自欺也。"孟子曰："求之有道，得之有命。"聖賢垂訓至明，該生等豈均未讀耶？抑何不知自愛如是耶？今定每課填名時，除正課有冊可查外，其新報之名，由書斗問明住址、籍貫、年貌，另冊詳記。或一人來報數名，務必將報名之人詳記冊中，如某某等名均係何人所報，出榜後再有錄寫舊文雷同等弊，按冊查究，以懲玩視而警效尤，決不寬貸！

十禁干預詞訟

謹按：學宮臥碑[19]"生員當愛身忍性，凡有司官衙門不可輕入，即有切己之事，止許家人代告，不許干與他人詞訟，他人亦不許牽連作證。"誠以諸生入學後，識未定，養未純，偶有不平，并不深究是非之所在，謬託公憤，此唱彼和，率以血氣用事，往往一敗塗地，追悔無及。又或代人捉刀，造作呈詞，從中漁利，既玷品行，兼損陰騭。甚有頻年搆訟，盤踞院內，藉爲藏身之固，尤不可不立加驅逐。現經上憲整飭之後，此風頓息，仍宜嚴防其漸。今定諸生既來從學，自應專志讀書，潛心作文，一切詞訟不准干預，并不准容留現有詞訟之人，如查有以上等弊，當即屏出院外，不許應課。

以上各條皆擇最易忽、最易犯者，剴切鄭重以申明之，俾諸生懍然先知，有準繩規矩之可循，則身心兩有所範而後可以言學。夫書院之設，豈徒摛揚藻采[20]以爲名利之媒哉？聖賢道德，豪傑功名，靡不培基於此，在學者有志竟成耳！

國家以制義取士，原不能不恪遵功令、講習時文[21]，然果能於性命之微、倫常之大、中外盛衰之跡、古今治亂之原，探討體會，頗有心得，即未能行義達道，而出其緒餘發爲文章，不難高樹一幟，何至局促淺稚[22]、詭靡膚庸[23]終其身於八比八韻[24]之中，絕不知理法體裁之何謂，湮沒潦倒而弗能自拔耶？元程畏齋先生讀書分年日程，未嘗不以科舉文教人，而必先令導源於經史。前中丞馮《志學齋章程》雖專爲時文而設，亦必先令講求根柢功夫，所刊冊式洵足法也！今特略舉數條著爲課程，以期與諸生朝夕研稽，循序漸進，似迂實捷，似緩實速，非止於身心有益，即行文亦必有明效大驗矣！

一讀四書

"四書"爲尼山真傳，無所不包，無所不貫，乃羣經之心法也！而《大》《中》章句、《論》《孟》集註，朱子生平精力悉萃於此。剖析疑似，辨別豪釐，學者尤當於大義微言求其根本。今定日日熟讀精思，沈潛[25]涵詠，雖終身不可一刻廢置，又宜兼讀《小學》《近思錄》《北溪字義》《性理精義》及各家語錄，參互研窮，則必於身心性命之理，豁然有得矣！讀本以王巳山[26]《四書本義匯參》爲善，勿徒看高頭講章[27]，致爲所泥。

一 讀經書

羣經與"四書"相發明，而功令[28]鄉、會兩試第二場專以"五經"發題，亦冀得湛深經術之才，備國家異時之用。近日學者類於經義鮮所發明，甚或讀得一經半經，即汲汲從事帖括[29]，日以剽襲詞調爲工，無怪其空踈淺薄而無當也。今定先擇一經專力治之，俟此經大義既明，然後遞及他經，如是則於"四書"道理益能貫通融析，即所作"四書"文，亦必能鎔經義而自鑄偉詞，而經藝更無論矣。讀法以各經註疏爲本，先通古說而以我朝御纂欽定各經折衷至當，若《五經備旨》等講章不足看也！

一 讀通鑑

宋司馬公輯《資治通鑑》，閱十九年而後成，淹通貫串，爲史家絕筆。朱子《通鑑綱目》，筆削義例，一仿《春秋》，皆不可不讀者也。讀法：漢以上宜參看《史記》，前、後漢以下宜參看歷代正史，則凡古今治亂得失，靡不瞭然周悉，洵足拓識見、廣議論。今學者考列前茅，課列優等，輒以文自雄，傲睨一世，殊不值《大雅》一哂，良由胸無古今，眼光如豆，遂不覺夜郎自大耳！試觀漢、唐以來多少詩人文士爲藝苑所尊奉，迨稽之史冊，或寂寞而無稱，或卑靡而多玷，而惟修道真儒、立功賢輔，始足震耀千秋，亦可恍然於學，先尚志果在此不在彼也。

一 讀古文

古人以淵粹之學、宏遠之才，超曠之識、清毅之氣著爲文章，各成一家言，故至今與日月并光也。"三傳"、《國策》、《國語》、《史》、《漢》、《莊》、《騷》以逮唐宋八家，何一不當讀乎？學舉業者寢饋於此，則其爲文必進於古而不俗矣！然初學力或不逮，則宜先讀八家文，識其途徑軌轍之所在，然後漸而進焉，以溯其源而探其本。程畏齋先生曰："學天下第一等學，作天下第一等文，在我而已矣。"讀法當先看主意，以識一篇綱領；次看其叙，次抑揚往復、運意運筆、轉換承接。於大段中看篇法，於小段中看章法，於章法中看句法，於句法中看字法，則作者之心皆與我會。今日讀文能如此讀，他日作文亦自能如此作矣！

一 讀時文

既作時文，不可不讀時文。然一切坊間卑靡之編與圍中腐濫之作，則斷不可讀。即前明簡古奇峭之文，不善學之，則易失於枯槁晦澀，亦不可讀。國朝諸名大家文以韓歐之筆，闡程朱之理，粹然道德之華，蔚然經籍之色，博大雄傑，允稱極則，當精選百餘篇讀之。明文則取其説理精而思力深透、用法備而機局渾成，足以疏淪我性靈、增長我筆力者，精選二三十篇讀之，簡練以爲揣摩，當必有所心得。然後取墨卷之清真雅正、警湛雄奇者，精選[30]四五十篇讀之，以求合於其式焉。前輩所云從墨卷出不從墨卷入者，如是而已。再讀時文尤必先攻小題，而細探其運意之妙、用法之精，脈理之析，融神氣之宛合，則雖千變萬化，無窘我之題，而一切陳言泛語，無由擾其筆端矣。

以上各條似專爲學作時文而設。然制藝代聖賢立言，因文即可以見道，果能掃除一切計謀功利之心、標榜聲華之習，讀書既多，觀理益邃，力行實踐，學有本原，動靜可以交修，窮達可以并善，舉凡聖賢道德、豪傑功名，皆在吾醞釀運量之中矣！溯自宋熙寧間以經義取士，至明初著爲功令。我朝相沿未改，迄今蓋七百餘年矣，名儒名臣多出其中，代有偉人指不勝屈，彼何以不淪胥於科目，我何以竟汩[31]没於詞章，諸生中或有憬然悟、崛然興，以格致誠正必不可不明，齊治均平必不可不講，則關學可冀復興。僕雖不敏，亦樂與從事其間，以集教學相長之益，是尤區區屬望之苦衷，願吾黨共勉之耳。

光緒丁亥仲春上澣長安柏景偉識於仁在堂

【箋注】

[1]訾：指責，厭惡。

[2]兵燹（xiǎn）：因戰亂而造成的焚燒破壞等災害。

[3]輾轉沈溺：輾轉，指反復不定，遷移不定；沈溺，亦作"沉溺"，指陷入不良境地，難以自拔。

[4]馳騖：奔走趨附。

[5]樗散（chūsàn）庸質：比喻不爲世用，投閒置散。多用於自謙。

[6]承乏：暫任某職的謙稱。

[7]釋菜禮：古代祭祀先師儀典之一，凡始入學，須向先師行釋菜禮，以蘋蘩之屬奠祭之，而不用牲牢幣帛，是一種從簡的祭禮。

[8]三搭恭禮：金陵本作"三揖禮"。

[9]簡褻：簡慢不恭，怠慢。

[10]掌責：金陵本作"戒飭"。

[11]晚蓋：改過自新。

[12]悛心：悔改之心。

[13]褫革：除名革職。

[14]房：金陵本作"寮"。

[15]防閑：防備約束。

[16]物議：衆人的議論（多指非議）。

[17]駕：金陵本作"嫁"。

[18]究詰：深究，追問原委。

[19]卧碑：明洪武二年詔境内立學，十五年禮部頒學校禁例十二條，禁生員干涉詞訟及妄言軍民大事等，刻石置於學官明倫堂之側，稱爲卧碑。清順治九年又另立條款八項，頒刻學官，稱爲新卧碑。《明史·選舉志一》："（洪武）十五年頒學規於國子監，又頒禁例十二條於天下，鐫立卧碑，置明倫堂之左。其不遵者，以違制論。"此後，卧碑成爲生員必須遵守的學規。

[20]摛揚藻采：摛揚，形容舒展、高揚、散佈；藻采，指文采、辭采。

[21]時文：指明清科舉八股文，與古文相對而稱。

[22]局促淺稚：形容見識短淺幼稚。

[23]詭靡膚庸：詭靡，奢華，不樸實；膚庸，淺薄平庸。

[24]八比八韻：八比，八股的別稱，是明清科舉考試的一種文體，也稱制義、制藝、時文、八比文。八股文章就"四書""五經"取題，内容必須用古人的語氣，絕對不允許自由發揮，而句子的長短、字的繁簡、聲調高低等也都要相對成文，字數也有限制。八股指文章的八個部分，文體有固定格式，由破題、承題、起講、入題、起股、中股、後股、束股八部分組成。八韻，指五言八韻詩，是科舉考試採用的詩體。

[25]沈潛：本指大地品德深沉柔弱，亦指人性深沉柔弱；此指沉浸其中，深入探究。

[26]王巳山：即王步青（1672—1751），江蘇金壇人。著有《四書本義匯參》。

[27]高頭講章：指經書正文上端所留空白，用以刊印講解文字，亦代指經書。

[28]功令：舊時指法令。

[29]帖括：指科舉應試文章。明清時亦用指八股文。

[30]選：原作"遷"，據金陵本改。

[31]汩：原作"泊"，形誤，據金陵本改。

志學齋學規

竊維爲學之道，首嚴自欺。吾人讀書，貴先立志，顧以頂替鈔襲，倖圖微利，欺人乎，實自欺耳。夫自欺者，焉往不用吾欺？品行以欺隳，學業以欺荒，事功以欺敗，其所利者安在乎？此其弊在惑於俗論，謂稽古之功有妨舉業，不憚厚自菲薄，又或羈身館地，耗精力於課程，苦約束於東主，以故齋中貯書萬卷，非特無暇來觀，亦并弗敢來觀。何怪乎日記各冊率多淺薄迂疏，終少心得，其卓犖博雅之士，蔚然前列，反私訿之，以爲評騭未公，而終不肯自奮於學，甚者遂不得不出於頂替鈔襲之一途。儒風不振，非以此哉！

今當事洞鑒斯弊，囑訂立學規，嚴加限制，謹擬六條開列於後，非故刻苦諸生也，不如是品行無由正，學業無由廣，即事功無由成。關中爲自古人文之藪，正賴繼起有人，迪維前光，使風流頓歇，河嶽寡色，生斯會者，能無惡乎！竊願與諸君子惕厲戰競，共相憤勉，滌從前之錮習，希名世之純修，庶無負當事振興名教、崇尚實學至意矣。

光緒丁亥嘉平月下瀚長安柏景偉識於關中書院

一應課者必先期填明籍貫、年貌、行號，舉貢生監[1]呈明監院註冊，以備查核。

一課冊面上必以本名填寫，不得冒頂他人名姓，其有要事回家，准其告假，亦不得託他人代作，致有雷同等弊，違者不錄。

一作日記者必先呈明所治何經何史[2]，於入學時面加訂正，其所參看何書，一并呈明，庶無搜鈔隱僻部頭，希圖倖獲等弊，違者不錄。

一日記冊排錄經書講章絕無發揮斷制[3]，照寫策學，坊本多有錯句訛字，及襲取近人著作，不註明所本者不錄。

一定每月初三日辰刻齊集講堂，講書畢聽候點名。凡點名不到，與頂名冒點或差人代點者，所繳課冊不閱。

一定每月初一日繳冊，其課冊中有應面質者，於張榜後定日傳集，不到者將膏火扣存，以充[4]公用。

【箋注】

[1]舉貢生監：指經舉送作爲貢生入監的生員與監生。生員也稱貢生、明經，是成績優異的秀才，可入京師的國子監讀書；監生是國子監學生的簡稱。國子

監是明清兩代的最高學府，照規定，必須貢生或蔭生才有資格入監讀書；而未入府州縣學而欲應鄉試者，或未得科名而欲入仕者，皆須用錢捐得監生作爲出身，但不一定入監就學。蔭生是依靠父祖的官位而取得入監資格的官僚子弟，亦稱蔭監。

[2]史：原作"事"，音誤，據金陵本改。

[3]斷制：判斷，論斷。

[4]充：原作"允"，形近而誤，據金陵本改。

咸長勸賑瑣記

邑侯俞林公奉大府檄，舉行咸、長賑務，既囑愚等推引賢達設法辦理。伏維賑荒之法甚多，而各縣情形不一，惟在因時因地因人斟酌損益，以期實澤均沾，流弊潛剔，斯無負上憲加惠窮黎至意。我咸、長經□捻之亂，被災較重，并無真實大户可以勸捐勸借，即間有一二上户堪資挹注，而蹄涔之水，奚以救車薪之火也！故爲今日咸、長計，則但有各鄉保各鄉、各村保各村之一法惟是。治法非難，治人實難。吾邑紳士既不輕入公門，復不多管公事，士風非不甚正，士習非不甚醇，然而此何時也？此何事也？仁人之於物也，見其生不忍見其死，況目覩宗族鄉黨、親戚朋友，相率以填於溝壑，尚能晏然高卧也乎！

嘗讀《二曲集》，見中孚先生《上董郡伯布撫台書》，實以吾陝亢旱，爲民請命，反復數千言，幾於聲淚俱下，彼獨非杜門謝客，絕口不談天下事者耶！夫亦可恍然於仁人之用心矣！我輩既爲咸、長人，當共任咸、長事，盡人力以挽天命，或救一村，或救一鄉，惟準此民胞物與之心相爲感召，蒼蒼者未必不少回[1]劫運耳？否則逆計此事之成敗利鈍而超然遠引，怡然閑居，則非愚等所敢知矣！所有保鄉保村章程，謹擬二條列開於後。

一各村定舉公正紳耆數人總司其事，置一清册，先將極貧共幾户共幾口，次貧共幾户共幾口，開寫明晰，無遺無濫。極貧者，鰥寡孤獨及別無生業者也；次貧者，有人有地而目前窘苦、後日仍能自給者也。極貧散糧，散則無還；次貧借糧，借則必償。合一村極貧、次貧各户口，統算每月共需糧若干，然後勸令村中上户、中户量力幫助，或遞捐，或暫借，均聽通融辦理，總期賑到明年四月底止。如所勸糧足資六月，則自十一月賑起；足資五月，則自十二月賑起。蓋風雪天寒，早賑一日未必飽生，遲賑一日且多凍死也！此各村之大概章程也。

一各村保各村，必須該村先有上戶、中戶，方可借資幫助，若該村俱係貧戶，又焉所取以爲賑本也？此在昔年不難，遍請各鄉大戶慨出巨款，廣為彌補。而在今日只可令各廠紳約，各就本廠十保障内通盤合算，或以此村之有餘，轉助彼村之不足；或於上戶中擇其家資較豐而好善樂施者捐借并行，務期不分畛域，一體周恤，庶窮堡遠莊可免向隅之痛。至各村有客戶佃種田地者，既已偕眷久居，即與土著無異，亦宜分以餘潤，不可坐視其死而不救；若外來流民，自應稟官給賑，四關粥廠原爲彼嗷嗷者而設。此各鄉保各鄉之大概章程也。

以上所擬章程二條，謹即咸、長現在情形大略籌畫如此，此外有宜推廣處、有宜變通處，惟望各廠紳約任怨任勞，妥速辦理，務使孑遺黎民倒懸立解，庶不虛生爲咸、長人。而盡一分心，即造一分福，行且慶延子孫，豈僅譽流州里也哉。往見涇、原諸紳富靡不熾昌綿遠，未解何道以致此。及訪問該處父老，然後知此數家者好善樂救，動逾巨萬，力行義舉，無少吝色。信乎，天之報施善人，固不爽矣！

又見吾咸、長鄉間，凡殷實之家，有值荒年而散糧於一村一族者，所費較涇、原諸家不逮萬萬，而子若孫亦且久享豐裕，世德相承。其後漸就凌夷，而中甲、乙科列郡庠者，仍方興未艾。慳吝成性，刻薄傳家，或勸以捐借等事則怒焉[2]内慍於心，勃然[3]外怒於色，非不深藏若虛矣，而轉瞬之間已成衰落，蓋不啻風中之燭，雨中之花而已。

古人云：積銀錢於子孫，未必子孫能守；積詩書於子孫，未必子孫能讀。不如積陰騭於子孫，使子孫世濟其美，又何銀錢之有人守，而詩書之無人讀耶！況夫所謂陰騭者，有大於捐賑、借賑一事哉。豐年樂歲即多出數十金，未必遂能救一人性命、全一人身家；值此凶荒，即稍出數十金，已能救無數人性命、無數人身家。然則何處覓此絶大陰騭，而反讓人以去做乎？吾鄉兵燹以後，任恤之風邈焉鮮覯[4]，而集資以成善舉者，其入也或不公，其出也或不實，復有以啓其遁藏之習，而堅其嗇吝[5]之心，此又不獨坐擁厚資者之咎矣。

今承縣主諭，以各鄉保各鄉，各村保各村，凡所以爲捐爲借者，既任自分其財，必可遍周於故舊，并飭明徵其冊，何由中飽於胥吏。近聞渭北有柏姓者，以一家而獨賑七村，大荔有李姓者，以一家而獨賑一鄉，并聞涇、原各大户相與公議，以數家而同賑一縣。我咸、長堂堂首邑，豈可不協力齊心，樂輸錢粟，救此數萬生靈，行此第一件陰騭耶！又況人事有一分補救，天命亦必有一分挽回，弭隱憂於今日，延兆豐於來年，誠於吾鄉體仁君子、崇義哲人有厚望焉。

【箋注】

[1]少回：少，稍，略；回，改變。少回，即略微改變。《二程全書》卷第二上"新政之改"條："伯淳云：'今咫尺天顏，尚不能少回天意，文字更復何用！'"

[2]怒（nì）焉：憂思傷痛的樣子。怒，憂鬱，傷痛。

[3]勃然：因憤怒或緊張而變色之貌。

[4]鮮覯（gòu）：很少見。覯，遇見、看見。

[5]各：原作"苦"，據金陵本改。

辦賑[1]善後章程

一勤考核。從來辦賑迄無全策，法久則弊生，自古爲昭，微獨[2]今日。今各保鄉村之法雖行，而災區既廣，爲日甚長，事方圖始，周察未易，難保其中概無弊端。即或事初部署悉當，而日久懈弛或所不免，是宜嚴定章程，按月復查，以期永久。

一杜侵蝕。各村賑糧既已聚存公所，不得不就地擇人，總司出納。而董事者之賢否未易周知，苟非其人，安必無監守自盜、朦朧侵蝕等弊，是宜設籍，載其出入，且令各具領狀，限期呈驗，以憑隨時覆覈[3]。

一核浮冒。災黎嗷嗷待斃，望賑孔殷，捐借并行，恒憂不繼，是節一浮冒之糧，即延一垂盡之命。近聞四鄉頗有豪猾無賴之徒，本非乏食，一聞捐賑之風，盡鬻所有，竄入貧籍，里黨不敢與爭，隱忍包荒，聽其冒濫，是宜查出，嚴懲倍罰，以靖刁風。

一防遺漏。各保各村之法，聞見既真，稽查自易，所有極、次貧民，既無冒濫，何有遺漏？然所慮者，各村紳約或係富室，陰忌貧民過衆，必須多捐糧石，因而苛汰户口，以便己私，反令待斃災黎遺而不錄。是宜查明，并列貧籍，庶幾實惠均沾。

一公攤派。各村富室捐借錢穀，當視其力以爲等差，無如地方廣遠，鞭長莫及，不得不委諸約保籍資勸派，但恐約保未盡得力，其中挾嫌圖賄、畸重畸輕之弊未必悉無，是宜查訪明確，分別增減，以昭平允。

一節民力。各保各村之法，必該村確有上戶，方可資挹注。若夫窮鄉遠堡并無殷實大族，間有一二粗足自給之家，自顧不暇，奚暇謀人勸之者。或因其目前有餘，一體捐借，俾賑人者未幾，轉需人賑，則失所以勸賑之意，儻覆查遇此，是宜酌量所捐，變通辦理。

一平重息。此次辦賑捐借并行，原許富室以糧借給貧戶，按斗出息，俟豐歲照還。然既以時價折錢，則利已不輕，乃聞折錢之後，又有加之以息者，未免開富室盤剝之風，遺貧民子孫之累，是宜嚴查。凡遇此類，立將借券勒銷，以作故紙無用。

一籌接濟。從來辦賑，率以上戶之有餘，補下戶之不足，而中戶不與焉，所以葆元氣也。今各保鄉村之法，幾於竭澤而漁，上戶之力既盡，中戶之力亦窮。本年麥種無幾，即使來歲豐穰，且恐乏食。儻仍歉收，何堪設想。則明年四月以後，不可不預籌接濟也。是宜設法捐借廣爲儲積，以備不虞。

【箋注】

[1]辦賑：原無，據金陵本補。

[2]微獨：不止，不仅。

[3]覆覈：審查，核對。

續賑章程

一宜逐村查勘也。各村麥田不無厚薄，如查得某村統共有二三分收成，即應一概停賑，庶於賑款不至虛糜。

一宜挨戶查驗也。各戶麥田多寡不等，如查得某戶所種之麥，儘可數衍兩三月度用，便能接至秋收，亦宜一律停賑，庶於賑項不致冒濫。

一宜摘各村窮獨補給口糧也。豐收之歲，亦有乏食之家，況當此災歉，糧價過昂，惸惸者何以謀生？如查得停賑之村，或有窮獨之人，本無田地，安望麥收？亦應摘出補賑，毋令向隅。

一宜飭各戶丁壯自謀生業也。未雨以前，農工商賈苦於無路謀生，現在甘霖疊沛，各行可望復業，所有丁壯，儘可出身作苦，自食其力，不得概以無田藉口紛紛乞賑。

一宜另造清冊以備覆查也。此次續賑糧既無多，尤應核實，各倉廠紳約既經逐村挨戶查明，除應停賑之村與應停賑之戶一并刪去外，各宜另造花名清冊，并將某村麥田薄厚，某戶麥田多寡以及某村某戶無麥，俱要逐細開載，送繳局中，以便按口發糧，隨時覆查。

再按：辦賑之始即奉縣主告示，凡有鄉間吸煙賭錢、游手無賴之徒，每口每日准其折半給糧，已屬格外施恩。宜如何痛改前非，力求自新。乃查聞此等於領賑外仍多不安本分，甚有肆行偷竊，爲害閭閻，殊堪痛恨，此次續賑如查有以上等弊，即將其人刪除，不准列入冊中，以招炯戒。至其父母妻子，本屬無辜，仍宜照常予賑。儻再有持刁滋鬧，即行稟官究懲，以靖刁風。

各鄉各村賑保簡明說單

即日無口糧者爲極貧，有一月兩月三月口糧者爲次貧，宜與前大略章程參觀。備一家口糧能無缺者爲中戶，備一家口糧猶有餘者爲上戶，著名大戶不在此數。

無糧者每日得糧六兩，便可救命，如捐糧較多，或日給八兩，或日給十兩，均聽其便。口[1]糧無缺者，節省所留，日可救鄉黨一二；口糧有餘者，或出粟三四石、六七石、十數石不等，可借於鄉黨乏食者，由公正紳耆[2]鄉約作中保，寫成借約，年歲豐收加利歸還。如有不還，准其稟官追究。各鄉各村先將極貧、次貧花名戶口開具清冊，由局呈官，以備查核。俟籌得賑款後，照冊分給。或麥或豆或米，每斗按二十五斤算，每升得四十兩，一口一日六兩，一月需糧四升半。一口一日八兩，以月需糧六升。一口一日十兩，一月需糧七升半。所費不多，便可全活人命無數，各村定舉公正人經管，按給口糧，十日一次，無遺無濫。

【箋注】

[1]口：原缺，據金陵本補。
[2]紳耆：舊稱地方上的紳士和年老有聲望的人。

代擬諭示榜文三則

　　爲剴切曉諭事：照得今歲亢旱，民不聊生，若不設法賑恤，何以拯民命而挽天心？惟此次被災甚廣，爲日甚長，若概以倉儲有限之糧，濟閭里無窮之費，既慮人衆難周，且恐日久難繼，再四籌畫，惟有各鄉保各鄉，各村保各村較爲妥便易行。然使立法不善，則富者懷疑觀望，或多吝惜之情；貧者恃衆強求，反滋擾害之弊。爲此示仰各鄉村富户貧户人等一體知悉，本縣現委各廠紳約挨户清查，分別辦理，凡各村上户中户所存糧食，除扣足自食外，苟有贏餘，酌照時價，借給貧户；或無糧食，借給銀錢亦可。其在次貧之户，今書借約，俟豐收之年，照數清還。有抗欠者，官爲催交；其在極貧之户，將來無力歸款者，尤須竭力幫助，以敦任恤而廣陰騭。若各廠富户有情願捐出巨款者，本縣當即稟明上憲，奏請獎勵，或給送匾額。如有不遵諭示，暗將糧食寄藏他處，一經查出，或被貧户告發，定將寄藏糧食盡數充賑。

　　再各村貧户亦宜靜候賑恤，儻有借端滋擾，私向富户強取糧食者，照搶奪之例治罪。至賭錢吸煙、游惰無賴之徒，本不應予賑，然聽其悉作餓莩，亦非一視同仁之意。仰各廠紳約遇此等人，准其減半給糧，不得與良善人家等量齊觀。若能改過自新，仍准一律加賑，其恃強不服者，即行送官懲處。

　　以上保鄉保村各法，實於無可籌畫中曲爲籌畫，以期妥便易行。凡爾富户貧户人等，務各體本縣爲爾鄉村苦心，一切遵照辦理，庶人心既能純厚，天運亦可挽回。切切，此示。

　　爲嚴行禁止事：照得兩縣於去歲十一月立局勸賑，各倉各廠業經具有冊結存案，或由各村保賑，或由總局撥賑，迄今已逾三月。所有極貧、次貧，無不照章領賑，悉昭安貼。乃近因春雨未霑，竟有無恥刁徒，并非貧户，紛紛求賑，甚至子已壯而推母出頭，夫在家而使妻露面。若不嚴行禁止，何以節賑費而肅賑規？爲此示諭各鄉一體知悉，當此饑民載道，餓莩盈途，爾等尚不乏食，已屬上天厚待。本府縣又不向爾等派捐，更屬格外體恤。乃復不存體面，妄生希冀，全不思多領一浮冒之糧，即少救一饑疲之命，人之無良莫此爲甚！況即有應行續賑户口，本府縣已經委派局紳明查暗訪，分別添入結冊，次第予賑，務期無濫無遺，斷不准爾等儘足自給之家，藉端滋鬧，撓亂賑章。自示之後，儻有不遵，一經查出或被人告發，除將冒領之家所存糧石一概充賑外，仍將其人枷號示衆，以爲貪鄙刁頑者戒。至實在待賑之户，亦宜靜俟查驗，毋得自行刁請。切切，無違特示。

爲榜示事：照得兩縣勸賑公所發給貧民賑糧，誠恐經手人等不無遺漏冒濫、侵蝕剋減諸弊，所有各村極、次貧户口花名及所散糧石數目，理合逐細開載，榜示通衢，以昭詳慎而便稽查。自示之後，如有以上等弊，許該貧民赴局報明，送縣究懲，決不寬貸。切切特示，須至榜者。

勸賑章程續言

竊以自古無無弊之法，所恃者得人以用法，而隨時以剔其弊，斯弊可盡去，而法可常行。今咸、長舉辦各保鄉村之法已九閱月矣，仰蒙府憲[1]并兩縣主主裁指示，得所稟承，幸少貽誤，而合終始。以詳察情形，其弊有七，其利亦有七。七弊已經刊述，以資覆查，而七利可得而總言焉。

辦賑之艱，審户爲最。廣收之則罄倉難繼，嚴汰之則向隅堪憫，輵輘紛煩，進退維谷。茲法行而各鄉村有力之家，明知此次賑糧須自己出，必不准極、次貧户浮開冒領，則户不待審而已審，其利一。

報捐濟賑，憂在隱匿，加以胥吏保約扶同弊混，甚至公私紛擾，而所獲仍屬無幾。茲法行而各鄉村乏食之家，均知此等賑糧出自富室，亦必不聽上、中等户匿跡藏形，則捐不待報而悉報，其利二。

辦賑之初，勸捐需時，催捐需時，買糧需時，散糧需時，災黎嗷嗷待哺，而籌布動逾旬月，其間餓斃不知凡幾。茲法行而一面飭令各鄉村繕造貧户花册，一面即責令捐集糧石具結呈查，刻期開賑，約計十餘日，可以一律辦齊，其利三。

人即吝財，未有不慮患者親戚也，友朋也，宗族也，鄉黨也。對宇而居，比鄰而處，彼皆乏食，我雖有粟，豈能獨享，此不待智者而決定矣。茲法行而所出無多，已能保戚友族黨不至盡填溝壑，所以赴公義者在此，所以抒私患者亦在此，自非十分慳狡，未有不樂於從事者，其利四。

一縣之中著名大户能有幾家，其餘皆中上户耳。若盡提至縣署報捐，必多驚擾。茲法行而所有中户上户，悉勸令就各鄉村自捐自賑，則彼既曉然於富户之名不入公牘、不貽後累，輸將之情可期踴躍。但使各鄉村能保賑至兩三月，則一家之所出雖微，而合邑之所濟實多，所謂衆撐易舉而實惠均沾者，其利五。

賑期過長，賑款恒憂不足，加以糧價日長，接濟益難，其貽誤有不堪設想者。茲法行而以大户所捐銀錢預買麥粟，廣存而不遽發，而先令各鄉村自相賙恤，必可支持兩三月，是謂保賑。此兩三月中，各鄉村有不能盡保者，間以存糧彌縫之，是謂補賑。至兩三月保足，後統以存糧普爲加放，是謂接賑。如此三層辦去，前可不濫，後即可不遺，而賑糧亦不至不繼矣，其利六。

採買賑糧既苦運費浩繁，而設局散賑，遠近赴領饑民枵腹守候，加以雨雪泥濘，老弱婦女匍匐顛躓[2]，情形尤爲可憫。茲法行而糧不出村，領賑者可免奔馳之苦。至接賑之時，按冊而稽。即今經手紳約，運還各鄉，照常散放，亦不至過於煩費，其利七。

以上七利，均從辦賑以來逐細察核，差有成效，而非鑿空懸擬者也。然則此法遂無不可行乎？曰猶未也。凡事豫則立，不豫則廢。使地方被災既深，成災既久，各鄉村上中等户自保不暇，何暇保人？強而行之，烏見其可也？

昔劉晏判度支諸道[3]，各置知院官，每旬具雨雪豐歉之狀以告。始見不稔之端，先申至某月須如干蠲免、某月須如干救助，及期即奏行之，不待其困弊流殍然後賑之也。嗚呼！豫而已矣。後之欲行此法者，斷非豫不可，否則詎止如前所述七弊云爾哉。

光緒四年七月上澣忍菴主人識

光緒丁丑之秋冬，戊寅之春夏，荒旱成災，我咸、長舉辦賑務，賴官紳同心協力，以各鄉保各鄉、各村保各村之法行之，時經八九月，事關千萬家，并未請用倉糧，而四境災黎尚少餓斃，豈僅恃兩縣大户三萬餘金，遂能有盈無絀乎？續言七利之説最爲詳備，亦可見當局者煞費苦心矣。大凡事功之興，因乎時，因乎地，實因乎人，得人而隨地隨時自能斟酌盡善，所謂事豫則立也。若不能謀於事先，揆以時宜，偶遇凶年，即依此法以行，未有不擾民者。是又在臨事者之善擇焉。

戊寅孟秋惺溪處士跋

【箋注】

[1]府憲：知府的敬稱。

[2]顛躓：原意爲倒下，後喻敗亡、傾覆，亦指困頓、挫折。

[3]判度支諸道：判度支，即擔任度支使，主管中央財政。判，以他官兼任。

度支使是差遣性使職，中唐以後原主管財政的户部職權被使職侵奪，户部尚書、侍郎不判度支或判本司，即徒有職銜而無職事。諸道指各節度、觀察使轄區，設置有度支、鹽鐵轉運院，負責本道錢糧調運及向長安轉運事。知院官即掌度支、轉運院之首官。貞元元年（785），江陵度支院失火，焚江東租賦百餘萬，由此可知度支院貯錢糧。宋代亦設度支院，乃中央官署。

修築堡寨章程戊辰[1]

一修築堡寨，每里州縣各鄉分爲各里，長安曰廠，咸寧曰倉，鄠縣曰操。必有倡首之人，須擇才德兼優衆所推服者，合里公舉，并與本鄉總局紳委參酌，將姓名送交本縣，發給諭帖，以專責成。其餘各鄉各村鎮幫辦督工人等姓名，亦送交總局，俟工竣之日，彙呈團練總局，遵照撫憲會議章程，稟請獎賞。

一每里須立一分局，紳董等換班住局督工，所有出入賬項，須擇家道寬裕、人品廉明者管理，每月開二清單，一送總局，一貼各分局門首，以憑核算。

一每里定立修寨地方，須由總局紳士會同該里紳約耆老相度地勢之險夷，察核村莊之貧富，查閱井泉之多寡，附築者分派必均，毗連者聲勢可接，合盤計算，從公決定。并先稟官存案，刻即興工，各村人等不許逞臆徇私，彼此爭執，致令人心解體，貽誤事機。況各築各村，即使勉強完工，而地利不濟以人和，將來有警，勢必不相救應，一寨有失，衆寨無不寒心矣。

一修築堡寨係各自衛身家，自應分段派工，各備口糧，并力修築。而派工之法，必先查明各村有若干户口，又必分出上户、中户、下户，所派之工方得平允，故未興工，先令各村將家口清冊送繳各分局，以便查閱。

一籌派經費不拘一格，須照各里情形辦理。總之富者出資，即或派工若干，有錢亦可折工；貧者出力，即或派錢若干，有工亦可折錢。如有殷富鋪户深明大義，倡捐錢財糧石，足符二百銀、一百銀、五十兩銀數者，即遵撫憲會議章程，稟請獎賞，先給頂戴，用昭激勸。

一堡寨擇定在某村修築，則該村爲主，各村幫修者爲客，將來城工告竣，立寨之村獲益良多，所有抽費派工等項，須與幫修各村分爲兩分，而兩分之中，或三七派賬，或四六派賬，或對半派賬，亦不拘定一格，仍相度各里情形辦理，庶臻公允。

一築寨取土之法，即於堡寨外相離一二丈地面挑挖壕溝，愈深愈好，愈寬愈好。挑起之土即以培築墻垣，距堡寨城邊之地，不論官民，悉准挑挖。將來由總局定價量給地主。如有阻撓，重究不貸。給價者爲貧苦之家，僅恃此城邊數畝地度日，量給地價，以示體恤。如家道積[2]裕，即可無須。

一數十村共築一寨，附寨各村聞警搬入，同有守城之志，必在寨內各家居住，惟平時亦必先與各村撥給空閑地方，聽各村自行搭蓋房屋，以爲公所，或藏什物，或放[3]糧食，其地價亦照城邊濠溝由總局議定，不得任意勒索。

一此次修築堡寨不以里限，不以縣分，一切零莊小堡，均聽就近堡寨聯絡聚守，所以便搬運、順人情也。然不附此寨必附彼寨，不得私意獨立一寨，以致城小易破，人少難守，爲賊所據，以攻大寨。

一堡寨外除向有房屋查明實係土著仍聽居住外，以本年爲始，堡寨之外再不准添蓋房屋，穿挖窰洞，恐萬一有警，賊得憑藉藏匿以攻我也。至於附近濠溝之房，必令一切拆去，自不待言。

一堡門止須足容車輛出進，不要太多，不要太高太大。門扇須用鐵葉包裹，并須多開炮眼。城角須添築炮臺，城門樓上須穿七星池，以防賊用火燒門。門口須設吊橋，用堅木搾成。橋式平時搭跨濠面，以便人行，有警則懸之。城樓絡以巨絙，可作千金閘用。

一堡牆厚須一丈有零，高須二丈有零，城頭須寬五六尺，以便站立。垛口施放鎗炮，垛口須用磚塊砌堅，不可偷減工料，致有閃失。鄉間村莊廟宇悉被賊焚，所遺磚塊石條甚多，取砌垛口更覺堅固。

一堡寨內一律搭蓋平房，四面俱築土墻一般高，用粗樹股平擔其上，如樓房護稜木樣子，再用細樹枝橫搭粗樹股上，如樓房護縫木樣子，再用土坑面子平鋪一層，再用麥菅泥厚抹四五寸。頂頭面子上，或用石灰搪光，或用板磚砌平，後簷稍低，以利水道。此房不須椽瓦，不費匠役，較草棚尤省工而耐久，即十間八間亦可照此法蓋去。按鄉間經兵火之後，房屋絕少木料，又復甚貴。堡寨初立，從何搭蓋房屋，且零莊小堡幫修總寨者，在寨內多係暫居，平定後即要各歸本村，亦不願蓋甚好房屋。此法尤覺兩便。

一堡寨既成，即行稟明省城團練總局及本府縣，聽候查驗，請鎗炮鉛藥以資防守。惟鎗炮係禁用重器，不許私行製造辦買。即鄉間舊有鎗炮，亦必稟明總局存案，方許修整使用。儻各處私立小寨擅自辦買者，即按私藏禁用軍器律從重治罪。將來陝省肅清各寨，所有鎗炮一概彙送總局，編刻字號，轉繳縣庫收存。

一堡寨既成，須舉寨長、副長、局長、團長、鄉長，辦理善後事務。凡寨内各事，皆聽寨長主斷，副長幫辦，其餘局長管局，團長管團，鄉長管各鄉，如有不服約束者，刻即送局送縣，以憑究懲。寨長、團長等不必定舉立寨村内之人，亦不必問有無功名，果係公正無私、精勤有識者即行，會同總局公舉，將姓名送局，存案以專責成。

一寨内紳董等必須和衷共濟。寨長有事，固宜會同副長等公議，副長等亦必遵奉寨長號令，不得膠持臆見，彼此牴牾。即寨長有辦理未善處，副長等理宜勸阻，寨長不聽，當即稟明總局裁酌。果係寨長有錯，不妨另換，終不許褻玩妄爲，使寨規紊亂，不能畫一。

一寨内遇有非常之事與大惡之人，寨長等辦理不下，即行稟縣局聽候裁酌，不得肆行武斷，妄加戕害，致犯擅殺罪人之條。

一守城必先練勇，如本寨有壯丁一百名，須量抽八十名，分兩班輪換，外村有壯丁一百名，只抽二十名輪換，聽從該村。總以二十名爲定，每十名壯丁爲一棚，尖角棚旗一杆，四棚爲一隊，旗一杆，外村旗用青紅藍白色，本寨旗用黄色，合寨中有武藝超眾、足任折衝之人，再挑數十名爲選鋒團，以備率同救應。四城旗書"選鋒"字樣，除每日肄習刀矛，演放銃炮、擲擊轉石外，約日合操，以齊心志。

一守城壯丁宜先派定，如某村壯丁共幾名，應派守垛口幾段，預先將所分地界記號清楚，一遇有警，各村棚頭、隊長率領壯丁上城，認明本村記號，刻即分垛固守。守南城者用紅旗，守北城者用黑旗，守東城者用藍旗，守西城者用白旗。惟本村壯丁俱用黄色旗，或派守四面城角，或派守四門城樓，亦必預先編定信[4]地，庶不致臨時錯亂。

一堡寨内做大方白旗一面，上寫"守望相助"四字，做紅燈一個，亦寫"守望相助"四字。再立望杆一根，高約四五丈，杆頭用轉軸縛長繩一條，以備扯旗懸燈，如有賊警，晝則將白旗扯起，放抬炮三聲；夜則將紅燈懸起，亦放抬炮三聲。鄰寨即接連扯旗、懸燈、放炮，頃刻數百里可以通知準[5]備。

一各寨宜講親睦之誼。一縣之地或十寨八寨，或數十寨，大小不等，強弱不同，歷時既久，或語言不合而起釁，或宵小藉端而譖間，必有心存疑忌、私相爭競、互爲凌虐者，保民而反以害民，良可痛惜。是在爲寨長者，時時以"守望相助"之義，集寨內男婦大小，講明而督課之，而寨長與寨長尤必相讓相敬，無詐無虞，互相聯絡，則爭端息，息而仁讓可型矣。

一救援不可不力。凡賊來圍寨，并無官兵尾追其後，則附近各寨東南西北各出數百人，四面擾之，晝則多張旗幟，夜則多持火把，忽聚忽散，或起或伏，使賊不敢專心攻寨。倘賊返身迎鬥鄰寨之人，便徐徐歸寨，勿與接仗，追賊又攻此寨，則鄰寨之人又出擾擊。兵法所謂多方以誤之，亦疲敵之一策，彼無可攻之時，我有久守之地。如此相持，不惟不能破寨，兼且不能攻寨，加以野無可掠，賊即不饑餓而死，亦必氣阻遠颺矣。總之，寨民利守不利戰，鄉團擊賊勿與角力，此知彼知己，慎之至也。

一偵探要確。各寨既聯絡保守，必先擇[6]有膽識者數人，與以快馬，賊在二百里內外，即飭令更番偵探，如果分路來撲，迅速飛報各寨，并分傳附近零莊小堡，將糧食車馬與鍋灶碗桶一切物件，盡數搬入寨內。賊即深入重地而無水無食，何能久縶？其有故違禁令，舉造飯汲水之物丟棄寨外，爲賊所用者，事後送官治罪。

一幫工築寨諸村，既已撥給空閒地方，搭蓋房屋以爲公所，非特堆積糧食，即各村壯丁守城軍器，如鎗炮刀矛等件，亦均置放其中，以便臨時取用。各村聞警搬家入寨者，即先到各村公所聽候，其鄉長與寨長公同安插居住本寨之人，不得厭其煩瑣，各村之人亦不得肆行攪擾紛爭，幫工各村不出房錢，其未幫工者須量出房錢，以爲公費。

一奸細宜防。堡寨四門，除派職事人時常嚴查外，一有賊警，各村逃難人魚貫進城，須再派各村老成鄉長在城門前查閱，各認各村之人，庶奸細無由攙混。

一寨內糧宜多積。積糧之法果能籌出經費，即照社倉法行之，從公中買糧數百石，或數千石、數萬石，存儲公所，擇家道殷實、人品廉正者總司出入。賊圍寨時，先將本寨與各村人數查清共若干口，現在本寨與各村私存之糧共若干石，登記簿籍，貧富有無了然於心，然後相度時勢，開倉分糧。或照平糶法，使無糧者以錢糴買，令窮民借食。俟賊去後，加息還倉。如實在經費艱難，則《鄉守輯要》[7]書內"官督私藏、自積自食"等法，可以變通行之。其他井泉柴薪油鹽，均宜多備。

一各寨接應來往，須有傳旗符節以爲信守。傳旗如令旗大小，或方或尖，上書某寨"傳旗"字樣，印以本寨鈐記符節，用木板一塊，長三寸，寬一寸，上寫某寨與某寨合符字樣，於中剖分兩塊，各存其半。一遇有警，交傳信之人執赴鄰寨合驗，以防假冒。

一寨內舊有街鎮逢集之日，買賣人等紛紜出入，礙難稽查，宜照甘省水落城、烏潤城等寨樣子，在寨外擇寬閑地方，作一集場。逢集之日，買賣人等均在集場交易，不許攔入寨門。庶賊匪不得假充負販匿跡內應，如陝境清肅，並無賊信時，亦不妨在寨內立集。

一守城之法與守城之器甚多，礙難盡載，《鄉守輯要》書中大略俱備。書祇二本，價值不昂，各寨均宜公買一冊，細心披閱，庶有成式可考，臨時不致束手無策。

一各寨公局宜崇節省。百姓疊遭兵燹，粒食維艱，抽費派丁萬分拮据，紳董等住局辦公，原不能枵腹從事。然非力裁浮費，何以質衾影而示表率！所有吸煙、賭錢、酗酒者，不准濫充。如有故犯，許寨眾指名，稟官立示懲儆。

【箋注】

[1]戊辰：指同治七年，1868年。

[2]積：金陵本作"寬"。

[3]放：金陵本作"存"。

[4]信：金陵本作"汛"。

[5]準：金陵本作"預"。

[6]擇：原作"探"，據金陵本改。

[7]《鄉守輯要》：清許乃釗輯，是關於基層鄉村政權如何實行保甲團練、維護社會治安的法律措施的文獻彙編，今存咸豐年間刻本。

長安里局章程庚午[1]

一局內由各里公舉局正、局副各一人，務選公正穩練、明白各里情形、家道殷實者稟官查確，令總司局務，其局內一切帳目責成局正副稽查，本官亦隨時查核，不容家丁涉手。

一局內事務帳項殷繁，局正副未能兼顧，應由各里公舉誠實諳練書算者一人，專司支發車馬價值，登記帳目，並另舉一人專管二縣會撥車馬，由局正副按日督同經理，本官隨時查察。

一各路差務，以三原、涇陽、高陵、藍田、鄠縣爲遠站，臨潼、咸陽爲近站。每遠站雙套車一輛，上年新定發錢柒串五百文；近站發錢五串文。遠站馬一匹，發錢捌百文；近站發錢伍百文。倘年豐糧賤，再議節減。其車馬或由各里自備，或由各里託局正副代僱，均不准差役包攬，局中亦不准自養車馬漁利，違者查出究辦。

一局中帳項每月底查算一次，每年定期總結一次，俱將用過錢數開具清單，同流水簿呈官核明，書榜曉示局門，俾里民周知，有弊准各紳耆指稟究辦。

一局正副及管帳之人，限一年期滿更換，以均勞逸，而杜盤踞。倘各里一時乏人，而舊時局正副等人實在公正，毫無貽誤滋弊者，准各里稟官，酌量留局。

一各里支差仍由按糧攤派，長安四十九里除過荒絕地，每糧一石，先酌派錢一串文，將錢交局，其加派名目，永遠禁革。其攤派錢之時，局正副同糧正秉公攤派，隨時稟官榜示，不得私行出條。

一催收差錢，由各里糧正自行催收交局，不准經差役之手。如有延抗不交，即由承催糧正稟官喚追。如糧正已收而侵蝕者事發，即將該糧正究辦。

一運送軍火軍械糧餉等項，動需車數十輛之多，刻不可緩，必須僱備長車聽用。除起運四項由各營發給，定價按月由官給文書交局總請領、隨時收帳外，不足之數局中酌定津貼。倘遇雨水阻滯，往返多日、車馬苦累者，准查照咸寧里局議加之數會明發給，不得私行增加。

一局正、局副照咸寧章程，每人每月給薪水錢拾貳串文；管賬及會辦車馬，每人每月各給薪水錢拾串文；又僱覓車馬酌派四人，每人每月各給身工錢陸串文；又僱火夫一人，每月給身工錢叁串文；每月在局內輪住糧正四人，每人每月各給薪水錢玖串文；至局內火食油燭紙張一切雜費，每月酌定錢捌拾串文。以上均在差錢內動用，每月同車馬帳一律開示。此外不得應酬浪費。

一兩縣會辦車馬於差務到境，除由官彼此照會外，仍由兩局管理會撥車馬之人，彼此照會，各半分支，以免多索多支之弊。

謹按：我長邑里局舊無定章，所支車馬均係原差包辦。自軍興以來，奸弊叢生，日甚一日，大有積重難返之勢。馴至[2]同治六年，一年之內竟支行車二十二票，計車一萬一千一百五十八輛，每輛車價七串。支行馬十一票，計馬二千八百五十五匹，每匹馬價二串五百。支行夫五票，計夫一千二百六十二名，每名夫價一串二百五十。此外又支行底車五十輛，另派錢一萬五千串，以及各里所供差局薪水，差役工食并一切雜項，合計用錢約十二萬串有奇。每石糧約出錢六七八串不等，哀我遺黎幾無生氣，幸蒙仁憲大人力裁錮弊，飭定新章，重立里局，民支民辦。計自去歲六月起至去歲十二月止，時逾半年，僅支行車三千零七十三輛，每輛車價五千。支行馬七百五十一匹，每匹馬價捌百。支行夫二百八十三名，每名夫價伍百。所有局費雜項一切在內，合計用錢約二萬餘串。推之滿年，不過用錢四萬餘串，每石民糧約出差錢兩串上下。夫以去歲西事方棘，北圍未安，徵調頻仍，飛挽繁重，其差務非少減於六年也，而所用錢較六年實省八萬餘串。異時西北厎定[3]，徭役輕少，諒必有更省於今日者。此誠我長邑百姓更生之日，而仁憲大人拯民水火之恩何可忘也。所願各里人等共矢天良，恪遵局規，勿懷私憾而滋事端，勿爭微利而招物議，庶幾美意良法，昭垂永久，且不負仁憲大人加惠窮黎之至意矣。

同治九年正月上元日謹識

【箋注】

[1]庚午：同治九年，1870年。

[2]馴至：逐漸達到。《周易·坤》："履霜堅冰，陰始凝也；馴致其道，至堅冰也。"

[3]厎(dǐ)定：達到平定，引申爲平定、安定。

馮籍廠義倉善後章程 辛巳[1]

一經管倉糧定舉倉正二人總司，倉副四人分理，管賬二人經理，糧錢出入，除鼠耗厎蓋外，如有霉變遺失、侵吞虧欠等弊，惟倉正等是問，照數賠[2]墊。二年期滿，協同紳約耆長，按冊盤交於接管之倉正副等，彼此書立交清收清合同存據。其倉正倉副管賬人等，務求品行廉正、家道殷實者方許充當。由紳約耆長預先憑公選定，列寫名冊，稟縣存案。挨次推舉，以杜刁霸而防委卸。

一義倉與保甲相爲經緯。保甲未經查清則出放倉糧，必多爭競。今定於新舊倉正副盤交接管之年，協同紳約耆長，將戶口地畝應增應減詳加釐定，遇有賑借即可按冊查算放給，庶免遺漏冒濫之弊。至出入倉糧，均以官定倉斗用蓋平量，以昭公允。

一社倉之設，中年備借則三農可資接濟，荒年備賑則四民可免流亡。借法取保具領，春放秋收加二還倉，小歉捐息之半，大歉全捐；或緩期以償糧，果積足則可一律免息，每石只取耗糧五升，以備公費。至鰥寡孤獨量予佩恤，不在保借之內，如遇大荒之歲以全數給賑，有放無收。但使當天災流行，本廠戶口無致餓斃，則既不負上憲思患預防至意，而首事者亦不虛費此一番心力。賑畢核實報銷，稟縣存案。

一每年青黃不接之時准予保借，原爲勤力農民藉資挹注，至吸煙賭錢、游手無業之民，例不准借。惟念此等人亦有父母妻子，豈容以一人而累及全家，本廠從寬酌議，初次出放准一律覓保具領，如還倉之期任意抗欠，則下次不准復借，以示區別。再或家業蕩盡出外無歸，遺有父母妻子嗷嗷待斃，亦須照孤貧例於耗羨糧中量予佩恤，不必取償。庶有以啓其自愧之心，而振其自新之氣，亦培厚風俗之一道也。

一設倉本係義舉，司事者當力求撙節，不准藉端開銷，惟所僱守倉之人不能不給與工食，又如出糧糶糧、糴糧曬糧、倒糧以及紙筆茶水油蠟等項，亦不可不少籌經費以資應用。茲定於每年所收息耗糧項內核實支發，不准於正數倉糧浪費顆粒。

一舉倉正倉副原所以專責成，而義倉既立，豈一手一足所能理，數月數年所能了哉？本廠風俗樸厚柔和，而失於巽懦畏事，無論如何義舉，率多彼此規避，置若罔聞，亦屬不合。自今以後，凡遇義倉重大事務，須合廠紳約耆長齊心協力，保護維持。則衆撐易舉，不至有初鮮終，不得以事不關己任意推卸，致多貽誤。

一遇災荒，倉正等會同紳約耆長統計存糧若干，查照保甲冊戶口若干，定爲正賑幾月，續賑幾月。先儘鰥寡孤獨無告之人賑之，次極貧，再及次貧，至家計稍可支者，即爲中戶，不必分給。抑或減價平糶，使中戶得以賤糴，亦不無少補，即以平糶所取之價，稟請縣主發給路票，赴糧價低小之處買糧運倉，以資接濟，尤於賑務大有裨益。

一義倉之立，總爲備荒起見，其貴糶賤糴、春借秋收，皆其推廣辦理者也。如使糧已充饒，則何必以出糶者權利息？人無缺乏，又何必以保借者起紛爭？惟是倉糧積久霉變堪虞，故積麥不如積粟穀豌豆，可以多歷數年，不致朽壞。本廠積麥現已易積豌豆，現定公議，每年存倉一半，出借一半，則事歸簡易，人樂奉行矣。

以上八條，既蒙縣主批定，如有不遵，定行稟案究懲，望我寨人等永遠遵守，毋滋流弊，從此緩急有恃，風俗益純，庶無負上憲慈惠愛民、思患預防至意。謹識。

【箋注】

[1]辛巳：光緒七年，1881年。

[2]賠：原作"貽"，據金陵本改。

清釐長安里甲糧弊條陳丙戌

伏查長安民糧分爲四十九里，每里分爲十甲，亦有分十一二甲者。總收總上，春秋兩徵，皆包於糧鋪代納。里民於六月、十月兩忙後，齊錢加利清還糧鋪，農不病而商有益。雖有冒頭之加，亦甚微末，糧正户長果認真辦理，實爲有利無害。然歷久弊生，幾有積重難返之勢，若不急爲整頓，則良法美意轉成厲階[1]。窮變通久，惟望仁明縣主摘伏發奸，一施威斷則福被無涯矣。謹即弊之大者詳陳二條，恭候核鑒。

一花户宜先拯恤也。自來有糧者均爲花户，管糧者乃爲里長，此通例也。而長安有不然者，一里十甲，凡先時有糧有名者謂之里長，凡繼起有糧無名者，謂之花户。既爲花户，則不敢看里長之賬，亦不得問里中之賬，任里長飛攤過派，不敢稍有計較。一或觸忤，則羣起而摧辱之，即不得已而具控於縣，則十里夥同派錢，力與爭勝，縱有明察慈惠之官，鑒花户之屈冤，恨里長之兇橫，重加懲責，仍必俟此官去任而復訟，與糧差反覆播弄，雖重費有所弗恤。彼花户者，寡不敵衆，弱不敵強，有傾家破產而終不得伸者，以故忍氣吞聲甘受漁肉而無言。凡里中算賬，里長則坐於庭中，花户則立於門外，里長則筵於堂上，花户則食於階下，謂里長爲父母，花户爲子孫，則尊卑判矣。近又有不與花户結親之説，則清濁分矣。尤足惡者，里長之地雖僅半畝，終爲貴品。花户之地雖多數頃，皆爲下流。有斥一家爲花户者，有斥數家爲花户者，有斥數十家爲花户者，花户之地雖賣於別人，亦仍爲花户，即紳衿不能易也。甚有花户將地賣完，而勒揹[2]不准過糧，其害且貽及數世矣。刁風惡習，筆難殫述，必使勤儉力田之人，不得爲盛世良民，殊堪髮指。

細查此弊，悉由二三里蠹交通糧差，藉端漁利，凌虐良懦所致。糧差之弊，另條詳述。請先言里蠹之弊。里蠹者，即各里久管糧務者也，其人類皆小有才辯，善於謠惑其奸詐，在以里中之錢結識糧差，爲之護符，任意把持，其苛剝花户者，大半入惡等私橐，墊惡等欠糧，絕不可以理諭情勸，似宜先將此類嚴行懲治，明示該里，不准再充糧正户長。并飭各里人等將花户一律列名甲内，不得橫生枝節。倘查有前項等弊，或經花户告發，定行重懲不貸。若花户畏其報復，欲過糧於別里別甲者，本里本甲不得攔阻。再，花户糧如足十石，即可令自立一甲，如各里後幾甲。又幾甲之例，與各甲一律行事，抑或飭令過入安定、傘巷兩里，庶合邑花户得慶重生矣。蓋安定、傘巷均係各封各糧，自行赴縣上納，均爲花户，無此錮弊也。

一糧差宜停專派也。長安四十九里，各派一差，以專督催。然所派者，皆民快皂[3]，各班之頭役也。頭役位尊勢重[4]，并不下鄉，則私派散役數人代爲應比，謂之跑差。頭役有公食，跑差亦有公食，頭役每日或五百文，或三百文，一年約各支錢壹百餘串文；跑差每年約各支錢數十餘串文。此外又有送扇子錢、比交錢、車費錢、承情錢，而承情錢則不可以數計。各里多寡牽算糧差一項，已逾萬串矣。以故頭役既充糧差，則共相慶賀，以其可以致富也。夫役也，而可使富乎哉？本邑應辦義舉甚多，奈何以里民脂膏但填該役谿壑耶！

且長安之糧原不待頭役之專催也，各里均有糧正，按甲輪轉主持糧務。開徵之日隨簽，一差往催必能如期上納，又何須此役巍踞縣衙坐享大利乎？况流弊尤難枚舉，查各里均稱糧差爲當家，凡事必請命於當家，即上銀多寡亦必聽命於當家，而里蠹等尤親昵之。縣主或憐里民困苦，比糧稍緩，則當家必唆[5]使抗納。其應比也，則僱一人上堂受笞，被笞一次，里民必爲出比交[6]錢若干串，又以此爲有功於里民，而紛紛承情焉。其承情也，託有紅白等事，里蠹則代設筵，傳齊各甲大嚼既畢，里蠹等復爲竭力周旋，一人倡言應與當家出錢若干串，其黨即應之曰諾。里民之公正者、良懦者，畏其聲勢不敢稍有抵牾，而當家遂滿載而歸矣。如是而當家之德里蠹深矣，里蠹之結當家更深矣。或有睚眦小怨則必訟，訟則當家爲之庇准，爲之播弄，務使必勝，以報其德。自訟既勝，又復爲人幫訟，且以他人訟費爲孝敬當家之具，借花獻佛，朋比愈固，氣燄亦愈赫。所由把持里事積久不去，里民率被欺凌而無如何，又何怪花户之甘受漁肉耶！

再查民快皂三班頭役爲糧差者，惟皂班流弊尤多。皂役或有所怨，則面斥曰：縣門地皆青石鋪砌，謹防滑倒。蓋謂杖笞，皆伊專管，輕重不難私爲也。故里民之畏皂役也獨切，而里蠹之結皂班也尤橫。似宜將各里糧差盡行停派，開徵之日隨便簽催，時時更換，則諸弊可杜，而爲里民裁減萬千膏血，非特民困可紓，而義舉亦可議行矣。

【箋注】

[1]厲階：禍端。

[2]勒掯：強迫或故意爲難。

[3]快皂：衙役。舊時州縣衙役有皂、快、壯三班，皂班掌站堂行刑；快班又分步快、馬快，原爲傳遞公文，後掌緝捕罪犯；壯班掌看管囚徒。其成員通稱差役，亦稱皂快。

[4]位尊勢重：金陵本作"倚勢作威"。

[5]唆：原作"峻"，形誤，據金陵本改。

[6]比交：舊時官府徵收錢糧、緝拿人犯等，立有期限，至期不能完成，加以責罰，并再限日完成，稱比交。

陝西減收平餘碑[1] 代劉克庵撫軍

爲減收平餘事，查得陝西省各廳州縣徵收地丁銀兩，向有隨收平餘陋規，以爲辦公之費，相沿已久，交納恐後，足見百姓急公。惟念兵燹之後，民力拮据，自應設法體恤，而有司衙門政務殷繁，例支不敷，辦公亦不得不兼籌公費。現經本署部院督同藩司確查，通省徵收情形分別減免提留，期於民困稍蘇而於公事無誤。查各屬額徵數目，既有多寡之殊，隨收平餘亦有輕重之異。除以錢折納之處，由官易銀已不敷解，勢難再減。又有州縣額徵數在伍百兩以下者，所收平餘無多。及蒲城一縣向歸百姓徵解，輕重合宜，均應仍照舊規完納，毋庸另議，以免紛更外，其餘各廳州縣酌減[2]平餘叁成，免其交納，以紓民力，其柒成平餘仍隨正耗一并徵收，聽候提留，分發道府州縣辦公。至核算減免之法，各按該廳州縣向來交納原數，每徵庫平[3]足色正銀壹兩，耗銀壹錢伍分，是爲徵解正款，不能短少分釐。此外多交之數，皆爲平餘，有壹錢即免叁分，有壹分即免叁釐。譬如每正銀壹兩，向來完銀壹兩貳錢伍分者，除庫平足色正耗銀壹兩壹錢伍分外，將餘平銀壹錢作爲拾成，內中著減去叁成銀叁分，免其徵收；其餘柒成銀柒分，仍隨正耗完納。又如每正銀壹兩，向來完銀壹兩叁錢伍分者，除正耗銀壹兩壹錢伍分外，將平餘銀貳錢作爲拾成，内中減去叁成銀陸分，免其徵收，取其餘柒成銀壹錢肆分，仍隨正耗完納，以資公費。各州縣平餘輕重不同，均照此類推核算減免，業將現辦章程據實入奏，合行出示曉諭，爲此示仰[4]通省官吏軍民人等知悉。

除向來以錢折交地丁暨額徵數在五百兩以下各州縣，并蒲城縣地丁均照舊規完納外，其餘各廳州縣徵完地，俱以同治九年正月爲始，概遵現定新章收納。倘有司敢於陽奉陰違，暗收不減，或百姓仍懷觀望，不照新章清交者，查出分別嚴參懲辦。本署部院前已核定章程，出示減清差徭，茲復酌減平餘，通行曉諭，是爲爾百姓節財惜力，籌畫無遺。現在軍用浩繁，錢糧徵收不齊，將何項養軍平賊爾！百姓若不趕緊清完，試問何以仰報朝廷。其各激發天良，踴躍完納，毋稍延緩。此示除飭藩司轉發各廳州縣領貼外，許爾百姓照鈔立石，永遠遵守。并另發多張，分存各總兵衙門并各路糧運局，聽各州縣百姓就近請領存據，各宜懍遵毋違。特示。

謹按：舊章咸寧民糧正銀壹兩，連正耗平餘，共納公議[5]平足色紋銀壹兩伍錢陸分；長安民糧正銀壹兩，連正耗平餘，共納公議平足色紋銀壹兩伍錢伍分。茲蒙恩撫憲劉會同恩藩憲翁[6]，酌減平餘，核定新章，據實入奏，出示飭遵[7]兩縣各里糧正遵即稟蒙咸寧縣主王、長安縣主黃，照章查算，諭令咸寧除正銀壹兩、正耗壹錢伍分，加足庫平，該納議平實銀壹兩貳錢零貳釐玖毫不減外，計平餘議平銀叁錢伍分柒釐壹毫，遵叁成減該減議平銀壹錢零柒釐壹毫叁絲，自今以後，每正銀壹兩連正耗平餘，共准納議平足色紋銀壹兩肆錢伍分叁釐，此咸寧減定平餘新章也；長安除正銀壹兩正耗壹錢伍分，加足庫平，該納議平實銀壹兩貳錢零貳釐玖毫不減外，計平餘議平銀叁錢肆分柒釐壹毫，遵叁成減該減議平銀壹錢零肆釐壹毫叁絲，自今以後，每正銀壹兩連正耗平餘，共准納議平足色紋銀壹兩肆分陸釐，此長安減定平餘新章也。

里民等當流離兵燹之餘，沾此實惠，所謂去水火而登衽席者，敢弗踴躍輸將，仰報朝廷體恤窮黎之至意耶！謹將憲示照鈔勒石，祗懍遵守，且俾兩縣遺民永戴憲恩於不忘也。

時同治九年四月吉日，咸寧六十六、長安四十九里紳民等謹識

【箋注】

[1]平餘碑：平餘亦稱餘平，爲清代地方政府上繳正項錢糧時另給户部的部分。一般來源於賦税的加派，亦有另立名目加徵的。"碑"，金陵本作"告示"。

[2]晉減：增減。

[3]庫平：清政府收徵租税、出納銀兩所用衡量標準，訂立於康熙年間，1908年清廷度支部擬訂統一度量制度，規定以庫平爲權衡標準，每庫平一兩合於標準制37.301克。

[4]示仰：指示，傳達。

[5]公議：按公利標準而議論，公衆共同評論。

[6]藩憲翁：藩憲是明清布政使的尊稱，翁當指翁同爵。據《續修陝西通志稿》卷十一《職官二·陝西布政使司布政使》記載："翁同爵，江蘇常熟縣人。同治七年十二月甲子由四川按察使升任，十年十一月戊申，以升陝西巡撫卸任。"

[7]飭遵：飭令、命令遵照辦理。

遺墨

臣也而背其君，其君或有時而無如臣何；子也而背其父，其父或有時而無如子何。獨未知爲臣子者，清夜自思，果遂無少慚於名教，而怡然卓立[1]於天地之間耶？申生[2]曰："被此名也以出，人誰納我？"文王曰："臣罪當誅兮，天王聖明[3]。"彼其所事者，非盡合於道也，而不敢背、不忍背者尚如是，況在有道之君父乎！人言縱不足恤，己心究何可欺？十目十手，指視[4]維嚴，哀哉，臣子胡弗自省。己卯[5]仲夏讀史感書此。

【箋注】

[1]卓立：高高站立，亦指堅定不動搖。

[2]申生（？—前656）：春秋時期晉獻公與夫人齊姜所生之子，晉國太子。齊姜死後，晉獻公續娶驪姬爲夫人，并生下兒子奚齊。驪姬爲使其子奚齊成爲王位繼承人，賄賂收買他人，詆毀太子申生。而申生爲了做好忠臣與孝子，最後選擇自縊身亡。晉杜預注、唐孔穎達疏《春秋左傳正義》卷第十二記載："太子曰：

'君實不察其罪，被此名也以出，人誰納我。'十二月戊申，縊於新城。"

[3]聖明：原作"明聖"，據金陵本改。韓愈《琴操十首·拘幽操》末二句："臣罪當誅兮，天王聖明。"《拘幽操》是模擬周文王被紂王囚禁於羑里的口吻寫的。韓愈代文王立言，維護綱常禮教，遂使其成爲名句。程頤謂："退之作《琴操》，有曰：'臣罪當誅兮，天王聖明。'道文王意中事，前後之人道不到此。"金陵本是，據改。

[4]指視：以手指示。視，通"示"。

[5]己卯：光緒五年，1879年。

余嘗謂節烈爲祖宗所培養，黨禍爲士氣所鬱結。國家之命脈，詩書之效驗也。觀之往史，漢、唐、宋、明有黨禍，而三國、兩晉、五代、金、元無之，非漢、唐、宋、明享國日久，賢君亦多，教化入人者深。及其叔季小人用事，而禮樂詩書之澤不能遽泯，故邪正相激致成黨禍，譬人元氣素盛而自爲戕害，不能遽絕，必積爲格阻相爭之證，以盡潰其氣血而後始斃。當其未斃，其喘遏鬱塞、呻吟痛苦，反不如元氣素虧者澌然而盡，而不知其稟氣之厚，固非常人所及也。

夫黨禍之起，必其君德不明、小人用事之秋，又必其祖宗留遺、尚有一二正人在位之時。小人以正人不便於己，必欲排而去之；正人以小人不便於國，亦欲排而去之。兩相水火，而君不能主持於其上，則小人必勝，君子必敗。而祖宗培養數百年，遺澤在人，草茅之士必有念切本朝，憫其顛覆，聞小人之得志而怒，聞正人之被患而戚者。私憂竊嘆，又足觸小人之忌，不難盡舉其類而誅鋤之，而黨禍遂流於草野，天下騷然。時事敗壞決裂，不可收拾而國亡矣。故其君德不明，致疾之原也；其小人用事，所致之疾也。其一二正人在位，則稟氣之厚也；其草茅之私憂竊嘆，則又氣之厚而又厚者也。正人既盡，而國隨之則元氣盡而身亡也。證之往史，可以恍然於黨禍之所由起矣。

夫諸君子身家且不恤，何有富貴？其觸小人之怒必有大不得已於中者，而後人猶嘵嘵焉，何其與於小人之甚也！書《黨人論》後。

滌生先生[1]以正學砥身，以公忠體國，具智、仁、勇三德，而始終持之以敬，故能著烈當時，垂名後世，爲中興第一名臣。蓋求之往古，亦未易見也。爲人而不以文正公爲法，斯謂無志。己卯[2]冬日讀《曾文正公大事記》書後。

按：武侯[3]於建興五年三月率諸軍出屯漢中，其時魏孫資即進"分命大將據守險要"之策，以懿君臣之英明，豈竟毫無籌畫乎？至六年春，侯將出師，魏延始請別出子午谷，則又逾一年之久，而謂魏絕不料侯之欲圖中原，仍一無備禦乎？且延謂率兵五千，負糧五千，當不下萬人，以萬人而越險襲遠，風聲所遞，魏人豈有不知者？此不待智者而決矣。

夏侯懋雖怯長安城非不可守，況魏都洛陽去關中約十日程，救援既便，潼關、隴右亦豈無駐紮勁旅，即使長安可得，斜谷兵可會，亦恐有東西合攻、腹背受敵之患，而謂可定咸陽以西者，其足信乎？故侯斥爲危計而不用，正是侯之善於用兵耳！史家記事類多矛盾，慎毋以魏無豫備，卒聞侯出，朝野恐懼，遂以失機而肆訾[4]議也。

祁山一出，三郡響應。使非馬謖違節[5]，制敗街亭，則隴右既得，適如侯之所算，且以隴右爲根本，東向以取關中，已定拊其背而扼其吭，安見祁山之出不如子午谷乎？此惡可以成敗論人耶！《武侯不出子午谷論》。

偵探爲行軍之要，武侯豈不知之！武侯八陣，四正四奇，其行軍豈不出奇？不出子午谷必有深心。是時，甘、涼、秦、隴均爲魏有，魏之邊將多屯於此，若出子午谷，縱侯出斜谷以應，而天水、安定之兵綴於後，魏人復以大軍遏之於前，不待交戰而我已困。觀近日石逆、陳逆，其用兵均布遠勢，胡、曾、左諸公則處處自顧後路，恒以一枝勁旅置於大軍之後，卒致成功。雖以李忠武之賢，稍違此策，且尚覆軍，況他人乎！然則武侯不出子午谷，其故盡在是矣[6]。

【箋注】

[1]滌生先生：指曾國藩。

[2]己卯：光緒五年，1879年。

[3]武侯：即諸葛武侯、諸葛亮。

[4]肆訾：猶言任意詆毀。訾，古同"恣"。

[5]違節：違背制度、法規，不聽節制。漢賈誼《旱雲賦》："何操行之不得兮，政治失中而違節。"

[6]其故盡在是矣：本句後金陵本有小字注曰："以上三段《武侯不出子午谷論》批"。

《五行志》足見天人相感之理，然失之過拘，逐事必求其應，或有不合，則附會以屬之，遂致後人之訾議。然必盡謂其妄，則近天變不足畏之說矣。故《五行志》不可厚非也。文猶嫌推尊太過。党雲漢讀《漢書‧五行志》書後卷批。

保甲之宜行，夫人而知之。然自古有相保法，不以保甲名也。保甲之名自宋荊公始，所謂新法之一也。其法十家藉二丁，授以弓弩，教之戰陣，則大悖乎《周禮》之治矣。又況責以捕盜賊、督催科，何怪其擾累而難行耶！宜將當日擾累情形詳考而明著之，杜其弊於彼，庶興其利於此，而後世之行保甲者，亦不致有所迷惑矣。《保甲論》批。

近見某官平日聲名尚好，乃因一政偶失，怙惡不悛[1]，竟至人言弗恤，肆行無忌。始恍然於學兼體用，其功不可缺，其序不可紊，未能格致誠正，斷難望齊治均平也。蓋必先平一己之血氣，而後能平天下人之血氣。必先正一己之性情，而後能正天下之性情。孝者所以事君，弟者所以事長，慈者所以使眾，三者仁也。仁不外於敬恕，主敬行恕而體立矣。體立而用有不善者乎！嗟乎！此能吏之所以不如良吏也。示趙生舒魁。

父在斯爲子，兄在斯爲弟。父或不在而兄在，則盡悌於兄，即所以盡孝於父也。兄縱十分有不是，爲弟者亦宜曲體友恭之誼，毋稍存背戾[2]之心。況在兄者未必盡不是，而在弟者未必盡是，豈遂得以爲是，而謂人皆不是乎！慨自小學不講，爲子弟者，自幼便驕養慣了；到長，益喜人譽己，惡人規己。不惟忘己之實爲子弟，并誤認己之若爲父兄，以子弟而自居於父兄之列，辭色言語靡所斟酌，其不至潰裂名教者幾希[3]耳！珪既開帳授徒，抗顏[4]爲天下子弟師，使己或未能盡爲子爲弟之道，則是徒以言教而不以身教矣。以身教者從，以言教者訟，其尚可以師道自尊耶！聞珪近日頗有束修自愛之意，由此而進，希賢希聖，夫豈甚難爲！書數行以勉之。果能聞毀則喜，聞譽則懼，憬然於孝悌爲仁之本，而以務本爲急，在余所望於珪之兄弟者，其慰不足言，即珪父在天之靈，當亦慰甚矣。示陳生煥珪。

交友最宜慎。學者不知擇友，往往以損友爲益友，爲害不小。夫導我以孝友者，益友也；則導我以背逆者，非損友而何？導我以忠厚者，益友也；則導我以刻薄者，非損友而何？導我以恭謹者，益友也；則導我以傲惰者，非損友而何？果以此慎之者，即素所交之友，細加辨別，則雖不知擇友於先，而尚可免害於後矣。示吳生埥。

余嘗謂傲骨不是空撐的，如菊能傲霜，梅能傲雪，方能傲到底，而不負此骨。若徒效菊、梅之傲，而一遇霜雪，不難即變，其不流爲媚骨者鮮矣。吾甚望骨之近傲者，早自立於霜雪之先，毋自悔於霜雪之後也。雷振林詩批。

前哲云：寡能可以習靜，寡智可以節勞，旨哉言乎，而意尚未盡。歷觀古來志士仁人，往往橫罹黨禍者，大都以多能多智與世相競也，然則智能既寡，非惟可以養性，抑實足以保身。兄年來東奔西走，一事無成，而讒謗紛集，屢瀕危殆，徒以稍負智能之譽深相誤耳。吾弟幸尚無智能名，儘可習靜節勞，謝絕一切閒事，整飭家務，訓課兒書。時局艱危，不必憂有命也。命固可信也，人情叵測；不必校有數也，數何可爭也。養性保身，全我真樂也。兄雖遠行，亦得放心，戒之慎之。戊辰[5]秋將遊南山，爲弟漢章書於青門旅寓。

【箋注】

[1]怙惡不悛：指堅持作惡，死不悔改。怙，堅持；悛，悔改。《左傳·隱公六年》："長惡不悛，從自及也。"

[2]背戾：悖謬，相反。

[3]幾希：很微小，相差無幾。

[4]抗顏：態度嚴正。

[5]戊辰：同治七年，1868年。

　　余以賑務羈絆，不能常駐館中，以致諸弟子學業荒廢，時深悵結。凡我友朋均應代爲訓誨，匡余不逮。如到此地偶坐，務乞先教以節廉忠孝，再勖以詩字文章，俾各有所警惕，毋至嬉遊。幸勿與之閒談，使得藉口客來以搪塞功課，則諸弟子異日之成就，皆我友朋之所賜矣。寸衷感佩，何可名言。戊寅[1]五月二十九日自勸賑局書。

【箋注】

[1]戊寅：光緒四年，1878年。

　　生日者，父母生我之日也。父母何在，而忍自慶耶，而忍受家人之慶耶，而忍受戚友之慶耶？況吾父母在，而吾未能盡其養；吾父母歿，而吾未能盡其禮。生不如死，何壽之有？凡慶我者，皆滋我之痛而益我之罪者也。自今以往，甚毋以慶我者滋我之痛，而益我之罪，則我庶有地以自容，以圖補救於萬一，感且不朽矣。壬午[1]四月十七阻賀生日。

【箋注】

[1]壬午：光緒八年，1882年。

初膺外任，值此難治之缺，當先示以渾穆[1]，詳辨官吏之賢否，若者宜撫而用之，若者宜剔[2]而除之。確然信其能就我銜勒[3]也，然後發奸摘伏，層層布置，無難從欲以治矣。萬不可矜才使氣，出以操切[4]，是爲至囑。治民莫先於信，如來函云"不要錢，不徇情，不偏倚"，則民信之矣。雖有惡俗，何難立化。至於缺之瘠苦，諒展如有必能處去，無煩某遙慮也。寄趙生舒翹[5]。

【箋注】

[1]渾穆：質樸淳和。

[2]剔：原作"展"，據金陵本改。

[3]銜勒：本指馬嚼口和馬絡頭。後借指道德法紀。《大戴禮記·盛德》："德法者，御民之銜勒也。"

[4]操切：指辦事過於急躁。

[5]寄趙生舒翹：原無，據金陵本補。

於正斜弧三角之法頗有所窺，再加精進，必能獨樹一幟。算法有裨軍國，在今日尤爲當務之急。鄉人士沈溺墨瘴，不肯讀有用之書，斯事竟成絕學，貽笑大雅久矣。作者性既近此，亟望精益求精，爲吾鄉特開風氣，後來學者庶不至問津無徑，甚勿以爲藝事而自少之也。求友齋陳濤算學批。

孔子曰："朝聞道，夕死可矣。"然則人不聞道，生既為糊塗人，死亦為糊塗鬼，死且不可，況生乎！

辦公有五要：洗淨心底[1]，紮[2]定腳跟，豁開眼界，豎起肩膀，放平心氣，五者缺一不可。

家運未復，果能守，不必能爲。天道無私，既有名，斷難有利。多一事不如少一事，動一念不如靜一念。詩云："無田甫田，惟莠驕驕。無思遠人，勞心忉忉。"[3]蓋忍乃有濟[4]，而約則鮮失[5]也。

恩多者怨亦深，雖屬俚語，而歷驗人情，大抵如是，不足怪并不足較也。孔子云："好仁不好學，其蔽也愚。"惟用仁之際，濟之以學，庶可以無悔矣。傳曰："聖達節[6]，次守節，下失節。"我輩中人總當以守節爲主，斷不可效達節而遂至失節也。如吸煙賭錢以及諸不當爲之事，萬勿以朋友勾引稍涉遷就，自謂偶一爲之必無防礙，豈知多少豪傑均因是而身敗名裂，後雖有悔，其可及乎？懍[7]之戒之。

大抵忠烈才智之士，必先屢遭挫折，其氣方能平和，其學方能沈潛，其識方能遠大。若一船順風，未有不致顛躓者耳。光緒己丑正月自味經書院致某生。

【箋注】

[1]底：金陵本作"地"。

[2]絜：金陵本作"立"。

[3]無田甫田，惟莠驕驕。無思遠人，勞心忉忉：出自《詩經·國風·甫田》，意爲大田寬廣不可耕，野草高高長勢旺。切莫掛念遠方人，惆悵不安心惶惶。

[4]忍乃有濟：指有忍耐力的人才能成功。濟，成功。

[5]約則鮮失：加強自我約束，減少過失。約，束也。內束其心，外束其身，謹言慎行，審密周詳，謙卑自律，皆所謂約。鮮失，少有失敗。

[6]達節：謂不拘常規而合於節義。《左傳·成公十五年》："聖達節，次守節，下失節。"楊伯峻注："最高道德爲能進能退，能上能下，而俱合於節義。"晉袁宏《後漢紀·光武帝紀論》："夫能與造化推移，而不以哀樂爲心者，達節之人也。"亦指明達世情，識時務。《魏書·陽尼傳》："體源究道，歸聖哲兮。隨化委遇，能達節兮。"

[7]懍：害怕，警惕。

余自到院後，即聞住院諸生多係寒素，堂課時披閱各卷，又見該生等功夫多未圓熟，正待昕夕講習以期精進，乃以菽水[1]乏資日形拮据，殊未足以昭體恤而示鼓勵。況書院之立，豈第求工文藝哉！言行之愆尤宜寡，身心之砥礪宜嚴。聖賢之道德，何以彪炳千秋？豪傑之功名，何以昭垂百代？余之來涇，所願與該生等共相勉勉[2]者此耳！若但聽其枵腹從學，又何以責致志專心，希踪往哲耶？

查王漢珉[3]先生加立小課，原爲調濟住院諸生起見，且兩課獎勵僅銅錢拾仟耳，分之院外則皆虛而無裨，施之院中則尚實而有濟，想應課諸生率多鴻才博學，當不爲此戔戔[4]者而來；即有寒士或依家食或藉館資，亦未必斤斤靠此。如稟照依味經小課辦理，實爲公允。惟是山長之職，專在講學，至更變章程非所宜，預候轉商監院，再行酌定可也。

抑余此議不過望應課諸生本相諒之意，宏相讓之風，果能聽信余言，豈非古道猶存，無愧通財之義？否則余亦不須勉強，當量捐修，資小助膏火，斷不令負笈相從者鬱鬱居此也。該生等亦宜愛惜春華，孳孳以正學相劚切，而餘力學文，以志顯揚，以期拜獻[5]。彼聖賢道德、豪傑功名，安必不再立於今時，重彰於此地乎？是則余之所厚望也已。_{示涇干書院諸生。}

【箋注】

[1]菽水：豆與水。指所食唯豆和水，形容生活清苦。語出《禮記·檀弓下》："子路曰：'傷哉！貧也！生無以爲養，死無以爲禮也。'孔子曰：'啜菽飲水盡其歡，斯之謂孝。'"後常以"菽水"指晚輩對長輩的供養。

[2]勉勉：勉勵，金陵本作"勉厲"。

[3]王漢珉：指王烈，字漢珉，城固人。同治甲戌（1874）進士，改翰林院庶吉士，散館授四川東鄉知縣，調署太平縣。性戇直，不樂仕宦，尋告歸，掌教漢南書院八年。博學工書，勤於訓迪，以背誦經書爲重，成就人才甚多，士林稱頌。

[4]戔戔（jiānjiān）：形容少。

[5]拜獻：禮拜獻祭。

爲學不外修己治人，即《大學》所謂"明""新"也。選舉廢而始以制義取士，固謂所言者聖賢之言，所學者必聖賢之學。且郡縣既立有學宮，又設書院以聚之，爲之儲經史以拓其見聞，爲之籌膏獎以資其飲饌，亦望得明體達用之才，處爲真儒，出爲循吏，用備中外緩急之需，豈願得如閏生先生所云之"鄙夫"哉！

余自去歲來此，每愧不足爲諸生法，然未嘗不切切以正學相勖勵，其不守學規者，必嚴加懲逐，至今歲而一堂之上頗見彬彬藹藹之風，私衷固甚幸焉。雖規余者曰：純謹[1]之儒才華恒短，暴慢[2]之士文藝多優，使棄取過峻，或無人焉掇巍科、膺華選[3]，詎不令味經減色乎？顧余不謂然也。夫人孰無過，過而能改，則善士矣。凡來學者，即素行不軌於正，未嘗不收而教之，以望其一變至道，終爲名教完人。若既寬其已往予以自新，而仍怙終不悛[4]，則是甘爲"鄙夫"而已。此等鄙夫，縱令掇巍科、膺華選，其爲病於天下，必且如閏生先生所指各弊，豈不更爲味經羞耶！故得百"鄙夫"，何如得一正士？況諸生等果能即修己治人之學，躬行實踐，德修者品自立，積厚者流自光，出其餘緒，發爲文章，其有不掇巍科、膺華選者，吾不信也。閏生先生自述主講五書院，竭二十年栽培之力，而品學修飭者不能多覯，深以爲慨。然橿華館中士今且有名高天下爲吾陝光者，則先生所謂"心蕊形茹"，亦足慰矣。

余之錄示先生此記，誠念往聖先賢之訓，人多習而忽之，此則近而有徵，或足以生諸生之感奮，而鼓舞於不覺乎。且尚志者士之事，志在道德者爲聖賢，志在功名者爲豪傑，志在富貴者爲鄙夫。學分三品，惟人所志願。諸生以閏生先生之言爲法，勉爲聖賢豪傑，毋爲鄙夫，斯則余之所切禱也已。味經堂錄示《漁陽書院記》書後。

【箋注】

[1]純謹：純正謹慎。

[2]暴慢：兇暴傲慢。

[3]華選：顯貴的職位。

[4]怙終不悛：有所恃而終不悔改。悛，悔改。語出《尚書·舜典》："眚災肆赦，怙終賊刑。"孔傳："怙奸自終，當刑殺之。"宋羅大經《鶴林玉露》卷七："君子之心未嘗不欲其去非而就是，舍邪而適正。其怙終不悛，則當爲夬之上六矣。"

再去歲議和議戰各執一說，迄無定論，其實不戰必不能和，即和亦不能久，越南之和非前車之鑒乎！然謂戰則必勝，即孫吳恐無此把握，惟一敗再敗而仍必出於戰，則島人之技窮而中朝之氣振矣。蓋自涼山敗盟後，法夷所要挾者，直使我朝無地自容，無路可走，安可不與之戰乎！

曾襲侯自倫敦寄李中堂一書，可謂洞中機宜，惜乎不早用其說也。自來將才以練而始出，軍械以試而始精，即士氣以淬厲而始奮。試觀髮捻交訌，天下已糜爛不可收拾，然後曾、胡、左、李諸公左提右挈，卒成中興之烈。雖曰天運，豈非人事哉！故今日之事，但當咎備戰之非，不當責請戰之誤。沿海數萬里處處設防，浪募勇營，橫分畛域，以致支分而力單，費侈而餉絀，岌岌有不可終日之勢。反使該夷以逸擊勞，以少攻衆，多方以誤我，亟肆以疲我，爲大失計耳。張佩綸[1]七省水師之議，雖非此時所能猝辦，然極有可取以爲變通措置者，如雲南、廣東、廣西三省宜設一欽差大臣，總辦三省軍務，水陸各營應添應減，即責成該三省督撫自行選練，餉糈亦由該三省督撫自行籌備，其不敷則以湖南、四川、貴州接濟之。修鐵路，通電線，联爲一氣，互相應援，但核其實效而不爲遙制[2]。設有疏失，惟該欽差大臣是問，此一路也。福建、浙江、江蘇三省宜設一欽差大臣，而以湖北、江西、安徽接濟之，此又一路也。山東、直隸、奉天三省宜設一欽差大臣，而以河南、山西、陝西接濟之，此又一路也。後二路皆如前一路辦法，如是則事有專責而兵無浮設，餉無虛糜。欽差大臣亦無鞭長莫及之虞，政府總持三路，尤能指揮如意，其或可以戰守兼資，經久而不敝乎！然臆度之言，不敢自爲是也。因翹侈談戰事，故走筆及之。寄趙生舒翹。

【箋注】

[1]佩綸：原作"□□"。據《中國近代海軍史編年》（北京：生活·讀書·新知三聯書店，2017）：光緒十年（1884）甲申，李鴻章與張佩綸籌畫海部，"甲申移樞"，醇親王奕譞主政，曾國荃巡察海防，張佩綸請設水師衙門統管七省水師。據此以補。

[2]遙制：在遠處加以控制。《北史·爾朱榮傳》："遙制朝廷，親戚腹心，皆補要職。"

自來磊落英多之士，當少年時，每多過中佚正之處，究不足爲累也。蓋辦事以氣，氣不盛則巽軟闒茸[1]，必不足宏濟艱難，然挾盛氣以陵人，亦往往招人訾議。無他，更事未久，讀書未深，故客氣多而主氣少也。果能虛衷求益，時就有道而正之，黜其自是之見，折其自尊之心，將氣以平而學養粹，氣以充而才識宏，乃可以當天下之大任，而無愧成德之人矣。余前數信有過激語，又慮翹之氣有所餒，故也又書此以廣之。寄趙生舒翹。

【箋注】

[1]巽軟闒茸：指地位卑微或品格卑鄙的人。巽軟，怯懦；闒茸，資質駑鈍愚劣。

《灃西草堂文集》校注

卷八

長安　柏景偉　子俊甫

詩

述懷

浩劫消難盡，浮生感易并。
艱危餘壯志，憂患見交情。
知己屢誰倒，驚人劍欲鳴。
卻嫌唐杜牧[1]，何事苦談兵。

【箋注】

[1]杜牧（803—852）：字牧之，號樊川居士，京兆萬年（今陝西西安）人。晚唐詩人。先後任史館修撰，膳部、比部、司勛員外郎，黃州、池州、睦州刺史等職，官至中書舍人，因中書省別名紫微省，人稱其爲"杜紫薇"。其以七言絕句著稱，內容以詠史抒懷爲主。《阿房宮賦》即其代表作之一。後人稱杜甫爲"老杜"，杜牧爲"小杜"，將其與李白合稱"李杜"，與李商隱并稱"小李杜"。著有《樊川文集》。

冬柳

歌殘金縷數華年，歲月蹉跎一悵然。
落落素心同爾抱，蕭蕭清影倩誰憐。
揚眉總待春風後，放眼曾經浩劫先。
昨夜雞鳴猶起舞，笛聲遙憶玉門[1]前。

【箋注】

[1]玉門：在甘肅省敦煌市西北約九十公里的戈壁灘上。漢代張騫出使西域後，東西方貿易交流日漸繁榮。爲保證絲路的暢通與邊郡安全，漢武帝時設置河西四郡，下令修建了玉門關與陽關，從此，二關成爲漢代重要的軍事關隘和絲綢之路交通要道。

雪夜聞小兒啼聲 癸亥[1]

朔雪號，朔風駛，沿街嗚嗚誰氏子？
饑歟寒歟無人憐，呼天搶地啼不止。
平生久懷胞與心，滋愧無力救爾死。
吁嗟乎，爾死不能救，爾聲不忍聽。
裁得丸紙塞我耳，一燈孤坐光熒熒。

【箋注】

[1]癸亥：原缺，據本書目錄補。

移居石曹峪

新搆茅廬好，移居得少康。
薪拾杉葉厚，飯嚼菜根香。
負米心常樂，銜杯世亦忘。
故人如相訪，祇在白雲鄉。

飲酒

有酒盈樽豈算貧，山中一樣柳條新。
連朝風起懷豪士，何日雲停對故人。
老壑煙霞饒我醉，平原花木爲誰春。
官軍近已收臨渭，未卜傳聞果是真。

感賦

南國烽煙久未銷，西京[1]村落更蕭條。
自來良馬懷千里，豈有神鷹忘九霄。
萬笏青山橫槊對，一輪明月舉杯邀。

艱難國計英明主，誰辦中興翊聖朝。

【箋注】

[1]西京：指西安，是中國歷史上周、秦、漢、隋、唐等十三個王朝的首都。西周的宗周鎬京，西漢的京師西京，東漢的西京長安，曹魏黄初二年（221），長安列爲五都之一，稱西京。隋唐時期，長安爲京師首都，也稱西京。它曾經作爲中國的政治、經濟、文化中心長達一千多年，與北京、洛陽、南京并稱爲中國四大古都，也是古絲綢之路東方起點和隋唐大運河起點，著名的歷史文化名城。

立春有感

何人攬轡[1]志澄清，春信傳來百感并。
疏鬢漸添霜點點，壯懷難訴月盈盈。
東山夢好蛟龍蟄，西域軍過草木驚。
三十二年成底事，不堪回首憶蒼生。

【箋注】

[1]攬轡：挽住馬韁，力挽狂瀾，亦喻爲諫止君王履險。

歲晚

歲晚烽煙尚未休，官軍何日起中州[1]。
名山高卧深如海，破屋偕居小似舟。
便腹自能容百輩，罪言原足重千秋。
風塵落寞今如此，更有何人識馬周[2]。

【箋注】

[1]中州：古豫州（今河南省一帶）地處九州之中，稱爲中州。亦泛指中原地區。
[2]馬周（601—648）：字賓王，清河郡茌平縣(今山東茌平)人。唐初名

臣。家貧嗜書，精《詩》《書》，善《春秋》。武德中補州助教，不治事而去。西遊長安，客居中郎將常何家。嘗代常何爲疏，所論二十餘事，皆切中時弊，唐太宗即日召見，令直門下省。歷任監察御史、給事中、中書舍人。貞觀十八年（644）任中書令，兼太子右庶子。貞觀二十二年去世，唐太宗爲他舉哀，追贈幽州都督，陪葬昭陵。

臥病

全家病臥深山雪，偏值春風三月天。
數負花時空悵悵，轉憐草色自芊芊。
勞餘筋骨寒猶怯，鍊後精神用始堅。
悟得天心憐我甚，青山相對意陶然。

黃鶴樓題壁二首 乙丑[1]

無端仗策此從軍，倚檻長吟悵夕曛。
山勢西來岷漢合，江聲東下楚吳分。
仙人鶴駕難重遇，玉笛梅花不可聞。
自笑投筆翻弄筆 時爲傅軍門文案，談兵已媿杜司勳[2]。

漢陽番舶尚淹留，十載中原戰伐秋。
定有椒山[3]爭易市，偏教王粲賦登樓[4]。
磯尋黃鵠空遺趾，劫歷紅羊慘上游。
草色春駢鸚鵡綠，幾回憑吊對芳洲。

【箋注】

[1]乙丑：原缺，據本書《目錄》補。

[2]杜司勳：指杜牧，曾官司勳員外郎。

[3]椒山：指楊繼盛（1516—1555），字仲芳，號椒山，直隸容城（今河北容城）人。明朝中期著名諫臣。嘉靖二十六年（1547）登進士第一，初任南京

吏部主事，師從南京吏部尚書韓邦奇學習律呂，後官兵部員外郎。曾因上疏彈劾仇鸞開馬市之議，被貶爲狄道典史。其後被起用爲諸城知縣，遷南京戶部主事、刑部員外郎，調兵部武選司員外郎。嘉靖三十二年，上疏彈劾嚴嵩罪狀，遭誣陷下獄。在獄中備經拷打，終於嘉靖三十四年遇害，年僅四十。明穆宗即位後，以楊繼盛爲直諫諸臣之首，追贈太常少卿，謚號忠愍，世稱楊忠愍。後人以其故宅改廟以奉，尊爲城隍。有《楊忠愍文集》。

[4]王粲賦登樓：漢獻帝興平元年（194），董卓部將李傕、郭汜戰亂關中，王粲遂離長安，南下荆州，投靠劉表。到荆州後，因體貌短小，不爲劉表所重，乃作《登樓賦》："登茲樓以四望兮，聊暇日以銷憂。覽斯宇之所處兮，實顯敞而寡仇。"以此抒發其流離憂憤之情。

客舍

客舍瀟然酒一樽，升沈已定不須論。
年來怪似嵇康[1]懶，柳色青青晝掩門。

【箋注】

[1]嵇康（223—262）：字叔夜，譙國（今安徽亳州）人。三國時期著名文學家、思想家，世稱"嵇中散"，"竹林七賢"之一。一生崇尚老莊，主張"越名教而任自然"，反對綱常名教思想。

再登黄鶴樓同胡寅谷謝伯宓桂生作

鄂城城上雲不流，鄂城城下濤聲遒。
上有黄鶴百尺之高樓，黄鶴飛來復飛去，仙人勝跡垂千秋。
十載妖氛粤西起，燒殘劫火空遺趾。
我來憑吊正春殘，江聲嗚咽晚風駛。
獻棗亭[1]邊茗花香，憑欄待月夜蒼涼。
須臾皓魄中天掛，銀蛇萬道相輝光。
中朝景運久來復，摧折羣醜如破竹。

草木爭蕃新氣象，河山襟帶上游肅。

西陲南服幾餘孽，甕中游泳尚泄泄。

渡江應有擊楫人，誓師寧待朝食滅。

書生媿乏濟川才，黃鵠磯上[2]獨徘徊。

青蓮居士渺[3]何處，隱隱笛聲天際來。

萬里長風不可乘，浩歌遙對龜山青。

欲向仙人問行止，樓頭高臥呼不醒。_{樓上有呂仙[4]睡像}

【箋注】

[1]獻棗亭：武昌蛇山的亭子叫仙棗亭，相傳亭前棗大，某年忽然大如瓜，太守令小吏采進，小吏食之仙去。

[2]黃鵠磯上：黃鵠，鳥名；磯，突出江邊的岩石或小石山。

[3]渺：渺遠。

[4]呂仙：指呂洞賓，道號純陽子，道教全真派祖師，八仙之一。

舟中

雨後新添浪幾重，扁舟飽趁一帆風。

春江果似行天上，臥看青山千萬峰。

贈傅埜亭軍門

憤志讀韜鈐，縱觀得大意。

蹉跎十年中，數奇未一試。

西京憚烽火，連歲妖氛熾。

故國半邱墟，蒿目空墮淚。

驥足困鹽車，鳥展千里志。

我才本碌碌，乃亦造物忌。

卓哉嚴將軍[1]，相招典書記。

媿乏正平學，空負少陵醉。
丈夫重義气，一諾千金值。
各懷報國心，遑計名與利。
執殳效前驅，誓言殲醜類。
克敵運籌君，角我復掎掎。
不見陸伯言[2]，建策多意思。
不見虞允文[3]，立功殊奇異。

【箋注】

[1]嚴將軍：指東漢末年武將嚴顏，初爲劉璋部下，擔任巴郡太守。建安十九年（214），劉備進攻江州，嚴顏戰敗被俘，張飛令其投降，顏答曰："卿等無狀，侵奪我州，我州但有斷頭將軍，無有降將軍也。"後以"嚴將軍頭"喻指堅強不屈、大義凜然的氣節。

[2]陸伯言：指陸遜（183—245），字伯言，出生於華亭（今上海市松江區），三國時期吳國政治家、軍事家，一生出將入相，被贊爲社稷之臣，卒諡昭。

[3]虞允文（1110—1174）：字彬父（一作彬甫），隆州仁壽縣（今四川省眉山市仁壽縣）人，南宋初年名臣。他在採石之戰中大敗金軍，後收復陝西數處州郡，世稱"虞雍公"，歷任左丞相、四川宣撫使等。卒諡忠肅。著有《辨烏賦》《誅蚊賦》等。

樊城題壁

樊城城下暫維舟，星月蒼茫倒影浮。
一夜江聲助詩興，大風撼到五更頭。

行經峴山

峴峰遙望草萋萋，叔子[1]風流孰與齊。
我對青山暗垂淚，傷心不獨爲殘碑。

【箋注】

[1]叔子：指羊祜(221—278)，字叔子，泰山南城（今山東新泰）人。西晉戰略家、政治家。早年在曹魏政權任中書郎、給事黃門侍郎等職。魏元帝即位後，歷任秘書監、相國從事中郎等職。晉代魏前夕，擔任中領軍，掌領禁軍，兼管内外政事。西晉建立後，累官尚書右僕射、衛將軍，封鉅平侯。泰始五年（269），出任車騎將軍、開府儀同三司，都督荊州諸軍事。在荊州屯田興學，全力籌備滅吳計劃。晉武帝依其策劃滅吳，完成統一。卒諡成，唐宋時配享武廟。《晉書·羊祜傳》記載："在軍常輕裘緩帶，身不被甲。鈴閣之下，侍衛者不過十數人，而頗以畋漁廢政。"提督衆軍，態度閑適從容，故南宋詞人辛棄疾有"誰對叔子風流，直把曹劉壓"的名句。

即景

茅舍竹籬秋氣清，葵花兩畔各崢嶸。
莫嗤小草非楨幹[1]，也抱丹心向日傾。

【箋注】

[1]楨幹：築牆所用的木柱，比喻骨幹人員，引申爲支撐、支持。

西征

六月邊氣肅，曉行寒徹骨。
山缺殘月黃，野蕪小麥綠。
遺黎形欲枯，故壘道相屬。
安邊賴長才，受降城[1]誰築。

【箋注】

[1]受降城：漢受降城築於太初元年（前106），爲接受匈奴左大都尉投降而修建；唐受降城三，景龍二年（708）築，東、西、中各距三百里，防禦突厥。漢唐受降城均在今蒙古國境內。

中衛道中

又聽雞聲惡，征人喚奈何。

壯懷春去減，離緒曉來多。

花麗紅盈畝，麥香綠滿坡。

客心正無限，明月照黃河。

東歸

濺濺汧水[1]流，鬱鬱隴山色。

從軍人歸來，倚馬行得得。

偶貰一壺酒，斜掛錦鞍側。

故鄉風物好，客心一何懌。

卻念時事艱，西顧空太息。

【箋注】

[1]汧水：今稱千河，因流經千山腳下而得名，爲渭河左岸較大支流之一，發源於甘肅六盤山，於陝西省陳倉區匯入渭河。

自慰

斯遊原足拓雄襟，自賞何須問賞音。

困我風塵憐馬足，鍊人才識悟天心。

果如大器成應晚，未許中年感易深。

只有冷官[1]堪去做，一簾花月靜彈琴。

【箋注】

[1]冷官：地位不重要、事務不繁忙的官職。

臘月大雪

畢原十月桃李花，冬令春令行復差。

況兼旱魃久爲虐，麥苗乾死農夫嗟。

仁哉天心能愛物，風雪儘日飛拂拂。

長安城中喜欲狂，置酒邀客恣爲樂。

噫吁嚱！

城中歡呼城外悲，四郊多壘胡馬馳。

難民奔走啼不止，山隈水涯凍欲死。

重九登南五臺晚宿柳宜亭友人書齋小飲 丁卯[1]

秦州莽莽鬱氛埃，佳節猶能蒞上台。

絕巘碧雲招我隱，故園殘菊[2]爲誰開。

賈生[3]憂亂空懷策，杜老[4]悲秋強舉杯。

幸有良朋延[5]勝會，陶然醉倚小蓬萊。

【箋注】

[1]丁卯：同治六年，1867年。

[2]菊：原作"鞠"，據金陵本改。

[3]賈生：指賈誼（前200—前168），洛陽人。西漢初年政論家、文學家，世稱"賈生"，與屈原并稱爲"屈賈"。其作品主要為散文和辭賦。其政論文風格樸實峻拔，議論酣暢，代表作有《過秦論》等。其辭賦開漢賦之先聲，以《吊屈原賦》《鵩鳥賦》最爲著名。李商隱《賈生》："宣室求賢訪逐臣，賈生才調更無倫。可憐夜半虛前席，不問蒼生問鬼神。"

[4]杜老：指杜甫（712—770），字子美，自號少陵野老。唐代現實主義詩人，與李白合稱"李杜"，後人稱他爲"詩聖"，其詩被稱爲"詩史"，其詩歌大多保留在《杜工部集》。元仇遠《題五牧蔣氏所藏閻次平小景》："誰識草堂窮杜老，江南江北正關情。"宋蘇泂《浣花溪》："抱郭清溪一帶流，浣花溪水水西頭。重來杜老誰相識，沙上鳧雛水上鷗。"

[5]延：原缺，據金陵本補。

登大悲堂東嶺望五臺

層樓錯落遠連天，未遂登臨一悵然。是日因公羈絆，進山已遲，未得徑登絕頂。
萬壑水聲新雨後，幾林秋色夕陽邊。
摧人浩[1]劫憑誰挽，誤我浮名忍自憐。
見說仙人雄寨好，何時歸卧翠微巔。

【箋注】

[1]浩：原作"活"，形誤，據金陵本改。

呂曼叔觀察請假南旋以新作關中述懷詩見示走筆和之即以送別

秦民苦倒懸，殘命依謝公[1]。如何秋風起，片帆指江東。
亦知還鄉意，霜露思無窮。顧念時事艱，攀轅多苦衷。
借寇竟不果，行期已匆匆。何以報知己，負負徒撫躬。
拜送霓旌去，青門[2]落日紅。

君臣緣性生，厥義豈容廢。立志宗尼山，那知許巢[3]輩。
所疢斯未信，遯世聊用晦。閉戶羅羣書，得失印前代。
私祝磻溪叟[4]，指日[5]後車載。仗策效[6]前驅，風鶴靖絕塞。
落落酬知意，悠悠竟難再。皇皇報國心，蹙蹙何時逮。

古今勘亂策，剿撫宜兼施。能剿乃能撫，用法良有時。
痼疾在心腹，餘支安足醫。三輔久糜爛，遑須問西陲。
安秦乃首算，危局誰與支。完守時入保，趙牧垂良規。
建碉而修堞，大議公獨持。賤子虱其間，捧檄東西馳。

天心未厭亂，人事多差池。虜騎仍在郊，哀此窮孑遺。

淮陰真將才，庸侯築壇拜。所以一衆心，令行等風邁。
充國破西羌，屯田議殊快。漢帝偶回惑，厥功鮮不敗。
驊騮嘶長風，瞬息千里屆。環縋[7]縛其足，翻笑馬力憊。
欲仕君子心，時凜柱尺誡。猥云舍所學，從我利用勸。
閉門呼之入，時事足長喟。唯公能知人，識拔出塵界。
遮莫多口增，臨歧此介介。

行旌颺秋雲，示我述懷草。公忠與慈惠，肫肫露言表。
賤子不解詩，瘦寒逾郊島[8]。頻年事戎馬，風塵苦潦倒。
欲和琳琅篇，腸枯心殊悄。聊藉迂拙言，妄陳管蠡抱。
所願周行示，書紳當永寶。嶽色聳峨峨，河聲流灝灝。
敬祝鶉首中，重見福星皎。

【箋注】

[1]謝公：指謝安（320—385），字安石，陳郡陽夏（今河南太康）人，東晉政治家、名士。早年不願入仕，却聲望高漲。後應召擔任桓溫的將軍司馬。竭力輔佐孝武帝，并在淝水之戰中以少勝多。後因功名太盛而被猜忌，被迫避走廣陵。卒謚文靖。

[2]青門：漢長安城之東南門，本名霸城門，因其門色青，遂俗呼爲青門、青城門。其門直通霸橋，漢人送客至此，折柳贈別，因以青門指送別之處。

[3]許巢：許，指許由，一作許繇，字武仲，一字道開，是上古時代一位高尚清節之士。相傳堯帝要把君位讓給他，他推辭不受，逃於箕山下，農耕而食。巢，指巢父，是傳說中的一位高士，因築巢而居，人稱巢父。後世把許由和巢父并稱爲"巢由"或"巢許"，用以指代隱居不仕者。

[4]磻溪叟：姜太公的別稱。

[5]指日：猶不日，謂爲期不遠。"日"原作"斯"，據金陵本改。

[6]效：原作"郊"，形誤，據金陵本改。

[7]環縋：以繩子環繞。

[8]郊島：指孟郊、賈島，唐代詩人。孟郊，字東野，人稱"詩囚"；賈島，字閬仙，人稱"詩奴"。二人詩作多寫世態炎涼、民間苦難，并稱"郊寒島瘦"。

案頭置水仙一盆數日竟枯予不忍棄感而賦此

花開令人豔，花謝令人憎。
我情無乃癡，睹之感不勝。
昨日看花花方好，今日看花花已槁。
世間萬事都如花，人生行樂苦不早。
長繩難係烏輪[1]影，皓首朱顏判俄頃。
皤皤老兒徒咨嗟，世人憎君如憎花。
三復秋娘[2]金縷曲，莫教蹉跎負春華。

【箋注】

[1]烏輪：太陽。
[2]秋娘：唐時金陵女子，姓杜，名秋娘。唐杜牧《杜秋娘詩》："秋持玉斝醉，與唱金縷衣。"并自注曰："勸君莫惜金縷衣，勸君惜取少年時。花開堪折直須折，莫待無花空折枝。"

從軍怨

去時南風拂柴扉，今日關山雪亂飛。
妾有寒衣不忍著，憶君仍著去時衣。
去時衣薄不勝寒，寒宵一念摧心肝。
啼泣南望囑風雪，莫向淮陽逼曉鞍[1]。

【箋注】

[1]曉鞍：馬鞍，代指兵器。語自李白《塞下曲》："曉戰隨金鼓，宵眠抱玉鞍。"

訪姜磻溪

濯足臨灃水[1],飄風我衣衣。
多情天上月,緩緩送人歸。

【箋注】

[1]灃水:又名灃河,發源於西安市長安區灃峪,流至咸陽市匯入渭河,全長八十餘公里。據載,大禹曾經治理過灃水,西周的豐鎬二京就建在灃水東西兩岸。秦咸陽、漢長安也位於灃水、渭水交匯處,漢、唐昆明池也是引灃水而成。

讀太白詩有悟

天地生萬物,形形皆一氣。
息時氣始分,消時氣仍聚。
聚而還太虛,混元杳無際。
參破此元機,死生亦有味。
死生尚可忘,餘事安足慮。
悠悠太夢中,覺來惟我預。
忘世兼忘我,此樂人知未。

漫詠

潭水贏[1]清澄,霜肅冰氣薄。
寒月照中心,浩然塵翳豁。
幽尋步空林,風定殘葉落。
夜久寂無人,俯仰慰寥廓。
羨彼潭中鷗,泛泛得所託。
炎熱未堪附,清冷自爲樂。
世路有顯晦,達人志淡泊。
鷗兮即吾友,舊盟憶如昨。

興來一弄笛，響徹白雲遏。

知音難再期，渺渺天邊鶴。

【箋注】

[1]嬴：金陵本作"瑩"。

登三原北城己巳[1]

鹿原舊遊地，十年此再過。

尚留新壁壘，未改古山河。

野曠蓬蒿滿，城荒瓦礫多。

憑欄遙望處，西事近如何。

災黎窮轉徙，就食徧池陽。

可許墾荒易，翻愁計日長。

居人方苦旱，征卒況嘩糧。

時事艱如此，臨風懷子房[2]。

【箋注】

[1]己巳：原缺，據本書《目錄》補。

[2]子房：指漢代張良（約前250—前189），字子房，與韓信、蕭何并稱爲"漢初三傑"。秦末農民起義中，率部投奔劉邦，爲其重要謀士。在鴻門宴上幫助劉邦脫離險境。漢朝建立，封留侯，官拜大司馬。

朝邑道中

多時病渴[1]常思酒，無計留春但詠詩。

只有東風還惜別，楊花故故[2]向人吹。

【箋注】

[1]病渴：指患消渴症，西醫之糖尿病。渴，原作"喝"，據金陵本改。杜甫

《過南嶽入洞庭湖》："病渴身何去，春生力更無。"

[2]故故：屢屢，常常。

登慈恩寺浮圖題壁用謝麟伯原韻

滄桑變後此重臨，雲物萋萋靄碧陰。
海國瘴嵐猶汗漫，天方氛祲未消沈。
側身曠渺千秋淚，舉目蒼茫萬里心。
是否東風能識我，相逢絕頂一披襟。

竹林寺秋夜讀書

夜深羣動息，澗水響琮琤。
吾性本無物，瀟然[1]萬慮清。
偶向空中悟，非耶又是耶！
道心何處認，月照紫薇花。

【箋注】

[1]瀟然：指清幽寂靜貌与脱俗不羈貌。

凌霄花

千霄空有志，依舊附喬柯。
笑爾孤芳韌，攀緣竟如何。

無題

滄桑遷變後，過眼盡成虛。
尋得孔顏樂，空山自讀書。

讀書

求志在千古，升沈未許論。
心傳[1]原可繼，誰與與斯文。

【箋注】

[1]心傳：宋儒爲宣揚道統，借指聖人以心性精義相傳，謂《尚書·大禹謨》中的"人心惟危，道心惟微，惟精惟一，允執厥中"爲"十六字心傳"。後泛謂精義相傳。

勵志

豪傑志功名，所閱惟斯人。治人容有餘，治己多未真。
聖賢志道德，所修在一己。成己能有誠，成物亦如此。
孔門有真傳，《中庸》示慎獨[1]。戒謹而恐懼，道心乃克復。
業讀聖賢書，所學果何事。悠悠四十春，嗟哉自暴棄。
二十學文章，雕刻工詞藻。沉溺名利中，心血枯已槁。
三十學兵法，意氣薄風雷。馳騁戎馬間，智力窮以摧。
名教有樂地，紛馳亦何苦。虛聲愧純盜，慚惡叢仰俯。
新從歧路歸，周行平如砥。存心與養性，道即在是矣。
勖哉復勖哉，立誠先隱微。乾乾惕終日，吾學其庶幾。

【箋注】

[1]慎獨：在獨處中謹慎不苟。

重陽日登五臺絕頂

西風吹上翠微巔，獨立蒼茫意欲仙。
山色靜含秦嶺雨，水光遙接灞陵煙。
藕花何處白猶漬_{謂白蓮教匪}，楓葉滿林紅可憐。

且向峰頭作重九，不須搔首問青天。

八百秦川指點頻，幽憂終日更無因。

逸軍莫聽迎朱泚[1]，豪士何堪資夏人。

吳隴山河多暮氣，漢唐宮殿總浮塵。

菲才[2]自合投巖岫[3]，回首嵩高望甫申[4]。

【箋注】

[1]朱泚（742—784）：幽州昌平（今北京市昌平區）人，唐朝中期將領，薊州刺史朱懷珪之子。唐德宗即位，授太子太師、鳳翔尹，遷太尉。建中四年（783），涇原兵變後，自立爲帝，國號大秦，年號應天。興元元年（784），建立漢，年號天皇。受西平王李晟攻擊，卒於彭原西城屯。

[2]菲才：淺薄的才能。

[3]巖岫：指山洞，亦指峰巒。

[4]甫申：指西周宣王時的二位賢臣申伯與仲山甫，共同輔佐宣王，修文、武、成、康之政，使周室得以中興。

永夜 庚午[1]

蕭蕭永夜又雞聲，卅載風塵誤此生。

醉可忘憂翻戒酒，才原觸忌況談兵。

但期時雨敷關隴，早辦躬耕答聖明。

結客橫渠終勵學，出山水濁在山清。

【箋注】

[1]庚午：原缺，據本書《目錄》補。

若耶

若耶溪畔鄭公風[1]，暮去[2]朝來日日同。

鶴使飛歸無覓處，到今人說采薪翁。

【箋注】

[1]鄭公風：神助之風。《後漢書·鄭弘傳》："鄭弘字巨君，會稽山陰人。"李賢注引南朝宋孔靈符《會稽記》："射的山南有白鶴山，此鶴爲仙人取箭。漢太尉鄭弘嘗采薪，得一遺箭，頃有人覓，弘還之，問何所欲，弘識其神人也，曰：'常患若耶溪載薪爲難，願旦南風，暮北風。'後果然。故若耶溪風至今猶然，呼爲鄭公風也。"
[2]去：原缺，據金陵本補。

冬夜讀書

事業由來關運會，孰當名世孰凡才。
宋家南渡真堪惜，明季東林[1]亦可哀。
已許林園招我去，莫教軒冕[2]逼人來。
只今悟得讀書樂，風送竹聲月映梅。

【箋注】

[1]東林：指晚明以江南士大夫爲主的官僚政治集團。明萬曆三十二年（1604），顧憲成等人修復宋代楊時講學的東林書院，與高攀龍等講學其中。時值明末社會矛盾日趨激化，東林人士因諷議朝政、評論官吏，遭到宦官及其依附勢力的反對。兩者因政見分歧，發展演變成激烈的黨爭局面。反對派將東林書院講學及與之有關係或支持同情講學的朝野人士，籠統稱爲東林黨。
[2]軒冕：原指古時大夫以上官員的車乘和冕服，後借指官位爵祿，引伸爲國君或顯貴者，泛指官員。

從軍怨

莫謂生別難，瑤京獻賦多留連，衣錦歸來月重圓。
莫謂死別苦，青騾不返芙蓉主，直攀鶴駕共歌舞。
最苦最難從軍時，生別離即死別離，

君生妾未知，朝朝哭君望天涯。
君死妾未曉，夜夜夢君長安道。
噫吁嘻！
生別死別總魂消，朔雪慘兮朔風號。
裁得征衣無人寄，年年血淚盈翦刀。

題畫蟹

雪濤風浪總無驚，儘日中流自在行。
踏破狂瀾千丈落，江天萬里一澄清。

擁劍縱橫四十春，無端振袖出風塵。
祇今誰似陶元亮[1]，籬畔黃花笑煞人。

不須擁劍任橫行，萬叠波濤喜漸平。
此後江天秋水闊，但賒風月養餘生。

【箋注】

[1]陶元亮：即陶淵明（約365—427），字元亮，號五柳先生，人稱"陶公"，入劉宋後改名潛，謚號靖節先生。東晉潯陽柴桑（今江西省九江市）人。南朝宋初詩人、文學家、辭賦家、散文家。曾做過幾年小官，後辭官回家，從此隱居。田園生活是陶淵明詩的主要題材，相關作品有《飲酒》《歸園田居》《桃花源記》《五柳先生傳》《歸去來兮辭》《桃花源詩》等。

許仙屏[1]學使出楮素[2]索繪蟹題詩贈之

橫行才豈老方塘，此去江天萬里長。
見說海門風浪急，莫教戈甲久潛藏。

【箋注】

[1]許仙屏：即許振褘，字仙屏，江西奉新縣人。同治二年（1863）進士，改庶吉士，授編修。歷仕陝西學政、河南按察使、江寧布政使、東河河道總督、廣東巡撫等職。同治十年六月出任陝甘學政，力振文教，次年在陝西涇陽創建味經書院，聘任史兆熊爲首任院長。卒諡文敏。

[2]楮素：指紙與白絹，借指文字。

爲劉焕唐績蟹并題

臨邛[1]幻夢太無徵，藉甚文名説長卿[2]。
自是君身多俠骨，滿江風浪破縱橫。

【箋注】

[1]臨邛：地名，秦置，治所在今四川邛崍。唐宋爲邛州治所。
[2]長卿：指司馬相如（約前179—前118），字長卿，西漢辭賦家，蜀郡成都人。其文學成就主要表現在辭賦上，有"賦聖"之稱，代表作有《子虛賦》《長門賦》《鳳求凰》等。

爲田雨亭同年繪蘭并題

早結如蘭臭[1]，相期葆歲寒。
此心如昔日，寫與故人看。

【箋注】

[1]蘭臭：指情投意合。語出《周易·繫辭上》："同心之言，其臭如蘭。"孔穎達疏："言二人同齊其心，吐發言語，氤氳臭氣，香馥如蘭也。"宋李曾伯《沁園春·餞税巽甫》："賴交情蘭臭，綢繆相好；宦情雲薄，得失何知？"

卧病 癸酉[1]

中年筋力多衰歇，病卧深宵苦不眠。
滿院月輝明似晝，一窗花影淡如煙。
民瘼未切偏憂旱，時事何關欲問天。
卻憶山林真樂在，不應城市久遷延。

【箋注】

[1]癸酉：同治十二年，1873年。

不寐

樂貧空有志，避債竟無策。
涼夜不成寐，起視星河白。
家人尚驕惰，使我中心惻。
安得雙飛翼，凌風入無極。

自勵 丙子[1]

西山薇[2]可餐，北海[3]冰堪齧。
固窮君子心，豈易平生節。
不見歲寒柏，巍然傲霜雪。

【箋注】

[1]丙子：光緒二年，1876年。
[2]西山薇：語出《詩經·小雅·采薇》。《史記·伯夷列傳》記載，殷末，孤竹君二子伯夷、叔齊反對周武王伐紂，曾扣馬而諫。周取殷而有天下後，他們義不食周粟，隱於首陽山，采薇蕨而食，及餓且死，作歌曰："登彼西山兮，采其薇兮，以暴易暴兮，不知其非矣。神農、虞、夏忽焉没兮，我安適歸兮？於嗟徂兮，命之衰矣。"遂餓死於首陽山。後因以"采薇"爲憤世隱居、堅守

氣節的典故。金元好問《太原》詩："南渡衣冠幾人在，西山薇蕨此生休。"
[3]北海：春秋戰國時指渤海。秦漢後，凡塞北大澤都稱北海。《漢書·蘇武傳》："武臥齧雪，與旃毛并咽之，數日不死。匈奴以爲神。乃徙武北海上無人處，使牧羝，羝乳乃得歸。"此處北海則指貝加爾湖。

感賦

拉雜寫來，直抒胸中壘塊耳，工拙豈暇計乎，閱者諒之。
毅聖[1]中興主，冲齡[2]奠太平。天威懾小醜，伏拜心魂驚。
海防厪霄旰，浩氣吞滄溟。荆南有名將，趣召來神京。
廟謨握全勝，尅日殲長鯨。一洗光豐[3]恥，四海澄[4]以清。
龍馭不少駐，攀髯涕泗橫。

東南淪胥日，籌策仗兩宮。艱難十五載[5]，漸掃妖氛空。
豈意多難後，隱憂彌寰中。本實既先撥，枝葉害復叢。
斯疾逾毒蠱，藥石安能攻。誰謂拼飛鳥，未必肇桃蟲。
愚我在和議，將毋金虜同。

嗣皇更冲幼，恭己正明堂。所賴母后聖，憂勤涖萬方。
嗟哉國步艱，海氛劇飛揚。捍外先治內，樞臣計宜臧。
漏卮如可塞，國富兵乃強。人心既固結，寧復憂重洋。
東西兩相國，何以慰民望。

大倫首君臣，厥義肇性始。君憂臣則辱，君辱臣則死。
予雖草莽臣，敢遂忘國恥。昨夜雞聲惡，起坐徒拊髀[6]。
誰歟秉國鈞，吐握繼前軌。破除情面私，竭盡股肱理。
中外防維嚴，霸圖冠青史。

【箋注】

[1]毅聖：爲同治皇帝諡號。此詩當寫於同治皇帝駕崩之同治十三年（1874）。

[2]沖齡：幼年，喻指帝王幼年即位。

[3]光豐：光，指道光年號；豐，指咸豐年號。

[4]澄：原缺，據金陵本補。

[5]十五載：同治皇帝於咸豐十一年七月即位，年號擬定"祺祥"。十月，兩宮政變，殺顧命大臣，改年號爲同治，次年爲元年。至同治十三年，前後共十四載，與詩中"艱難十五載"不合。

[6]拊髀：指拍腿。拊，拍，撫；髀，股部，大腿。拊，原作"附"，據金陵本改。

埋婢丁丑[1]

分作溝中瘠[2]文文山[3]句，明知活汝難。
蘇來災未歇，脫去孽應完。
久[4]悔余多事，長眠爾少安。
傷哉云有母，兀自[5]望生還。

【箋注】

[1]丁丑：原缺，據本書目録補。丁丑，光緒三年，1877年。

[2]分作溝中瘠：語出文天祥《正氣歌》："一朝濛霧露，分作溝中瘠。如此再寒暑，百沴自辟易。"意謂一旦受了風寒染上疾病，那溝壑定會是我的葬身之地，如果能這樣再經歷兩個寒暑，各種各樣的疾病就自當退避。

[3]文文山：即文天祥（1236—1283），自號文山。初名雲孫，字宋瑞，又字履善，江西吉州廬陵（今江西吉安）人。

[4]久：原作"人"，金陵本作"久"，以"久悔"對"長眠"，與文意相合，據之以改。

[5]兀自：独自。

天意

天意憂難測，人心憫未回。
門前莽荆棘，琢削不成材。

競逐狂瀾倒，翻爲吾道猜。

眼中人不見，四望有餘哀。

勸賑有感 戊寅[1]

德修謗興，道高毀至，君子居鄉，往往如是。

信而獲譴，忠而見疑。奇人用世，往往如斯。

審所當爲，盡其在已。名利兩忘，可已則已。

以道殉身，見幾而作。陋巷簞瓢，自有真樂。

【箋注】

[1]戊寅：原缺，據本書目錄補。戊寅，光緒四年，1878年。

甚矣

余自束髮以來，艱難憂患，靡境不嘗。鳳膺痼疾，每夜四五更時，遍體疼痛，至辰起方止。蓋天生勞人，固如是耳。今年已五十矣，疾益加劇，而學迄無成，感而賦此，仍假以自勵云爾。

甚矣吾衰也，平生聊自思。

有行皆拂亂，無境不危疑。

永夜呻吟處，窮年怳悴[1]時，

家國兩無補，歿世更誰知。

【箋注】

[1]怳悴：衰弱，憔悴。怳，古同"恍"，失意、惆悵貌；悴，憂傷。

重九日與諸同人看菊時天津有夷警，未得確耗，感而賦此

懷抱經年總未開，海門氛祲[1]又飛來。

陶公避世宜栽菊，杜老憂時且舉杯。
失計終因和虜約，持危誰是出羣才。
佳辰忍向花前笑，北極蒼茫萬感摧。

【箋注】

[1]氛祲：本指霧氣、妖氣，此指戰亂、叛亂。

涇干書院臥病口號答諸生

天地人通始號儒，皋比[1]浪擁愧孱軀。
況當時事艱危日，忍襲詞章記誦餘。
三輔人才悲落莫，千秋學統待持扶。
橫渠涇野遺徽在，願共諸生勉步趨。

【箋注】

[1]皋比：古人坐虎皮講學，後因以指講席。出自《左傳·莊公十年》："自雩門竊出，蒙皋比而先犯之。"杜預注："皋比，虎皮。"

渭城題壁寄友人

西風吹冷葦花汀，一夜扁舟宿驛亭。
雁陣橫天月皎皎，漁燈貼水煙冥冥。
冲霄劍氣猶能識，隔岸簫聲不忍聽。
莫謂雄才無用處，東南門户未全扃[1]。

【箋注】

[1]扃：從外面關門的閂、鈎等，喻指關門。

卷八

曉帆見贈卻寄

早定歸耕約，憐君歸未歸。
停雲思渺渺，雨雪憶霏霏。
綠蟻斟初熟，白駒縶豈違。
洛陽春甚好，灞柳又成圍。

孟秋六日夜半夢陳生煥珪以詩哭之

汝歿已逾月，黯然增我悲。予性原曠達，強解猶能支。
胡復入我夢，牽裾慘涕洟。慟哉予將去，汝泣不忍離。
依依從我行，悽悽臨路歧。家人勸汝歸，輾轉苦相持。
予行佇望汝，汝去何遲遲。呼搶不可狀，直類顛與癡。
覺來天未曙，黯黮涼風吹。斯情與斯景，歷歷豈堪思。
幽明既永隔，相見更何期。

昔汝年十三，束髮從我學。文章蘊奇氣，矯如雞羣鶴。
十五冠黌序[1]，駿足恣騰踔[2]。二十遭亂離，功名復落拓。
行年三十四，乃薦[3]秋風鶚[4]。南宮竟垂翅[5]，抱痾歸林壑。
頻歲苦沈鬱，元氣已銷鑠。仿佛悟斯道，問我孔顏樂。
自悔過叢集，痛改意殊卓。天少假汝年，成章[6]在追琢。
如何病益深，國手不能藥。齎志赴泉台，終古秘荊璞[7]。

汝生不永年，汝歿有遺憾。家事久陵替，支撐在英斷。
乃兄性慈仁，詎堪此憂患。繼母年未老，弱妹髮未綰[8]。
幼婦與孤兒，攀號更悽惋。凡此身後事，哀痛烏能間？
往者問汝疾，執手空悲嘆。汝泣淚已枯，汝言神已亂。
惟予知汝心，相對意慘淡。

人生本如夢，究竟歸渺茫。予已衰頹甚，齒搖而髮蒼。

汝胡不我待，脱然[9]竟先亡。憶昔值兵燹，饑疫更爲殃。

舊學二三子，散離各一方。強半歸浩劫，使我心久傷。

幸汝兄與弟，患難相扶將。依依廿餘載，真性乎同堂。

又弱一個焉，悲慟胡可忘。招魂向何處，白日黯無光。

【箋注】

[1]黌（hóng）序：古代指學校。《北齊書·文宣帝紀》："詔郡國修立黌序，廣延髦儁，敦述儒風。"

[2]騰踔（chuō）：意思是跳起、凌空；猶騰達，指地位上升、宦途得意。

[3]薦：原無，據金陵本補。

[4]秋風鶚：秋天高空中飛翔的鶚。比喻前程遠大，才學高超。杜甫詩《奉贈嚴八閣志》："扈聖登黃閣，明公獨妙年。蛟龍得雲雨，鵰鶚在秋天。"

[5]垂翅：垂翼。《東觀漢記校注·馮異傳》："垂翅回谿，奮翼澠池，失之東隅，收之桑榆。"

[6]成章：樂竟爲一章。引申之，凡積漸生變、自成格局，皆可稱成章。《周易·說卦》："故易六位而成章。"

[7]荊璞：指楚人卞和從荊山得的未經雕琢的璞玉。比喻具有美好資質的人才。

[8]綰：把長條形的東西盤繞起來打成結，綰結。此指綰起頭髮。古代女子婚後要綰起頭髮。

[9]脱然：超脱無累。

謁文武陵 甲申[1]

畢郢[2]原高氣象雄，二陵蠢蠢奠當中。

波聲浩渺環涇渭，雲影蒼茫接鎬豐。

聖代即今勤享祀，斯民終古荷絣幪[3]。

昆夷未啄厓神慮[4]，薄海[5]爭瞻一怒功。

【箋注】

[1]甲申：原缺，據本書目録補。甲申，光緒十年，1884年。

[2]畢郢：古邑名，亦稱畢原、咸陽原，位於陝西咸陽市東，相傳周文王曾居此。明代王雲鳳詩《畢郢原》："文王廟古不鎖門，驅車愁上畢郢原。"

[3]帡幪（píngméng）：本指古代帳幕之類的物品，後亦引申爲覆蓋。

[4]昆夷未啄廑神慮：意謂西北戰火尚未平定。昆夷，泛指西北方少數民族；未啄，沒有收復、平定。廑，僅僅；神慮，天子的心意、意圖，亦指精神、心神。

[5]薄海：到達海邊。《尚書·虞書·益稷》："州十有二師，外薄四海，咸建五長。"孔穎達疏："外迫四海，言從京師而至於四海也。"泛指海內外廣大地區。

謁周元公墓

最是流言恐懼時，東征未敢稍淹遲。
雨風祇慮室家毀，雷電能銷君相疑[1]。
直破斧斨戡小腆[2]，遂成官禮著宏規。
至今文武成陵側，元祀[3]宗功劇可思。

【箋注】

[1]雨風祇慮室家毀，雷電能銷君相疑：相傳周武王死後，周成王年幼繼位，周公代爲攝政，此舉引起周貴族管叔、蔡叔的不滿，并懷疑周公有篡權的野心。一時間謠言四起，周公被迫出走。周公走後，宗周城內風雨交加，房屋倒塌，家室被毀。成王意識到這是上天對自己的譴責，於是請回周公，君臣疑慮冰釋。

[2]小腆：小国。

[3]元祀：大祭。

謁齊太公墓

八十沈淪何可[1]求，磻溪垂釣足千秋。
熊飛偏入興王夢，馴伐終抒濟世謀。

自古功名成晚歲，於今烽火熾炎洲。<small>滇粵邊界新有法夷之驚。</small>
菲才未老頹唐甚，慚對迢迢渭水流。

【箋注】

[1]可：金陵本作"所"。

春郊遣興

島人無賴恃天驕，沿海烽煙久未消。
獨立平原真莽蕩，劇憐春色自妖嬈。
萋萋芳草漢隄洞，漠漠飛花涇水橋。
萬彙生機皆帝澤，吾人切[1]莫負[2]中朝。

【箋注】

[1]切：原作"竊"，於文意不合，據金陵本改。
[2]負：原缺，據金陵本補。

年來

年來困我是衡文，老至猶慚道未聞。
落落塵寰餘狹骨，茫茫天意重勞筋。
歸田夢繞息林鳥，用世心違出岫雲。
五十四年成底事，還將舊學勵精勤。

新室落成

二十年來締造艱，而今始得慶鳩安。
立家全籍祖宗蔭，肯構還憑孫子賢。
能盡孝恭方謂學，苟無經濟勿求官。
綿延世澤惟耕讀，願與家人共勉旃。

病中口號

濟濟來涇上，睘睘卧灃西。
俯首依床席，憤起轉沈迷。
春華宜自愛，努力勤居稽。
相期在皇古，負負此皋比。

春風正和煦，病體獨支離。
平生飽憂患，摧折遂如斯。
自惜孱弱力，無以濟時危。
河華鍾毓久，劇望出英奇。

寄趙生舒翹

時局艱危甚，君臣義不輕。
名宦未妨拙，好官終以清。
余才真菲薄，斯道望干城。
莫逐狂瀾倒，中流砥柱橫。

送黄陶樓方伯

陶樓先生奉特簡晉藩江左，關中人士走餞東郊，蓋皆有不忍言别者。顧思海宇多故，東南之患劇於西北，非僅鄭工決口，廑宵旰[1]憂。朝廷用人，詎無深意？行見開府吳會，屏障海疆。天下將并受其福，寧吾秦所得私耶！然秦人戀戀於公，亦猶公戀戀於秦人，則又不得以義掩情者也。《九罭》[2]之四章，靡弗太息詠歌矣。小魯觀察倩西屏司馬[3]作《灞橋送别圖》徵詩，敬擬五古五章，用誌欽向，録呈鈞政。

五口通商後，利權擅島夷。度支久奇絀，矧乃多漏卮[4]。
海疆事日棘，危局誰與支。天子鑒清鯁[5]，擢藩移東陲。
實事在求是，培此財賦基。餉裕兵乃練，抉除盡浮糜。
屏翰峙東南，薄海慰謳思。

草莽與廊廟，共此君臣義。君憂無計舒，臣罪詎堪議。
天心眷中朝，蛟鱷寧長肆。悠悠光豐恥，刻骨未容置。
韜鈐公素裕，治秦乃小試。伏莽既潛消，籌策何沈毅。
願宏此遠謨，一奏廓清治。

公昔擁皋比，博約善爲誘。教澤洽關中，至今仰山斗。
我學苦未成，胡堪繼公後。儲書數萬卷，未能宏啓牖。
春風大和煦，吹拂及枯朽。猥蒙禮貌崇，循省滋顏厚。

橫渠啓關學，繼起多魁儒。士習近凌替，苦爲名利驅。
市交及師弟，倫紀孰持扶。鄙志在誠正，亟思挽其趨。
力綿學復陋，徒令誚迂拘。公肩斯道重，爲我示良謨[6]。

東風送使節，倭遲[7]長安道。餞別出青門，灞柳垂裊裊。
臨歧[8]無限情，綠波與碧草。三輔盛桃李，瓣香共祝禱。
敬進一杯酒，聊以慰離抱。願公復歸來，西陲資障保。

【箋注】

[1]宵旰：語出"宵衣旰食"。亦借指帝王。宋王禹偁《爲兵部向侍郎謝恩表》："自非抱訏謨之業，有變通之才，上可以啓沃四聰，下可以贊成三事，則何以副搢紳之佇望，塞宵旰之虛懷。"

[2]《九罭》：網眼較小的漁網。九，虛數，表示網眼很多。《詩經·豳風·九罭》："九罭之魚，鱒魴。我覯之子，衮衣繡裳。"

[3]西屏司馬：指沈宣王西屏道人朱恬烄與大司馬郭宗皋。朱恬烄（？—1582），明第六代沈憲王朱胤栘的次子，高皇帝朱元璋仍孫，自號西屏道人。嘉靖三十一年（1552）襲封沈王，在位三十年。著有《綠筠軒稿》四卷。其《寄懷大司馬郭公二首》詩曰："憶昔論交即見知，幾年良晤信難期。停雲北極頻回首，落木西風獨賦詩。金鼎鹽梅殷相業，玉階劍履漢官儀。君今選將清邊徼，晝省憂心退食遲。""征驂別後幾登樓，極目山川憶

舊遊。晶晶霜華寒已洹，冥冥雲物夕仍留。九關甲士圖功日，三輔丁男習戰秋。聞道天驕還北遁，萬年佳氣繞皇州。"明謝榛《四溟詩話》記載："西屏道人詩辭雅氣暢，造詣不凡。"郭宗皋（1499—1588），字君弼，號似庵，山東福山人。嘉靖己丑（1529）進士。曾任兵部右侍郎，總督宣大山西軍務。官至南京兵部尚書，贈太子少保。一生不畏強權，敢於直諫，仕宦數次沉浮，屢次碰壁，居塞上十七年，被譽爲"鐵頭御史"。

[4]漏卮："漏"，原作"陋"，據金陵本改。漏卮，形容利權外溢。

[5]清鯁：鯁，性格剛直，如鯁言直議。清鯁，清高剛直。

[6]良謨：良謀。晉盧諶《贈劉琨》詩："弼諧靡成，良謨莫陳。"

[7]倭遲：紆回歷遠貌。《詩經·小雅·四牡》："四牡騑騑，周道倭遲。"《毛傳》："倭遲，歷遠之貌。"朱熹《集傳》："倭遲，回遠之貌。"

[8]臨歧：相送至歧路而分別。

宫農山太守惠詩扇步原韻卻贈

口實慚貽知己何，箴言惠我佩難磨。
死生勘破矧譽毀，憂在人心世道多。
危局力肩愧未成，元規塵起太縱橫。
祗今揚奉仁風後，應許歸耕課雨晴。

附原作：
擾擾青蠅可奈何，白圭無玷不須磨。
秦宫照瞻塵埋久，休怪含沙射影多。
海市蜃樓頃刻成，笑看鬼蜮氣縱橫。
清風待掃浮雲散，依舊長空萬里晴。

秋日還山頗遂躬耕之願夢中登馮村城樓得詩數句醒而足成之 己丑[1]

城頭曠覽興無涯，秋景蒼茫點暮鴉。
元亮有田堪種豆，仲宣[2]無事苦思家。

翠痕未斷濂溪草，佳色重看栗里[3]花。
廿年[4]不歸歸便好，夢中猶自戀桑麻。

【箋注】

[1]己丑：原缺，據本書目錄補。己丑，光緒十五年，1889年。

[2]仲宣：漢末文學家王粲的字，爲"建安七子"之一。博學多識，文思敏捷，善詩賦，尤以《登樓賦》著稱。

[3]栗里：晉代大詩人陶淵明的故鄉，位於江西廬山北。

[4]年：金陵本作"載"。

即景

碧水澄潭淨復幽，朝來泛泛幾輕鷗。
門前也有煙波趣，不羨鴟夷[1]湖上游。

【箋注】

[1]鴟（chī）夷：春秋范蠡自稱"鴟夷子皮"，故後人稱其爲"鴟夷"。杜牧《杜秋娘》詩："西子下姑蘇，一舸逐鴟夷。"

野望

頻年苦饑饉，今歲足豐穰。
細碎禽聲樂，紛紜稼事忙。
雨晴村樹綠，風煖野花香。
澧上躬耕者，陶然醉一觴。

行經黃家屯在渭南縣陳緯山故人陣亡處感賦

與君共計殲羣醜，我甫歸來君竟亡。時余會試初歸。

周處[1]無援終是恨，田橫[2]有士未應殤。君爲忌者所逼，獨率壯士追賊，卒以無救戰歿，五百人無一[3]生還者。

一腔熱血勤王志，咸豐十年，文宗北狩，君上書大府，請結客勤王，格不果行。

半畝荒墳苦戰場。土人即於戰地萃陣亡各骨埋一大塚，今竟剗平矣。

聞說毅骸收未得，朔風吹雪淚凝裳。

【箋注】

[1]周處（236—297）：字子隱，東吳吳郡陽羨（今江蘇宜興）人。曾任新平太守、廣漢太守、御史中丞。周處年少時縱情肆欲，爲禍鄉里，後改過自新，有"周處除三害"的說法。吳亡後，周處仕晉，剛正不阿，得罪權貴，被派往西北討伐氐羌變亂而遇害。

[2]田橫（？—前202）：齊國貴族，在陳勝、吳廣起義後，田橫與兄田儋、田榮反秦自立，先後佔據齊地爲王。劉邦統一天下後，田橫不肯稱臣於漢，率五百門客逃往海島。劉邦派人招撫，田橫被迫乘船赴洛，途經偃師首陽山自殺。海島五百部屬聞田橫死，亦全部自殺。

[3]一：原缺，據金陵本補。

田家雜興

木以不材壽，玉以在璞完。君子貴儉德，榮祿胡可干。
澗松何鬱鬱，岩柏何盤盤。豈不雪霜侵，而能保歲寒。
華靡衆所趨，寂枯性所安。厲此千秋節，俯仰天地寬。

濁福人共歆，清福天獨靳。陶公迫饑驅，杜老苦兵躪。
彭宰[1]折其腰，夔笻[2]摧厥鬢。栗里菊就荒，浣溪[3]花空韻。
一朝曳杖歸，翛然得嘉遯[4]。田園有真樂，今古此心印。
結廬傍綠野，躬耕適我願。莫忘在山心，泉水有時溷。

種桃百餘樹，繞屋盡流霞。頗有武陵意，春風不繁華。
養疴仍閉戶，枯坐類趺跏[5]。寧閟[6]金玉音，地鄙心自遐。

南山轉蒼翠，清氣撲檐牙。偶出看白雲，渾忘日色斜。
鄰叟隴頭過，殷勤問桑麻。

東漢重節義，子陵[7]潛爲驅。斯乃相助理，奚必爲政爲。
頹波日東下，滔滔無還期。愧乏廻瀾力，空貽當世訾。
卓哉張夫子，大勇撤皋比。屏居南山下，關學振西陲。
長歌謝知己，不願金勒羈。名教自可樂，橫渠是吾師。

除卻躬耕外，更無治生法。儒者貴自立，許子[8]言非狹。
幸有負郭田，足繼先人業。勤力事耘耔，詎憂貧與乏。
朝理除莠鋤，暮庤析秧錏。新苗被平疇，彌望意良愜。
歲稔雞犬驤，人閑鳥鵲狎。興來展書讀，明月掛雲峽。

二疏[9]愓止足，懷歸思帝京。天子重儲傅，兼金賵其行。
東郊張綺筵，出餞羅公卿。行路爲咨嗟，億載垂芳型。
此風久陵替，師道委榛荆。少微[10]何黯淡，太乙[11]何崢嶸。
逸矣蕭徵君，不受諭德名。古禮既難復，坐位何所爭。
微賤本臣分，素志在歸耕。峨峨天頂山，貞敏公讀書處，在子午口。
薜蘿有餘榮。

饑鳶得腐鼠[12]，啄食臨路隅。仰首見黃鵠，嚇然驚且呼。
不識白雲志，翻恐奪其餘。時位判潛亢，動悔而靜愉。
粲粲狹遊子，躍馬出交衢。行人皆辟易，意氣凌當途。
朱華正璀璨，宛轉迫桑榆。荒岑多悲風，日夕將何如。
澧干有野老，白髮勤耰鋤。胼胝雖云苦，守拙良非迂。
不見偶耕者，逍遙溺與沮。

北海孕封鱷，撥剌出東瀛。一蹴烏江隘，再吞赤壤平。
刲復蛟與鼉，揚彼洪波腥。迢迢蓬島上，羣仙正將迎。
《霓裳》[13]曲一闋，三山風月清。似聞赤壁下，有客涕泗橫。

淚盡繼以血，無人達玉京。玉京亦非遙，將毋帝閽驚。
杞國妄男子，乃獨畏天傾。天傾望扶挂，孑孑南國英。
柱石久崩折，枯木安能撐？木枯復何用，東望憂如酲[14]。

參觜橫天中，夙興赴南畝。種麥正及時，況當新雨後。
吾徒六七人，力作忻有耦。布子密且深，覆土均以厚。
既耕亦已種，旭日掛疏柳。秋郊極漭瀁，四顧空萬有。
古人重明農，小試育物手。莘野與彭澤，所樂原不朽。
胡乃爲形役，風塵日奔走。往者不可追，來者何可負。
但祝聖明時，永作擊壤叟。

桑者農之輔，養老尤所資。手樹三百本，摧折無子遺。
今春余歸來，夙暮勤護持。柔條漸以長，沃葉漸以滋。
居然森成行，足以育蠶絲。風人詠載績，王業肇邠岐[15]。
關中號天府，久爲強富基。誰與宏遠謀，綢繆先西陲。
靈雨自東來，星言夙駕時。桑田尚蕪穢[16]，鋤溉漫遲遲。

【箋注】

[1]彭宰：指陶淵明，嘗爲彭澤縣令，故稱"彭宰"。

[2]夔笳：肅穆的號角聲。夔，敬謹恐懼的樣子。笳，古代軍中號角，其聲悲壯。

[3]浣溪：杜甫草堂在浣花溪畔。

[4]嘉遯：亦作"嘉遁"，舊時謂合乎正道的退隱，合乎時宜的隱遁。

[5]趺跏：双足交叠、盘腿而坐的姿势。

[6]閟：古同"閉"。

[7]子陵：指嚴光(前39—41)，又名遵，字子陵，會稽餘姚(今浙江餘姚)人。東漢著名隱士，以高風亮節聞名天下。嚴光少負高名，與光武帝劉秀同學，亦爲好友。劉秀曾多次延聘，但他隱姓埋名，退居富春山。范仲淹撰《桐廬郡嚴先生祠堂記》，有"雲山蒼蒼，江水泱泱。先生之風，山高水長"的贊語。

[8]許子：許行。戰國時期農家學派代表。《孟子·滕文公上》："孟子曰：

'許子必種粟而後食乎？'"

[9]二疏：西漢疏廣（？—前45）及其侄疏受。疏廣，字仲翁，東海蘭陵（今山東蘭陵）人。早年家居教授，從遊弟子甚衆。後徵爲博士、太中大夫、太子太傅。與其侄疏受俱受宣帝器重。後與疏受主動辭官回家，將財產分與鄉里，後人稱之爲"二疏"。《漢書》卷七一有《疏廣傳》。

[10]少微：星名，代稱處士。

[11]太乙：終南山主峰，代稱終南山。

[12]腐鼠：腐爛的老鼠。

[13]《霓裳》：《霓裳羽衣曲》之略稱。是唐代著名的法曲，相傳是在開元年間由唐玄宗李隆基創作的。

[14]酲（chéng）：形容醉後神志不清。

[15]邠岐（bīnqí）：邠，古同"豳"，古地名，在今陝西旬邑，是周族的發祥地；岐，指岐山，山名，在陝西寶雞。周族在古公亶父的率領下，從邠遷到岐山，營建城郭，發展農桑，勢力得到大力發展。

[16]蕪穢：田地因不整治而雜草叢生。

哭蕭生維善

本初學友忠信篤敬，好善不倦，余甚器之。余患痰嗽數年矣，本初亦患此，方以爲貞疾[1]耳。不謂其竟以不起也。苦雨兼旬，聞信甚遲，并聞已安窀穸[2]，不勝悲感。作五古一章以哭之。

岩壑鬱荊榛，田疇苗黃莠。良苗反多枯，貞松竟不壽。

蕭子吾取士，系出貞敏後。貞敏公諱斛，元代理學家。讀書志躬行，隱居子午口。初以文字交，終以道德友。事我三十年，直諒無其偶。

今春余歸來，結茅息南畝。方擬招子遊，五臺小峰首。

養此靜中機，濯彼塵中垢。暇則事農圃，共爲歲寒守。

峨峨天頂山，貞敏公讀書處，或者同不朽。凶聞驚猝來，寧信云亡陡。

兩人患勞欬，同病相憐久。子胡先我去，西歸一撒手。

大塊何茫茫，遺此龍鍾叟。桑榆日既薄，餘蔭更何有。

所悲子歿後，零丁泣嫠婦。弱女與嬌兒，搶呼各紛糾。

相將俯幽窀，慟絕子知否。子性本真純，子行多寬厚。

戚舊重任恤，沾溉及鄰右。善人[3]宜熾昌，斯理維天牖。

門戶苦支持，賴有張氏舅。謂蘄州子貞。存順而歿寧，九原復何咎。

兼旬迫霖潦，黯慘等豐蔀[4]。子病未臨訣，終夜嗟負負。

濡淚成此詞，起坐看箕斗[5]。箕斗復西沈，白雲蔽林藪。

【箋注】

[1]貞疾：常病，痼疾。《周易·豫》："六五，貞疾，恒不死。"

[2]窀穸（zhūnxī）：有墓穴、埋葬、逝世之意。

[3]善人：有道德的人。《論語·述而》："善人，吾不得而見之矣，得見有恒者，斯可矣。"又曰："'善人爲邦百年，亦可以勝殘去殺矣。'誠哉，是言也。"

[4]豐蔀：遮蔽，也指遮蔽光明的事物。

[5]箕斗：箕宿與斗宿。

瘦馬行

有馬老且病，骨立森如柴。齕雪荒郊外，欲去仍徘徊。

憶昔負絕力，期上黃金臺[1]。十載風沙中，燕昭安在哉。

市駿既無人，豈容行自媒。一嘶涉江漢，呼召騅與騋[2]。

相將渡隴坡，轉戰金積堆。十騎九摧落，幸餘此枯骸。

鹽車乃重駕，困逾轅下駘[3]。匆匆又卅載，將毋多鞭催。

吁嗟乎！鞭催鞭催君勿疑，斯馬之材原不羈。

棧豆不戀來何遲，至今皮骨空撐搘。

急須歸向華山去，桃林[4]萬樹紅如絲。

【箋注】

[1]黃金臺：亦稱招賢臺，是戰國時期燕昭王爲其尊師郭隗所築的住所，位於河北省定興縣。

[2]騅與騋：泛指寶馬。騅，頂級寶馬；騋，高頭大馬。

[3]駘（tái）：劣馬，亦喻庸才。

[4]桃林：周武王放牧處。《尚書·武成》："偃武修文，歸馬於華山之陽，放牛於桃林之野。"孔傳："皆非長養牛馬之地，欲使自生自死，示天下不復乘用。"

亡叟吟

余自號亡叟，蓋心已亡矣。心亡而形尚未亡，謂之亡可乎？雖然，此非余所能主也。其即亡也，余安之；其不即亡也，余聽之。焉往而不得其所亡哉。

六十一春號亡叟，萬慮消沈付太虛。

飛渡鏡湖鴻渺渺，醉眠花徑蝶薨薨。

向平心事已全了，梅福[1]行踪胡可需。

舉世渾渾歸大夢，灑然一笑入華胥[2]。

【箋注】

[1]梅福：字子真，西漢九江郡壽春（今安徽壽縣）人。少學長安，補南昌縣尉。成、哀之世，數上書言事。王莽當政，棄妻子，隱居九江，後爲仙。

[2]華胥：中國上古時期華胥國的女首領，是伏羲和女媧的母親，炎帝和黃帝的直系遠祖，被中華民族尊奉爲"始祖母"。

瀕危前夕口占

耿耿元精猶在目，瑩瑩慧性未離心。

生平事業多未了，俯仰千秋恨獨深。

擬禽言 旋黃旋穫

旋黃旋穫[1]，謹防五月雨風惡。

雨久麥根枯更生，風多麥穗折復落。

收麥收麥如救火，麥黃滿地胡不穫。

將毋罌粟花未收，忍使新麥飽烏雀。

關中民食麥爲大，無麥且將填溝壑。

罌粟雖收可奈何，旋黃旋穫計毋錯。

【箋注】

[1]旋黃旋穫：指旋黃鳥。每年麥子即將成熟時分，此鳥就邊飛邊叫"旋黃旋割"。人們聽到鳥叫，就知道該準備收麥了。

滿江紅

昨見清麓先生手書岳忠武王《滿江紅》詞，并讀跋語"法夷背盟，不勝髮指。吷敵愚忠，無以自效"，不禁慨然嘆，崛然興也。昔忠武云"君臣之義，本於性生"，值此時局艱危，凡在草莽，義當同仇。今世多昧斯旨，患得患失，罔非名利。其視國家事，無怪如秦人視越人肥瘠，吾不知所學果何事也。因步忠武原韻，敬擬一闋，聊以志憤，工拙非所計耳。

縱覽今古，嘆累朝、夷禍未歇。

自歐洲，激輪南下，逆氛倍烈。

準界腥飛北海風，琉江慘沒東瀛月。

最可恨、滿地罌花紅，毒彌切！

越屬國，境全滅。

劉提軍[1]，涕空雪！

幸天討，用張摧殘震缺。

藁街新懸破崙[2]頭，師蠢普贛[3]佛郎[4][5]血。

盼元老、迅掃光豐恥，報廷闕。

【箋注】

[1]劉提軍：此處指劉永福。光緒十年（1884）中法戰爭爆發，清廷收編在越南抗法的黑旗軍，授劉永福"記名提督"。提軍爲提督的別稱。次年，朝

廷九下諭旨令劉永福率部回國，黑旗軍回國後，從三千人裁爲一千二百人。

[2]破侖：指拿破侖·波拿巴（1769—1821）。生於法國科西嘉島，是法蘭西第一帝國的締造者。霧月政變後，成爲法國第一執政，1804年加冕爲帝。在位期間，頒佈《拿破侖法典》，并通過拿破侖戰爭，使法國在歐洲大陸取得主導地位。滑鐵盧戰敗後遭流放，於1821年5月5日在聖赫勒拿島病逝。

[3]師纛：指軍隊的大旗。纛，古代軍隊裏的大旗。

[4]普釁：遍塗。釁，古代用牲畜的血塗器物的縫隙。

[5]佛郎：指法國，是法蘭西的早期譯名。魏源《海國圖志》："歐羅巴用武之國，以佛郎西爲最。爭先處強，不居人下。"

灃西草堂詩集跋[1]

捧讀全冊，以雄渾爽健之筆，發忠愛悲憫之思，豪傑胸襟，英雄氣概，畢現於字裏行間。在晉人中，雅近劉越石[2]、左太沖[3]；在唐人中，可追高達夫[4]、杜子美[5]。蓋詩以言志，惟有憂國憂民之志，乃有可歌可泣之詩。故能感發乎人心，而流傳於後世。近代之號稱詩人者，以模山範水、繪雲琢月爲風雅，以締章[6]嚼字、俳白儷黃[7]爲精工，極其能事。縱能如宋之三謝[8]，唐之"四傑"[9]，亦僅僅才人之伎倆而已。程子謂其玩物喪志，朱子薄爲閑言語，以其無裨於世教也。嘗聞南人譏秦無詩家，彼蓋沿梁陳之習，以華麗哀豔爲詩，非知詩之真諦者也。

夫《雅》《頌》作於周召[10]，五言始於蘇、李（蘇武[11]，武功人；李陵[12]，隴州人）。詩之根荄[13]，茁於西土。其後唐有韋（應物[14]，長安人）、杜（牧之[15]，萬年人），明有李（夢陽[16]，慶陽人）、康（兌山[17]，武功人），清初有二王（山史[18]，華陰人；又旦[19]，邠陽人）、李（天生[20]，富平人）、孫（豹人[21]，三原人）名重騷壇。當時顧亭林[22]、王漁洋[23]、朱竹垞[24]皆爲推服。此數人者，詩之體格雖不一致，要皆抒寫天真，從性地中流出，與南朝靡靡之音、縱情於風花雪月者異矣。

子俊先生之學，既接鄉賢橫渠、二曲之統，故其詩亦有先正溉堂、黃湄之風（孫豹人著有《溉堂集》，王又旦著有《黃湄集》，均著名當時）。謹跋數語，告我同志。讀先生之詩，如晤先生之人，亦可見先生之德性、學問、氣節迥超流俗，而爲關學之後勁也。

乙丑中秋門人韓城吉同鈞敬跋

【箋注】

[1]本篇據金陵本補録。

[2]劉越石：名琨（276—318），字越石，西晉中山魏昌（今河北省無極縣）人，好老莊之學，曾任并州刺史。忠於晉室，後爲西晉鮮卑族首領段匹磾殺害。其詩内容悲壯慷慨，風格清拔。

[3]左太沖：即左思（約250—305），字太沖，齊國臨淄（今山東淄博）人。西晉著名文學家，其《三都賦》爲時人所稱頌，一時"洛陽紙貴"。後人輯有《左太沖集》。

[4]高達夫：即高適，唐代邊塞詩派代表人之一。早年窮困潦倒，曾隨軍遠征契丹。後擁顯位，幾度出塞，對邊地生活有着較深的體驗。其詩以反映邊塞生活見長，歌頌戰士奮勇報國、建功立業的豪情，表現征夫的艱辛生活。宋嚴羽《滄浪詩話·詩體》："高達夫體，高常侍適也。"

[5]杜子美：即杜甫，自號少陵野老，世稱杜少陵、杜工部。河南鞏縣（今鄭州鞏義）人。唐代現實主義詩人，世稱"詩聖"，與李白并稱"李杜"。

[6]絺（zhǐ）章：雕琢文辭，修飾章句。絺，刺繡。喻修飾文詞。

[7]俥白儷黄：文章工麗的要素，講究文采藻繪華美。

[8]三謝：三謝是指東晉政治家謝安、南朝宋名士謝靈運、南朝齊詩人謝朓。

[9]四傑：這是初唐詩人王勃、楊炯、盧照鄰和駱賓王的合稱。

[10]周召：指周南與召南。

[11]蘇武（約前140—前60）：字子卿，漢武帝天漢元年（前100）奉命以中郎將持節出使西域，被匈奴扣留。屢遭威脅利誘，被遷至北海（今貝加爾湖）牧羊，十九年持節不屈。

[12]李陵（前134—前74）：字少卿，隴西成紀（今甘肅省平涼市靜寧縣）人，飛將軍李廣長孫，西漢名將。天漢二年（前99），奉漢武帝之命出征匈奴。遭遇匈奴單于重兵，戰敗投降。後被匈奴封爲堅昆國王。

[13]根荄（gāi）：植物的根，比喻事物的根本、根源。

[14]應物（約737—791）：即韋應物，字義博，京兆杜陵（今陝西西安）人，唐代山水田園派詩人。其山水詩景致優美，感受細深，清新自然而饒有生意。其作品有《韋江州集》《韋蘇州詩集》《韋蘇州集》。

[15]牧之（803—約852）：指杜牧，字牧之，號樊川居士，京兆萬年（今陝西西安）人。唐代傑出的詩人、散文家。唐文宗大和二年進士。晚年居長安南樊川別墅，故後世稱杜樊川。著有《樊川文集》。其詩歌以七言絶句著稱，內容以詠史抒懷爲主，多切經世之物，成就頗高，人稱"小杜"。

[16]夢陽（1473—1530）：指李夢陽，字獻吉，號空同子，出生於慶陽府安化縣（今甘肅省慶城縣）。明中期文學家。復古派"前七子"領袖人物。善書法，精於古文詞。

[17]兑山：即康海（1475—1540），字德涵，號對山，明代文學家。陝西省武功縣人。弘治十五年（1502）狀元，授翰林院修撰。武宗時劉瑾敗，因名列瑾黨而免官。以詩文名列"前七子"之一。所著有詩文集《對山集》、雜劇《中山狼》等。

[18]山史：即王弘撰（1622—1702），字修文，亦字無異，號山史，陝西華陰人。清代關中著名學者。一生潛心治學，擅長古文和書法，精通金石，著作有《砥齋集》《周易筮述》《正學偶見述》《山志》。

[19]乂旦（1636—1687）：指王乂旦，字幼華，號黃湄，郃陽（今陝西省合陽縣）人。明末清初著名詩人。順治十五年（1658）進士。文采風流，官聲詩名并重。

[20]天生：即李因篤（1632—1692），字子德，一字孔德，號天生，陝西富平人。長於詩歌，著作有《受祺堂文集》。

[21]豹人：即孫枝蔚（1620—1687），字豹人，號溉堂，陝西三原人。清初著名詩人。孫氏世代爲商，李自成入關，散家財組織團勇抵抗，後敗走江都，折節讀書，肆力於詩古文。與王士禎爲莫逆交。康熙十八年（1679），舉"博學鴻儒"科，授內閣中書。著有《溉堂集》。

[22]顧亭林：即顧炎武（1613—1682），字忠清、寧人，明朝南直隸蘇州府昆山（今江蘇昆山）人，與黃宗羲、王夫之并稱爲清初"三大儒"。其學問淵博，於國家典制、郡邑掌故、天文儀象、經史百家及音韻訓詁之學等都有研究。晚年治經重考證，開清代樸學風氣。

[23]王漁洋：即王士禎（1634—1711），字子真，號阮亭，山東新城（今山東桓臺）人，清初傑出的詩人、文學家。順治十五年（1658）進士。順治十六年任揚州推官，康熙四十三年（1704）官至刑部尚書。在詩文創作與理

論方面成就卓著，創立"神韻說"，與朱彝尊并稱"南朱北王"。一生著述達五百餘種，詩作四千餘首，主要有《漁洋山人精華錄》《蠶尾集》《池北偶談》《古夫于亭雜錄》等。

[24]朱竹垞：即朱彝尊（1629—1709），字錫鬯，號竹垞，浙江秀水（今浙江嘉興）人，清朝詞人、學者、藏書家。其博通經史，曾參与纂修《明史》，詞賦風格清麗，爲"浙西詞派"創始人，與陳維崧并稱"朱陳"。此外，亦精通金石，購藏古籍圖書不遺餘力，爲清初著名藏書家之一。著有《經義考》《曝書亭集》《日下舊聞》等。

行狀

柏震蕃撰

府君諱景偉，字子俊，號灃西，晚號忍庵。原籍直隸，始祖以元軍職宦陝西，遂居於長安馮籍村。先高祖諱萬青，字黛參，貢生，行載《省志·孝友義行傳》及《經籍志》。妣氏馮、氏王、氏童、氏張。先曾祖諱世樸，字大順，贈文林郎，妣氏王、氏童、氏史。先祖諱松齡，字鶴亭，郡庠生，妣氏劉。三世皆有隱德，以府君貴，誥封奉政大夫、宜人。昆季二人，府君長。次名景倬，字漢章，附貢生，議叙縣丞，以修築堡寨出力，保奏以知縣升用。

先大父得府君甚晚，鍾愛特甚。年七歲，爲府君延師課讀，而不限以課程。以故就傅六載，僅讀《易》《書》《詩》三經。年十三，府君見家事中落，兩親拮据艱難，慨然始立志讀書，終日不出書室。晚間昏昏欲睡，則默念曰："讀書不自奮，吾親勤勞何時已耶？"因自擊其首，痛而醒。自此至老，起未至天曙者。

年十九，受知於邑侯孫琴泉[1]先生，取冠軍。次年食餼，有聲庠序。復受知於關中院長固始蔣子瀟先生，拔住内院，深器重焉。咸豐甲寅[2]，先生移講豐登[3]、弘道兩書院，因以閱卷之役屬府君。八月，先生偶得中風疾遽卒，有大荔縣典史單澐者，與先生素有隙，散流言，謂先生之死不明，宜窮治。當時同州府牧貴、大荔令姚、朝邑令易受其蠱惑，院内士悚懼。府君差人馳請牧令視殮，謂："先生果死事不明，先生無子，我等門人即應昭雪以報師恩。"延至三日，無一人至。午後突來衙役數十名，聲言拏人。門人正欲商議揩持，忽見澐坐踞講堂，提書院門斗審問，府君痛哭失[4]聲。衆門人共發公憤，將衙役悉行逐去，謂誰訟先生死者？牧令何在，而巖巖[5]師座，致令典史來鞫獄[6]耶？府君力叱單澐，下拳而敺之，院士咸嘩，澐哀乞聲徹院外。因見勢不得已，願致府縣官，乃手書數函，分致牧令。頃之至，府君反覆與之辨駁，果病，無別情，事遂寢。

次年乙卯[7]秋試，領鄉薦，賀者踵至，多贐以北上資。府君悉婉却焉。因鐫"不受俗人憐"銘[8]章以自佩，遂息借若干金以行。後悉以館穀償之。以故三次未赴禮闈試，實其素性鯁介，蚤歲淡於榮利也。同治壬戌[9]，再應春試，聞吾省花門變作[10]，以先大父母在堂，未及揭曉，即日束裝。有止之者，府君曰："所憑者方寸地耳，今方寸亂矣，留此何爲？"遂間道歸。詎意房薦極優，旋以小疵見擯，至是遂絕意科名。大挑二等，選授定邊縣訓導，以□□蹂躪，未赴任。

自京抵家後，時元年五月十三日也，正值吾鄉興辦團練之始，聞府君歸，僉請督理主持。府君平日好讀兵書，又素善拳勇，凡四方英銳知名之士，輒傾交焉。每一念及逆族煽亂，盜弄潢池[11]，憤激填膺，不勝髮指，正在躍躍欲試，方期稟命高堂，復仇雪恥。乃先大父母春秋過高，倚閭念切，留不得去。而鄉人迫請不已，因約朝出暮歸，與鄉人講擊刺法，其戰守機宜不與聞也。後團營移至數十里外，又值烽火滿目，府君恒於深夜，單騎挾甲士數十人，迂道以達親所，依依膝下，無少爽期。厥後避亂，移家南山太平峪，先大父母相繼見背[12]，而壽具悉燬於兵燹。府君與家叔哀毀之中，竭力摒擋，間關跋涉，勉當大事。至今每一憶及猶泫然，以未能盡禮爲憾終身。生辰不忍言賀，治家喪具必從其薄。其仁孝性成，有如此者。

四年乙丑，服闋，應傅堃亭軍門之約，同往鄂省招募勇士，赴甘從戎。未及數月，而軍門陣陷，金積堡不能成軍，繼爲曹藎臣提帥延襄營務，旋以當道武夫糾糾不知禮貌，又多無可與語，婉辭旋里。

五年六月，蒙楊制府厚庵以鞏昌解圍，并攻克熟陽城[13]等處賊巢出力，奏請賞戴藍翎。十月劉霞仙中丞以元、二、三年在籍帶團城防出力保奏，請以知縣選用，奉旨允准。

六年十月，前欽帥左文襄公督師入關，訪求關西俊傑，駐節臨潼，檄調府君赴營。稱其"負性伉爽，識略過人，與共功名，用濟時艱"等語。時捻匪正棘，官軍與角逐無停趾。文襄方議縮地圈賊河、渭之間，府君謂捻匪東去，□□必乘

268

虛西來，且捻匪亦無定向，伺隙蹈瑕，擾我善地。宜堅壁清野，使民自衛，以待賊匪，則官軍剿賊亦易，由是修築堡寨之議定焉。

旋即札委府君總理西、同、鳳、鄜、邠、乾六屬事宜，創立省垣團練、堡寨總局，府君復舉翁太守雪樵、李內翰稼門爲之副手，定築寨章程數十條，廣爲勸導，親成《公啓》千餘言，作其忠義。詎意陝禍未已，時與願違，上游方深倚重，而各屬牧令隱以相陑見忌，府君即稟辭出局，當道敦留再四，諄諄數百言，府君終決然舍去者，雖義不容恝，而勢終不能有成也。厥後捻匪突至，獲安堵者多蒙其利，其未竟厥功者，府君深爲長太息焉。

八年，前中丞幫辦軍務劉果敏公鑒其勞勩[14]，特保奏請以分發省分補用，并賞加同知銜，奉旨依議。時左文襄追捻逆而東，關內無賊，亦無兵。劉果敏駐節三原，力不能剿□□，府君乃有招撫北山土匪之舉。北山土匪者，今烏魯木齊提督董公福祥部衆也。始起與□□角，後苦無食，遂亦劫掠。府君謂其："仇賊既深，戰賊必力，可用。"因購得慶陽府難民賀、張二姓，廉得[15]董營情狀，府君因大加鼓舞，曉以忠義，慨然願爲嚮導，因代二君[16]擬陳方略，上稟當道，劉果敏公得二君書，大爲傾折。閱至"散其脅從，錄其丁壯，指授方略，迅掃妖氛。凡此機宜，速施英斷。至應用何人招撫，該團首始能服信，應設何方遣散該部衆，始各安居，機事宜密，不敢顯陳，俯賜面謁[17]，瀝獻芻蕘"等語，以至論形勢處瞭如指掌，陳兵機處朗若列眉，嘆爲奇才。立進二君與之辨難，語未及終，果敏公曰："此非爾等所能也！"固詰主者爲誰，始以府君名聞，刻即修書，委員馳謁，敦促入署。

維時府君函薦往事招撫者爲咸寧翁雪樵先生，慶陽舊太守也，年逼七旬，老且病，無心仕進久矣。聞府君以前事屬當道，而忠義之氣礧礫如昔，遂慨然願以單騎往復。上書當道，謂："招撫之役在直赴該營，自能宣揚威惠；而善後之舉必簡任大員，庶可重施擘畫。"時適有幕中客爲湖南主事周瑞松者，願隨之行。乃招撫甫施，該首衆悉願投誠，誓死圖報，甘事轉機，在此一舉。不意周瑞松以楚材忌秦士功，恐改甘勇而撤楚兵，意見齟齬，密陳當道，有前門出虎，後門進狼之稟。當道亦未及深察，以故僅招安董營先鋒扈彰壯士五千餘人，未加錄用，悉行遣散，所有扈營部下皆痛哭流涕而去。而董福祥亦遂遠颺[18]他方，亦足見秦中士氣之衰，而事業之關運會矣。嗣後董團全部悉爲劉忠壯公所撫，名爲董字五營。所恃以平甘境、開新疆者，卒爲先鋒，得其死力，至今董福祥亦秩晉崇階，巍然重望，其部下較他勇尤少陋習，皆府君昔日所議及者。

既而左文襄肅清捻匪，移師西征，駐西安議甘事。府君上《辦理□□臆議》，條陳要務十六事，首賊情，次寧夏、次秦州、次汧隴、次金積堡、次河州、次土司、次甘勇、次楚勇、次土匪、次進兵、次陣法、次屯田、次陝□。文襄大爲嘉尚，惟論甘勇楚勇失文襄意，而實深才府君，以屬劉果敏。洎後甘事漸次廓清，實與府君所陳十六事多奇中。劉果敏亦深悔前撫土匪事，未悉用府君策，適高忠壯爲部下楚勇所戕，思府君言，力延幕府，益深敬信，方期出而問世，克展所學。嗣公與當事巨公意見差池，奏請終養回籍，府君亦稟辭旋里，至是功業之念又灰焉。

後以避囂移居終南五臺山，日從事格致誠正之學，講求身心性命之修，益信名教中眞有至樂，而時事遂不復過問，即舊好亦罕見焉。居年餘，吾省兵事既靖，當奏請舉行鄉試，府君蓋歲門下諸君子僉以衡文之事請，遠近著籍者頻年遂踵至焉。雖向學之士歷科獲雋及受職中外、爲吾陝光者頗不乏人，教育英才之樂在此；而險阻備嘗之餘，遂復[19]耗及心血者，蓋又肇端於此矣。

光緒丁丑、戊寅，秦、晉、豫歲大饑，餓殍盈途，吾省渭北尤甚。府君蒿目時艱，憂憤不已，立約同志，稟懇大府停征籌賑，并繕公函，分致同鄉京官，入告聖朝，奏撥巨款，立沛恩施。繼爲宮農山府尊、林馥庵、俞崑岩兩邑侯疊次敦促總理咸、長賑務，時府君患咯血疾已九閱月矣，而迫以義不容辭，情不忍恝，力急[20]從公，設立勸賑總局，舉行"各鄉保各鄉、各村保各村法"，勸勉殷實大家極貧施舍、次貧借助，以貧民稽富民粟，以富民審貧民戶，敦致兩邑紳耆郵患救災。稟請上游委員不時督摧，手定清釐戶口章程，籌散糧石說帖，代擬《嚴防流弊示諭》。約計兩歲之久，籌集賑款一十二萬餘金，全活兩邑生靈逾數十萬。矢慎矢誠，勞怨不辭，集有《咸長勸賑瑣記》一書刊行於世。蔵事之日，府尊及邑侯上詳列憲，累謀從優獎叙。府君聞之，亟往止焉。以爲此固吾學分內事，亦儒生應盡職也。且救荒自古無善策，貽誤正不知凡幾，忍以鄉鄰災祲之苦，反圖天家寵利之榮乎？固辭乃已。

先是二年丙子，吳淸卿學使延主涇干講席。蒞院之日，府君嚴立學規六事，日坐講堂，諄諄以治品力學爲勖，士多從風。是歲適逢大比，遠近來學者院中幾無樓止。五月以疾歸里，多士之眷戀幾有不忍言別者。四年陳學使苞庭[21]聘主味經書院，以賑務未竣力卻。壬午十月，樊介軒學使復訂味經講席，以函請未肯出山，亟語監院寇君允臣曰："必得非常之師，乃可培非常之材。吾今爲陝得師矣，此來庶不愧也。"因盡屏騶從[22]，造廬固請，乃始應聘。歷任學使，諄留五載。

歲丁亥，譚文卿[23]制府、葉冠卿中丞以關學不振，士習日非，有整頓學校、加修齋房之奏，力延府君主講關中書院，兼掌志學齋課。時廉訪黄公子壽、觀察曾公懷清亦病陝士多空疏也，因[24]廣購書籍，捐建學舍，急欲鼓舞振興，提倡實學，力開風氣。經林迪臣學使、李菊圃方伯暨列憲函勸殷殷，禮貌懇至，尋復委員造廬敦聘，始由味經移講會垣，後楊制帥石泉[25]、張撫軍南圃皆相繼延訂主講三載，以疾辭歸。前方伯陶、今學使柯、今中丞鹿累次皆謀敦延，僉以培植士風勸者，府君曰："師道不立久矣。吾之不出實以身教，正以挽回風氣也。何嘗須臾忘吾秦人士哉！"

府君平日教士綦嚴，而居心至恕，待人綦厚，而相與甚誠。主講所至，必以辨志，先求自立爲諸生勖，即學問亦必使從切實宏大做起，求歸有用。時登講堂，與多士共相切劘，教誨諄諄。嘗語人曰："士所貴者品行爲最，品不能治，雖才如廬陵[26]，學如班馬[27]，掇巍科，苾顯宦，人多訾之。行果無虧，居鄉可爲純儒，入官可爲純臣，没世猶有餘芳。"又曰："讀書必要徹上徹下，一書未竟，不可遽讀他書。"蓋人之聰明，中材居多，一則恐其凌雜獵等，馳鶩心志；一則慮其無恒終身，不能卒業。所立關中、味經《院規》及《志學齋章程》《書院課士録》久已刊行，至今遠近多奉爲法。又在味經主講時，與咸陽劉焕唐先生創立求友齋義塾，課以經史實學，旁及天文、地輿、掌故、算法，商之鄉人好義君子，籌集經費，稟請上游發典生息，小助膏獎，并校刊有用各籍，廣其見聞，印售官私舊藏古本，資其沾溉，行之七載，著有成效。

今歲六月卧病時，府君猶點竄課卷無少輟。易簀之日，立將齋中存儲原捐如數璧趙，俾無負其風義，且以勵後之踵其事者。先時，吾鄉風氣，士子汲汲科名，括帖外無所事，甚或束書不讀，且有以讀書爲迂譚者。至是關中人士，奮於學問，僉知讀書以及購書、藏書者，寖成風氣。府君曰："十餘祀後，吾鄉士習必有蔚然改觀者，惜吾不及見也。"府君平日篤志，好研究經史，氾濫百家，凡天文、地理、農田、水利、兵法、卜筮、書畫之類，以及古今治亂因革之原，中外形勝險要之迹，靡不悉心講求暢於胸次。暇時常手一編，雖道途午夜無少休。講學不分門户，必以道爲依歸。晚歲益喜讀道學書，而絶不標榜道學名目，謂"道學者，聖賢之正脈，天地之正氣也。世多非之，謬矣。"嘗題關中講堂楹聯云："讀書不求甚解，惟實踐是期"，"昧漢宋之分，忘朱陸之異"。辦事苦乏長才，祇虛衷自矢，任怨勞於己，推功利於人，其教士大端亦類此。

府君素善詩古文辭，而尤精制義。弱冠，即於仁在堂家法深窺堂奧，輒自悔沈溺詞章，多誤有用歲月[28]，不欲以文名也。後主講暨課徒以來，仍不能不從事於此。生平衡文不拘一格，以衷之於理法，最善啓發。遊其門者，靡不喜得師承。戊子、己丑、庚寅春秋各闈，門下士獲雋者數十人，先後列甲乙榜，登優拔選附郡邑庠者以數百計，遠近執弟子禮者以千餘計，私淑者以數千計。府君生平愛才如命，嫉惡如仇。嘗於及門知向學者，必力勉之，以底於成；即質學稍絀者，尤必矜納，略无倦意。間有僛越程規者，府君必嚴切教之，令其自新。其去也，猶累日爲之不懌。蓋其風裁嚴峻，无稍私曲，而心地磊落，又極慈仁，有自來也。

其没也，凡門生故舊以及識與不識者，罔不慟悼，未旬餘而弔者至數百焉。府君壯歲性喜任俠，天下爲任，幾不知人世有不平事。吾鄉值大亂後，強凌衆暴，相沿成風，府君嘗呼於鄉曰："凡孤兒寡婦無依者，吾即其主也。"其豪氣如此。湖南孝廉張星垣先生，府君師也，令宜君時，以公罪被議[29]，居青門，負債累累。嗣先生與其夫人、子若女相繼逝，僅遺幼男，困苦無依。凡先生舊及門歷顯位、擁厚資者，至是皆袖視，時府君亦值瑣尾流離，備極拮据。呼之友人，息借百金，代償其急債，留若干資，密遣其幼子南歸，復將先生暨其夫人柩，築其墓於村之東。春秋祭掃之事，府君至今皆身任之。當屬纊時，猶深耿耿。同邑杜子賓先生，府君授讀師也，身故乏嗣。後杜[30]夫人臨終時，屬取某子爲嗣，族人爭之不能立。府君因率同門致祭先生曰："先生有嗣，身後之事，嗣子責也。先生無子，身後之事，門人之責也。今誓以身任之。"是日因集族人等，竟取某子爲嗣。府君生平不輕師事他人，於受業師值生忌辰，必奉俎豆，至今垂爲家規。

此外，寧鄉劉公撫陝時，府君稟除長安差徭蠹弊，創立里民公局，每年爲各里節省差費八萬餘千。邑侯少卿涂公、雲門樊公任內，稟除閤邑里甲花户弊竇，昭雪數十年苦累，另立新甲一百餘所。李公賡伯任內，奉立馮籍廠暨本村義倉，現積存穀一千餘石。嚴定收放，永遠遵行，倉廠鄉里至今賴之。羅公誠之任內，創建本廠節義祠，請旌表崇祀鄉團陣亡勇丁暨殉難紳民士女，至今五十餘社輪流設醮主祀，行之已垂廿年。涂公任內，又設立施種牛痘分局，捐集經費發商生息，已歷五載，保護遠近嬰孩無算。重修澧水普濟大橋，至今無病涉者，捐購義田數十畝，使本支宗族貧乏者得養贍焉，凡此多還山以後事也。

光緒戊子，府君主關中時，適焦公雨田令長安，與府君談及馮恭定公爲有明一代理學名臣，昌明關學，創建關中書院，多士至今受賜。我朝龍興，特重祀事，而祠宇久經傾圮，風化攸關，又恩免差糧祭田六百餘畝，復經查辦叛產，官紳誤爲價售。時公裔孫以避難他方，後不果爭，祀典闕如，盡然傷之。謀新其宮，倡捐千金，照會府君，總理斯舉。謂先儒之湮沒，皆後儒之恥。維時府君久蓄是志，亦慨出巨金，力允其役。因邀集闔邑紳耆，議定附祠青門學舍舊址，改立少墟書院，俾吾鄉童子得讀書所，甚盛舉也。不意大工甫肇，忌之者從而阻之。幸各上游倡義捐廉，速集巨款，力助經營，遂寢其謀。嗣後吾鄉好義君子及官中外者僉伸公憤，慨允樂輸。未及兩載，而堂構稱煥然焉。府君因率同志上陳護撫陶公，稟請專摺題奏，溫旨報可。迄今春秋祠祀，俎豆秩然；講肆宏開，炫誦琅琅。亦足見府君之有志竟成矣。

惜善後程規未及手自釐定，垂久經費尚未籌及充足，瀕危猶惓惓於後之繼者。嗟乎，以府君之德，徵府君之壽，允宜期頤[31]未艾，上臻大耋。自關中掌教歸，葺治學稼園，種樹蒔花，優遊講學，將終老焉。今秋視學柯公、撫軍鹿公臚舉實德，以"經明行修"上達帝廷，雖府君不足爲榮，而天語煌煌，交部議敘。方冀仰荷天恩，垂蔭無窮，詎意偶染痢疾，沈綿四月，堅不服藥。而植品績學，憂勞半生，朝命一未及聞，竟溘然而長逝矣。嗚乎，痛哉！

府君生平勤事筆墨，所作多不存稿，今不孝搜遺集，僅得《澧西草堂詩文稿》若干卷，餘多牘啓及酬應作，非其至者。病中語不孝曰："余一生積有許多絕大議論，醞釀多年，自問於道頗有所窺。歷計余所見書均未道及，累以文筆不古，尚未成篇。此次歸來，擬繕出以示兒輩，今病已至此，嗟無及矣。"此皆不孝罪孽滔天所由致也。當病革時，猶切囑不孝與弟震葵"以變化氣質爲先，以善事叔父爲重，以勉持家政爲急"，言猶在耳，幽明永隔。每一念及，五內崩裂。嗚呼，痛哉！

府君生於道光十一年辛卯四月十七日亥時，卒於光緒十七年辛卯十月十八日卯時，享壽六十有一。先妣袁宜人，先五年卒，府君自銘其墓。子一，不孝震蕃，廩生。女一，適三原廩生胡坊，即創立求友齋主人，倡捐鉅款，芷洲觀察哲嗣也。不孝謹遵遺命，來歲仲春卜葬於本村北阡祖塋，坤首艮趾，啓先妣壙而合窆焉。

不孝苫塊昏迷，語無倫次，追述梗概，曾不及其萬一。伏懇當代先生大人府鑒，哀忱錫之銘誄[32]，藉重麟筆，用光泉壤，則不孝世世子孫感且不朽。

【箋注】

[1]孫琴泉：指孫治（1811—1876），字理亭，號琴泉，道光丁酉年（1837）舉人，道光十八年進士，選翰林院庶吉士。道光二十六年任陝西華陰知縣，旋調長安縣知縣。咸豐元年（1851）至四年，升授潼關廳同知。

[2]甲寅：咸豐四年，1854年。

[3]豐登：指豐登書院，位於陝西省大荔縣。清乾隆年間，郡守彭城李氏創建，因院中有豐登閣，故名。藏書閣中有《古今圖書集成》。同治初因戰亂廢爲園圃。同治十一年（1872）知府龔希齡撥地五千畝，以每年租錢增大課。光緒五年（1879），署知府饒應祺籌膏火銀一千八百兩，定諸生課額五十二名，童生三十名。光緒初蔣子瀟任主講，以經學教士，一時成就甚衆。

[4]失：原作"一"，據金陵本改。

[5]巖巖：高大，高聳，威嚴貌。

[6]鞫獄：審理案件。

[7]乙卯：咸豐五年，1855年。

[8]銘：金陵本作"印"。

[9]壬戌：同治元年，1862年。

[10]花門變作：指同治年間的戰火。

[11]盜弄潢池：指發動叛亂、起義或兵變等。

[12]見背：指父母或長輩去世。

[13]熟陽城：史料少所記載，據民國《葰縣志》卷二記載："攻克固原熟陽城"，當屬固原（今寧夏固原）一堡寨名。

[14]勩（yì）：勞苦。

[15]廉得：經考察、訪查得知。

[16]二君：金陵本作"二姓"，下同，不另注。

[17]謁：原作"結"，據金陵本改。

[18]颺："揚"的古字，指風所飛揚也。

[19]遂復：金陵本作"因以"。

[20]急：金陵本作"疾"。

[21]陳學使芑庭：指陳翼，福建閩縣人，同治二年（1863）進士，光緒二年（1876）八月任陝西學政，五年六月告病離任。著有《春明課草》。

[22]騶從：指車馬隨從。

[23]譚文卿：即譚鐘麟（1822—1905），字文卿，諡文勤，湖南茶陵人。晚清政治人物。咸豐進士。歷任江南道監察御史、杭州知府、杭嘉湖道、河南按察使，同治十年（1871）任陝西布政使、護理巡撫，光緒元年（1875）任陝西巡撫等。在陝任內，體察民情，更易苛例，設書局，興義學，教民種桑養蠶紡織，疏浚鄭白渠，有政聲。著有《譚文勤公奏稿》。

[24]因：原作"固"，形誤，據金陵本及霽光本改。

[25]楊制帥石泉：指楊昌濬（1825—1897），字石泉，湖南湘鄉人。光緒四年（1878），左宗棠督辦新疆軍務，起用楊昌濬，數遷至漕運總督。光緒六年十一月戊辰，由署甘肅布政使護理陝西總督。七年八月癸未，以實授甘肅布政使卸任。光緒十四年，移督陝甘。

[26]廬陵：指歐陽脩（1007—1072），字永叔，號醉翁，晚號六一居士。江西吉州永豐（今江西吉安永豐）人，因吉州原屬廬陵郡，故其以"廬陵歐陽脩"自居；然金陵本作"半山"，當指王安石（1021—1086），字介甫，號半山，江西臨川（今江西撫州）人，北宋思想家、政治家、文學家、改革家。

[27]班馬：是漢代史學家班固與司馬遷的合稱。班固（32—92），字孟堅，扶風（今陝西宝鸡）人，東漢著名史學家、文學家，撰寫了中國歷史上第一部紀傳體斷代史《漢書》。司馬遷（約前145—前86），字子長，夏陽（今陝西韓城）人。西漢史學家、文學家、思想家，撰寫了中國歷史上第一部紀傳體通史《史記》，被後世尊稱爲史遷、太史公。

[28]多誤有用歲月：原作"誤多有用歲月"，據金陵本改。

[29]被議：指被彈劾。

[30]杜：原作"師太"，據金陵本改。

[31]期頤：指年齡在百歲及以上的老人。

[32]銘誄：古代用於記述死者經歷和功德的文章，多爲君主表彰其功勳，下令專門寫作的官員爲其作銘誄，以表哀思。

《灃西草堂文集》校注

附錄

長安　柏景偉　子俊甫

附錄

皇清誥授奉政大夫特旨交部議叙賞戴藍翎欽加同知銜分省補用知縣定邊縣訓導乙卯科舉人柏公灃西先生墓誌銘[1]

咸陽劉光蕡撰

　　光緒十七年辛卯冬十月既望越日昧旦，前關中院長灃西先生卒於長安馮籍村里第。遠近聞之，悵失所依，奔走而吊哭者千餘人。士之奮於庠序者謂安仰放[2]，天胡不憖遺[3]，遽奪先生，是降大割[4]於西土也。先生貌魁梧，望而凜然。處事接物，不撓[5]以私，進退必歸於義。性抗爽，剖別是非，不嫗煦[6]作長厚態。赴人之急，如謀其身。友教四方，善啓發。其規過必直抉根株，而示以所能改；勸善則誘掖獎借，必使欣欣自奮不能自已。故當時雖多畏忌先生，及卒，則同聲悼怛[7]，無異詞也。

　　先生生道光中葉，時天下平治久，風俗漸弊，奸豪肆無所忌，魚肉窮弱，官吏偷惰，苟目前無事，患遂積於隱微。欲挽救，非開誠佈公、綜核名實、痛除蒙蔽習以達民隱不可。故先生務抑強扶弱，常自樹於衆曰："有欺凌貧弱者，余即其主也。"人遂以任俠目之。未弱冠，東南兵事起，先生知禍必遍於天下，於是好與健兒遊，畜健兒常數十百人。留心天文輿地之學，與歷代兵事戰守攻取之略，其成敗利鈍，必究其所以然，人又謂先生喜談兵。甫壯，陝□搆亂，先生會試適報罷，急間道歸。陝西遍地治團練，馮籍在省垣西，可犄角。當事不以團事屬先生，發巨餉，先生亦不聞。故封翁及太夫人堅不令先生與團事。陝禍益急，奉父母匿南山，轉徙荒谷。父母先後歿，喪葬盡禮。及多忠勇肅清陝境，圍川匪盩厔，戰死城下。今陝西提督軍門雷公正綰爲幫辦，驅□□而西，多部多隨之。有傅先宗者，後以提督戰死甘肅，招先生入幕，募勇湖北，與圍金積堡。傅隸某帥，爲選鋒，敬信先生，而帥武夫，不知進止機宜。傅以聞於先生者語帥，悉齟齬。傅則禮先生益厚，不令去，師潰乃得歸。於是先生益習甘肅山川道路、戰守形勢、賊情伎倆、官軍勇怯。而劉忠壯逐捻陝西，先生爲嚮導，又得所以制捻匪之法。

賁時避賊省垣，與同邑李編修寅[8]始交先生。先生屢入左文襄、劉果敏兩帥幕，方籌築堡寨以衛民居，設里局以減徭役，提耗羨以足軍食，徙□□以清根本，開科舉以定士心。先生契余兩人，每馳驅歸，即招余兩人飲。上下議論，故凡爲桑梓計者，賁多與聞。其後，立節義祠，起崇化文會，辦積義倉，設牛痘局，改新里甲，修普濟橋，及重葺馮恭定公祠，創建少墟書院，其事或行或不行，或行之而阻於浮言；或始不行，事勢所逼，卒不得不如先生言者，不備書。書其大者四事：

一撫北山土匪。先生自甘歸，知其地苦寒貧瘠，南勇所畏，非用土勇不可。北山土匪者，今烏魯木齊提督董公福祥所集團衆，以禦□□者也。□□陷慶陽，擾延、榆界，北山無兵，民始自衛，久而乏食，遂以劫掠。先生謂民激於義憤，起與賊角，劫掠非得已，況不攻治城，不仇官，與乘亂滋事者殊。而當賊匪猖獗，能自立，其義勇可用。乃購得慶陽府民賀姓、張姓，具得團衆情事，授之詞，使稟當道。時左文襄追捻匪而東，劉果敏駐節三原，得稟大喜。知謀出先生，函詢所以撫狀，立委前環縣令、咸寧翁健入山受撫，而湖南主事周端松與偕，頗忌其功，謂團衆不可用，有出虎進狼喻。撫不如法，得其前鋒扈璋壯士五千人，勒令歸農。董遂遠揚，不可撫。其後劉忠壯由鄜、延進攻寧、靈，收而用之，深得其力。轉战甘肅，出關，至今屹爲巨鎮。

一辦理□□臆議。左文襄之進兵甘肅也，駐節西安，議所向。先生首陳十六事，略謂：□□性貪多疑，勝則散掠，敗即聚守，而各詭以求撫。彼既以撫愚我，我何妨以撫制彼。大軍宜分三路，中由邠、乾以出涇、原、汧、隴，□既受撫，有漢團牽制，必不敢動。鞏昌新復，秦州通川、漢粟貨，即爲進剿河州根本。河州平時爲□□淵藪，苟能克复，即絕蘭州以東各□西竄之路，馬化龍必已膽懾。以北路勁兵入寧夏，拊金積堡之背，而扼其吭，勢可待其內潰。惟□□窮兇極惡，不能使藉口爲漢民所逼，必奮死衝突，而南勇輕脆，不如北人堅苦耐勞，宜少調南師，多用土勇及土司、土番，教以官軍陣法，必易成功。議上，幕府士湘、陝參半，謂論南勇觸時忌，宜去。先生不可，曰："吾非薄南勇也。湘楚各勇，平洪逆捻匪，功名富貴，倦而思歸。強之來，不嘩潰即倩雇頂替。游勇降衆雜湊成軍，今各營其爲湘、楚產者有幾？□□誠易平，惟惜二十餘年軍興流弊，盡驅而歸之，陝甘事定後，不無隱憂耳。"乃辞去。然文襄才先生，屬劉果敏。既而高忠壯爲部下所戕，果敏思先生言，力延入幕。先生雅不欲，以方清理長安差徭，不能不借力於大府，乃勉赴，數月即歸。其後甘、隴兵事多符先生言。先生已入南山，讀儒先身心性命書，不復慷慨談天下事矣。

一爲咸、長賑荒。光緒丁丑，晉、豫、陝大旱，無麥禾，先生方病肺，憂甚。既偕同人聞於朝，得賜賑。時宫農山太守署西安府事，謂咸、長首邑，爲四方則，宜敬慎將事，躬延先生主之。先生創爲各村保各村法，以貧民稽富民粟，使無藏匿；以富民核貧民户，使無冒濫。不足，以巨室之捐輸濟之。富不苦抑勒，而貧得實惠。古所謂救荒無善策者，得先生法，弊悉除，蓋全活數十萬人。

一爲創立求友齋課。先生之入山也，門弟子強之出，請授制舉業。其後，各書院延主講席，先生思造士以濟時艱，天下雖大定，西夷日強，恃水戰踞我沿海各口，必講求陸戰以窺我内地，其患已棘。而陝士習帖括，病空疏，無實用。乃創立求友齋，以經史、道學、政事、天文、輿地、掌故、算法與士子相講習。三原胡觀察礪廉出千金以爲貲，涇陽嫠婦[9]吳周氏以兩千金益之，兼刻有用書籍，士習丕變。今學使柯遜庵擴爲味經書院刊書處，先生雖不及見，其端則自先生發之也。

生平誼篤師友。張星垣孝廉，先生課師也，令宜君，罣[10]吏議負債，卒不得歸，先生葬之村東。貸百金，資其幼子歸湖南。同邑杜子賓，先生蒙師也，没，無子，先生爲立嗣，恤其夫人終身。先生爲邑弟子員，受制舉業。及治經史，法於固始蔣子瀟孝廉，孝廉移講豐登書院，以先生從。適孝廉以猝中風痰卒，有典史單澐者，素嗛孝廉，造蜚語，謂死於非命，院中士皇皇不知所爲。先生謂院長死，無子，府縣官皆主人，宜視含斂，待三日不至。而單澐率皁役數人突至，坐講堂，拘院夫、門夫，訊院長死狀。諸生不勝其忿，先生直上批其頰，捽以下拳，而數之曰："此何地？汝何人？師座可容汝鞫獄耶？且院長死，無言非命者，汝獨言，則汝自知故。汝欲誣何人？而刑逼門院夫取證耶？"院中士聞先生言，悉氣壯，譁而和之。澐大懼，叩頭哀乞。先生曰："府縣至，恕汝。"澐致書府縣，須臾至，諸生與視斂，實病，無他故，事乃解。其勇決赴義多類此。

先生講學宗陽明良知之説，而充之以學問，博通經史，熟習本朝掌故，期於坐言起行。其學外似陳同甫、王伯厚，而實以劉念臺慎獨實踐爲的，故不流於空虛泛濫。同時，賀復齋講學三原，恪守程朱，與先生聲氣相應，致相得也。先生刻《關學編》未竟，囑復齋續成之。

先生以乙卯舉人大挑得定邊訓導，軍興未赴。其賞戴藍翎也，以鞏昌解圍，攻克熟陽城功；其奏以知縣升用也，以□□起，辦團城防績；其奏請分省補用，并加同知銜也，以幕府勞勳，劉果敏特保之。均先生去後，主者心稔先生功，借他事以酬，先生不知也。今秋，鹿中丞、柯學使以經明行修，歷主書院勤勞特薦，先生辭講席已二年。特旨交部議敘，朝命未聞，先生已疾亟不能待矣。

先生高祖萬青，貢生，行載《省志·孝友義行》及《經籍志》。祖世樸。考松齡，郡庠生；妣劉，以先生貴，贈奉政大夫、宜人。弟景倬，性友愛，先生疾，目不交睫，見先生，必強歡笑。先生察其神瘁，勸令休息，毋過憂。余兩視先生疾，得其狀，嘆兄弟如一身，於此猶信。嗚呼，可以風矣！先生配袁宜人，先卒。先生銘而葬之祖塋，虛右以待。子震蕃，廩膳生，從予遊。將於明年二月二十五日啓宜人窆，葬先生，索予銘。予及李編修與先生交誼若兄弟，先生長予一終，李長予三歲。先生及李以道德經濟自任，予時習古文辭，戲曰："勉之，他日誌君，無枯吾筆。"李卒於戊寅，葬以己卯，予述其行事，先生覽之，笑曰："銘予可勝任"。予亦笑應之。今甫一終，又銘先生。戲言竟成讖耶？然予年已四十有几矣。其於人世能幾何？時知交零落，誰與爲歡？呼，悲已！辭曰：

可繫援[11]於窮弱，不濡忍[12]於諸侯。心慈以惠，氣勁以道，其古豪俠流耶？然而理會其通，學粹以融，義嚴方外，誠一體中。桑梓謀豫，整旅圖豐。菁莪[13]育起，沫雨噓風。蓋悲憫在胸，俠烈爲骨，道義積躬也。歷講涇干、味經、關中，多士喁喁矣。此何人哉？子俊字，景偉名，避難以石樵自署。晚築學稼園以躬耕。蒼龍右繞，澧左縈魄，產靈芝氣，星精畢郢。劉光蕡曰：是爲澧西柏先生之佳城。

咸陽劉光蕡撰文
三原賀瑞麟書丹
同邑張恩榮篆蓋
頻陽楊家麟雕

【箋注】

[1]本篇據長安區博物館收藏《清故長安柏子俊先生墓誌銘》及《煙霞草堂文集》卷四《同知銜升用知縣柏子俊先生墓誌銘》移錄。

[2]安仰放：安，哪里；仰，仰望；放，安置，存放。意指德行高的人死後，

不能再有仰望機會,自己身心無所歸依。多用做敬悼師長之辭。

[3]憖遺(yìnyí):願意留下,亦指前代留下的元老。

[4]大割:古時殺割群牲以祭祀。《禮記·月令》:"天子乃祈來年於天宗,大割祠於公社及門閭,臘先祖五祀,勞農以休息之。"鄭玄注:"大割,大殺群牲割之也。"

[5]撓:攪。

[6]嫗煦(yùxù):生養撫育。嫗,指地賦物以形體;煦,指天降氣以養物,亦指和悦之色。

[7]悼怛(dàodá):悼,哀悼。憂傷;悲傷。指沉痛哀悼。

[8]李編修寅:指李寅(1838—1878),字敬恒,陝西咸陽人。其家族兼營農商,家境充裕。李寅少喜兵法,不屑章句記誦,與劉古愚以經世爲己任,以氣節互砥礪。其子爲李嶽瑞,從學於劉古愚。

[9]嫠婦:寡婦。

[10]罣(guà):罣誤,指被別人牽連而受到處分或損害。

[11]繫援:繫,約束;援,拉,引。安貧樂道之謂也。

[12]濡忍:柔順忍讓。

[13]菁莪:《詩·小雅·菁菁者莪》篇章之簡稱,泛指培育人才。

續修陝西通志稿·柏子俊先生墓表[1]

〔清〕趙舒翹

歷來道學風氣之開,天必生一人焉,與之以剛直強毅之資,聰明豁達之度,足以任重而致遠,而又屈之以艱難拂鬱[2]之遭,百折遏抑,曲廻歷練,俾洞悉夫天地之消息,民物之情僞,世故之變態,然後學問成焉,性功盡焉。出其緒餘,以成德達材,而人之被其教澤者,皆各有所造就,而風徽自此遠矣。澧右山水環秀,鍾毓必厚,乃掇科名者或不乏人,而淑身明道、講求體用之學者少有所聞。若翹表叔柏子俊先生,殊不愧吾鄉特出之人焉。

先生諱景偉,號澧西,咸豐乙卯舉人。負質魁碩,睿智過人,凡時流末藝,一見即曉其門徑,而先生皆不屑屑。惟目睹時艱,日探究經濟實學,欲以經營天下，上抒君父憂爲志。及所遭不偶，乃以立教終老。先生與先父契好，翹逾歲失怙，先祖撫之。髫齡[3]時，先祖常指翹謂先生曰："汝大兄留此一線，余老矣，此子後來讀書成立，將汝是賴。"先生自言"知我者，趙六伯也"，"六"係先祖大行[4]。先生每謂翹曰："爾祖厚德，爾父才質過我數倍，以小試不售遇疾，蓄久者必舒。爾讀書發名必矣，然須以立品爲重。"

先生嘉言懿行及人者多，墓誌已詳其大；其世系生忌備具行狀，無須再述。即翹之受先生教益亦難悉數，惟自念生平尤得力先生之學者則有三端：常聞先生講"君臣之義，由於性生。凡市井草莽，與君國隱隱相關者"，反復開說，令我忠孝之心油然感動；又聞先生講"人心與天心息息相通"，凡《大學》之慎獨、《中庸》之戒懼，感應至理，當前取譬，切實指點，令我敬畏之心惕然惺悟；又聞先生講"民吾同胞，物吾同與"，將"一本萬殊"大原揭出，覺宇宙內事皆分內事，令我仁愛之心藹然而自生，矜伐[5]之心縮然而自失。

先生豈爲翹一人講解哉！尊所聞，行所知，固如是耳。翹供職中外將及二十年，兢兢自守，遇事維持，不敢以官小委怠[6]、隱微[7]自欺一毫，負國虐民。期於不辱其身、無忝所生者，皆幼時先生之教有以啓之。竊願後之學先生者，亦於此三端用力求之。庶學有本原，窮達均有所守，而不至爲私利嗜欲所困難。先生已往，猶不失爲私淑也。若徒見先生壯年之抑強扶弱、恤寡濟貧、倜儻可喜而目之以豪俠，見先生中年之好武談兵、馳驅戎馬、料事奇中而稱之以才略，見先生平生時文諸體理法精密而比之以詞章，不特非先生之教，抑且失先生之真，并恐學者不得其要，襲跡而貽譏畫虎，則先生齒冷地下矣。蓋先生之不可及者，固由天分之加人一等，而先生之所以不可及者，實由心學之不懈終身也。先生易簀時有句云："耿耿元精猶在目，瑩瑩慧性未離心。"非平生讀書養氣之功臻於純粹，曷克有此？求先生之道者，其亦知所本矣。翹痛師訓之無聞，因念貽謀之難紹，濡筆和淚，以此表先生之德，即以此作自治之程云。

【箋注】

[1]本篇據《續修陝西通志稿》卷二一一《文徵十一》移錄。

[2]怫鬱：憤悶。

[3]髫齡：童年，幼年。

[4]大行：兄弟、姊妹長幼的次第。

[5]矜伐：恃才誇功，誇耀。

[6]委怠：委，指任，派，把事交給人辦；怠，懶惰，鬆懈。比喻懈怠、放任。

[7]隱微：隱約細微，亦指隱私。

國史本傳·柏景偉[1]

柏景偉，陝西長安人。咸豐五年舉人，同治元年大挑二等，選授定邊縣訓導。會□□變作，未赴任，奉父母匿南山，轉徙荒谷間。親没，哀毀逾恒。服闋，適□□竄走甘肅，景偉偕提督傅先宗募勇湖北，赴甘助剿。五年，解鞏昌圍，并克熟陽城，叙功，賞戴藍翎。十月，以在籍辦團城防績，經陝甘巡撫劉蓉奏請，以知縣選用。六年，欽差大臣左宗棠奉命督師入關，知景偉識略過人，辟參謀軍事。景偉謂"宜築堡寨以衛民居，設里局以減徭役，提耗羨以足軍食，徙□居以清根本，開科舉以定士心"。又上《辦理□□臆議》十四事，宗棠深才之，以屬幫辦軍務劉典。八年，典以景偉積年勞勩，特疏保薦，詔以知縣分省補用，并賞加同知銜。嗣典以請終養回籍，景偉亦遂旋里，不復出矣。光緒三年，秦大饑，景偉請於大吏，發粟賑恤，創爲各村保各村法，以貧民稽富民粟使無匿，以富民核貧民户使無濫。手訂章程，全活數十萬人。

景偉既不獲大行其志，乃退而教授學者。歷主涇干、味經、關中各書院講席，思造士以濟時艱。創立求友齋，令以經史、道學、政事、天文、地輿、掌故、算法、時務分門肄習，冀儲有用之才，所成就甚衆。嘗謂"遠師前哲，不如近法鄉賢"，因重修明臣馮從吾祠，刊其《關學編》，序而行之。十七年，陝西巡撫鹿傳霖、學政柯逢時以景偉"經明行修"合疏入奏，詔下部議叙。十月卒，年六十有一。

景偉爲學，外似陳同甫、王伯厚，而實以劉念臺"慎獨實踐"爲的。故其論學有曰："聖賢之學，以恕爲本，以强爲用。道德經濟，一以貫之。"又曰："同此性命，同此身心，同此倫常，同此家國天下，道未嘗異，學何可異？凡分門別户者，非道學之初意也。故'理一分殊'之旨，與'立人極''主靜''體認天理'之言，學者不以爲異，而其所持，究未嘗同。然則'主敬窮理''致良知''先立乎其大'之數說者，得其所以同，亦何害其爲異乎？"又曰："自來磊落英多之士，當少年時，每有過中佚正之處，然究不足爲累。蓋辦事以氣，氣不盛則巽懦闒茸，必不足宏濟艱難。然挾盛氣以陵人，亦往往足以害事。此無他，更事未久，讀書未深，客氣多而主氣少也。果能虛衷集益，黜其自是之見，折其自矜之心，則氣以平而學養粹，氣以充而才識宏，然後可以當天下之大任，而無愧成德之人矣。"所著有《灃西草堂集》。

【箋注】

[1]本篇據金陵本移錄。

續修陝西通志稿・柏景偉[1]

柏景偉，字子俊，號灃西，長安人。曾祖萬青，貢生，著《家箴輯要》，見前志。祖世樸[2]，父松齡，庠生。累世喜施予，景偉性亢爽，好義俠，尤篤於師友。東南兵事起，景偉知禍必遍於天下，乃留心時局，博覽旁通，慨然負幹濟才。咸豐五年舉於鄉，大挑授定邊訓導，會□□變作，未赴任。奉父母匿南山，轉徙荒谷。親歿，哀毀逾恒，喪葬盡禮。服闋，適□□竄甘肅，景偉偕提督傅先宗募勇湖北，赴甘助剿，解鞏昌圍，克慶陽城，賞藍翎。又以在籍辦團防，保獎候選知縣。同治六年，欽差大臣左宗棠督師入關，知景偉識略過人，辟參謀軍事，因請築堡寨以衛民居，設里局以減徭役，提耗羨以足軍食，徙□居以清根本，開科舉以定士心。又上《辦理□□臆說十六事》，宗棠深韙之，以屬幫辦軍務劉典。敘續年勞勩，特疏保薦以知縣分省補用加同知銜。

時董福祥集團禦□於北山，久而乏食劫掠。景偉謂民激於義憤，起與賊角，劫掠非得已，而不攻城不仇官，其義勇可撫用。或忌之，致遠颺。後爲劉松山收用，深得其力，卒平□□，爲一時名將。

光緒三年，秦大饑。景偉請於大吏，發粟賑恤，創爲各村保各村法，以貧民稽富民粟使無匿，以富民核貧民户使無濫，全活甚眾。歷主涇干、味經、關中各書院講席，以外患日棘，人多空疏，思造士以濟時艱，立求友齋，以經史、道學、政事、天文、地輿、掌故、算法分門肄習，士風丕變。嘗謂遠師前哲不如近法鄉賢，重修明儒馮從吾祠，刊其《關學編》，序而行之，兼刻有用書籍多種，後當道擴爲味經書院刊書處。又省垣設官運書局，實自景偉發其端。凡爲桑梓計，如清理差徭、立節義祠、起崇化文會、建少墟書院，皆力任之。十七年，陝撫鹿傳霖、學政柯逢時以景偉經明行修入奏，下部議叙。年六十一卒。

景偉爲學，外似陳同甫、王伯厚，實以劉念臺愼獨實踐爲的，與三原賀瑞麟、咸陽劉光蕡聲應氣求，相得益彰。其論學曰：聖賢之學，以恕爲本，以強爲用，道德經濟，一以貫之。又曰：同此性命，同此身心，同此倫常，同此國家天下，道未嘗異，學何可異？凡分門別户者，非道學之初意也。故"理一分殊"之旨，與"立人極""主靜""體認天理"之言，學者不以爲異，而所持究未嘗同。然則"主敬窮理""致良知""先立乎其大"之數説者，得其所以同，亦何害其爲異乎？又曰：磊落英多之士，少年每過中佚正，然不足爲累。蓋辦事以氣，氣不盛則巽愞茸闒，必不足宏濟艱難；然挾盛氣以凌人，亦足害事。無他，更事未久，讀書未深，客氣多而主氣少也。果能虛衷集益，黜其自是之見，折其自矜之心，則氣以平而學養粹，氣以充而才識宏，然後可以當天下之大任矣。著有《灃西草堂集》四卷。二十五年陝撫奏請入國史館《儒林傳》。

弟景倬，字漢章，邑庠生。有至性，事親及兄景偉唯謹。兄病，侍湯藥、滌穢器，百餘日不倦。凡兄所爲事，如堡寨、義倉、義學、節義祠、牛痘局，皆贊助於前，整頓於後。又創建宗祠，纂修家譜、族譜，以示重本睦族之義。其學以誠敬爲宗，精勤爲用，喜讀宋五子書而力行之。卒年七十五。

子震蕃，字孝龍，庠生。四川候補同知。_{國史館傳及採訪册。}

【箋注】

[1]選自民國《續修陝西通志稿》卷七四《人物一》，民國二十三年（1934）鉛印本。

[2]樸：原作"璞"，據《柏子俊先生行狀》及《清故長安柏漢章先生墓誌銘》改。

續修陝西通志稿·灃西草堂集[1]

《灃西草堂集》八卷，清長安縣柏景偉撰。景偉字子俊，咸豐乙卯科舉人，主講味經、關中書院。

柏先生之學，關學之正傳也。昔宋張子倡道於陝中，博學篤行，彊探力索，作《西銘》以究民物之原，作《正蒙》以窮造化之奥，而壹本於約禮之教，明體達用。正經界，攷井田，欲興復先王[2]之遺規，關中學者蔚然成風。

其見而知之者，有吕與叔諸先生；其紹而述之者，有馮少墟、李二曲諸先生。彬彬乎，稱極盛矣。

而近世崛起而傳之者，乃有柏子俊先生。往者蕺山劉念臺先生作聖學三關：曰人己關，曰敬肆關，曰迷悟關。而子俊先生亦有論學三關：曰義利關，曰毁譽關，曰生死關。蓋念臺先生所述，陽明之學也，故主於妙悟以成功；子俊先生所述，張子之學也，故主於守死以善道。張子之言曰："不愧屋漏爲無忝，存心養性爲匪懈"，蓋皆所以嚴義利之辨，而祛毁譽之私。又曰："存，吾順事；没，吾寧也。"則正所以破生死之關，而還吾天地之塞、天地之帥者也。故曰先生之學，關學之正傳也。

而余謂今世學子所當服膺者，尤莫急於禮教。禮教之根本，尤莫先於尊師。先生訂《關中書院學規》謂："師嚴然後道尊，道尊然後民知敬學。"所謂嚴者，非妄自尊大，蓋不如是，不足以振諸生之修爲也。又引晉欒共子曰："民生於三事之如一。"事師之禮與君父并在，學知事師，則在朝必能事君，在家必能事父矣。蓋師生之誼，固由父子而推焉者也。故《檀弓》所載"一則致喪三年，一則心喪三年，而其就養無方也則一"。嗟乎！古之尊師，何其誠且摯哉。

世衰道微，邪説暴行，有作後生小子，長傲遂非，憪然不知倫紀情誼之不可渝。於是驕亢之志氣，動輒施之於尊長，"燕朋逆其師，燕僻廢其學"者比比皆是。天澤倒置，秩序混淆，學校之中，不聞禮義之訓，狂攘恣睢，牢不可破。風紀掃地而無餘，而世道人心乃益至於潰敗糜爛、不可收拾。嗚呼！豈不痛哉。

昔曾文正當粵匪將亂之時，送唐太常南歸作序，諄諄不勝斯道湮没之是懼，欲以尊師爲天下倡。余亦嘗謂古者君師之道合，故亂日少而治日多；後世君師之道分，故亂日多而治日少。然惟鄉里有良師，而後國家有善治。故居今之世，救時莫如尊師。惟尊師而後性情厚，惟尊師而後道德明。惟尊師而後風俗純，而善人出。伊尹有言："先知覺後知，先覺覺後覺。"定四海之民，其必權輿於師道矣。然則子俊先生此書，豈非救世之指南哉！余是以三復言之，俾當世明達旋乾轉坤要自講明正學始。《唐文治序》。

【箋注】

[1]本篇據民國《續修陝西通志稿》卷一八六《藝文四》，民國二十三年（1934）鉛印本移録。

[2]先王：原作"先生"，據金陵本卷首《柏子俊先生文集·序》改。

清麓文集·柏君子俊傳癸巳[1]

〔清〕賀瑞麟

君姓柏，名景偉，字子俊，長安人。高祖萬青，貢生，著有《家箴輯要》。祖世樸，父松齡，郡庠生。母劉氏。君少讀書，見兩親拮据，即慨然立志，默念"不自奮，吾親勤勞何時已耶？"欲睡，輒以木自擊其首。弱冠入庠，旋食餼，有聲黌序。然英邁之氣已咄咄逼人，貌魁梧，目光炯然，望之可畏。河南孝廉蔣湘南子瀟主講豐登書院，君從之學。蔣病風，死大荔。典史單澐素嗛蔣，誣謂死非命，三日不得殮，且率役突至，踞講席，拘門院夫，欲刑逼取證。諸生忿甚。君直上批其頰，拳而數之，澐懼哀乞，卒致書府縣親視斂，知無他故乃解。由是義聲震一時。素有任俠風，見不平事，輒發憤。嘗曰："有欺凌弱貧者，吾即其主也。"喜談兵，早歲得舉。同治初會試報罷[2]，聞□□起，間道歸。當事飭團練，亟方欲一試，爲陝民復仇雪恥，而兩親年老，奉以匿南山荒谷。及相繼歿，喪葬盡禮。□西寇，多忠勇部下傅先宗者隸某帥爲選鋒[3]，獨知君，延入幕，以君語語帥，悉不合，師卒潰，君歸。然以此益習甘道路山川形勝、賊情軍機。劉果敏之撫北山土匪也，得慶陽民稟，知謀出君，用其策，而卒爲忌者所阻，令壯士悉歸農，不得收擊□功。爲之首者，今烏魯木齊提督董福祥，遂远颺，後劉忠壯乃資其力。左文襄進兵甘肅，君陳辦□十六要務，文襄多采其說。然幕府率湘人，以君"南勇不如北勇堅苦耐勞"忤當事意。及爲桑梓築堡、減徭、賑荒諸大端，前後邑宰大憲皆倚重，依君籌畫，事賴以舉。

蓋君好經濟，重事功，意氣慷慨，欲有爲於天下，而竟不得伸其志。晚歲授諸生制藝，多掇巍科以去。又與咸陽舉人劉光蕡創立求友齋，課士以經史、道學、政事、天文、輿地、掌故、算法，關中士風爲之一變。歷主涇干、味經、關中諸書院講席，教諸生必諄諄敦品勵行，雖嚴立風裁而愛才如命。明馮恭定公少墟先生倡明關學，近少知者，君思一振儒業，議修恭定祠於省城，兼爲少墟書院。長安知縣焦雲龍首捐千金，一時大憲亦多量助，且刻《關學編》正續各集，功未竣而君歿。然其惓惓於關學者，其心未已也。

君磊落直爽，初不拘小節，及讀儒先書，反躬收斂，嘗謂諸生曰："吾昔過舉[4]，君等視之，君不復爲此矣。"其學主王文成，然精研博覽，務求踐履，無任心之弊，誼篤師友。嘗葬課文師宜君令張某，貸百金歸其子湖南。蒙師杜某沒，無子，爲立嗣，卹其夫人。終身與弟景倬友愛由篤，君歿，景倬哭之甚慟。由舉人大挑定邊訓導，未赴任，屢以軍營功賞戴藍翎、知縣，升用分省補用，并加五品銜。將歿前數月，督學柯以"經明行修"保奏，特旨部議，竟不及待。子一震蕃，廩生。

清麓氏曰：昔余晤君省垣，君虛懷索書，爲贈"本道德流爲經濟，由中和養出性情"二語，求相切劘。後聞君常懸座右以自警省，其真勇於爲善者歟！再見味經，抵掌縱談天下事，至夷禍不勝感慨，已復愀然不樂，有君國之憂焉。見近世士習頹靡，空疏不能自立，故論學不分門户，兼收并蓄，而未免偏重陽明以爲有用道學，雖與國朝大儒清獻陸公[5]"力尊考亭[6]不當自闢門户"之説有所未合，然跡其所至，亦豈非豪傑之士乎哉！

【箋注】

[1]本篇選自賀瑞麟《清麓文集》卷二二《傳》，參見《清代詩文集彙編》第六九七册。癸巳，光緒十九年，1893年。

[2]報罷：指科舉考試落第。

[3]選鋒：指挑選精鋭的士兵組成的突擊隊，亦指某種事物的先驅。

[4]過舉：指錯誤的行爲。

[5]清獻陸公：指陸隴其，謚清獻。

[6]考亭：位於福建省南平市建陽區考亭村，南宋理學家、教育家朱熹晚年曾在此聚衆講學，創立了考亭學派，成爲閩學之源。後以此指代朱熹。

清儒學案·柏先生景偉[1]

徐世昌

柏景偉，字子俊，晚號忍庵，長安人。咸豐乙卯舉人。大挑教職，授定邊訓導，以□□未赴任，奉父母匿南山，轉徙荒谷。親歿，喪葬盡禮。尋以在籍辦團防叙勞，以知縣選用。左文襄督師入關，辟參軍事，因請築堡寨以衛民居，設里局以減徭役，提耗羨以足軍食，徙□居以清根本，開科舉以定士心。又上《辦理□□臆議十六事》，文襄深才之。以屬幫辦軍務劉典叙積年勞勩，特保以知縣分省補用。嗣劉公以終養回籍，先生遂歸里，不復出。光緒三年，秦大饑，請於大吏，發粟振恤，創爲各村保各村法，以貧民稽富民粟使無匿，以富民核貧民户使無溢，多所全活。

歷主涇干、味經、關中各書院，立求友齋，以經史、道學、政事、天文、輿地、掌故、算法分門肄習，造就甚衆。先生爲學似陳同甫、王伯厚，而實以劉念臺慎獨實踐爲的。嘗謂："聖賢之學，以恕爲本，以強爲用。強恕而行，則望於人者薄，而責於己者厚。"又謂："同此性命，同此身心，同此倫常，同此國家天下，道未嘗異，學何可異？凡分門別户者，非道學之初意也。"故"理一分殊"之旨，與"立人極""主靜""體認天理"之言，學者不以爲異，而其所持究未嘗同。然則"主敬""窮理""致良知""先立乎其大"之數說者，得其所以同，亦何害爲異乎？其大旨如此。著有《灃西草堂集》八卷。參史傳、《陝西續通志》、劉光蕡撰《墓誌》。

【箋注】

[1]本篇選自徐世昌《清儒學案》卷一九一《古愚學案》，中華書局，2008年版。

關學宗傳·柏子俊先生[1]

張驥

先生諱景偉，字子俊，號忍庵，晚年自號灃西老農，長安人。自少讀書力學，欲睡輒以木自擊其首。弱冠爲諸生，食餼。咸豐五年舉於鄉。同治初，大挑二等，選定邊縣訓導，以□□未赴。奉父母避居南山，轉徙荒谷間。親殁，哀毀逾恒，喪葬如禮。服闋，偕提督傅先宗召募湖北，以功賞戴藍翎。十月，中丞劉霞仙以團防勞績奏請以知縣選用，欽差大臣左宗棠暨幫辦劉典先後論薦，詔以知縣分省補用，并賞加同知銜，旋請假歸，一以講學爲志。

歷主味經、關中各書院講席，又與咸陽劉古愚創立求友齋，以經史、道學、政事、天文、輿地、掌故、算法、時務諸學教諸生分別肄習，關中士風爲之一變。重修馮恭定公祠，刊其《關學編》，序而行之。光緒十七年，撫軍鹿傳霖、學使柯逢時以"經明行修"請於朝，詔下部議。十月卒，年六十一。

先生之學，外似陳同甫、王伯厚，而內則以劉念臺慎獨實踐爲宗，不居道學之名。教人敦品勵行，雖嚴立風裁，而愛才如命，學者宗之。著有《灃西草堂文集》，行世。

【箋注】

[1]本篇選自張驥《關學宗傳》卷五五《柏子俊先生》，參見民國辛酉（1921）陝西教育圖書社排印本；又見王美鳳點校《關學史文獻輯校》，西北大學出版社，2015年版。

陝西先進教育傳略・柏景偉[1]

先生諱景偉，字子俊，號忍庵，晚年自號灃西老農，長安人。自少讀力學，欲睡輒以木自擊其首，弱冠爲諸生，食餼。咸豐五年，舉於鄉。同治初大挑二等，選定邊縣訓導，以□□未赴。奉父母避居南山，轉徙荒谷間，親歿哀毀逾恒，喪葬如禮，服闋[2]偕提督傅先宗召募湖北，以功賞戴藍翎。十月，中丞劉霞仙以團防勞績奏請以知縣選用，欽差大臣左宗棠暨幫辦劉典先後論薦，詔以知縣分省補用，并賞加同知銜。旋請假歸，一以講學爲主，歷主味經、關中各書院講席，又與咸陽劉古愚創立求友齋，以經史、道學、政事、天文、輿地、掌故、演算法、實務諸學教諸生分別肄習，關中士風爲之一變。重修馮恭定公祠，刊其《關學編》，序而行之。光緒十七年，撫軍鹿傳霖、學使柯逢時以"經明行修"請於朝，詔下部議。十月卒，年六十一。

先生之學，外似陳同甫、王伯厚，而內則以劉念臺"慎獨實踐"爲宗，不居道學之名，教人敦品勵行，雖嚴立風裁，而愛才如命，學者宗之。著有《灃西草堂文集》行世，清國史有傳。

【箋注】

[1]本篇選自《陝西教育先進傳略》，參見《陝西教育旬刊》，1934年，第2卷，第32/33/34合刊。

[2]服闋：守喪期滿除服。

陝西省孔教會彙志・賀柏劉三先生入祀省會鄉賢祠祝文[1]

趙玉璽敬撰

維甲戌[2]夏曆二月十八日，鄉後學某某等謹致祭於清麓賀先生、灃西柏先生、煙霞劉先生之神位前曰：天之生民，必有優美之政教，以陶冶其間。然後民生以遂，民德以昌。雖有外患內憂，舉不足以蕩搖國本。顧三代以上，政教修明，道備於君相；周衰以後，政教陵夷，道寄於師儒。自孔子祖述堯舜，憲章文武，倡時中以立教，而孟子願學孔子，師儒實肩治平之責，何其偉也！

迨後千四百餘年，我關學有張子，紹孔孟之絕學，與洛中二程相唱和。聖人之道，煥然復明於世。有清一代，承聖學之嫡傳，仲復、桐閣而後，實維清麓。繼則灃西、煙霞，同時濟美。賀先生倡道清麓，力追紫陽，溯源鄒魯；柏、刘两先生主讲关中、味经，敦行实，尚博通，学必兼乎体用。其扶世翼教之功，虽百世同其不朽。后学等鉴于外侮日迫，内闰迭乘，实因教学不明、人心歧向所由致。爰于去岁冬闲，联呈省府，请准三先生崇祀省会乡贤，藉资观感，以正人心，以端士习。敬以此日奉主入祠，并荐馨香，以隆祀事。

呜呼！欧风美雨，浸被于炎黄神圣之区。天柱地维，必本乎儒先伦理之教，人道于是立，即人类于是存。三先生鉴临，其默有以相之。尚飨！

【笺注】

[1]本篇选自《陕西省孔教会汇志》，1934年第3期。
[2]甲戌：民国二十三年，1934年。

清麓文集·重刻关学编序[1]

〔清〕贺瑞麟

关中其地，土厚水深，其人厚重质直，而其士风亦多尚气节而励廉耻，故有志圣贤之学者，大率以是为根本。三代圣人具见于经，不待言也。秦汉及唐，圣学湮塞，知德者鲜。宋兴，明公张子崛起横渠，绍孔孟之传，与周、程、朱子主盟斯道。早悦孙吴，年十八，欲结客取洮西之地，慨然以功名自许。及其撤皋比，弃异学，任道之勇，造道之淳，学古力行，卓为关中先觉，此少墟先生《关学编》独推先生首出，而为吾道之大宗也欤！后之闻风兴起，代不乏人，莫不以先生为景仰，故一续再续，深书大刻，岂非以先生之学恳恳然属望于吾关中人士者哉？

吾友长安柏君子俊，少喜谈兵，欲有为于天下，大类横渠，其强毅果敢有足以担荷斯道风力，卒之志不得伸。近岁大宪延聘教授关中、味经各书院，三秦之士靡然从之。又倡议创立少墟专祠，盖思以少墟之学教人，并思以少墟所编诸人及续编诸人之学教人，谓非重刻诸编不可。刻既竣，君病日亟，手授门人，犹欲商订于余，且属为序，其用意关学如此。胡君竟不起疾也，悲夫！

惟君生平重事功，勤博览，其论学以不分门户为主，似乎程、朱、陆、王皆可一视，虑开攻诘之习，心良厚矣！夫学为己者也，攻诘不可也，然不辨门户且如失途之客，贸贸焉莫知所之，率然望门投止，其于高大美富，将终不得其门而入矣，可乎哉？是非颠倒，黑白混淆，道之不明，惧莫甚焉。学以孔孟为门户者也，程朱是孔孟門戶，陸王非孔孟門戶，夫人而知之矣。先儒謂不當另闢門戶，專守孔孟，如程朱可也。孟子，夷、惠[2]不由，而願學孔子，豈孟子亦存門戶見乎？余嘗三四見君，知其意不可遽屈，硜硜之守老亦彌篤，意與君益各勉學，或他日庶有合焉，而今已矣。不意君猶見信，輒以關學相託，復取私錄諸人而亦刻焉。竊恨當時卒未獲痛論極辨，徒抱此耿耿於無窮也，吾烏能已於懷哉！學術非一家私事，因序此編而并序余之有不盡心於君者。倘不以余言爲謬，或於讀是編也，亦不爲無助云。

光緒壬辰孟秋三原賀瑞麟謹識

【箋注】

[1]本篇選自賀瑞麟《清麓文集》卷二《序上》，參見《清代詩文集彙編》第六九七冊。

[2]夷、惠：指伯夷與柳下惠。伯夷（生卒年不詳），商紂王末期孤竹國王位繼承人，不肯繼位而逃。後天下宗周，伯夷恥食周粟，餓死首陽山。柳下惠名獲，字子禽，春秋時期魯國人，被孔子稱爲"逸民"，以其德行被視爲賢人。

煙霞草堂文集·重刻關學編後序[1]

〔清〕劉古愚

嗚呼，此余友灃西柏子俊先生所刻《關學編》也。關學之編始於馮恭定公，王豐川續之，又刻李桐閣、賀復齋所續於後，而先生沒已期年矣。先生病急，口授余義例，爲序於前，俾余序其後，余復何言？然習先生性情行誼莫余若，而是書之刻，又多商榷。其所以刻，與資之所由來，及平日議論及於是書者，不可無一言於後。

先生性伉爽，學以不欺其心爲主，嫉惡嚴人。有小過，不相假借，改之則坦然無間。其有善，識之不忘，逢人稱述，士以此畏而愛之。喜岳武穆"君臣之義，本於性生"語，嘗謂余曰："此可括《西銘》之蘊，知父子天性而不知君臣，不能視萬物爲一體；求忠臣於孝子，義本於仁也。移孝作忠，本仁以爲義也。忠、孝一源，明、新一貫，千古要述，皆充仁以爲義，而非有他也。"故論學力除門戶之見，而統之以忠孝。

光緒丁亥，憲司延先生主講關中書院。書院爲恭定講學地，先生又生於其鄉，乃訪恭定祠舊址，擴而新之，旁爲少墟書院，以少墟之學迪其鄉之士。

廉訪曾公懷清割俸屬刻是編，而恭定原本無《恭定傳》，乃取豐川所續繼之，後之與於關學者，又不得略焉，則不惟非恭定本，亦非豐川本矣。涇陽王葵心[2]先生以身殉明，大節凜然，與西人天主之說泪三綱者截然不同，然事天之說正西人所藉口，鄉曲之儒略跡[3]，而識其真者幾人？先生常欲去之，書出則仍在焉。其先生病，未暇親檢與，抑亦人果無愧忠孝，不妨寬以收之與。先生没，無可質證。然學卒歸於忠孝，則亘古至今，未有能議其非者，而今之從事西學者，均能知有君父，則算術技巧非必無補於世也。

【箋注】

[1]出自劉古愚《煙霞草堂文集》卷二，《清代詩文集彙編》第七五一冊。

[2]王葵心：即王徵（1571—1644），字良甫，號葵心，又號了一道人，陝西涇陽人。天啓、崇禎年間，任直隸廣平府推官、南直隸揚州府推官及山東按察司僉事等職。留心經世致用之學，後以經算教授鄉里，致力於傳授西方學術，爲最早的陝籍天主教徒之一。

[3]略跡：撇開表面的事實，而從其用心上加以原諒。

清故長安柏漢章先生墓誌銘[1]

張元際[2] 撰

光緒三十四年冬，兩宮賓天，天下臣民均設位哭臨三日，而因痛致疾、遂至不起者，長安柏漢章先生也。先生忠孝性成，睹時局日艱，異說紛起，每盡[3]焉心傷。自聞此耗，憂鬱益甚。越明年，以痛氣傷肝，延至三月十一日酉時溘然長逝。嗚呼，非憂國憂民、心切斯世者，能如此哉。曾祖萬青，字黛參，貢生，事載《省志》，著有《家箴輯要》。妣馮、王、童、張。祖世樸，字大順，父殁，哀痛愈恒。妣王、童。父松齡，字鶴亭，郡庠生。性簡重，喜施予。妣劉，生子二，長即世稱澧西先生者也。咸豐乙卯舉於鄉，學行列《國史·儒林傳》中。先生年十五，見父苦於家務，稟曰：「兒兄即業儒，治生亦儒者分内事。兒願罷讀，以息父勞。」雖日理各事，然耕耘稍暇，即親詩書、習文字，未幾，冠童軍，入邑庠，益得堂上歡。

同治初元，□□□，避亂南山。時疫盛行，兩親相繼終，棺木毀於賊，與伯兄拮据措辦，勉當大事。後每言及，以未能盡禮爲憾，淚涔涔下。逢忌日時祭，必令室人躬治饌，祭器則一一自行檢點，肅然愴然，若負終於之恨。伯兄性剛正，有不合則怫然。先生事之惟謹，伯兄以積勞成疾，越百餘日，躬侍湯藥，唾壺及溺器時時手自進取，不知穢也。及疾不起，哭泣痛於所生。故凡伯兄所爲之事，如堡寨、義倉、義學、節義祠、牛痘局，或贊助於當時，或整頓於後日。

又創建宗祠，纂修家譜并柏氏族譜，俾後人咸知重本睦族之義焉。其尤人不易及者，自立預喪簿。預喪者，未喪而預爲治喪也。自喪禮不明，世俗紙幡、音樂、彩棚往往以有用之錢，費諸無用之地，非僭即濫。又念親喪多從簡略，於己不忍或厚，以震莢所備壽具售焉。語際曰："一柏易二松，吾夫妻均得所斂矣。"乃預計喪事，某項用物若干，某項需錢若干。如數別儲於不克葬、不能娶及年終無衣食者，酌爲給之。凡先生所爲，皆世俗所不爲，非至性仁孝，曷克臻此。弗大厥而遽歿，豈非天耶！距生道光十五年十二月初八日亥時，春秋七十有五。配閻孺人。樸而克勤，先四年歿。子震莢，附貢生，國子監典籍銜。女適乾州舉人吳垍，官同官教諭。孫慰先殤，懋先、念先、志先幼讀。猶子震蕃需次川省，先生以愛兄者愛之，知己病將老，函諭歸，歸甫一月，而先生歿。

先生之學，以誠敬爲宗，以精勤爲用，喜讀宋五子書。見之既明，行之必力。晚年日遊伯兄所治學稼園。園蔬野服，攜孫課寧，以樂餘年。自題楹曰："觀稼歸來風攜雨袖，展書讀罷月上一鈎。"怡然自得之趣，可概見矣。自澧西師作古，同門追思教澤，每冬會祭，凡與祭者，先生皆優接之。固澧西師之德化及人，亦先生情意之隆，有以感格也。今卜於宣統元年七月十一日未時葬馮籍村北祖塋，坤山艮向。

銘曰：聖學伊古崇躬行，弗競浮利與虛榮。才人詞藻邁群英，一叩門內訝且警。剛毅木訥仰先生，宅心作事宰以誠。春風大雅洽人情，嚴正老氣高秋橫。允矣君子展大成，寄生具號景倬名，凛凛高風鬱佳城。

興平世愚侄張元際撰文
興平世愚侄張元勛[4]書丹
藍田世愚侄牛兆濂[5]篆蓋
孤哀子震莢率孫懋先、志先泣血納石
富平劉登奎、改槐蔭刻

【箋注】

[1]本篇據西安市長安區博物館收藏《清故長安柏漢章先生墓誌銘》移錄。柏漢章爲柏景偉之弟，凡兄長所爲之事，如堡寨、義倉、義學、節義祠、牛痘局，或贊助於當時，或整頓於後日，故列入《附錄》，以便讀者更好地瞭解柏景偉。

[2]張元際（1851—1931）：字曉山，號仁齋，陝西興平人。國子監學正、貢生。嘗拜柏景偉、賀瑞麟爲師。性孝友，重禮教，嗜程朱之學，凡自詣與講授，悉從小學入手。光緒三十一年（1905），與同邑張深如贊助邑宰楊宜瀚籌辦私捐，以爲興學之資。旋與張深如諸人奉命赴滬考察學務，採辦教育用品。翌年歸，任勸學所總董，勸立初等小學百八十餘處，皆有基金。又商同邑紳，在縣設立學堂經費處，儲各村學堂基金，權予母以資永久。興平教育之基礎自此以立。晚年主講愛日堂暨清麓書院，遠近至者，庠舍恒不能容。其所交遊，在陝有牛夢周，在豫有白壽庭，在魯有孫仲玉，在浙有夏靈峰，在青島有張範卿，在朝鮮有李習齋，皆當代理學名士，相與同研程朱之學者也。民國二十年（1932）病歿於家。撰有《興平縣鄉土誌》六卷、《愛日堂前集》六卷，曾參訂《續修陝西通志稿》。

[3]疊：傷痛。

[4]張元勛（1863—1955）：字鴻山，號果齋，陝西興平人。兄張元際，兄弟二人力扶正學，創建愛日堂、弘仁書院，提倡講學，教化鄉里，爲關中著名學人。

[5]牛兆濂（1867—1937）：字夢周，號藍川，陝西藍田人。以詩文延譽關中，有"才子"之譽。光緒十四年（1888）舉人。光緒十九年拜三原賀瑞麟爲師，藉識指歸，從此以程朱爲圭臬，潛心聖賢之學。一生以講學、著述爲主，先後在白水彭衙書院、西安關中書院、魯齋書院、三原正誼書院、藍田芸閣書院等地講學，守死善道，力圖用儒學來挽救社會，救治人心，成爲傳統關學最後一位大儒。著有《藍川文鈔》十二卷，《藍川文鈔續》六卷，編纂《呂氏遺書輯略》四卷、《芸閣禮記傳》十六卷、《讀近思錄類編》十四卷、《秦關拾遺錄》一卷及《禮節錄要》《續修藍田縣志》若干卷。

清麓文集·與柏漢章書[1] 景偉，子俊弟

〔清〕賀瑞麟

令兄大哥臨歿，拳拳以《關學編》重刻本付之訂正。弟本非所敢當，然感大哥厚意，不敢過辭，又念此事非一家一人私事，略參末議，正以發明大哥振興關學至意。然是非不敢自質，一俟後人而已。其可用與否，仍請二兄與令侄孝龍及諸君子斟酌可也。近事怱怱[2]，宮伯明[3]所囑大哥傳尚未及爲，稍暇當爲之。

【箋注】

[1]本篇選自賀瑞麟《清麓文集》卷十一《書答》，參見《清代詩文集彙編》第六九七冊。

[2]恩恩：急遽也。

[3]官伯明：指官炳南，字伯明，盩厔人。光緒二年（1876）舉人，柏景偉之高弟也。

愛日堂前集·祭灃西先生[1]

〔清〕張元際

嗚呼！天時人事之推移，乃遞變乎寒暑陰陽，惟先生之德學，則歷久而彌彰。值先生之大事，適丁先妣之喪，爾時不能執筆爲文，述厥梗概而瀝陳其衷腸，每於五夜思維深自慚惶。嗚呼，自儒術之爲世詬病也，高明者喜事而氣鮮鎮靜，拘迂者畏事而識鮮通方[2]。甚或談論侃侃，及施之於世，齟齬謬戾，而卒無所就，將遂授天下以訾議之柄，而羣焉雌黃。

先生具卓犖之姿，超軼之識，獨遠邁乎尋常，加以虛心探討，經史參詳[3]，故論人則深中其情，料事則洞見毫茫，光明則炳如日月，嚴正則肅若風霜。以一心窮萬事萬化之原，道善行藏；以一身任萬事萬物之重，力扶紀綱。當同治紀元以後，髮相繼猖狂，毅然探兵機，察地勢，度敵情，上十六事於文襄。其言有用有不用，事後驗之，無不洞中要害，而始嗟訝其計慮之優長。生平惓惓，義篤君王，聞朝政之闕失，則中夜徬徨。語及洋夷之狡焉，思啟國勢之未見能強，幾欲拔劍碎壺，以吐洩其激昂。蓋其忠君愛國之忱，憂時憂事之念，未嘗一日或忘。是以道雖未行於朝政，則克施於鄉，若節義祠、馮公祠、牛痘局、普濟橋以及崇化之文會，爲民之社倉，既爲躬創義舉，又復手定條章。其教人也，病士人利欲之溺，爲揭清心立品大防，疑有未晰者，委曲而確指之，見不涉於騎墻；問有未切者，反覆而力戒之，道必由夫康莊。篤其志則欣然以喜，倆乎規則默焉盡傷。即偶有意見之偏遭其排斥，迨事後平心，未有不以先生爲君子而自悔其迷盲。

嗚呼！總計先生一生，始而豪俠，繼而功名，終而道德，經三變而愈臧。人第見議論英爽，精神勃發，謂其性喜恢張，而不知切實爲已，沈潛敦篤，殫敬恕之學，嚴義利之辨，乃直入乎洛閩之堂。

嗚呼！自先生騎箕，所幸復齋先生爲吾道之津梁，胡爲乎昊天不弔，又於去歲九月五日而德星斂芒。數年來，吾陝之士事有所未決，學有所未明，莫不嘆其安仰安仿，歔欷悽愴，而況乎與父講學，與子示箴，凡三世之薰其德香。

嗚呼！華山南峙而峰巒千仞，大河東繞而波濤汪洋，先生之英光顥氣，常往來乎華山之頂，大河之旁，尚其默翼吾秦，俾文風蒸上，學術日昌，而末學小子，亦私淑而有所瞻望。尚饗！

【箋注】

[1]本篇據張元際《愛日堂前集》（民國戊辰版）卷五移錄。

[2]通方：變通，靈活。

[3]參詳：參酌詳審。

愛日堂前集·同門祭灃西先生[1]

〔清〕張元際

嗚呼！士生斯世，出處而已。出處之道，功名道德而已。功名不本於道德，是謂霸才；道德不能建功名，是謂迂儒。迂也，霸也，皆不能講明大學之道，以明德者新民，遂貽天下以口實也。先生負英明邁衆之姿，而以誠爲本，具果敢有爲之概，而以敬爲基。誠敬立，而萬事萬化之源裕，斯功名所成不流於霸，道德之用不涉於迂。昔陸稼書作《曹越凡傳》，稱其"始而儒，繼而俠，終而禪"，謂爲"三變"。先生始而豪俠，繼而功名，終而道德，亦有三變。然越凡之變，變而愈雜；先生之變，變而益純。惟純也，故晚年所成之功業，雖未普著於天下，其施諸桑梓者，條畫井然，可爲世法，復齋先生所謂"從道德發爲經濟"者也。夫從道德發爲經濟，則道德爲有用，而經濟爲有本，世又烏得而口實耶。

先生辭世以後，於今八九年，世變愈極，事務亦紛出而多端，急功名者曰不更舊章，不尚新法，終難自立；重道德者，曰古訓成式，治世大法，運用推施，在實行耳。二者持於上下中外之間，而士無定志，因思先生當年之教，欽仰弗遑，同來學稼園，虔伸祭奠，想像先生之遺言矩範，以尊師爲重道之舉，即以會友爲共學之資，庶瞻仰徬徨，如在關中、味經兩院時。恍然於士之所重，在此不在彼，而或出或處，斷不可以無本爲之也。先生英靈之氣，隨處周流，當必有以鑒之矣。尚饗！

【箋注】

[1]本篇據張元際《愛日堂前集》（民國戊辰版）卷五移録。

愛日堂前集·祭澧西先生[1]

〔清〕張元際

嗚呼！天不變，道不變，而時則已易，世則竟殊矣。憶去歲祭先生之時，士習詩書，民安耕鑿，非居然無事之天哉。當其時，侄之二叔執杯大聲而言曰："今日之祭爲先生而來，即當法先生之學行。咸豐末年，先生與汝父偕康、高、解諸君子立會講學，善相勸，過相規，皆有功過冊互相稽考。今日之會，正宜仿而行之，不得説閑話，不得参雜事。"詞意懍然，在座爲之起敬。

侄歸家後，檢點今年言行，功有十分二三，而過則有十分八九。蓋自先生作古於前，先父即世於後，師訓庭訓皆不可聞，故祇覺過多而功少也。幸有侄之二叔嗣響振勵，猶知時時自勉耳。今年侄於經書、小學而外，讀《衛道編》[2]，看《清麓文集》，從學者生童四十餘人。四月初，朝邑楊温如、邰陽謝季誠西行訪友來至書舍，侄挽留三日，講書習禮，歌詩演樂。適邑尊楊公至，稱其"禮儀卒度，彬雅可觀"，而侄則深愧學不及人，古禮素未講習，乃令及門爲《愛日堂會講記》，以自悚惕。不謂護院端公保奏吾陝之有學行者，誤采虛聲，以侄名上，聞賞加京銜并"澹泊寡營"四字。侄思無實學而冒虛名，於心爲不安，於義爲可恥，益思閉門求聖賢爲己之學。至五月間民教起事，而五洋并侮我矣。天子西巡，兵荒交迫，時勢之大變乃如此。此所以思念先生不能一日或忘也。

【箋注】

[1]本篇據張元際《愛日堂前集》（民國戊辰版）卷五移録。

[2]《衛道編》：清三原人劉紹攽編，全書系統地梳理了道統思想的譜系，認爲宋代五子直承孔孟，爲儒學道統的正傳。